U0358611

张荣芳文集

第八卷　秦汉历史与文化专题讲稿

张荣芳◎著

中山大學出版社
SUN YAT-SEN UNIVERSITY PRESS
·广州·

图书在版编目（CIP）数据

秦汉历史与文化专题讲稿/张荣芳著．—广州：中山大学出版社，2023.12
（张荣芳文集；第八卷）
ISBN 978－7－306－07946－6

Ⅰ．①秦…　Ⅱ．①张…　Ⅲ．①文化史—研究—中国—先秦时代
Ⅳ．①K220.3

中国国家版本馆CIP数据核字（2023）第223258号

QINHAN LISHI YU WENHUA ZHUANTI JIANGGAO

出 版 人：王天琪
策划编辑：王延红
责任编辑：林梅清
封面设计：周美玲
责任校对：赵　冉
责任技编：靳晓虹
出版发行：中山大学出版社
电　　话：编辑部 020－84111901，84113349，84111997，84110779
　　　　　发行部 020－84111998，84111981，84111160
地　　址：广州市新港西路135号
邮　　编：510275　　　　传　真：020－84036565
网　　址：http://www.zsup.com.cn
　　　　　E-mail:zdcbs@mail.sysu.edu.cn
印 刷 者：恒美印务（广州）有限公司
规　　格：787mm×1092mm　1/16
总 印 张：239
总 字 数：4818千
版次印次：2023年12月第1版　2023年12月第1次印刷
总 定 价：780.00元（全九卷）

本卷说明

从1996年开始，著者在中山大学历史学系开设过三门选修课（本科三、四年级，招收的以研究秦汉史为方向的硕士生和博士生则必修）：①“秦汉历史与文化专题研究”；②“秦汉史与简牍学”，编有《秦汉各种简牍文书举例——“秦汉史与简牍学”教材之一》发给学生参考；③“《史记》导读”，编有《〈史记〉选读》13篇。这次都收入《文集》。

本卷以“秦汉历史与文化专题研究”一课的内容为主，包括“秦汉历史在中国古代史上的地位和研究现状”“秦汉史史料介绍”“关于秦汉社会性质问题”“秦汉土地制度”“秦汉的赋税、徭役制度”“秦汉职官制度”“两汉时期的经学”七讲。“秦汉史与简牍学”一门课只选“秦汉简牍的发现与研究概述”和少量各种简牍文书例子，把教材《秦汉各种简牍文书举例》删去。“《史记》导读”一门课，只选第一章“司马迁的生平事迹”、第二章“《史记》的史学成就”、第三章“历代《史记》研究概述”，删去第四章“《史记》选读”13篇（只保留篇目在教学大纲中）。特向读者说明。

本卷整理者：高荣、曹旅宁、黄曼宜。

目　录

秦汉历史与文化专题研究

秦汉简牍的发现与研究概述

《史记》导读

秦汉历史与文化专题研究

教学大纲

1996年9月—1997年2月第一次讲授，以后每年讲一次。[1]

一、教学目的

开设本课程的目的在于使学习过“中国古代史”这一专业基础课的同学对秦汉的历史与文化有更进一步的了解，即所谓对某一个时代有更多的了解，为将来进行深入的研究打下基础。开通这门课程拟达到两方面的目的：一是为将来有志于秦汉史研究的同学打基础；二是对将来不一定从事秦汉史研究的同学来说，也可以从中学习一点研究问题的方法。为了达到这两个目的，课程的内容主要包括两个方面：一是主讲课教师自己研究问题的心得体会；二是学习秦汉史必须注意的问题。通过此课程，学生既能增长秦汉历史与文化的知识，又能从中悟出研究问题的方法。

二、教学内容

拟讲授下列专题：

第一讲　秦汉历史在中国古代史上的地位和研究现状
第二讲　秦汉史史料介绍
第三讲　关于秦汉社会性质问题
第四讲　秦汉土地制度
第五讲　秦汉的赋税、徭役制度
第六讲　秦汉职官制度
第七讲　两汉时期的经学

三、教材和主要参考书

（一）教材（必读）

1. 翦伯赞：《秦汉史》，北京大学出版社1983年版。

---

① 讲到作者退休前。

2. 林剑鸣：《秦汉史》上下册，上海人民出版社1989年版。

（二）主要参考书

除《史记》《汉书》《后汉书》《三国志》基本史料之外，参考下列现代人的著作：

1. 林甘泉、田人隆、李祖德：《中国古代史分期讲座五十年》，上海人民出版社1982年版。
2. 周天游：《秦汉史研究概要》，天津教育出版社1990年版。
3. 吴树平：《秦汉文献研究》，齐鲁书社1988年版。
4. 吕思勉：《秦汉史》上下册，上海古籍出版社1983年版。
5. 马非百：《秦汉史》上下册，中华书局1982年版。
6. 林甘泉主编：《中国封建土地制度史》第一卷，中国社会科学出版社1990年版。
7. 黄今言：《秦汉赋役制度研究》，江西教育出版社1988年版。
8. 安作璋、熊铁基：《秦汉官制史稿》上下册，齐鲁书社1984年版。
9. 朱维铮编：《周予同经学史论著选集》（增订本），上海人民出版社1996年版。
10. 汤志钧等：《西汉经学与政治》，上海古籍出版社1994年版。
11. 高敏：《简牍研究入门》，广西人民出版社1989年版。

四、教学方法

采用讲授与课堂讨论相结合的方法。拟课堂讨论两次，题目是“秦汉社会性质之我见”“举例说明秦汉简牍对秦汉史研究之重要性”。讨论前同学必须写出发言提纲或文章，讨论结束后，交老师批改。课堂讨论的成绩将作为本课程总成绩的来源之一。

第一讲　秦汉历史在中国古代史上的地位和研究现状

秦汉时期的历史是指从公元前221年秦王朝建立开始，到公元220年魏文帝曹丕代汉为止的历史。包括秦（前221—前206年）、西汉（前206—24年）、东汉（25—220年）三个朝代。这个时期是中国历史上特别重要的时期。夏曾佑在《中国古代史》一书中提出，中国历史上有三个很重要的人物，即孔子、秦始皇和汉武帝。他说："中国之教，得孔子而后立。中国之政，得秦皇而后行。中国之境，得汉武而后定。三者皆中国之所以为中国也。"当然，这种说法显然没有超出唯心史观的范围。但是，孔子、秦皇、汉武与中国历史的关系至大，这却是事实。姑且不论孔子，秦皇、汉武所处的时代，是中国历史最重要的篇章之一。顾炎武在《日知录》中说："汉兴以来，承用秦法以至今日者多矣。"秦汉是中国两千多年封建社会的奠基时代。无论是在西周封建论还是战国封建论中，封建地主经济基础的最后巩固和全部封建上层建筑的最后完成，都是在这个时期。同时，中国以一个文明、富强的国家闻名于世，统一多民族国家的形成，中外的沟通，等等，都是从秦汉时期开始的。如果说，秦汉以后的封建社会的历史是"流"，那么，秦汉时期的历史就是"源"。所以，许多学者在研究中国史的某些问题时往往要追溯到秦汉时代。从这个意义上说，没有秦汉，也就没有两千年的中国封建社会。下面从五个方面来说明秦汉历史的重要性。

一、封建土地所有制的确立

斯大林说："封建制度的基础……是封建土地所有制。"（《苏联社会主义经济问题》）中国的封建土地所有制从出现到确立，经过了一个漫长的历史过程。西周是"普天之下，莫非王土"的土地国有制。其经营方式就是实行"井田制"。从西周中期开始，就出现了"土地交换的现象"（《陕西省岐山县董家村西周铜器窖穴发掘报告》，载《文物》1967年第5期），一直到西周末年"宣王即位，不籍千亩"（《国语·周语》），井田制开始遭到破坏。

春秋战国时期，土地制度发生巨大的变动，由土地国有制向封建制土地私有飞跃，其重要标志就是鲁宣公十五年（前594）实行"初税亩"，这反映了封建土地私有在鲁国得到承认。但是，春秋战国时代，各诸侯国的封建土地私有制发展情况是不平衡的。从现在的资料看，直至战国末年，土地制度存在两方面情况。

一方面，封建土地私有现象比较普遍："除井田""开阡陌""民得卖买"(《汉书·食货志》)，赵括"日视便利田宅可买者买之"(《史记·廉颇蔺相如列传》)，甚至出现了"意民之情，其所欲者，田宅也"(《商君书·徕民》)之类的土地私有观念。

另一方面，终战国之世，国有土地仍然存在，新出土的云梦秦简关于国有土地的记载有很多。这说明从商鞅变法到秦王朝建立，封建土地私有制尚处于逐步建立和发展的过渡时期。

秦始皇统一六国，在中国土地上建立了空前统一的、中央集权的封建王朝。封建统治者有可能运用国家的权力，使封建土地私有制在全国最后确立。秦始皇三十一年（前216），"使黔首自实田"(《史记集解·秦始皇本纪》引徐广语)，这就意味着政府承认土地私有，并给予法律保护。这是封建土地私有制在全国确立的法权方面的反映。

封建土地私有制在全国确立以后，两汉的地主阶级采取种种措施巩固和发展这种土地所有制。封建土地私有制的发展，就必然出现董仲舒所说的"民得卖买，富者田连阡陌，贫者亡立锥之地"(《汉书·食货志》)的两极分化现象。这是封建经济的固有规律，也是地主阶级所需要的。

在整个秦汉时代，封建土地所有制的基本形式有两种：国有和私有。在国有土地形式下，一般有屯田和公田两种土地制度；封建土地私有，一般有三部分，即皇室土地、地主土地和自耕农土地。

在秦汉时代确立的封建土地所有制的两种基本形式——国有和私有，以及在这两种形式下的各方面的制度，在以后两千年的封建社会里，无论土地制度有多么大的变化，都不超出这两种基本形式和规律。从此，它一直是两千年封建社会的经济基础。

二、 封建专制主义政治制度的确立

秦始皇统一六国之后，建立了一整套政治制度，这整套政治制度的基本特点是：第一，"皇帝有至高无上的权力"；第二，建立封建官僚统治体系，军、政、监察分权，相互牵制，集权于皇帝；第三，在全国推行郡县制，加强中央对地方的统治。这一整套政治制度，绝大部分为后来的历代王朝所承袭，而且贯串于整个封建社会。所以，近代著名的思想家谭嗣同说"二千年来之政，秦政也"(《仁学》)，夏曾佑说"中国之政，得秦皇而后行"，这种说法是有一定道理的。

三、 思想文化的统一

以汉族为主体的中华民族，其思想文化的真正统一，也始于秦汉时期。

在春秋战国时代，各地区在思想文化方面的差异是相当大的。李学勤先生在《东周与秦代文明》（文物出版社 1984 年版）一书中，把文献和考古材料综合起来研究，把东周时代列国划分为七个文化圈。

（1）以周为中心的三晋（不包括赵国北部）一带，地处黄河中游，可称为中原文化圈。

（2）黄河中游以北，包括赵国北部、中山国、燕国以及更北的方国部族，构成北方文化圈。

（3）今山东省范围内，齐、鲁和若干小诸侯国合为齐鲁文化圈。

（4）以长江中游的楚国为中心的楚文化圈。

（5）淮水流域和长江下游的吴越文化圈。

（6）今四川、云南的巴蜀滇文化圈。

（7）西北地区的秦文化圈。

随之而来的，是秦文化的传布。秦兼并六国，建立统一的新王朝。随着封建经济的发展，统一封建国家的建立，文化思想也开始统一。“一法度衡石丈尺，车同轨，书同文字。”（《史记·秦始皇本纪》）“书同文字”就是对各国原来使用的文字进行整理，规定以秦小篆为统一字体，“罢不与秦文合者”（《史记·秦始皇本纪》）。又令李斯、赵高、胡毋敬分别用小篆体编写了《仓颉篇》《爰历篇》《博学篇》作为标准文字范体，在全国推行。与此同时，广大群众又创造出更加简便的“隶书”，也形成一种固定的、规范化的字体。秦代统一文字，使小篆和隶书成为全国通行的字体，这对我国此后两千余年文化的发展和统一有着深远的影响。秦文化为辉煌灿烂的汉文化奠定了基础。

思想的统一也从秦汉开始。战国时代是人们所熟知的思想领域里的“百家争鸣”的时代。各个学派的流传分布有其地域上的特点，如儒家起于曾国；墨家始于宋国；道家起源于南方；法家源于三晋，盛行于秦；阴阳家在齐国较多；纵横家则多在周、卫等地。秦统一后曾焚书坑儒，禁止诗书百家，崇尚法家。但秦朝很快灭亡。西汉初年曾崇尚道家，又导致吴楚七国之乱。到汉武帝时期，董仲舒提倡“罢黜百家，独尊儒术”。他改造了先秦的儒家，用儒家的理论论证封建皇权、封建制度的合理性、永恒性。从此以后，孔子就从诸子百家中超升出来，成为“东方的罗马教皇”，儒家就成为封建教条。此后两千年的封建地主阶级的统治思想，都在孔子、儒学的轨道上变化。

四、 封建社会阶级斗争的基本规律

封建社会阶级斗争的基本规律，在秦汉时期已经显示出来了。封建社会的主要矛盾是农民阶级与地主阶级的矛盾。到秦末，这种矛盾激化为武装斗争。从此以后，直到太平天国革命，其间将近两千年，每一个封建专制王朝都发生过农民革命战争。中国农民战争规模大，往往席卷整个中国，打击封建制，推动中国封建社会向前发展。尽管任何一次农民战争都不可能彻底摧毁封建制，往往仅成为改朝换代的工具，但多数农民战争之后，生产关系或多或少地得到调整，社会生产有一定的发展。这一规律在秦汉时期已表现出来。如秦末农民战争之后，出现汉初几十年间生产恢复和发展时期。西汉末年的农民起义，使东汉前期社会经济得到恢复和发展，东汉末年的黄巾起义，促使封建经济制度发生重大变化，对我国封建社会历史发展进程具有划时代的意义。秦汉时期的这种阶级斗争的特点，在以后历史中反复表现出来。所以毛泽东同志说："在中国封建社会里，只有这种农民的阶级斗争、农民的起义和农民的战争，才是历史发展的真正动力。"（《毛泽东选集》第二卷）

五、 汉族形成于秦汉时期，以汉族为主体的中华民族在秦汉时期闻名于世界

先秦时期的华夏族，不断吸收各族的文明，各族逐渐融合，发展到秦汉时期，已形成汉族。斯大林指出民族有四个特征，即："民族是人们在历史上形成的一个有共同语言、共同地域、共同经济生活以及表现于共同文化上的共同心理素质的稳定的共同体。"（《马克思主义与民族、殖民地问题》）许多学者认为汉民族形成于秦汉之际。《礼记·中庸》所说"今天下车同轨、书同文、行同伦"的"今"是指秦统一以后，这与秦始皇的统一措施是相符合的。按照斯大林所讲的民族的四个特征："共同语言"就是"书同文"。"共同地域"就是长城以内的广大疆域。"表现于共同文化上的共同心理素质"就是"行同伦"，即儒家思想的主要成分，是汉族的共同心理。秦时"以吏为师"，汉时立太学和郡学，讲授五经，太学与郡学成为全国的大小文化中心。"车同轨"可以理解为"共同经济生活"。据《史记·河渠书》《汉书·沟洫志》所记，长江、淮水、黄河南北各大水系都可以同舟楫，"车同轨"构成了各地陆路的联系。"四海之内若一家"，商贾通行全国没有阻碍，国内大小市场开始形成。这些都说明当时有"共同经济生活"（范文澜：《自秦汉起中国成为统一国家的原因》，见《历史研究》编辑部编《汉民族形成问题讨论集》，三联书店 1957 年版）。

中国与外国的交通，在秦汉以前就存在，但获得大规模的发展，却在秦汉时期。公元前138年（汉武帝建元三年），武帝派张骞出使西域，开辟了闻名世界的“丝绸之路”，从此，中西交通和经济、文化交流进入了新纪元。与此同时，东方和南方也开辟了“海上丝绸之路”。秦始皇时曾遣徐福率童男童女和“百工”数千到达亶州（一般以为即日本）。今天，日本的和歌山县和佐贺县，仍保留着纪念“徐福登陆地”的标识和祭祀徐福的墓地。他被日本人民当作蚕桑之神来祭祀。可见徐福不仅是丝绸的传布者，也是东海“丝绸之路”的开拓者。关于南海航线，《汉书·地理志》记载，汉武帝时，我国海船就携带大批丝绸、黄金，从徐闻、合浦出发，到东南亚国家去换取珍珠、宝石等特产。

由于秦汉时期中外交通的发展，屹立于东方的以汉族为主体的伟大的中华民族，其声威也随之远扬域外。清人薛福成说：“欧洲各国……其称中国之名：英人曰采衣纳……法人曰细纳……义人曰期纳，德人曰赫依纳，腊丁之音曰西奈。问其何所取义，则皆“秦”字之译音也，‘西奈’之转音为‘支那’……匈奴畏秦而永指中国为秦，欧洲诸国亦竞沿其称而称之也。”（《出使英法义比四国日记》）外国人称中国为China或“支那”“细那”等，这些皆为“秦”的音译。秦成为中国的称谓，可见秦影响之大。汉族称谓源于汉王朝的出现，这也为学术界所公认。据《萍州可谈》卷二，“汉威令行于西北，故西北呼中国为汉”。

以上我们从五个方面来说明秦汉时期在中国历史上有着特殊的重要地位。研究这个时期的历史不仅对深入研究我国古代史上许多重大问题有重要作用，而且对发现和研究中国历史发展的基本规律也是很有必要的。

周天游的《秦汉史研究概要》（天津教育出版社1990年版）是一本研究秦汉史的入门参考书。

现在世界各国称中国为China，是由古代印度梵文（Cina、Chinas）、阿拉伯文（Cyn、Sin）、拉丁文（Thin、Thinae）演变而来的，都是“秦”的音译。印度古时亦称中国为震旦，“震”即秦，“旦”即斯坦，就是秦地的意思。

六、 汉族名称的确定

华夏族发展、转化为汉民族的标志，是汉族名称的确定。华夏族统一于秦皇朝，其族曾被称为“秦”，西域各族就有称华夏民族为“秦人”的习惯。但是秦朝时间短，“秦”的称呼很快为“汉”的称呼所代替。在两汉时代的对外交往中，汉朝使者被称为“汉使”，汉朝人被称为“汉人”，汉朝的军队被称为“汉兵”。于是，在对外交往中，“汉”之名遂被他族他国作为族名使用。著名史学家吕思勉说：“汉族之名，起于刘邦称帝之后。昔时民族国家混而为一，人因以一朝之号，为我全族之名。自兹以还，虽朝号屡更，而族名无改。”（《先秦史》）吕振羽则说：“华族自前汉的武帝、宣帝以后，便开始叫作汉族。”（《中国民族简史》）总之，汉族之名自汉朝始称。

七、研究概况

秦汉史的研究，可以说从汉初就开始了。陆贾的《楚汉春秋》、贾谊的《新书·过秦》，是这方面有名的著作。此后，司马迁、班固、范晔的书，裴骃、司马贞、张守节、颜师古、李贤的书，都是研究秦汉史的巨著。这些书是以叙述的形式或注释的形式呈现的。在他们之后，还有不少这样的著作。到了近代，秦汉史的研究要比以前兴盛。特别是马克思主义的理论在中国的传播、西方考据方法的输入，对研究工作起了不小的作用。

（一）近代关于秦汉史的研究

1. 王国维、顾颉刚、吕思勉和劳榦

这些人是从不同角度研究秦汉史而有显著成就的史学家。

王国维重视考古新发现的材料，并把它同文献材料相结合，在秦汉史研究中提出了不少新见解。在20世纪初，敦煌汉简一被发现即引起他的注意，他认为汉代简牍材料对于西北史地研究具有重要意义。他所著的《流沙坠简》等著作，对于汉代简牍和西北史地研究，均有开创之功。王国维在秦汉制度的考证方面，发表了一些有重要学术价值的文章。其中，《汉魏博士考》《秦郡考》《汉郡考》等都是很重要的文章。（参考拙文《王国维先生的秦汉史研究》，见《秦汉史论集（外三篇）》）

顾颉刚对秦汉史的研究，以《五德终始说下的政治和历史》一文最为重要。该文长达14万字，最初发表于1930年的《清华学报》，后收入他主编的《古史辨》第五册。后来，他把这篇考证性文章改写为通俗文章《汉代学术史略》，新中国成立后又改写为《秦汉的方士与儒生》，是研究汉代政治思想史的重要著作。

吕思勉所著《秦汉史》是20世纪40年代中期出版的各家秦汉史中最有功力的著作，全书二十章60万字。上海古籍出版社在80年代整理重印此书。

劳榦对居延汉简进行整理和研究，出版了《居延汉简考释》。他把汉简资料与文献资料相结合，对汉代的边郡制度、亭障与烽燧、河西经济生活、兵制、官制、人口、交通、风俗等进行广泛的研究。他的许多研究成果，一直为治秦汉史者所参考。

2. 吕振羽、范文澜、翦伯赞、侯外庐

这四位是运用马克思主义理论研究秦汉史，为新史学开辟道路的史学家。

吕振羽的《简明中国通史》，是我国史学家以马克思主义理论作指导编写中国通史的最早尝试。《中国政治思想史》也是以马克思主义观点为指导撰写的第一部中国政治思想史专著。

范文澜的《中国通史简编》。

翦伯赞的《秦汉史》。

侯外庐的《中国思想通史》第二卷。

（二）新中国成立以来关于秦汉时期民族史的研究

1. 匈奴史

新中国成立以来，史学工作者结合匈奴的考古发掘和研究，对匈奴社会经济文化生活、社会性质和社会制度，以及匈奴和汉族之间的关系等进行了全面、深入的研究。成绩显著的是马长寿和林幹。

马长寿的《论匈奴部落国家的奴隶制》一文和《北狄与匈奴》一书，是十分重要的著作。

林幹的《匈奴史》《匈奴通史》有许多新见解。他还编了《匈奴史论文选集》。

2. 百越和西南夷的历史

蒙文通《越史丛考》收录的几篇论文。

陈国强等的《百越民族史》。

尤中编著的《中国西南的古代民族》。

张荣芳、黄淼章的《南越国史》。

（三）新中国成立以来关于秦汉经济史的研究

全面论述秦汉经济史的专著有：李剑农的《先秦两汉经济史稿》，傅筑夫的《中国封建社会经济史》第二卷。

1. 封建土地所有制

主张国有制：侯外庐的《汉代社会史绪论》，贺昌群的《汉唐间封建土地所有制形式研究》。

主张土地私有制：张传玺的《秦汉问题研究》一书中收入土地制度方面的文章多篇。

林甘泉主编的《中国封建土地制度史》第一卷，成就最大。

高敏的《秦汉魏晋南北朝土地制度研究》

朱绍侯的《秦汉土地制度与阶级关系》。

2. 赋役制度

钱剑夫的《秦汉赋役制度考略》。

黄今言的《秦汉赋役制度研究》。

（四）新中国成立以来秦汉政治史研究

1. 政治制度

安作璋、熊铁基的《秦汉官制史稿》。

黄留珠的《秦汉仕进制度》。

朱绍侯的《军功爵制试探》。

柳春藩的《秦汉封国食邑赐爵制》。

栗劲的《秦律通论》。

2. 农民战争

漆侠等的《秦汉农民战争史》。

朱大昀主编的《中国农民战争史·秦汉卷》。

（五）新中国成立以来秦汉学术思想史研究

关于思想史的有：侯外庐的《中国思想通史》第二卷、任继愈主编的《中国哲学史》（秦汉）、金春峰的《汉代思想史》、祝瑞开的《西汉思想史》。

关于文学史的有：金毓黻的《中国史学史》、刘节的《中国史学史稿》、白寿彝的《中国史学史》第一册。

关于社会性质问题的研究另有专题讲述。

正因为秦汉时期在中国历史上处于特别重要的地位，所以历来受到学者们的重视。远的不说，就是新中国成立四十多年来，在秦汉社会性质、农民战争、历史人物评价、政治经济制度、思想文化、民族关系、中外关系等各个方面，都有人做过研究，在深度和广度上，都比新中国成立前有较大的进展，出版了一批具有较高质量的学术论文和专著。关于学术论文，无法作太多的介绍。下面着重介绍一些具有代表性的学术专著。

1. 秦汉史研究者的队伍情况

秦汉史研究会1981年成立。

2. 作者情况

（1）马非百：《秦集史》（上下册，76万字），中华书局1982年版。

作者从20世纪30年代开始，即着手收集有关秦史的资料，凡自秦立国以来的史迹，一一集录，考核史料，分类汇编，并间用“编者按”的形式表示自己的意见。本身略仿纪传体史书成例，分纪、传、志、表四部分。其特点是收集了比较丰富的资料，又经过作者加工整理，可以省去研究者翻检之劳。其缺点是文物考古资料的收录尚欠完备；编次、分类也基本上沿袭了旧史体例；引用前人研究成果时，也未能一一注明。

据作者自序，写该书的动机有二：第一，打算写一部《秦书》（原名定为《秦书》），这几年才改定为《秦集史》，补二十四史无《秦史》之缺；第二，生平最佩服乐平马端临、邹平马骕两人。作者窃念自己也姓马，又是南高平人，因而想写一部历史书来和他们的《文献通考》及《绎史》配成“三平三马三史”，并尊称乐平为“大马”，邹平为“二马”，而自己则为“小马”。1946—1947 年，在北京大学工作时，马非百还请胡适写“秦史书屋”四字作为斋名。胡适还写了“非百百非而不非秦，因以名其室”的话。可见研究秦史是作者的夙愿。

（2）马非百：《秦始皇帝传》（50 万字），江苏古籍出版社 1985 年版。

该书是作者在旧作《秦始皇帝集传》（新中国成立前出版）的基础上经过重大修订增补而成的。它是一本以秦始皇为中心的秦王朝专史，共分七编，编分章，章分节。整个叙述，完全引用史料。该书的特点是引用资料丰富，除《史记》《战国策》等记载秦史较多的史籍外，凡后代正史、政书、方志、类书、稗官野史等记有秦事者，虽一鳞一爪，亦采录无遗。考古发现的文字材料，也收集在内。

（3）林剑鸣：《秦史稿》（34 万字），上海人民出版社 1981 年版。

该书既不同于一般意义上的断代史，也不同于一般的民族史、地域史，而是循着“秦”这一条线索，由氏族部落到诸侯国，至一个王朝的建立和灭亡。可以使我们从纵的方面对秦的历史有一个较系统的了解。该书资料丰富、文字流畅，史料、考证放在注中。

（4）李学勤：《东周与秦代文明》，文物出版社 1984 年版。

该书是综述东周（包括春秋、战国）和秦代考古研究成果的书，分两部分。第一部分叙述列国（包括秦王朝）的历史；第二部分叙述物质文化，如青铜器、铁器、金银玉器、丝织品、货币、玺印、简牍、帛书等等。该书由美国哈佛大学张光直教授审译，英文版被耶鲁大学出版社列为“中国早期文明丛书”之一。

（5）栗劲：《秦律通论》（近 40 万字），山东人民出版社 1985 年版。

该书通过对秦律和秦司法实践的大量新资料进行分析，系统地阐述了先秦法家学派关于法的一般理论基础和有关刑法、诉讼法、行政法、经济法以及民事法律关系的基本原则；全面地论述了秦王朝的法学理论和具体实践；总结了我国封建社会初期进行法制建设的经验教训。

（6）高敏：《云梦秦简初探（增订本）》（近 26 万字），河南人民出版社 1981 年版。

该书是作者研究秦简的论文集，包括二十篇论文。对秦的徭役制度、土地制度、隶臣妾制度、赐爵制度、法律制度、户籍制度、官吏考核制度、官府手工业制度以及阶级关系、阶级斗争等，根据传世文献和出土秦简作了探索。该书较全面地反映出秦简的内容、价值和意义。

（7）中华书局编辑部编：《云梦秦简研究》（27万字），中华书局1981年版。

该书也是一本研究秦简的论文集，包括十八篇论文。作者中有的参加过秦简的整理工作，有的没有参加过。作者从不同角度对秦简进行探讨，是一本学术价值较高的论文集。

（8）翦伯赞：《秦汉史》（45万字），北京大学出版社1983年版。

该书是翦伯赞在抗日战争时期撰写的，原题《中国史纲》第二卷《秦汉史》，由张传玺等同志校订出版。该书虽然在抗战时期写成，但以马克思主义的历史唯物主义为指导，具有观点鲜明、资料丰富、文章生动等特点，不失为一本研究秦汉史的重要参考书。（我们作为教材使用）

（9）林剑鸣等著：《秦汉社会文明》（31万字），西北大学出版社1985年版。

该书主要探讨秦汉时期的物质文明、社会风俗、精神风貌等。全书分十二章，包括农业、手工业、城市、服饰、饮食、居住、水陆交通、信仰、祭祀、婚丧礼俗、精神风貌等。该书在新中国成立后出版的秦汉史读物中独具一格，值得参考。

（10）傅筑夫：《中国封建社会经济史》第二卷《秦汉经济史》（51.7万字），人民出版社1982年版。傅筑夫、王毓瑚：《中国经济史资料·秦汉三国编》，中国社会科学出版社1982年版。

对秦汉时期经济区的划分、土地制度、劳动制度、经济政策、农民、手工业、商业、货币经济等做了全面的论述。自成体系，文献资料丰富；但未能很好吸收新中国成立后出土的大量的考古资料。

（11）朱绍侯：《秦汉土地制度与阶级关系》（16.6万字），中州古籍出版社1985年版。

该书对秦汉时期的土地制度、赋税和户籍制度，对其时的地主、农民、奴隶等各个阶级的变化及其相互关系，做了系统、深入的研究，值得参考。

（12）钱剑夫：《秦汉赋役制度考略》（21万字），湖北人民出版社1984年版。

该书对秦汉时期的土地税、人头税、商业税、盐铁酒税、更卒徭役、正卒徭役、戍卒徭役以及复除制度，做了详细的考述。既考证了各项制度本身的来龙去脉，又指出法定制度与实际执行情况的差异。这是一本研究赋税制度的资料丰富的参考书。

（13）马大英：《汉代财政史》（25万字），中国财政经济出版社1983年版。

该书对汉代的财政收入和支出做了全面的探讨，对于研究秦汉经济史的人来说是一本重要参考书。

（14）陈直：《两汉经济史料论丛》（20万字），陕西人民出版社1980年版。

该书是论文集，包括西汉屯戍研究、两汉的手工业、两汉的徒等七篇论文。

该书的特点主要是引用考古资料，力求使考古资料与文献资料结合，使考古资料为历史研究服务。

（15）贺昌群：《汉唐间封建土地所有制形式研究》（28.4 万字），上海人民出版社 1964 年版。

该书由七篇论文组成，既单独成篇，又互相联系；主要探讨土地制度与阶级关系，大部分篇幅是论述秦汉时期的。

（16）高敏：《秦汉史论集》（31.4 万字），中州书画社 1982 年版。

该书共收论文十余篇，涉及经济史、政治史、阶级关系史、农民战争史等，而以经济史为主。该书资料翔实、论证透辟、考证严谨，值得参考。

（17）张维华：《汉史论集》（25.6 万字），齐鲁书社 1980 年版。

该书收七篇论文，偏重于西域史与中西交通史。

（18）安作璋、熊铁基：《秦汉官制史稿》（上下册，71 万字），由齐鲁书社于 1984 年、1985 年相继出版。

该书分三编，第一编“中央官制”（上册），并附《论秦汉郎官、博士制度》，第二编“地方官制”（下册）。第三编“官吏的选用、考课及其他各项制度”（下册）。该书是新中国成立后出版的分量最大的一套秦汉官制史。在前人研究成果的基础上，对秦汉官制进行了一番系统而详细的整理和总结工作，用翔实的资料论证官制本身的来龙去脉，为秦汉史的研究提供了可靠的资料。

（19）黄留珠：《秦汉仕进制度》（21 万字），西北大学出版社 1985 年版。

该书对秦汉仕进制度（即选拔官吏制度）做了全面而详尽的论述，尤其是秦仕进制度部分，弥补了这方面研究工作的不足。

（20）柳春藩：《秦汉封国食邑赐爵制》（16.7 万字），辽宁人民出版社 1984 年版。

该书在吸收前人研究成果的基础上，对秦汉封国食邑赐爵制做了全面的研究，使对这个问题的研究有一个完整的体系。

（21）任继愈主编：《中国哲学发展史·秦汉》（57.6 万字），人民出版社 1985 年版。

该书收集作者半个多世纪以来公开发表的有关中国经学史的主要论著，包括专著四部，论文三十三篇，是治两汉经学史的必读参考书。

（23）熊铁基：《秦汉新道家略论稿》（14.1 万字），上海人民出版社 1984 年版。

该书是论文集。作者把秦汉道家与先秦道家相比较，认为“相因而实不同”，故用“秦汉新道家”之义。该书十多篇论文，自成一家之言。

（24）卿希泰：《中国道教思想史纲》第一卷《汉魏两晋南北朝时期》（17.7 万字），四川人民出版社 1980 年版。

（25）吴光:《黄老之学通论》（18.2 万字），浙江人民出版社 1985 年版。

该书论述道教黄老之学的发生、演变、流派、兴衰，分析黄老之学的理论内容、理论根据与特点，研究其得失与历史地位及其对后世的影响。

（26）朱绍侯:《军功爵制试探》（5.1 万字），上海人民出版社 1980 年版。

该书对出现于春秋，确立于战国，发展于秦汉时期的军功爵制做了比较全面的论述和探讨，分析其阶级本质及历史作用。

（27）龚克昌:《汉赋研究》（16.6 万字），山东文艺出版社 1984 年版。

（28）漆侠等:《秦汉农民战争史》（15.2 万字），生活·读书·新知三联书店 1962 年版，1979 年重印。

（29）孙达人:《中国古代农民战争史》（第一卷，16 万字），陕西人民出版社 1980 年版。

（30）林幹:《匈奴史》（13.5 万字），内蒙古人民出版社 1979 年版。

该书对匈奴族的经济生活、社会结构、政权组织、文化习俗、部族盛衰、政治演变及与其他各族特别是汉族的关系，做了比较全面而系统的叙述，为匈奴族的历史面貌描绘出一个轮廓。

（31）林幹:《匈奴历史年表》（24.1 万字），中华书局 1984 年版。

该书把散见于正史、别史、文集、汉简及金石中的匈奴历史资料收集、整理、删繁就简，综合编纂，按年月次序排列。上起战国，下迄北周，是一部很有用的资料性的工具书。

（32）林幹编:《匈奴史论文选集（1919—1979）》（44.3 万字），中华书局 1983 年版。

该书收论文三十七篇，附五十篇本集未收论文提要，反映了研究匈奴史的各种观点。

（33）林幹等:《昭君与昭君墓》（7.8 万字），内蒙古人民出版社 1979 年版。

该书主要从历史和文艺方面简要地介绍昭君出塞的历史事件，昭君墓的过去和现状，历代诗人、剧作家和画家对昭君形象的描绘，附有文献资料和文物图片。

（34）安作璋:《两汉与西域关系史》（10.9 万字），齐鲁书社 1979 年版。

该书分两篇，上篇论述两汉统一西域的经过和西域都护等行政机构的设置，下篇论述两汉与西域的交通及经济文化的交流，是一本比较全面系统地论述两汉与西域关系的著作。

（35）岑仲勉:《汉书西域传地里校释》（上下册，共 45.6 万字），中华书局 1981 年版。

该书主要针对《西域传》中的地名和里距两个问题进行了详细的校勘和考释，指出了前人研究的错误和不周之处，并提出了自己的见解。但由于该书脱稿于二十多年前，未能利用近二十多年来许多新的考古资料和有关研究成果。

(36) 王明哲、王炳华：《乌孙研究》(12 万字)，新疆人民出版社 1983 年版。

该书包括论乌孙历史的几个重大问题、《汉书·乌孙传》笺证、乌孙资料辑录、西汉乌孙大事年表等。

(37) 吴慧：《桑弘羊研究》(34.5 万字)，齐鲁书社 1981 年版。

该书全面系统地论述了桑弘羊所处的时代及其一生的是非功过，就桑弘羊的历史地位问题提出了自己的见解。

(38) 马元材（非百）：《桑弘羊传》(11.8 万字)，中州书画社 1981 年版。

(39) 马元材（非百）：《桑弘羊年谱订补》(14.1 万字)，中州书画社 1982 年版。

这两本是桑弘羊传记的姐妹篇，详尽地叙述了桑弘羊的生平，对其思想、政绩作了重点的评价；对于汉代的政治经济制度、汉王朝的对外关系等，也有所论述。

(40) 安作璋：《桑弘羊》(5.9 万字)，中华书局 1983 年版。

该书通俗地叙述了桑弘羊的一生，对桑弘羊的评价也较公允。

(41) 孟祥才：《王莽传》(12.2 万字)，天津人民出版社 1982 年版。

该书通过对王莽一生的叙述，说明西汉历史的发展给王莽代汉提供了怎样的客观条件，王莽新朝的性质和社会基础，新朝迅速灭亡的原因，王莽的个人品质在王莽的政治活动中起了什么作用。

(42) 张大可：《史记研究》(35.8 万字)，甘肃人民出版社 1985 年版。

该书是一部《史记》研究文集，收文章二十三篇，分别对《史记》的成书与断限、残缺与补窜、体制与取材、论赞与互见法、结构与倒书、太史公释名与生卒年等问题，以及对司马迁的思想和新中国成立三十年来的《史记》研究成果，都做了极有价值的讨论，是一部系统的《史记》研究专著。

(43) 施丁、陈可青：《司马迁研究新论》(31.7 万字)，河南人民出版社 1982 年版。

该书对司马迁的史学思想（历史观、政治观、经济观、社会观、学术观）、历史编纂、历史文学，以及司马迁与班固的史学异同，做了较全面、实事求是的评论；同时还将二千年来我国学者对司马迁的研究和评价，做了简要的介绍和评论。

(44) 历史研究编辑部：《司马迁与〈史记〉论集》(17.5 万字)，陕西人民出版社 1982 年版。

该书收集新中国成立三十年来（1949—1979）发表的论文中较为重要的、较有代表性的十五篇。书后附司马迁与《史记》研究论文目次。

（45）程金造:《史记管窥》（27.4 万字），陕西人民出版社 1985 年版。

该书收文章二十篇。作者治《史记》有年，文章多有创见。

（46）白寿彝:《史记新论》（5.7 万字），求实出版社 1981 年版。

该书是根据白寿彝教授 1963 年在中共中央高级党校理论班讲课记录整理而成。对司马迁编著《史记》的宗旨、历史背景、写作方法以及《史记》在我国史学上的重要地位与贡献，做了较系统的论述。

（47）季镇淮:《司马迁》（8.9 万字），上海人民出版社 1979 年版（初版于 1955 年）。

（48）徐朔方:《史汉论稿》（26 万字），江苏古籍出版社 1984 年版。

该书分上下两编，一无遗漏地分析《史记》《汉书》内容重叠或其他宜于对比的部分，探究他们的异同所在及其由来。经过对比研究，其结论是：从文学的角度看，《汉书》不及《史记》；从史学的角度看，《汉书》曾对《史记》作出有益的校正和补充，在这个意义上说，《汉书》后来居上。

（49）陈直:《史记新证》（14.1 万字），天津人民出版社 1979 年版。

该书多以出土的古器物证实太史公的记载，独具一格。

（50）安作璋:《班固与汉书》（5.6 万字），山东人民出版社 1979 年版。

该书通俗地叙述了班固的一生及对《汉书》的评价。

（51）杨树达:《汉书窥管》（60.3 万字），上海古籍出版社 1984 年版。

该书是作者三十年间沥血呕心，坚持读书考证的总结，是一部不寻常的读书札记。它是在王先谦《汉书补注》之后，对于训诂、校勘《汉书》很有参考价值的一部书。

（52）吴恂:《汉书注商》（23 万字），上海古籍出版社 1983 年版。

作者用了二十年时间写成该书，对于历来的《汉书》注解，阐析精义，尤其在训诂音韵方面，多有发明驳正，是一部不可多得的著述。

（53）陈直:《汉书新证》（34.9 万字），天津人民出版社 1979 年重版（初版于 1959 年）。

该书以《汉书》文本为经，以出土古物材料为纬，使考古为历史服务。其体例完全仿杨树达《汉书窥管》，其内容除仿裴注外，亦兼仿钱大昭《汉书辨疑》。

（54）陈直:《摹庐丛著七种》（38 万字），齐鲁书社 1981 年版。

该书包括七种著作，与秦汉史有关者有《盐铁论解要》《敦煌汉简释文平议》《秦汉瓦当概述》《关中秦汉陶录提要》等。

（55）吕思勉:《吕思勉读史札记》（上下册，共 88.2 万字），上海古籍出版社 1982 年版。

作者曾在五十年间从头到尾地把二十四史读过三遍。每探索一个历史问题，每读一本历史书籍，都要仔细排比资料，写成一条条札记，提出自己的看法，50年中没有间断。该书就是作者读史札记的汇编。其中秦汉部分是治秦汉史者应该参考的。

（56）吕思勉：《秦汉史》（上下册），上海古籍出版社 1983 年版。

该书是吕著四部断代史之一。对于秦汉时期各方面历史的叙述和分析，十分扎实而有条理。作者认为，就社会组织来说，新莽和东汉之间是一大界线，从此豪强大族势力不断成长，封建依附关系进一步加强，终于导致出现长期割据分裂的局面。此书把两汉政治历史分成十一个段落。对于社会经济部分，叙述全面而又深入；对于社会的特殊风气，如“君臣之义”“士大夫风气变迁”等都列有专节说明；对于政治制度和文化学术的叙述，不乏创见；对于神仙家、道教的论述，都有独到之处。此书乃治秦汉史者必读之参考书。

（57）杨鸿年：《汉魏制度丛考》（37 万字），武汉大学出版社 1985 年版。

该书对汉魏制度，如职官制度、刑法、礼俗、宫殿建筑、交通驿传等方面，做了详细考证，为进一步探讨中国封建社会的政治社会结构提供了可靠的基础。

（58）中国秦汉史研究会编：《秦汉史论丛》（第一、二辑），陕西人民出版社 1981、1983 年版。

（59）中国秦汉史研究会编：《秦汉史研究译文集》（第一辑），中国秦汉史研究会自刊 1983 年版。

（60）中国社会科学院历史研究所战国秦汉史研究室编：《简牍研究译丛》（第一、二辑），中国社会科学出版社 1983、1987 年版。

（61）王仲殊：《汉代考古学概说》（14.2 万字），中华书局 1984 年版。

该书包括九篇文章，叙述汉代的长安、洛阳、农业、漆器、铜器、铁器、陶器、墓葬等。

（62）中国科学院考古研究所编：《新中国的考古收获》，文物出版社 1961 年版。

（63）文物编辑委员会编：《文物考古工作三十年》，文物出版社 1979 年版。

（64）中国社会科学院考古研究所编：《新中国的考古发现和研究》，文物出版社 1984 年版。

以上三本书的秦汉部分，综合了秦汉考古的主要材料，是我们研究秦汉史必须参考的资料。

（65）陈直：《居延汉简研究》（50 多万字），天津古籍出版社 1986 年版。

包含五部分：居延汉简综论、居延汉简解要、居延汉简释文校订、居延汉简甲编释文校订、居延汉简系年。这是研究汉简必读之书。

（66）甘肃省文物工作队、甘肃省博物馆编：《汉简研究文集》，甘肃人民出版社 1984 年版。

该书发表了甘肃出土的一批新简及研究成果。

（67）傅筑夫、王毓瑚：《中国经济史资料·秦汉三国编》（44.8万字），中国社会科学出版社1982年版。

（68）安作璋：《秦汉农民战争史料汇编》（26万字），中华书局1982年版。

（69）程舜英：《两汉教育制度史资料》（11.3万字），北京师范大学出版社1983年版。

（70）林剑鸣：《秦汉史》上下册（43.8万字），上海人民出版社1989年版。该书是全国高等学校文科教材之一。

上面介绍了那么多的论文、专著。说明秦汉史研究的成果很丰硕。有的同志说，秦汉史研究没有什么搞头了，青年同志不愿在这个领域里涉足；原来从事秦汉史研究的也改行从事其他领域的研究。其实，研究的成果较多，有争议的问题也较多。很多问题都没有取得一致的意见，需要进一步深入研究。那么，有哪些课题值得注意呢？

（1）关于秦汉社会性质的问题

这是学习秦汉史首先要弄清楚的问题。但是，恰恰在这个问题上，史学界存在着不同的看法。对于这个问题，我将以专题讲授。

（2）关于秦汉经济史的研究

这个问题与社会性质问题有直接关系。要解决社会性质问题，首先要研究经济基础。如当时农业、手工业生产力发展的水平如何？土地所有制关系怎样？赋税徭役制度怎样？租佃关系在生产关系中究竟占有多大比重，属于什么性质？如何看待秦汉的商品经济？城市的发展以及城市和农村的关系等等，都有待进一步研究。

（3）关于秦汉政治制度史的研究

秦汉时期我国已经形成专制主义中央集权制度，学者对这一制度的研究，却存在很大分歧。如它为什么这么早形成？它的基础是什么？有什么特点？起过什么作用？这些都是有争议的问题。研究专制主义中央集权制，就涉及职官制度、兵制、法制以及诸侯王国、外戚宦官等等，这些问题都值得重点研究。

（4）关于秦汉阶级结构及阶级斗争史的研究

秦汉社会性质问题之所以未能得到解决，其阶级关系复杂也是重要的原因之一。例如秦汉时期的封君、豪族是奴隶主还是封建地主？大工商业主是不是奴隶主？奴婢是不是奴隶？自耕农、佃农、雇佣劳动者的阶级属性和社会属性是什么？各占多大比重？秦汉时期地主阶级的特点、结构怎样？还有秦汉时期三次大规模农民战争的性质、特点以及历史作用等，都需要做深入的探讨。

（5）关于秦汉思想史、文化史的研究

例如法家思想、黄老思想、儒家思想与经学、汉赋与乐府、石刻艺术、技术革新、自然科学的成就，以及秦汉人的日常生活，包括衣、食、住、行、社会风俗、道德观念等，都有待深入研究。

（6）关于秦汉少数民族史与民族关系史的研究

秦汉时期我国已形成一个多民族的国家，每个民族都有自己发展的历史和特点，他们都和汉族之间有着密切的联系。对祖国的历史都做出了自己应有的贡献。正确地阐明历史上的民族关系，是历史研究的一项重要任务。秦汉时期的匈奴、西域、西羌、西南夷、百越、乌桓、鲜卑等族，都是在中国历史上起过重要作用的民族。各族之间有和平往来，也有战争，有的曾经建立过独立的国家政权，有的变成了秦汉王朝的郡县，如何正确对待这些问题，需要深入研究。我们的研究既不能违背今天我国的民族政策，又要符合客观的历史实际。

（7）关于秦汉时期中外关系史的研究

秦汉时期可以说是中外关系史的开端。朝鲜、越南、缅甸、印度、日本以至于中亚、西亚、北非、欧洲各国在那时都和中国有了外交上的来往，进行了一些经济、文化交流。张骞通西域，开通了“丝绸之路”；东海和南海还开通了“海上丝绸之路”，这些都需要研究。尤其是如何正确对待秦汉王朝在朝鲜、越南设郡、战争及历史的疆界等，都是值得研究的严肃的问题。

（8）关于秦汉时期重要历史人物的研究

秦汉时期是“人才辈出，文武并兴”的时期，有许多影响力极大的政治家、军事家、科学家、文学家、史学家、思想家、农民起义领袖，对他们进行研究与评价是研究秦汉史的重要课题之一。

（9）关于秦汉史的文献整理与研究

在这方面，前人做了很多工作，其中包括标点、注释、辑佚、考证、辨伪以及索引等。但是还很不够，还有大量工作需要我们去做。当然，这样的工作，并不是治史的目的，但总要有人去做。这是一项艰苦的工作，需要有做人梯的精神。

以上九个方面的问题，都是秦汉史上值得注意并且有待深入研究的问题，提出来供同志们参考。

秦汉虽然只有四百年的历史，但是内容十分丰富，多姿多彩。不过，要想完全占有这个领域，也不是那么简单容易的事情。有些前辈学者穷毕生的精力，也不能达到精通的境界。当然，要想在这个领域里获取若干研究成果，也并不困难。即使如此，初学者还需要在一些基本功方面下一番功夫，才能有所成就。

首先，要认真学习马克思主义理论，并努力用马克思主义理论指导自己的研究工作。其次，为了提高阅读古书的能力、补充文献的不足和充分利用前人的研究成果，还要具备古代汉语、考古学、文献学等辅助学科的一些基础知识和技能。为了进行比较研究，了解秦汉历史的一般规律和特殊规律，还要熟习中国通史（纵的方面）和世界通史（横的方面）中的有关内容。此外，为了能及时吸收外国学者的研究成果，至少还要掌握一门外国语。这些都是基本功，或叫基础工作，是不能缺少的；缺少一个方面，在研究中就会遇到障碍，减弱攀登科学高峰的能力。有志于学习和研究秦汉史的同志们，让我们共同努力吧！

回顾近几年的成就，秦汉史研究发生了以下几个重要变化。

第一，旧的重大课题在新的形势下，取得较大的进展。为了在宏观上实现突破，首先在微观上下大功夫，成为秦汉史研究的突出现象。如由探讨封建专制主义中央集权制引起学者对秦汉具体的典章制度进行了大量的研究，尤其在官制、赋役制度、法律制度诸方面，取得重大进展。又如对两汉客民、客及奴婢的具体分析，对解决两汉社会性质大有裨益。

第二，新的研究领域不断开拓。如家族史、生活史、宗教史、风俗史、人口地理等文化史、社会史方面的研究引起愈来愈多人的兴趣，并出现了一批研究成果。

第三，史论结合更趋成熟，教条主义、行而上学和简单化、现代化的倾向得到较大的克服。对外来的新的理论、方法的学习方兴未艾，在实践中也取得初步的成果。

第四，考古资料与文献资料相结合的研究方法，已成为普遍的研究手段。

第二讲　秦汉史史料介绍

秦汉史史料，基本上可以区分为两大类，即文献资料和考古资料。这里只介绍文献资料，考古资料留待讲简牍时一并介绍。

一、基本文献史料

（一）《史记》

一百三十卷。作者司马迁，字子长，左冯翊夏阳（今陕西韩城）人，生于汉景帝中元五年（前145），卒于汉武帝征和三年（前90）前后。

《太史公自序》说："余述历黄帝以来至太初而讫，百三十篇。"（公元前104年是太初元年）又说："于是卒述陶唐以来，至于麟止。"（前122，武帝西狩获麟，改元称元狩）班固说："讫于天汉。"（前100）

《史记》记事起于传说中的黄帝，这点没有什么疑问；但关于记事的下限，却有三种不同说法：一曰终于元狩元年（前122）（见清人崔适的《史记探源》）；一曰终于太初（前104）（见清人梁玉绳的《史记志疑》）；一曰终于天汉（前100）（见刘宋裴骃的《史记集解序》、唐司马贞的《史记索隐后序》和张守节的《史记正义序》）。《史记》是我国第一部贯穿古今、首尾约三千年的纪传体通史。

司马迁的父亲司马谈，博学多才，在汉政府任太史令，主管文史资料和天文历法。司马谈想写一部全面系统的史书，愿望没有实现而死去，留下遗命要司马迁完成。司马迁继任太史令不久，就着手编写这一史籍。后来忍受了入狱、受腐刑的痛苦，出狱后坚持写作，逝世时基本完稿。司马迁的《报任少卿书》（见《汉书·司马迁传》）对著书的目的和内容，有比较明确的叙述。司马迁写《史记》前后经过十八年。

1．体例

《史记》的体例包括五个部分：十二本纪、十表、八书、三十世家、七十列传。

《史记》虽是一部通史，但略于先秦，详于秦汉，一百三十篇中有七八十篇是汉史史料，约占全书的五分之三。

《史记》本纪部分记载秦统一全国以后一段秦史的有《秦始皇本纪》《项羽

本纪》《高祖本纪》《吕太后本纪》《孝文本纪》《孝景本纪》《孝武本纪》等七篇。《秦始皇本纪》记述了秦统一六国的经过，以及统一全国后所推行的各项政令，不失为研究秦王朝兴衰的一篇重要史料。《史记》中的其他部分的秦史史料，如《吕不韦列传》《李斯列传》《蒙恬列传》和一些零散片段，它们对《秦始皇本纪》只起一种补充的作用。

其他的几篇本纪则是汉初的编年史。比较各篇内容，以《孝景本纪》最粗疏，为褚少孙所补。至于《孝武本纪》，裴骃《集解》引张晏说认为是褚少孙的补作。其实，该篇文字基本上是从《史记·封禅书》移植的，史料价值不足称道。

本纪、世家和列传，记载了一批秦汉时期的重要人物。这些人物当时活跃在政治、经济、军事、文化等领域。其中不少人物，如吕不韦、李斯、陈胜、萧何、曹参、张良、陈平、周勃、韩信、叔孙通、贾谊、晁错，卫青、霍去病、司马相如等，都在自己的主要活动领域对社会产生过重大影响。因此，对他们生平事迹的陈述，往往保存了一些与当时重大历史事件和典章制度息息相关的史料。

列传中有十篇类传，与秦汉史有关而又比较重要的有《儒林列传》《酷吏列传》《游侠列传》《货殖列传》等篇。《儒林列传》专记儒家代表人物的学术活动和儒家经典诗、书、礼、易、春秋的传授过程。《酷吏列传》是关于崇尚严刑峻法的官吏的传记，以酷烈著名的郅都、宁成，善于治狱的张汤、王温舒等，都收入本传。《游侠列传》记载了“其言必信，其行必果，已诺必诚，不爱其躯”（见本传）的侠义之士。《货殖列传》是经济专篇，保留了一些有关各地物产、农业、手工业和商业的史料。

另外，《匈奴列传》《南越列传》《东越列传》《朝鲜列传》《西南夷列传》《大宛列传》集中保存了我国少数民族和相邻国家的一些史料，是研究民族史和中外关系史的重要资料。

《太史公自序》是《史记》最后一篇，先谈自己的家世和编《史记》的原因，然后概述了各篇的内容，是研究《史记》的一篇原始史料。

《史记》有八书。《平准书》是武帝以前的西汉经济专篇，概述了西汉初年经济恢复和发展的过程，重点讲述了盐铁政策和钱币制度。《河渠书》记载西汉的河渠水利。《封禅书》叙述了秦汉最高统治者祭祀天地诸神和名山大川的迷信活动。《天官书》和《历书》是天文和历法的专篇，保存了我国古代天文学和历法学的一些珍贵史料。《礼书》和《乐书》分别论述了礼、乐的社会作用，其观点多本于《荀子》。

《史记》有十篇表，其中七篇是有关秦汉的。各表记事，泾渭分明，秩序井然，便于查检。如《秦楚之际月表》《汉兴以来诸侯王年表》，年经而国纬；《高祖功臣侯者年表》《惠景间侯者年表》《建元以来侯者年表》，国经而年纬；《汉兴以来将相名臣年表》，以年为经，以职官为纬。

《史记》的五部分，可分为三种情况，一是以时间为纲的本纪和年表，一是以事类为纲的书，一是以人物为纲的世家和列传。由于本纪和列传是全书的主体，所以人们把这种体例称为“纪传体”。这一体例的创立，对后世有很大的影响。

《史记》各篇之末，一般都有“太史公曰”，这是作者对篇内人物、事件的看法或附记有关事项。这种形式也为后代所沿用，《汉书》改称“赞曰”，其他史书有的用“论曰”，有的用“译曰”等等。

据司马迁说，《史记》全书一百三十篇。但据《汉书·艺文志》说：“《太公史》一百三十篇，十篇有录无书。”这说明到班固时，已散佚了十篇。至于散佚的是哪十篇，据三国时魏人张晏说：“迁没之后，亡《景纪》、《武纪》、《礼书》、《乐书》、《兵书》（按：当即《律书》）、《汉兴以来将相年表》、《日者列传》、《三王世家》、《龟策列传》、《傅靳列传》，元、成之间，褚先生（少孙）补缺，作《武帝纪》《三王世家》《龟策日者传》，言辞鄙陋，非迁本意也。”（张晏《汉书注》）张晏此说，清人王鸣盛的《十七史商榷》、赵翼的《廿二史札记》经考证后认为不尽可靠。以上十篇，并非完全佚失，褚少孙所补，均冠有“褚先生曰”四字，以资识别，而且也不是仅限《武帝纪》等三篇。在利用《史记》时，应了解这一情况。

2. 材料来源

司马迁写《史记》所用的材料，大致有四个来源：①司马谈积聚的材料。②参考古书的材料。据《史记》各篇的引证，司马迁列出书名的就有三十种之多，未写出书名的不知几何。写出书名的三十种如下：《夏小正》《颂》《秦纪》《尚书集世纪》《春秋》《秦楚之际》《列封》《史记》《世家》《晏子春秋》《孙子》《弟子问》《孟子》《新语》《禹本纪》《历谱谍》《终始五德》《五帝系谍》《春秋历谱谍》《国语》《尚书》《虞书》《春秋古文》《管氏》《司马兵法》《论语》《商君》《离骚》《功令》《山海经》。③亲身游历采访的材料。司马迁一生足迹所经，南抵云、贵，东至齐、鲁，北逾长城，西至甘肃，中部的江、淮、汴、洛，无不周游。通过实地调查，他耳闻目睹不少秦汉人物的事迹。例如他在《游侠列传》论赞中说：“吾视郭解，状貌不及中人，言语不足采者。”可见司马迁亲眼见过郭解。在《淮阴侯列传》论赞中说：“吾如淮阴，淮阴人为余言，韩信虽为布衣时，其志与众异。其母死，贫无以葬，然乃行营高敞地，令其旁可置万家。余视其母冢，良然。”这里所记，是从实地调查得来的。④汉朝宫廷图书档案的材料。《史记》中关于汉朝的叙述，都是司马迁根据自己收集的材料所写，司马谈仅整理先秦的部分。证之如司马谈临死说：“今汉兴，海内一统，明主贤君，忠臣死义之士，余为太史而弗论载，废天下之史文，余甚惧焉，汝其念

哉。”（《太史公自序》）

3.《史记》的优缺点

《史记》的优点主要有以下几点。

（1）对统治者的奢侈、贪残、暴虐给予无情的揭露，东汉王允说它是一部“谤书”，不无道理。《汉书·司马迁传赞》说：“刘向、扬雄博极群书，皆称迁有良史之才，服其善序事理，辨而不华，质而不俚，其文直，其事核，不虚美，不隐恶，故谓之实录。”

（2）对陈胜领导的反秦斗争给予一定的地位，把陈胜列入世家，是有积极意义的。

（3）除主要记载帝王将相的事迹外，对医生、学者、商贾、游侠等人物也给予一定的篇幅，反映了不同阶级、不同阶层的一些历史情况。

（4）除尊崇孔子外，对其他各家并不排斥，也给予一定的学术地位。

（5）除主要记载汉族历史外，对国内一些少数民族以及与汉朝有关系的邻国的历史，也给予一定的记载。如《匈奴列传》《南越列传》《朝鲜列传》等。

（6）对社会经济问题比较重视，并提出了一些可贵的经济思想，《平准书》《河渠书》《货殖列传》都是研究古代经济史及经济思想史的重要资料。

《史记》的缺点主要是缺乏艺文和地理方面的内容。另外，书中采用了一些传说故事，有些与史实不相符合。同时，有些史实也弄错了，主要集中在战国部分。

4. 历代校注考证

后代注释的《史记》，最有影响的是《史记》三家注，即刘宋裴骃的《史记集解》（简称《集解》），唐司马贞的《史记索隐》（简称《索隐》），张守节的《史记正义》（简称《正义》）。《集解》八十卷，以徐广《史记音义》为本，博采儒家经书和诸史，广引前人旧说，着重释义。《索隐》三十卷，采摭经传事书典故，解裴骃之未解，疏释文义，并加音注。《正义》三十卷，是作者竭尽一生精力撰写的，最为详备，是当时《史记》注集大成之作。三书原来各自成书，至北宋始散列《史记》正文之下，合为一编。日本泷川资言撰《史记会注考证》，水泽利忠撰《史记会注考证校补》，搜罗宏富，足资参考。

历代对《史记》的校补考订之作很多，在清代学者中，最有成就的应推钱大昕、梁玉绳、王念孙、王鸣盛、赵翼、郭嵩焘等人。钱大昕的成果见《廿二史考异》，梁玉绳的成果集中在《史记志疑》一书。该书依《史记》篇目，设条辨析为三十六卷。钱大昕为此书作跋云是书“专精毕力，据《经》《传》以驳乖违，参班、荀以究同异，凡文字之传讹，注解之傅会，一一析而辩之”，指出此书“足为龙门之功臣，袭《集解》《索引》《正义》而四之者矣”。此评甚为允当。中华书局1981年出版了贺次君点校的《史记志疑》（三册），使用十分方便。王念孙的成果，收在《读书杂志》中。清末郭嵩焘撰《史记札记》，内容包括对《史记》文字的校勘，史实的考异和疏解，注解与句读的商榷及其有关评议。此书已由商务印书馆于1957年校点出版。贺次君所写《校后记》，对该书评介甚详，可资参阅。王鸣盛的《十七史商榷》、赵翼的《廿二史札记》中的《史记》部分也可供参阅。

近代崔适著《史记探源》。他是经今文学的积极鼓吹者。该书旨在删剔《史记》的伪窜，勘正颠倒脱误，恢复它的本来面目。作者认为，今本《史记》不尽是司马迁原文，有刘歆所续。作者否定今本《史记》非原文的数量之多，是前无古人的。其意见失之偏激，不过亦可备一说。该书有1922年北京大学铅印线装本。

近人陈直所著《史记新证》，是利用考古材料尽可能全面证明《史记》史料价值的著作。作者用《史记》印证殷代用甲骨文，两周用铜器铭文，秦汉用杯量、石刻、竹简、铜器、陶器诸铭文，“使文献与考古合为一家，”力求证明《史记》记事的真实性，并对《史记》文句脱误以及“三家注”、《史记会注考证》等各家注释的正误，提出了自己的看法。该书于1979年由天津人民出版社出版。

新中国成立前，哈佛燕京学社编印了《史记及注释综合引得》，可用来检索《史记》词句。1957年科学出版社出版了《史记研究的资料和论文索引》，近年中华书局出版了《史记人名索引》《史记三家注引书索引》，都是有用的工具书。

中华书局出版的点校本《史记》是最新的版本，质量好，阅读方便。

杨燕起、陈可青、赖长扬编的《历代名家评〈史记〉》，北京师范大学出版社1986年版，收录历代（至1949年止）有关《史记》的主要评论资料，60万字，使用方便。黄福銮的《史记索引》对查人名、地名、事件、词汇及习俗语最有用。

（二）《汉书》

一百二十卷。作者班固，字孟坚，扶风安陵（今陕西咸阳东）人，生于汉光武帝建武八年（32），卒于和帝永元四年（92）。

班固修史是有家学渊源的：曾祖班况，成帝时为越骑校尉；祖父班稚，哀帝时为广平太守；父班彪，为光武时望都长吏，有志修史而又留心当时政治；弟班超，是出使西域的著名人物；妹班昭，是中国古代第一个有著述的女学者（《后汉书·班彪列传》）。

班固从小就很聪明，“九岁能属文，诵诗赋；及长，遂博贯载籍，九流百家之言，无不穷究”（《后汉书·班彪列传》）。

光武帝建武三十年（54）班彪死，班固二十三岁，在家开始整理其父所编的史稿，被人告发“私改作国史”，下狱治罪，幸得其弟班超“诣阙上书”，营救出来。不久汉明帝就召见他，任其为秘书郎，又任为兰台令史（兰台是皇家藏书之地）。汉明帝命他把《汉书》写完，此后二十多年间他都在撰写《汉书》。和帝永元元年（89），班固五十八岁，窦宪出兵攻打北匈奴，班固参加远征军，被任为中护军，行中郎将事。后来窦宪在政争中失败自杀，班固受到牵连，被捕入狱，死于狱中。

《汉书》共一百篇，后人把篇幅长的划分为上下卷，或上中下卷，共成一百二十卷。《汉书》体例沿袭《史记》，是中国第一部纪传体断代史。但与《史记》相比，《汉书》也略做调整。把“本纪”省称“纪”，“列传”省称“传”，改“书”为“志”，取消“世家”，汉代勋臣世家一律编入传。

《汉书》记事始于汉高祖刘邦元年（前206）止于王莽地皇四年（23），共历时二百三十年。包举西汉一代和王莽政权。

1.《汉书》的材料来源

（1）司马迁的《史记》。宋人郑樵说：“自高祖至武帝，凡六世之前，尽窃迁书。”（《通志·总序》）清人赵翼说：“《汉书》武帝以前，纪、传多用《史记》原文，惟移换之法，别见剪裁。”又说：“《汉书》武帝以前，王侯公卿皆用《史记》旧文，间有《史记》无传而增立者。”（《廿二史札记》卷二）

（2）班彪的《史记后传》。班彪为了续《史记》，“于是采其旧事，旁观异闻，作《后传》六十五篇。其子固，以父所撰未尽一家，乃起元高皇，终乎王莽……为《汉书》纪、表、志、传百篇”（刘知几《史通·古今正史》）。

（3）班固为兰台令史时所搜集的。班固曾任典校秘书，当时石室、兰台、东观及仁寿阁都是藏书极丰富的地方。《后汉书·儒林列传》说：“光武迁还洛阳，其经牒秘书载之二千余两，自此以后，参倍于前。”班固必然采取了汉廷史料。

（4）班昭、马续增补的。班固自说著成《汉书》百篇，后来有人说八表及《天文志》是班昭、马续补编的。班昭为和帝时的宫廷女师，马续为“博观群籍，善《九章算术》”的学者，必然为《汉书》增补不少材料。《后汉书·列女传》说：“（昭）兄固著《汉书》，其八表及《天文志》未及竟而卒，和帝诏昭就东观藏书阁踵而成之。”“时《汉书》始出，多未能通者，同郡马融伏于阁下，从昭受读，后又诏融兄续，继昭成之。”（《曹世叔妻传》）刘知几也说：“固后坐窦氏事，卒于洛阳狱，书颇散乱，莫能综理。其妹曹大家（念作‘姑’），博学能属文，奉诏校叙。又选高才郎马融等十人，从大家授读。其八表及《天文志》等犹未克成，多是待诏东观马续所作。”（《史通·古今正史》）

从上述我们可知，以汉武帝中期为界限，可以把《汉书》划分为前后两部分。前一部分基本抄自《史记》，但班固把《史记》移入《汉书》时，也经过一番加工整理，增加了一些新的内容。《史记》没有惠帝纪，惠帝事迹略见于《吕太后本纪》。《汉书》增立了《惠帝纪》，记载了一些重要的历史内容。《史记·孝武本纪》割裂《封禅书》敷衍而成，班固另写了《武帝纪》，提供了新的史料。把《汉书》与《史记》共有的高祖、吕后、文帝、景帝几篇帝纪加以对读，就会发现《汉书》比《史记》增加了一些内容。

《汉书》武帝中期以前的人物专传的材料也和帝纪一样，一方面来自《史记》，另一方面是一些新的材料。如《贾谊传》增加了“治安策”；《晁错传》补入了“教太子疏”“言兵事疏”“募民徙塞下疏”“贤良策”各一道；《路温舒传》增收了“尚德缓刑疏”；《贾山传》增补了“至言”；《邹阳传》收入了“讽谏吴王濞邪谋书”；《公孙弘传》增入了“贤良策”；《韩安国传》记载了韩安国与王恢论伐匈奴事。在《韩信传》《楚元王传》《萧何传》《王陵传》《淮南王传》《李广传》《卫青传》中，也增加了部分史事。另外，《汉书》还增立了几篇人物传记，如《吴芮传》《赵隐王如意传》《赵共王恢传》《燕灵王建传》《景十三王传》《苏武传》等。张骞传在《史记》中附于《卫青列传》，李陵传附于《李广列传》，《汉书》则为二人立专传。

《汉书》的后一部分，就史料的原始性、系统性、完备性来说，在今天存世的西汉史史料中是独一无二的。

帝纪中的武、昭、宣、元、成、元、平诸纪，各种记事提纲挈领，包罗万象。对帝王诏令，记载尤其详细。以《元帝纪》为例，元帝在位十七年，记载了十九道诏令，字数超过了全篇的二分之一。

2. 内容

《汉书》中，武帝中期以后的人多是统治阶级中的上层人物，从他们的言论和行迹，往往能看出当时社会某一方面的重要内容。在不少人物传记中，班固比较完整地保留了部分奏疏。有人批评《汉书》说：“孟坚所掇拾以成一代之书者，不过历朝之诏令，诸名臣之奏疏耳。”（明凌稚隆《汉书评林·汉书总评》）这些奏疏有助于了解当时的情况，具有很高的史料价值。如《李寻传》主要由李寻游说王根之辞和上给哀帝的一篇奏疏组成的。奏疏长达二千多字，以陈说灾异为名，从天道和历史上反复阐明他反对外戚干政、巩固皇权的主张，是了解哀帝继位之后皇权与外戚的斗争的一篇十分具体生动的材料。

《汉书》的类传，共有《儒林传》《循吏传》《酷吏传》《游侠传》《佞幸传》《货殖传》《外戚传》等七篇。前五篇可以视作《史记》同类列传的续编，补进了武帝中期以后的一些人物。《货殖传》全抄自《史记》，没有提供新的史料。《外戚传》是新创立的类传，专载皇后外戚事迹。

王莽篡夺帝位，改国号为新，称帝十余年。按体例应立帝纪。但班固极力维护刘汉王朝，把新朝斥为僭伪政权。因此，《汉书》没有王莽帝纪，只立《王莽传》，并置于传的最后一篇。这篇是关于王莽政权的最完备的史料。

《汉书》中记载少数民族和与我国邻近国家历史的有《匈奴传》《西南夷两粤朝鲜传》《西域传》。前两传吸取《史记》的材料，拾遗补阙，增其未备。《西域传》是班固创立的。《史记》有《大宛列传》，主要记载大宛，附带言及乌孙、康居、奄蔡、大月氏、安息、条支等。《西域传》在一定程度上弥补了《史记》的不足。共载西域五十一国，是研究西域史极为重要的史料。

《汉书》最后一篇是《叙传》，作者叙述自己的家世和生平事迹，逐一说明各篇的主旨，是研究《汉书》的基本史料。

《汉书》有八篇表：《异姓诸侯王表》《诸侯王表》《王子侯表》《高惠高后文功臣表》《景武昭宣元成功臣表》《外戚恩泽侯表》《百官公卿表》《古今人表》。前六篇用处不大。《古今人表》基本上都是“古人”，秦代人物只有十余人，汉代人物一律未收。八表中，《百官公卿表》最有用。它是关于秦汉职官制度的专论，分上下两卷，上卷讲秦汉分官设职的情况，包括各种官职的设立、沿革、权限、属官、秩次等。下卷用分为十四级、三十四官格的表，记载汉代公卿大臣的升降迁免。全表篇幅不多，却把西汉二百余年的官僚制度和卿相的变迁条理井然地展现出来。

《汉书》的十篇志，向来被人们所推崇。其中《刑法志》《地理志》《艺文志》《五行志》等四篇是班固的创立。《刑法志》系统叙述了法律制度的沿革和一些汉代律令规定，是一篇法律史的史料。《地理志》按郡国记录了行政区划、历史沿革、地区物产、山川风貌等。这篇志，一向被人们看作研究西汉历史地理必不可少的史料。《艺文志》著录了当时存世的书籍，为我国现存最早的图书目录。成帝时，刘向、任宏、尹咸、李柱国等分校中央政府的藏书，每校定一书，刘向“条其篇目，撮其指意，录而奏之”（《艺文志·序》）。他死后，哀帝复命其子刘歆总其事，修成《七略》。班固据《七略》整理成《艺文志》。它考证了各种学术派别的源流，著录了存世的图书，是研究西汉目录学和学术思想难得的史料。《五行志》篇幅最长，共分五卷，汇集了董仲舒、刘向、刘歆治《春秋》，推衍阴阳学说、论说祸福的各种说法，是一篇西汉思想史史料。志中确切记载的日蚀、月蚀、星体变异和各种自然灾害，对研究自然科学史有一定用处。

另外六篇志，是据《史记》的“书”改成的：

《律历志》——由《史记》的《律书》《历书》合并而成；

《礼乐志》——由《礼书》《乐书》合并而成；

《郊祀志》——《史记》的《封禅书》；

《天文志》——《史记》的《天官书》；

《沟洫志》——《史记》的《河渠书》；

《食货志》——《史记》的《平准书》。

《食货志》这篇志最重要，分上下两卷，上卷谈“食”，即农业经济状况，下卷言“货”，即商业和货币的情况。这是一篇西汉的经济史料。

3. 历代校注考证

《汉书》喜用古字古训，阅读艰难。从东汉末期至唐以前，前后出现过二三十家《汉书》注。唐初颜师古，广揽兼收，纠谬补阙，完成《汉书注》，卓然为一大家。清末王先谦作《汉书补注》，征引专著和参订之书多至六十七家，兼采各家之长，可谓集前人注释之大成。清人沈钦韩的《汉书疏证》、周寿昌的《汉书注校补》，也是很好的注本。

近人杨树达的《汉书窥管》，订讹纠谬，为世人所重视。

陈直的《汉书新证》（天津人民出版社出版），着重用汉简、铜器、漆器、陶器、封泥、汉印、货币、石刻等各种文物材料考订和印证《汉书》，足资参考。

1983 年上海古籍出版社出版了吴恂的《汉书注商》，也可做参考。

新中国成立前，哈佛燕京学社编印了《汉书及补注综合引得》，是查找《汉书》词句的工具书。近年中华书局出版了《汉书人名索引》，可用来查找《汉书》中的人名。黄福銮的《汉书索引》最有用。

中华书局出版的点校本《汉书》，是最便于阅读的一个新本子。

清人有关《汉书》表、志的校补之作甚多，成就亦较大。有代表性的佳作多收入《二十五史补编》及《史记汉书诸表订补十种》二书中。其中夏燮的《校汉书八表》、梁玉绳的《人表考》、杨守敬的《汉书地理志补校》、姚振宗的《汉书艺文志拾补》最为重要。

还有金少英的《汉书食货志集释》、岑仲勉的《汉书西域传地里校释》。

（三）《后汉书》

一百二十卷。其中纪十卷，列传八十卷，志三十卷。

纪、传的作者范晔，字蔚宗，南朝刘宋顺阳（今河南淅川）人。生于东晋孝武帝太元二十一年（396），卒于宋文帝元嘉二十二年（445），享年四十八岁。官僚世家出身，祖范宁为豫章太守，父范泰为车骑将军。沈约的《宋书·范晔传》说他“少好学，博涉经史，善为文章，能隶书，晓音律”。自十七岁以后入仕，从参军、秘书丞、新蔡太守等，一直做到左卫将军、太子詹事。后受孔熙先鼓动，密谋拥护宋文帝的弟弟彭城王刘义康做皇帝，被徐湛之告发，入狱处死。

范晔本来有撰写志的计划，他在《狱中与诸甥侄书》中说：“欲遍作诸志，《前汉》所有者悉令备。虽事不必多，且使见文得尽。又欲因事就卷内发论，以正一代得失，意复未果。”据《后汉书》卷十下《皇后纪》李贤注引沈约《谢俨传》云：“范晔所撰十志，一皆托俨。搜撰垂毕，遇晔败，悉蜡以覆车。宋文帝令丹阳尹徐湛之就俨寻求，已不复得，一代以为恨。其志今阙。”不管是范晔作完志而后志散失，或者没有完成作志的计划，反正《后汉书》原来是缺“志”的。到了梁朝，刘昭为《后汉书》作注，把晋司马彪的《续汉书》中的八志补注到范书里面，使《后汉书》成为完本。并且司马彪的《续汉书》早已失传，借此得以保存八篇志，刘昭的功绩是很大的。宋代以前，虽然出现过两书合抄本，但两书通常仍各自单行。宋真宗乾兴元年（1022），采纳了国子监孙奭合刻两书的奏请，形成今天所见到的《后汉书》合刻本。

范晔修《后汉书》，据说始于宋文帝元嘉元年（424），他二十七岁，由尚书吏部郎降职为宣城太守，“不得志，乃删众家《后汉书》，为一家之作”（《宋书·范晔传》）。从元嘉元年开始，到他入狱至死，共花二十多年。《后汉书》记载汉光武建武元年（25）至汉献帝建安二十五年（220）东汉亡于曹魏这一百九十五年的历史，是研究东汉史的重要史料。

1．材料来源

在班固以后、范晔以前，编著后汉这一时代的史书，据清人王先谦在《后汉书集解述略》，约有十八家：

东汉刘珍等：《东观汉记》一百四十三卷。

吴谢承：《后汉书》一百三十卷。

晋薛莹：《后汉书》一百卷。

晋司马彪：《续汉书》八十三卷。

华峤：《汉后书》九十七卷。

谢沈：《后汉书》一百二十二卷。

张莹：《后汉南记》五十八卷。

袁山崧：《后汉书》一百〇一卷。

袁宏：《后汉纪》三十卷。

张璠：《后汉纪》三十卷。

袁晔：《献帝春秋》十卷。

刘芳：《汉灵、献二帝纪》六卷。

乐资：《山阳公载记》十卷。

王粲：《汉末英雄记》十卷。

侯瑾：《汉皇德记》三十卷、《汉献帝起居注》五卷。

刘义庆：《后汉书》五十八卷。

孔衍：《后汉尚书》六卷、《后汉春秋》六卷。

张温：《后汉尚书》十四卷。

以上十八家，编著二十种，经范晔取材，成一家之言。王先谦在《后汉书集解·述略》中说：“范氏原以《东观汉记》为本书，又广集学徒，穷览旧籍，删烦补略，取资实宏。然进退众家，以成一家之言，笔削所关，谈何容易？”可见范晔以《东观汉记》为底本，再把各家《后汉书》的材料补充进去，从而撰成《后汉书》。

2. 体例

纪十卷，前九卷是东汉诸帝纪，殇、冲、质、少诸帝在位时间短促，事迹不多，没有列专卷而附于其他帝纪之后。九卷帝纪，是东汉一代的编年史。纪的最后一篇是《皇后纪》，集中保存了诸帝皇后和外戚的史料。在性质上，相当于《汉书》的《外戚传》。

范晔撰写《后汉书》的传，对人物的选择有独特的见解。清人王鸣盛指出：范书“贵德义，抑势利，进处士，黜奸雄，论儒学则深美康成（郑玄），褒党锢则推崇李（膺）、杜（密），宰相多无述，而特表逸民，公卿不见采，而惟尊独行。”（《十七史商榷》卷六十一“范蔚宗以谋反诛”条）根据这样的主传标准，范晔比较注意网罗统治阶级中各种类型的代表人物，展现了较为宽广的社会领域。拿类传来说，他创立了《党锢列传》《宦者列传》《文苑列传》《独行列传》《方术列传》《逸民列传》《列女传》等。自和帝始，东汉王朝日趋衰落，宦官与外戚把持朝政、地主阶级知识分子反对宦官斗争是当时政治斗争的重要方面。《党锢列传》《宦者列传》即反映了这一社会内容。《文苑列传》是擅长诗赋文章的人物专传，它不同于《儒林列传》。《独行列传》专门记述以“特立卓行”获得声誉的人物。《方术列传》主要记载以阴阳占卜著称的人物，名医郭玉、华佗也见于此传。《逸民列传》搜罗的是地主阶级中自命清高、隐居不仕的知识分子。《列女列传》记述卓越女子的“嘉言懿行”，他提出列女立传的标准是：“搜次才行尤高秀者，不必专在一操而已。”如蔡文姬曾经改嫁，违背了从一而终的封建礼教，但由于她“博学有才辩”而收入《列女传》。范晔创立这些类传，使人们对东汉史的认识有条件深入到各个不同的阶层。

《后汉书》的人物专传往往连篇累牍地抄录奏疏和文章，这一点类似《汉书》。如《崔寔传》载其《政论》一篇；《桓谭传》载其《陈时政疏》和《言图谶疏》；《冯衍传》载其《说廉丹》一书和《说鲍宣》一书；《王符传》载其《潜夫论》中的五篇；《仲长统传》载其《乐志论》及《昌言》中的《理乱》《损益》《法诫》三篇；《张衡传》载其《客问》《陈事疏》《请禁图谶疏》；《蔡邕传》载其《释诲》《陈施政所宜七事疏》；《左雄传》载其《陈政事疏》；《荀爽传》载其《对策》；《荀悦传》载其《申鉴》大略；等等。这些奏疏和文章，不但说明了作者的政治思想，也反映了当时的政治、经济、文化的状况，是十分珍贵的资料。

《后汉书》有《东夷传》《南蛮西南夷传》《西羌传》《西域传》《南匈奴传》《乌桓鲜卑传》，是了解东汉时期少数民族与中外关系的主要史料。

司马彪写的《续汉志》中的八志，分三十卷。《律历志》是讲历法的；《礼仪志》记载重要节令、祭祀、表事、君臣所应践行的仪式，从中可以了解东汉时代的封建礼仪制度和社会风俗；《祭祀志》是《汉书·郊祀志》的续篇，记载皇帝祀神活动；《天文志》和《五行志》是仿照《汉书》的《天文志》和《五行志》撰写的；《郡国志》相当于《汉书·地理志》；《百官志》和《舆服志》是前史所没有的，前者记载东汉中央和地方的职官制度的大体情况，后者记载反映封建等级制度的舆服沿革和式样。司马彪的志中，没有立《食货志》《艺文志》《河渠志》，这是一个缺陷。后来《晋书·食货志》追述了前代经济状况，才弥补了这个不足。

对于《后汉书》，范晔自认不比《汉书》逊色；自古以来，没有像《后汉书》这样“体大而思精”（《在狱中与诸甥侄书》）的史作。后世史家也多有赞辞。梁刘昭《后汉书注补志序》说：“范晔《后汉》，良诚跨众氏。”唐刘知几在《史通》中说：“范晔博采众书，裁成汉典，观其所取，颇有奇工。”又说：“范晔之删《后汉》也，简而且周，疏而不漏，盖云备矣。”宋人陈振孙在《直斋书录解题》中说范氏删取《东观汉记》以下诸家之书，以为一家之作。所以范晔《后汉书》一出，除袁宏《后汉纪》外，其他十几家东汉史著逐渐被淘汰。

3. 历代校注考证

比较通行的《后汉书》注是唐高宗之子李贤和张大安、刘纳言等的注释。志为刘昭注，很受人重视。今缺《天文志》下卷和《五行志》第四卷注。清人惠栋有《后汉书补注》，王先谦又在惠栋的基础上，广泛吸取其他人的成果，写成《后汉书集解》。

《后汉书》的校补考订工作，比较重要的有清代钱大昕《廿二史考异》中的《后汉书》部分、钱大昭《后汉书辨疑》、周寿昌《后汉书注补正》、李慈铭《后汉书札记》、沈钦韩《后汉书疏证》，近人张森楷《后汉书校勘记》，今人施之勉《后汉书集解补》等。

新中国成立前，哈佛燕京学社编印了《后汉书及注释综合引得》，可供查检词句之用。近来中华书局出版的李裕民《后汉书人名索引》、王天良《后汉书地名索引》是查找人名和地名的工具书。

中华书局出版的点校本《后汉书》，是所有版本中最好的本子。

范书无表，清人补作较多。其主要著作分见《二十五史补编》及《后汉书三国注补表三十种》。其中钱大昭《后汉书补表》、万斯同所补七表、徐绍桢《后汉书朔闰考》、黄大华《汉志郡国沿革考》、姚振宗《后汉艺文志》较为突出。

又近人苏诚鉴之《后汉食货志长编》，可补《续汉志》无《食货志》之缺。

二、其他文献史料

（一）综合性史料

综合性史料是指内容比较广泛，不局限于一端的史料。

1.《汉纪》

亦称《前汉纪》，三十卷。作者荀悦，东汉后期人。曾在曹操府中做事，后为黄门侍郎，秘书监，和族弟荀彧及孔融都在汉献帝宫中侍讲文学史事。汉献帝"常以班固《汉书》文繁难省，乃令（荀）悦依《左氏传》体，以为《汉纪》三十篇"（《后汉书·荀悦传》）。于是荀悦就依照《汉书》材料，"约撰旧书，通而叙之，总为《帝纪》。列其年月，比其时事，撮要举凡，存其大体。旨少所缺，务从省约，以副本书，以为要结"（《汉纪·高祖纪序》），用了三年时间把纪传体的《汉书》大事精减一番，改造为编年体的《汉纪》，作为汉献帝的历史读本。分为高祖、惠帝、吕后、文帝、景帝、武帝、昭帝、宣帝、元帝、成帝、哀帝、平帝（王莽之事附于平帝纪之后）等十二纪。叙事共二百三十一年（前209—22），与《汉书》基本相同。共18万字左右，约为《汉书》的四分之一。

《汉纪》取材于《汉书》，内容大致不出《汉书》范围，但也偶有增补史实的地方，如卷二十六汉成帝永始元年记载的谏议大夫王仁疏，卷二十九汉哀帝元寿元年侍中王闳谏，《汉书》都没有记载。又如西汉末年农民起义领袖铜马的事实，《汉纪》就比《汉书》为详细。记事与《汉书》也间有出入。

《汉纪》有组织严密、述事精炼、文笔简洁等长处，为后世学者所重视。可作为初读《汉书》的人的一本入门书。此书的《四部丛刊》本较为常见。

2.《后汉纪》

三十卷。作者袁宏，东晋中期人。"少孤贫，以运租自业。"（《晋书·袁宏传》）官做到东阳太守。享年四十九岁。

为什么编写《后汉纪》？袁宏所处的时代，已有好几种东汉史书出现，但他都不满意，说："予尝读《后汉书》，烦秽杂乱，睡而不能竟也。聊以暇日，撰集为《后汉纪》。其所缀会《汉纪》谢承书、司马彪书、华峤书、谢忱书、《汉山阳公记》、《汉灵献起居注》、《汉名臣奏》，旁及诸郡耆旧先贤传，凡数百卷。前史阙略，多不次叙，错谬同异，谁使正之？经营八年，疲而不能定，颇有传者。始见张璠所撰书，其言汉末之事差详，故复探而益之。"（《后汉纪·自序》）从这段自序可以知道几件事：一是他们所参考的材料很丰富；二是用了八年的时间编写；三是他采取张璠《后汉纪》的材料，也只是关于汉末一段。由于该书成书早于范晔的《后汉书》，而且取材广泛，又经过认真考订和抉择，所记有不少材料更接近原始资料，所以它的史料价值远在荀悦《汉纪》之上。《四库全书总目提要》说："其体例虽仿荀悦书，而悦书因班固旧文，剪裁联络；此书则抉择去取，自出鉴裁，抑又难于悦矣。"唐刘知几《史通·古今正史》认为"世言汉中兴史者，唯范（晔）、袁（宏）二家"。

《后汉纪》是继《汉纪》之后出现的一部编年史，起自公元25年刘秀称帝，终于公元220年曹丕废献帝灭汉，共一百九十五年。此书把这一时代的大事，编在十一帝纪中：光武帝纪、明帝纪、章帝纪、和帝纪、殇帝纪、安帝纪、顺帝纪、质帝纪、桓帝纪、灵帝纪、献帝纪。

《后汉纪》和《汉纪》采用同一体例，内容分量相当，后世多将二书合刻。现在见到的两《汉纪》本子，以《四部丛刊》影印的明嘉靖年间刊本较好。

周天游的《后汉纪校注》（天津古籍出版社1987年版）60多万字，是目前最好的本子。

除上述二纪之外，司马光《资治通鉴》的秦汉部分，亦不可忽视，其史料虽基本出自前四史及西汉纪，但简明扼要，提纲挈领，是初学者学习秦汉史的入门之书。而胡三省注，音义兼备，考辨精当，地理尤详，兼有史评，是研究者的重要参考资料。

3.《东观汉记》

旧题东汉刘珍等撰。其实是一部集体创作的东汉纪传史书，经过一百多年，几十个人之手。隋、唐以前，《东观汉记》被列为正史的三史之一。东观是后汉宫廷里史官著述及藏书之所，后汉初年本在兰台，到章帝后才移至东观。此书可以说是后汉史官们集体编著的后汉全史。

此书的编著经过是以下这样的。

汉明帝时，诏班固、陈宗、尹敏、孟异等共撰《世祖本纪》，班固又搜集功臣、平林、新市、公孙述事迹，作列传、载记二十八篇（《后汉书·班固传》）。这是第一次编著。

汉安帝时，诏刘珍、李尤、刘驹駼等续成纪、表、名臣、节士、儒林、外戚诸传，起自光武帝建武年间，止于安帝永初时期。这是第二次编著。

嗣后，伏无忌、黄景又奉命作诸王、王子、功臣、恩泽侯表、单于、西羌传、地理志等（《史通·古今正史》）。这是第三次编著。

汉桓帝时，复命边韶、崔寔、朱穆、曹寿、延笃等作孝穆、崇二皇、顺烈皇后传、百官表、顺帝功臣表。至此共写完一百一十四篇，号曰《汉记》（《后汉书》的《伏湛传》《延笃传》）。这是第四次编著。

汉灵帝熹平时，马日磾、蔡邕、杨彪、卢植、韩说、刘洪等，补撰列传四十二篇；蔡邕独撰十志，杨彪又补撰《灵帝纪》《献帝纪》。因董卓之乱，最后未完成（《四库全书总目提要》）。这是第五次编著。

《东观汉记》是纪、传、表、志俱全的纪传体正史，材料丰富，范晔即以它为底本，编成《后汉书》。参加编写的几十个人中，有几个是著名的历史学家，如班固、伏无忌、延笃、蔡邕等。其中以蔡邕最有史才。蔡邕下狱时，马日磾向王允求情，使之“续成后史”，王允不答应，反说：“昔武帝不杀司马迁，使作谤书流于后世。方今国祚中衰，神器不固，不可令佞臣执笔在幼主左右，既无益圣德，复使吾党蒙其讪议。”（《后汉书·蔡邕传》）

《东观汉记》当时究竟是多少卷，史无明确记载。《隋书·经籍志》记有一百四十三卷，《旧唐书·经籍志》《新唐书·艺文志》均记为一百二十七卷，足见此书在唐代已有损失。北宋时尚有残本四十三卷（赵希弁《读书附志》），南宋时只剩了邓禹、吴汉等列传九篇（《中兴馆阁书目》），元朝以后，全部散佚。清朝姚之骃从刘昭的《后汉书补注》、李贤的《后汉书注》、虞世南的《北堂书钞》、欧阳询的《艺文类聚》、徐坚的《初学记》里辑出佚文，分为八卷。乾隆时修《四库全书》，吸取姚之骃成果，又据《永乐大典》和参考其他书籍，补其阙失，增加了十分之六的内容，形成了一个新的辑本。包括帝纪三卷、年表一卷、志一卷、列传十七卷、载记一卷和佚文一卷，共二十四卷刊入《武英殿聚珍丛书》。《东观汉记》记事，出于当代人之手，是比较原始的东汉史史料。

吴树平《东观汉记校注》（上下册，中州古籍出版社 1987 年版，55 万字）是目前最全最好的校注本。

4. 八家《后汉书》

清汪文台辑，周天游校：《七家后汉书》，河北人民出版社 1987 年版。

七家后汉书即：

谢承：《后汉书》八卷。

薛莹：《后汉记》一卷。

司马彪：《续汉书》五卷。

华峤：《后汉书》二卷。

谢沈：《后汉书》一卷。

袁山崧：《后汉书》二卷。

张璠：《汉纪》一卷。

周天游《八家后汉书辑注》（上下册），上海古籍出版社 1986 年版，是目前最好的辑本。除上述七家之外，加上张莹《后汉南记》一卷。

5.《风俗通义》

原本三十二卷，今存十卷。作者应劭，东汉末年人。他博学多识，在此书中呈现了宽广的社会内容。原本三十二卷（包括目录一卷），《隋书》《唐书》的经籍志，均记无缺，到宋朝《直斋书录解题》及《中兴馆阁书目》，才记为十卷，足见在北宋时亡佚二十二卷。今本十卷一百四十八目，内容如下：

皇霸——五目，记三皇、五帝、三王、五霸、六国史事。

正失——十一目，记古来传闻失实之事，据理纠正。

愆礼——九目，记武陵威及徐孺子等行为不合礼节的故事。

过誉——八目，记郅恽及赵仲让等沽名钓誉的故事。

十反——十六目，记刘矩叔及刘胜等行违反常理的故事。

声音——三十八目，记音律乐器的创制及定名的意义。

穷通——十一目，记孔子及陈蕃等遭受挫折，由穷而通的故事。

祀典——十六目，记各种祭祀的起源及风俗。

怪神——十五目，记传说怪诞不经之事，指斥不可信。

山泽——十九目，记地面上丘、陵、湖、陂等定名的来源及意义。

据唐朝马总的《意林》所记，《风俗通义》亡佚的二十一卷的篇目是：心政、古制、阴教、辨惑、析当、恕度、嘉号、秽（徽）称、情遇，姓氏、讳议、释忘、辑事、服妖、丧祭、宫室、市井、数记、新泰、狱法、灾异。

《风俗通义》的价值在于它广泛地反映了两汉的社会生活状况及文化思想面貌。应劭在《风俗通义・自序》中说明写作的用意：“至于俗间行语，众所共传，积非习贯，莫能原察。今王室大坏，九州幅裂，乱靡有定，生民无几，私惧后进益以迷昧。聊以不才，举尔所知，方以类聚，凡三十一卷，谓之《风俗通义》，言通于流俗之过谬，而事该之于义理也。”

故《四库全书简明目录》说：“其书考论典礼类《白虎通义》（班固著），纠正流俗类《论衡》，不名一体，故列之于《杂说》。”这个评论很确切。

该书较好的本子有：

王利器的《风俗通义校注》（上下册，中华书局版）。

吴树平的《风俗通义校释》（天津人民出版社版）。

书后均有附佚文。

此外，晋陈寿的《三国志》、宋司马光的《资治通鉴》、清严可均辑的《全秦文》《全汉文》《全后汉文》、隋虞世南的《北堂书钞》、唐欧阳询等人的《艺文类聚》、徐坚等人的《初学记》、宋李昉等人的《太平御览》、王钦若等人的《册府元龟》，都保存了多少不等的秦汉史史料。

6. 会要体史书

会要体史书是唐苏冕创始的。分类编撰方法则是由宋王溥完成，编有《唐会要》。后代仿效此体成书者很多。与秦汉史有关的有：

《秦会要订补》，清孙楷著，徐复订补，中华书局1959年版。

二十四卷。分十四门：世系、礼、乐、舆服、学校、历教、职官、选举、民政、食货、兵、刑法、方域、四裔等。秦代的典章制度，尽收其中，对研究秦史有参考价值。

《西汉会要》，南宋徐天麟撰，七十卷，上海人民出版社1977年出版的标点本（上下册）最好。

此书主要取材于班固的《汉书》和司马迁的《史记》等书。经编撰者整理，分十五门，三百六十七事。该书对研究西汉王朝的典章制度及其演变有一定参考价值。

《东汉会要》，南宋徐天麟撰，四十卷，上海古籍出版社1978年出版的标点本最好。

此书主要取材于南朝宋范晔撰、唐李贤等注的《后汉书》和晋司马彪撰、南朝梁刘昭注的《续汉书》，还参考了晋袁宏的《后汉纪》等书。经编撰者编排，分十五门，三百八十四事。该书对研究东汉王朝的典章制度及其演变，有一定的参考价值。

7.《三辅黄图》

作者佚名。《隋志》称其为一卷，今本为六卷，疑南宋黄昌言校刻时所分拆，且后人有所增补。一般认为作者是六朝人，而陈直以为是中唐以后人。

此书载秦汉时期咸阳、长安地区的地理沿革、城市布局、宫廷苑囿、离宫别馆、汉陵面貌、祭祀礼仪等内容，是研究秦汉咸阳、长安地区历史地理的宝贵资料。

此书以陈直《三辅黄图校证》本最佳。

8.《华阳国志》

十二卷。东晋常璩撰，是我国现存最早的一部地方志。

此书一至四卷，总述梁、益、宁三州历史地理的沿革。五至九卷以编年体的形式记载巴蜀的历史。十至十二卷为三州由西汉至东晋初的贤士列女传。书中有关秦汉的部分多为纪传体史书所不载。

此书整理本有二：

任乃强的《华阳国志校补图注》，在校勘、补佚、考辨、注释方面颇有功力，且配有大量插图，价值较高。

刘琳的《华阳国志校注》，以史实的注释和考证为主，言简意赅。书后附示意图五幅，另附《华阳国志梁益宁三州地名族名索引》，颇便于用。

9.《水经注》

四十卷。北魏郦道元撰。

此书在汉桑钦《水经》记载的基础上广为订补，详述了河流水道一千二百五十二条，兼论水道流经地区的山川、城邑、关津的地理状况和历史沿革，以及古代建筑、碑刻石阙、人物故事、民间歌谣、神话传说，内容十分丰富。其中不乏有关秦汉历史、地理、民俗的记载。

此书以王先谦《合校水经注》成就较高，王国维《水经注校》用力甚深。

书中所载秦汉碑刻，可结合陈桥驿《水经注研究二集》中的《水经注·金石录》理解。

（二）农业及盐铁经济史料

1.《氾胜之书》

作者氾胜之，西汉成帝时人，曾为议郎，在今陕西关中平原地区教民耕种，获得丰收。该书是他对西汉黄河流域农业生产经验和操作技术的总结，内容包括耕作的基本原则、农作物的栽培技术，重点记述了区田法。此书是中国古代农学史上的划时代著作，为人们了解西汉的农业生产工具、农作物的品种、亩产量、农业生产技术等，提供了不少具体材料。此书早佚，北魏贾思勰《齐民要术》多所称引。旧辑本以清洪颐煊所辑较优，今人石声汉撰有《氾胜之书今释》、万国鼎撰有《氾胜之书辑释》。

2.《四民月令》

一卷。作者崔寔，东汉时人。

《隋书·经籍志》把它列入农家。它模仿《礼记·月令》的体制，从正月到十二月，依次记述了大地主庄园的例行活动。主要记载农事活动，如正月菑田粪畴；九月治场圃，涂囷仓，修窦窖；十月储藏五谷；十二月合耦田器，养耕牛。此外，还记述了与农业紧密结合的家庭手工业，如治丝析麻、纺织缝制、酿造修缮等等。对商业贸易、文化教育也有所反映。此书已佚，遗文主要见于《齐民要术》《玉烛宝典》《艺文类聚》《太平御览》等书。清人严可均辑本较为完善，收在《全上古三代秦汉三国六朝文》中《全后汉文》部分。今人石声汉撰有《四民月令校注》，缪启愉撰有《四民月令辑释》。

3.《盐铁论》

十卷，六十篇。作者桓宽，西汉宣帝时人。

西汉初年，有关国计民生的冶铁业和盐业操纵在豪强和兼并之家之手。汉武帝采纳桑弘羊的建议，实行盐铁官营、酒类专卖和平准均输等一系列经济政策。但这些政策遭到豪强兼并之家和富商大贾的激烈反对。汉昭帝始元六年（前81），中央政府召开了一次会议，以郡国所举贤良、文学为一方，御史大夫桑弘羊为另一方，围绕盐铁官营、酒类专卖和平准均输等问题展开了辩论。这就是历史上有名的盐铁会议。丞相车千秋也出席了这次会议，他知道这是一场重大的政治斗争，不愿意得罪任何一方，袖手旁观，一言不发（“括囊不言，容身而去”）。据《汉书·车千秋传·赞》说，会议有“论文”，即今天所谓“会议记录”。桓宽即根据会议记录整理编次成《盐铁论》。此书可分为三部分，第一篇至第四十一篇记载盐铁会议的正式辩论，第四十二篇至第五十九篇记载会议后的余谈，最后一篇是全书的后序。因为盐铁会议的中心是辩论盐铁等方面的经济政策，所以此书的经济史料特别丰富。围绕中心内容，此书广泛涉及当时的农业经济政策和政治、军事、思想、文化等领域的问题，记载了文学、贤良和桑弘羊的不同治国方针。研究汉武帝时期的历史，《盐铁论》是非读不可的史料。郭沫若撰的《盐铁论读本》、王利器撰的《盐铁论校注》（上下册，天津古籍出版社版），马非百撰的《盐铁论简注》（中华书局版）都是比较好的本子。

（三）职官制度史料

《汉官六种》十卷，清孙星衍辑，收入《平津馆丛书》《四部备要》等丛书中。其所辑诸书情况如下。

《汉官》一卷，作者及成书年代皆不详，早佚。汉末应劭曾为之作注。今所见佚文唯存于《续汉书·百官志》注中，内容侧重于公卿员吏的人数和品秩，并附记诸郡郡治距京师的里程数。

《汉官解诂》一卷。原名《小学汉官篇》，计三篇，建武年间新汲令王隆撰。其书以童蒙书之形式出现，对当时社会的影响比较广泛。东汉中后期重臣胡广深谙官制仪式，为其作注。《小学汉官篇》虽称精要，却有难言其详之弊。胡注补正反被较多征引，故书名随之易为今名。

《汉旧仪》二卷，《补遗》二卷。原书四卷，东汉议郎卫宏撰。此书不仅言及官制，而且大量涉及礼制，如籍田、宗庙、春桑、酎、祭天等礼仪。所以隋唐史志多将其列入仪注类。又因其所载官制较详备，故自《直斋书录解题》始，称其书为《汉官旧仪》，清四库馆臣辑本亦据以为目。此书为《汉官六种》中有较高史料价值的一种。

《汉官仪》二卷。原为十卷，东汉应劭撰。时献帝迁都于许，旧章湮灭，书记罕存，应劭缀集旧闻，而作此书。汉官诸书中，此作最为系统，佚文史料价值亦最高。

《汉官典职仪式选用》一卷。简称《汉官典职》《汉官典仪》《汉官典职仪》。原为二卷，东汉卫尉蔡质撰。杂记官制及上书谒见仪式。

《汉仪》一卷，吴太史令丁孚撰。因《新唐书》称其为《汉官仪式选用》，所以有人以为此书与蔡质之书为一书，但据《续汉书·百官志》所引，当为另一书。较他书简略，流传不广，鲜为人知。

这六书是关于汉代官制仪式最原始、最丰富的系统记述，可补《汉书·百官公卿表》和《续汉书·百官志》的不足，应予以足够重视。

其中《汉旧仪》上下两卷是采用清武英殿聚珍版所刊《永乐大典》本，孙星衍加以校正，又别作《补遗》两卷，附在《永乐大典》本后。范晔《后汉书·卫宏传》说："宏作《汉旧仪》四篇，以载西京杂事。"所记与今天见到的《汉旧仪》内容相吻合。从记事时间上说，此书专载西汉一代。就内容来看，以职官制度为主，兼述其他杂事，如皇帝起居、皇后亲蚕、西汉祀典、皇帝诸侯表葬制度等都有记述。其他五种书则专记两汉的官制。

六书虽非完篇，但仍可帮助我们了解西汉的各级官僚机构、分官设职的具体情况和每一官职的员数、职权、沿革、俸禄等。与《汉书·百官公卿表》《续汉书·百官志》互相参看，更有用处。

这六书唐时均佚。有各种辑佚本。但以孙星衍所辑本最好，其优点自宋以来有四：一为辑书全，二为辑文多，三为出处详，四为考辨较为审慎。而漏引、误引亦屡有发生，用之不可不慎。

最近中华书局出版的周天游《汉官六种》，是最好的本子。

此外，孙星衍还辑有汉叔孙通《汉礼器制度》一卷，可明汉初礼仪之概貌。

研究汉代礼制仪式，可参阅蔡邕《独断》。此书今存二卷。其所载有天子称谓及其所用、所居、所行、所驻之名称和仪制，群臣上书诸类别及程式，以及汉宗庙、祭祀、爵制、乐舞、五德说、汉世系、冠冕舆服之制和谥法等方面的情况。其中冠冕舆服之制尤为详细。全书条理贯通，简明扼要，虽略有后人补窜，记述也有小疵，仍不失为汉代礼制的重要参考书。

（四）思想史料（包括政治思想和哲学思想）

1.《新语》

今本十二篇。作者陆贾，西汉初年为汉高祖刘邦的门下客，曾任太中大夫。在吕后掌权期间被免居家，为陈平等人出谋除诸吕。文帝时又重任太中大夫。他曾两次出使南越说服赵佗归汉。生平见《史记·郦生陆贾列传》。著作主要是《新语》和《楚汉春秋》（已佚，有孙星衍辑本）。

现存《新语》有二卷本或一卷本，但都是十二篇，其篇目是：道基、术事、辅政、无为、辨惑、慎微、资质、至德、怀虑、本行、明诫、思务。

关于《新语》的真伪问题，从宋以来，有两种针锋相对的意见。

一种意见认为《新语》是伪书。最早是宋代黄震在《黄氏日抄》中提出这种意见。后来《四库全书总目提要》的编者又进一步找了此书是伪书的根据。近人张心澂在《伪书通考》中也认为是伪书。今人金德建在《司马迁所见书考》中亦持此说。综合上述诸家，认为《新语》是伪书的主要根据是：

第一，其文烦细，不类陆贾豪杰士所言，文字方面在陆贾时无《五经》的称呼，文体无对偶文。

第二，《汉书·司马迁传》称迁取《战国策》《楚汉春秋》《陆贾新语》作《史记》，唯《新语》之文不见于《史记》。

第三，《穀梁传》至汉武帝时始出，而《道基》篇末乃引“穀梁传曰”，时代不符。

第四，《本行》曰：“表定六艺。”此非陆贾所为，乃董君《仲舒》事。

第五，言思想，《新语》本儒家书，而今本多道家说。

第六，刘向《七录》（应为《别录》）、班固《汉志》著录陆贾书，其篇数与《隋书·经籍志》《旧唐书·经籍志》等记载有异。

另一种意见认为《新语》是真书。持这种意见的有清唐宴（见《重补陆贾新语跋》），严可均也在《铁桥漫稿》卷五《新语叙》中详细论证了《新语》是陆贾的著作。今人罗根泽对严可均的意见又作了补充。余嘉锡在《四库提要辨证》中，考证得更加精确。综合上述诸家，认为《新语》是陆贾的著作，有以下根据：

第一，《史记·郦生陆贾列传》说：“陆生时时前说称诗、书，高帝骂之曰：‘乃公居马上而得之，安事诗、书。’陆生曰：‘居马上得之，宁可以马上治之乎？且汤、武逆取而以顺守之，文武并用，长久之术也。’……陆生乃粗述存亡之征，凡著十二篇。每奏一篇，高帝未尝不称善，左右呼万岁。号其书曰《新语》。”与今本《新语》合。至于《汉书·艺文志》儒家著录《陆贾》二十三篇，不写成《新语》，是把《新语》和其他著作放在一起的缘故。

第二，今本十二篇为真本，有《群书治要》《文选》《意林》等引文为证。

第三，陆贾所见的《穀梁传》为旧本或没成立学官之前流传本。

第四，《史记》没有取《新语》而成书。

第五，《汉书·艺文志》《隋书·经籍志》《旧唐书·经籍志》《新唐书·艺文志》都有著录。

第六，十二篇思想皆符合本传与高祖的对话。

我认为《新语》基本上是陆贾的原作，但也有后人的掺杂。全书旨在讨论治国之术，强调无为而治、政令统一、重用贤人、慎微辨惑、崇尚仁德。从书的内容看，作者既信奉儒家，又崇尚黄老。论其主流，则归黄老一派。这正是汉初政治思想上所具有的特点。因此，《新语》一书不但是研究陆贾的史料，也是研究西汉初期历史的史料。

《新语》有《四部丛刊》本，《诸子集成》本。《龙溪精舍丛书》收民国时唐宴《陆贾新语校注》，是最好的本子。

王利器《新语校注》（中华书局1986年版）是《新编诸子集成》（第一辑）的一种。此书前言对书的真伪问题、版本源流问题、学术价值问题等作了说明。书后有四种附录：新语佚文、楚汉春秋佚文、书录（后人评价《新语》文抄）、史记汉书陆贾传合注。此书是《新语》的最好本子。

2.《新书》

又称《贾子》。《汉书·艺文志》著录为五十八篇，今本有十卷五十八篇，但《问孝》《礼容语上》两篇有录无书，实际上只有五十六篇。

作者贾谊，是汉初著名的政治家、文学家和思想家。享年仅三十三岁。关于他的生平史料，主要有《史记·屈原贾生列传》、《汉书·贾谊传》、清汪中《贾谊年表》(《述学》附刊本)、清王耕心《贾谊年谱》(《贾子次诂》本)、《贾谊集》(1976 年上海人民出版社排印本，附有《贾谊生活时代大事年表》和《贾谊传》)。中州古籍出版社出版的吴云、李春台校注《贾谊集校注》是最好的本子。

由于《新书》流传的书名和篇卷多寡不同，从而引起了关于《新书》真伪的争论。

第一种意见认为《新书》是从《汉书》贾谊本传中抄录出来的，不是贾谊本来的书（见南宋陈振孙《直斋书录解题》卷九)。后来清人卢文弨进一步认为《新书》是接近于贾谊的人萃编而成的（见《抱经堂文集·书校本贾谊〈新书〉后》)。

第二种意见以《四库全书总目提要》编者为代表，认为《新书》“不全真，亦不全伪”。

第三种意见认为《新书》全系伪书，以清姚鼐为代表。他说：“贾生书不传久矣，世所有云《新书》者，妄人伪为者耳。”（见姚鼐《惜抱轩文集》)。他认为作者是魏晋以后的人。

第四种意见认为《新书》基本上是贾谊的著作，其中《连语》《杂事》诸篇，不必是贾谊亲手所写。(见余嘉锡的《四库提要辨证》)。余嘉锡特别反对陈振孙和《四库提要》编者关于《新书》抄于《汉书》本传的说法，而主张《汉书》是抄于贾谊《新书》的。

我们认为《新书》是贾谊的著作，是研究贾谊思想的主要史料。其主要内容是政论文章，有的分析秦亡的原因，有的表达作者以民为本的思想，有的论述当权者必须爱民的道理。《宗首》等十五篇是作者的奏疏、“治安策”。还有对诸侯王问题的议论，对地域区划和徭役负担问题的论述，以及有关社会经济的问题。《新书》所论述的都是当时人们关注的重大社会问题，是贾谊政治思想和经济思想的集中反映。

《新书》的版本很多。以清卢文弨校《抱经堂丛书》本、《龙溪精舍丛书》本、《诸子集成》本为好。1976 年上海人民出版社出版的《贾谊集》，其中包括《新书》，疏、赋等都可作参考。

吴云、李春台校注的《贾谊集校注》（中州古籍出版社 1989 年版）是较好的本子。

3.《淮南子》

今本二十一篇。作者刘安（文帝、景帝、武帝时期人）是汉高祖刘邦的少子淮南厉王刘长的儿子。刘长谋反死后，汉文帝封刘安为淮南王。他生平的史料，主要见《汉书·淮南衡山济北王传》《汉书·武帝纪》等。

据《汉书·淮南衡山济北王传》说："淮南王安为人好书……招致宾客方术之士数千人，作为《内书》二十一篇，《外书》甚众，又有《中篇》八卷……时武帝方好艺文，以安属为诸父，辩博善为文辞，甚尊重之。……初，安入朝，献所作《内篇》，新出，上爱秘之。"汉高诱在《淮南子注·序》中说："安为辨达，善属文。……于是遂与苏飞、李尚、左吴、田由、雷被、毛被、伍被、晋昌等八人，及诸儒大山、小山之徒，共讲论道德，总统仁义，而著此书。其旨近老子……号曰鸿烈。鸿，大也，烈，明也，以为大明道之言也。"高诱以为此书原名《鸿烈》，今通称《淮南子》。现存者为原书的《内篇》。该书的最后一篇《要略》是全书的序，介绍了各篇的中心内容。

关于注释《淮南子》，《隋书·经籍志》著录"《淮南子》二十一卷""许慎注"，又"《淮南子》二十一卷，高诱注"。今本《淮南子注》有高诱的序，《天文训》注中有"诱不敏也"。可证是高诱注。但书中又掺杂有许慎注文。据余嘉锡《四库提要辨证》卷十四考证，《原道训》《俶真训》《天文训》《地形训》《时则训》《览冥训》《精神训》《本经训》《主术训》《氾论训》《说林训》《说山训》《修务训》等十三篇是高诱注。《缪称训》《齐俗训》《道应训》《诠言训》《兵略训》《人间训》《泰族训》《要略训》等八篇是许慎注、庄逵吉校。

《淮南子》内容相当庞杂。思想体系属于杂家，兼容各家思想，而以道家思想最为突出。此书虽然成于众人之手，但由刘安主编，基本上反映了他的思想、政治主张及世界观。

反映其唯物主义宇宙观的史料，主要在《原道训》《俶真训》《天文训》《精神训》《泰族训》诸篇之中。

反映其进步历史观的史料，主要在《览冥训》《本经训》《齐俗训》《氾论训》诸篇中。

其政治思想的史料，主要在《主术训》《齐俗训》《说林训》《兵略训》诸篇之中。

《淮南子》杂采先秦诸家的史料编辑成书，因而也保留了不少各家的引文和史料，很有参考价值。

《淮南子》的版本，以《诸子集成》本（庄逵吉校），《淮南内篇集证》（刘家立集证，1934 年上海中华书局聚珍仿宋版印本）为最佳。近人刘文典作《淮南鸿烈集解》，此书搜集了前人注解的成果，校勘和考订较佳，后来又作《三余札记》对这部《集解》作了补充。还有陈一平的《淮南子校注译》（广东人民出版社 1994 年版）。

4.《春秋繁露》

今本十七卷，八十二篇。作者西汉董仲舒，少治《春秋》，景帝时为博士。

武帝时，以贤良对“天下三等”，提出“罢黜百家，独尊儒术”，为江都相，曾废为中大夫，一度因言灾异而下狱。后来为胶西相，因怕获罪被杀而先病家居。其生平史料，主要有《史记》的《董仲舒传》，《汉书》的《董仲舒传》《五行志》《武帝纪》和《论衡·实知》，以及《太平御览》卷九百七十六的引文、《西京札记》卷二等。还有清苏舆《董子年表》（《春秋繁露义证》卷首），近人施之勉《董子年表订误》（《东方杂志》1945 年第 24 期），周辅成《论董仲舒思想》（上海人民出版社 1961 年版）。

《汉书·董仲舒传》说：“仲舒所著，皆明经术之意，及上疏条教，凡百二十三篇。而说《春秋》事得失，《闻举》《玉杯》《繁露》《清明》《竹林》之属，复数十篇，十余万言，皆传于后世。”

《春秋繁露》一书，尽管诸史志著录与现存本相同，但还有不少人对这部书提出种种异议。

其一，《春秋繁露》的书名问题。因为《汉书·艺文志》并未著录《春秋繁露》书名，而《春秋繁露》书名出于《隋书·经籍志》，说明《春秋繁露》书名是汉以后得名的。因此，有人认为以《繁露》冠名，证明系伪书。也有人认为《春秋繁露》书名是作注的人依据《汉书》本传提到的“《春秋》事得失，《闻举》《玉杯》《繁露》《清明》《竹林》之属，复数十篇，十万余言”的《春秋》《繁露》加在一起而得名。这一说法比较接近事实。其理由是：①今本《春秋繁露》无《繁露》篇，而将原《繁露》篇改题为《楚庄王》，是保留了取《繁露》篇名作为《闻举》《玉杯》《清明》《竹林》诸篇总称的痕迹。②周以探讨《春秋》事得失为内容，所以把《春秋》与《繁露》相并为书名。③《春秋繁露》一名，最早不是见于《隋书·经籍志》，而是见于晋葛洪的《西京杂记》，该书说：“董仲舒梦蛟龙入怀，乃作《春秋繁露》词。”说明取此书名当在汉晋之间，而隋朝已有《春秋繁露》的完整本流传于世。

其二，《春秋繁露》的真伪问题。关于这个问题有四种意见。

第一，宋程大昌、朱熹、陈振孙等人认为是伪书。程大昌在《春秋繁露书后》中提三点理由：辞意浅薄；《繁露》本篇名而冠全书名；《太平寰宇记》引《繁露》、《通典》引《繁露》的一些章句，今本没有。

第二，与此同时，楼大防、黄震和近人金德建认为此书不是伪书，是董仲舒的著作。楼大防在《春秋繁露跋》中提出两点理由。一，据宋胡榘得到的罗氏兰台本和考证，程大昌提出的《太平寰宇记》《通典》所引章句皆在书中。二，《春秋会解》一书中，胡榘引《繁露》十三条具在《说文解字》“王”字下，所引为董仲舒“古之造文者，三画而连其中，谓之王。三者天地人也；而参通之者王也”，亦在第四十四篇《王道通三》中。

第三，《春秋繁露》非伪书，是以百二十三篇的一部分与《公羊治狱》十六篇合成的。胡应麟主此说。姚际恒更认为此书非伪而名伪。

第四，中国科学院哲学研究所中国哲学史组编的《中国哲学史资料选辑——两汉之部》认为“《繁露》里面的文章，未必全是董仲舒一人所写。如果把它作为武帝时代儒家思想资料总集看，似乎更适当一些”。

我们认为《春秋繁露》是董仲舒的著作。它依傍《公羊春秋》，阐发作者的思想体系。今天我们研究董仲舒的思想或者西汉中期，乃至封建社会儒家正统思想的形成和发展，此书都是不可缺少的重要史料。

反映哲学思想的史料主要在《楚庄王》《玉杯》《十指》《重政》《深察名号》《五行之义》《五行相胜》《循天之道》《阴阳终始》《基义》诸篇中。

反映神学目的论的史料主要在《王道通三》《顺命》《天地之行》《阴阳义》《为人者天》《符瑞》诸篇中。

反映形而上学的史料主要在《循天之道》《基义》《阳尊阴卑》《阴阳终始》之中。

反映唯心主义认识论的史料主要在《二端》《祭义》《深察名号》之中。

反映性三品的史料主要在《竹林》《实性》《玉杯》之中。

反映政治思想和唯心史观的史料主要在《楚庄王》《基义》之中。他的《天人三策》被班固全抄在《汉书》本传中。这篇策论既有大一统的专制主义的政治观点，也有唯心主义哲学思想的概要，把孔子和儒学神圣化，给予封建统治阶级以理论上的论证。

《春秋繁露》的版本颇多，主要是因为明清两朝广为刊刻。最早为《春秋繁露》作注的是清朝的凌曙，其《春秋繁露注》收在《皇清经解续编》内。清苏舆又撰《春秋繁露义证》，对凌曙注有所补正。

中华书局《新编诸子集成》第一辑收入苏舆《春秋繁露义证》（钟哲点校，1992 年版）书后附录《董子年表》《春秋繁露考证》和王先谦的《春秋繁露义证序》。

5.《太玄经》《法言》

《太玄经》也省称《太玄》，今本十卷。《法言》，今本十三卷。作者扬雄。扬雄是西汉末年重要的思想家、文学家。他“少而好学”，博览群书，早年以辞赋著称，晚年研究哲学。他在汉平帝时被任命为大夫，王莽代汉后被免去职务，但不久又被召去为大夫。他一生未做大官，苦心钻研哲理，除《太玄》《法言》外，还有《方言》《蜀王本纪》《难盖天》等文史和天文著作。其生平史料主要有《汉书·扬雄传》、清奚绍声《扬子年表》（稿本）、清陈本礼《汉给事黄门郎扬雄生卒年考》（《聚学轩丛书》本）、清全祖望《扬子云生卒考》（《鲒埼亭集外编》本）、董作宾《方言学家扬雄年谱》（《中山大学历史语言研究所周刊》第 8 集，第85—87 合刊，1929 年）、汤炳正《扬子云年谱》（《论学》第 4—7 期，

1937年)。

《太玄》在形式上完全模仿《周易》,书中提出"玄"作为思想核心,相当于《老子》中的"道"、《易》中的"易"。书中用了许多"古文奇字",晦涩难懂,"观之者难知,学之者难成"(《汉书》本传)。《太玄》的体系是"三方九州,二十七部,八十一家,二百四十三表,七百二十九赞",又有"首、冲、错、测、摛、莹、数、文、掜、图、告"十一篇,吸收了当时的天文学知识,有一些辩证法思想,但其哲学体系基本上是客观唯心主义。

晋范望所撰《太玄经注》是现存最早的旧注,收在《四部丛刊》中。又有《集注太玄》,前六卷为宋司马光撰,后四卷为许翰撰,见于《四部备要》。还有清陈本礼撰《太玄阐秘》(刊入《聚学轩丛书》)、郑万耕校释《太玄校释》(北京师范大学出版社1989年版)。

据《汉书》本传记载,扬雄见到战国诸子诋毁孔子学说、司马迁《史记》的是非标准与孔子不尽相同,时人也常常以此向扬雄请教,扬雄便把对一些问题的问答编辑成书,称作《法言》,体例仿效《论语》。该书的基本思想倾向是尊崇孔子,信奉儒家。内容比较简明,主要是讲人生、政治问题,包含一些进步思想,明确反对天人感应论。

晋李轨《扬子法言注》是现存最早的旧注,收入《诸子集成》。传世的还有《纂图互注扬子法言》,晋李轨、唐柳宗元和宋宋咸、吴祕、司马光注,人们习惯上称为"五臣注"。清汪荣宝撰有《法言疏证》(元和汪氏金薤琳琅斋1911年刻),注释较详,1933年排印本改名为《法言义疏》。

中华书局《新编诸子集成》第一辑收入汪荣宝《法言义疏》(1987年版,陈仲夫点校)。

6.《纬书》

《纬书》也是值得注意的汉代思想史史料。西汉末年,谶纬之学兴起。所谓"谶",就是预告未来凶吉祸福的隐语,完全是迷信。所谓"纬",是对经而言,解释经书,保存一定的思想资料。有《易纬》《尚书纬》《礼纬》《诗纬》《春秋纬》《孝经纬》等。这些纬书进一步把六经神秘化,把儒家思想宗教化。谶纬学是由董仲舒天人感应学说恶性发展而来的,经过王莽的鼓吹、光武帝刘秀的提倡,风靡一时。光武帝刘秀于中元元年(56)"宣布图谶于天下",谶纬成了官方统治思想。纬书后来的发展对统治阶级也造成一定的威胁,所以到了隋朝,隋文帝、炀帝都禁止谶纬,下令烧掉与谶纬有关的书。关于谶纬书,《汉书·艺文志》没有著录,《隋书·经籍志》提到十三部。《后汉书·樊英传》注记"七纬"名目云:"《易》纬《稽览图》《乾凿度》《坤灵图》《通卦验》《是类谋》《辨终备》也;《书》纬《琁机钤》《考灵耀》《刑德放》《帝命验》《运期授》也;《诗》纬《推度灾》《记历枢》《含神务》也;《礼》纬《含文嘉》《稽命征》

《斗威仪》也；《乐》纬《动声仪》《稽耀嘉》《汁图征》也；《孝经》纬《援神契》《钩命决》也；《春秋》纬《演孔图》《元命包》《文耀钩》《运斗枢》《感精符》《合诚图》《考异邮》《保乾图》《汉含孳》《佑助期》《握诚图》《潜潭巴》《说题辞》也。”今天大部分谶纬书已散失，明孙瑴编了《古微书》，保存了一部分谶纬书的材料。清马国翰、王仁俊、黄奭也有辑本，分别见于《玉函山房辑佚书·经编纬书类》《玉函山房辑佚书续编·经编纬书类》《黄氏逸书考·通纬》。

钟肇鹏的《谶纬论略》（辽宁教育出版社 1991 年版），是张岱年主编的“国学丛书”系列之一，可以参考。

7.《新论》

作者桓谭，是西汉末东汉初思想家，无神论者。他反对图谶，反对天人感应。王莽曾利用图谶篡汉，刘秀即位后“宣布图谶于天下”。桓谭上书论事，反对图谶，并当面与刘秀辩证，刘秀大怒，说“桓谭非圣无法”，要斩他。他“叩头流血”，才得免死，被贬为六安郡丞，郁郁不乐，死于去六安途中。其生平史料，主要在《后汉书·桓谭传》、唐魏徵《群书治要》、《后汉书·桓谭传》李贤注、《太平御览》卷六引文、王充《论衡》的《超奇》《定贤》等篇。

据《后汉书·桓谭传》，“初谭著书言当世行事二十九篇，号曰《新论》，上书献之，世祖善焉。《琴道》一篇未成，肃宗使班固续成之，所著赋、诔、书、奏，凡二十六篇”。关于《新论》，唐章怀太子李贤注《后汉书·桓谭传》称：“《新论》一曰《本造》、二《王霸》、三《求辅》、四《言体》、五《见征》、六《谴非》、七《启寤》、八《祛蔽》、九《正经》、十《识通》、十一《离事》、十二《道赋》、十三《辨惑》、十四《述策》、十五《闵友》、十六《琴道》，《本造》《述策》《闵友》《琴道》各一篇，余并有上下。《东观记》曰：‘光武读之，敕言卷大，令皆别为上下，凡二十九篇。’”梁代僧佑编辑的《弘明集》中有《新论形神》一篇，也是桓谭的作品，是研究其思想的一篇重要史料。

《新论》久佚，世不流传。后代辑佚未以清严可均辑本最好，收入《全后汉文》中。严可均在辑本《新论》自序中对辑佚过程作了说明，可供参考。清孙冯翼也有辑本，收在《四部备要》中。

8.《论衡》

今本目录八十五篇，《招致》有目无文，实际只有八十四篇。该书原来篇数有一百多，在南朝宋以前便只存八十五篇。最后一篇《自纪》是作者的自传。

作者王充（27—约 100）是东汉初年富有战斗精神的唯物主义无神论思想家。他出身于“细族孤门”，自幼好学，“家贫无书，常游洛阳市肆，阅所卖书”，曾一度受学于班彪。中年在县、郡皆任功曹小吏，入州为从事、治中诸官。晚年罢官居家，专门从事著述。其生平史料，主要有《论衡·自纪》、《论衡·

对作》、《后汉书·王充王符仲长统列传》、《后汉书·班固传》注引、《抱朴子自叙》、《意林》的《抱朴子》引文，今人研究有黄晖《王充年谱》（《论衡校释》附编，1938 年商务印书馆排印）、钟肇鹏《王充年谱》（1983 年齐鲁书社版）、蒋祖怡《王充卷》（1983 年中州书画社出版）。《王充卷》是作者三十年来对王充研究的成果，内容有总述前言、王充生平著作讨论、《论衡》篇数与佚文、年谱以及《论衡》版本和序跋等，并摘有后人评述和中外论文索引，是一部比较完整的研究王充的资料。

《论衡》先仅在会稽流传，后汉末期蔡邕到江东，才把《论衡》带到中原。《后汉书·王充传》注引袁山松《后汉书》："王充所作《论衡》，中土未有传者。蔡邕入吴始得之，恒秘玩以为谈助。其后王朗为会稽太守，又得其书。及还许下，时人称其才进。或曰：不见异人，当得异书，问之，果以《论衡》之益，由是遂见传焉。"说明《论衡》的流传是在汉末以后。

据《论衡·自纪》，王充说他作过四种书，即"讥俗之书""政务之书""论衡之书""养性之书"。今只存《论衡》，其余都失传了。

《论衡》对先秦各家思想、汉代儒生及道教、迷信思想都进行了批判。

反映其哲学思想的史料如下：

唯物主义自然观的史料，主要见于《自然》《谈天》《道虚》《说日》《物势》《寒温》等。

唯物主义认识的史料，主要见于《实知》和《知实》两篇。

无神论思想的史料，主要见于《论死》《死伪》《订鬼》。

历史观与伦理观的史料，主要见于《治期》。

定命论和不可知论等带有局限性的史料，主要见《逢遇》《累害》《幸偶》《命录》《偶会》《须颂》《实知》等。

较好的《论衡》注释有：

《论衡校释》，黄晖撰，长沙商务印书馆 1938 年排印本。其中附有佚文、年谱、旧评、胡适《王充的论衡》《论衡版本卷帙考》《论衡旧序》等。

《论衡集解》，刘盼遂撰，古籍出版社 1957 年排印本、中华书局 1959 年排印本。

《论衡注释》，北京大学历史系《论衡》注释小组编，中华书局 1979 年版。

9.《白虎通义》

又称《白虎通德论》，也省称《白虎通》，四卷，班固整理，是研究东汉前期封建专制主义思想的基本史料。

两汉时期，统治阶级内部对儒家经典的理解不尽相同。为了统一思想，加强对人民的思想统治，西汉宣帝于甘露年间召开了石渠阁会议，讨论五经异同。东汉章帝建初四年（79），章帝仿照石渠阁会议，召集天下名儒，加上政府官僚，在白虎观讨论五经异同，章帝亲自裁决。《白虎通义》就是这次经学会议的结集，由班固记录整理成书。它确立了官方解说儒家经典的标准。“书中征引，六经传记而外，涉及纬谶。”（《四库提要》卷一一八）从此，儒家经典与谶纬迷信更加紧密地结合起来。书中对“三纲五常”有正式明确的说法。

《白虎通义》有清卢文弨校本，收在《抱经堂丛书》内（《四部丛刊》影印本）。

清人陈立撰有《白虎通疏证》，注释较详，收在《皇清经解续编》中。中华书局《新编诸子集成》第一辑，收入此书，由吴则虞点校，1994年出版。

10.《潜夫论》

三十六篇。作者王符（约108—174）是东汉末年唯物主义思想家。他一生没有在朝理政，而是隐居著书。后人研究王符的思想主要靠《潜夫论》和《后汉书》本传。

据本传说，王符“独耿介，不同于俗，以此遂不得升进。志意蕴愤，乃隐居著书三十余篇，以讥当时失得，不欲章显其名，故号曰《潜夫论》。其指讦时短，讨谪物情，足以观见当时风政”。由此可见，所谓《潜夫论》，就是一个隐居者对时政的揭露、谴责的意思。冯友兰说：“《潜夫论》的意思就是隐居无名的人所发的议论。”全书最后一篇《叙录》是全书的序言，介绍各篇的中心思想。该书是一部政论性著作，在揭露当时经济、政治、社会风俗等方面的弊端的同时，提出了一套治理国家的主张。

该书中的贵民、务本、重法、考绩、反侈、求实、实边等思想，都是很有价值的。其思想史料分布如下：

唯物主义天道观的史料，主要见《本训》《德化》。

唯物主义认识论的史料，主要见《赞学》《慎微》。

逻辑思想的史料，主要见《边议》《实边》《潜叹》《释难》。

政治思想的史料，主要见《本政》《论荣》《遏利》《明暗》《贤难》《思贤》《忠贵》《浮侈》《述赦》《交际》。

批判宗教迷信思想的史料，主要见《卜列》《巫列》《相列》《梦列》。

中华书局出版的《潜夫论笺》（清汪继培笺，今人彭铎校正）是较好的注本。

11.《昌言》

作者仲长统（180—220）是东汉末年唯物主义哲学家。“少好学，博涉书记，赡于文辞。”二十岁时，游学于青、徐、并、冀诸州之间。成年后，官至尚书郎。最后又参曹操军事。生平史料见《后汉书·王充王符仲长统列传》。三人合传，是因为他们都对当时的社会政治、宗教迷信、风俗习惯作了批判，当时人们把他们三人的行为都看作“离经叛道”。生平史料还有《三国志·魏书·刘劭传》注引的缪袭《统昌言表》。

据《后汉书》本传云："尚书令荀彧闻统名，奇之，举为尚书郎，后参丞相曹操军事。每论说古今及时俗行事，恒发愤叹息，因著论名曰《昌言》，凡三十四篇，十余万言。"《昌言》已散佚，现仅存《后汉书》本传中"简撮其书有益政者略载之"的三篇残文，即《理乱》《损益》《法诫》。唐魏徵《群书治要》中有节引《昌言》文九段，未标篇名，有人研究系属于《道教》《寿考》《君臣》篇中的内容。此外，贾思勰《齐民要术》中也有几处引文。到明、清时有《昌言》的辑佚本流传。以严可均辑本最好（二卷），收入《全后汉文》卷八十八、八十九之中。

12.《申鉴》

五卷。作者荀悦。《后汉书·荀悦传》记荀悦的著作有"《汉纪》三十卷，《申鉴》五卷"，《汉纪》已在前述。《申鉴》主要讲政治思想，提出法教并重的主张。

《申鉴》有《四部丛刊》本、《小万卷楼丛书》本、《龙溪精舍丛书》本。

13.《中论》

作者徐幹，是"建安七子"之一，是著名的文学家，也是一个思想家。《三国志·魏书》引曹丕《与吴质书》说：徐幹"著《中论》二十余篇，辞义典雅，足传于后"（《王粲传》)。《隋书·经籍志》著录《徐氏中论》六卷。

《中论》有《小万卷楼丛书》本、《龙溪精舍丛书》本、《四部丛刊》影印本。

（五）道教和佛教史料

1.《太平经》

原有一百七十卷，现仅存五十七卷。

关于这本书的来龙去脉，《后汉书·襄楷传》记载："顺帝时，琅邪宫崇诣阙，上其师干吉（又作于吉）于曲阳泉水上所得神书百七十卷，皆缥白素朱介青首朱目，号《太平清领书》。其言以阴阳五行为家，而多巫觋杂语。有司奏崇所上妖妄不经，乃收藏之。后张角颇有其书焉。"这里所说的《太平清领书》就是《太平经》。这是关于这本书的最早的记载。

《太平经》卷九十八《男女反形决》说："天师前所赐子愚生书本文。"《太平经复文序》说：干吉初受太平本文，因易为百七十卷。唐王松年《仙苑编珠》说，于吉从帛和受《素书》二卷，乃《太平经》也。这些记载给我们一个启示：《太平经》一百七十卷不是一人一时所作。我们相信《太平经》先有"本文"若干卷，后来崇道的人继续扩增，逐渐成一百七十卷。不能简单地说这书就是于吉、宫崇或帛和个人所著。现存的经书里，固然不免有后人改写增窜，可是大体说来，它还保存着东汉中晚期的著作的本来面目。

《太平经》是代表中国道教初期的经典，基本思想倾向是消极的，宣传宗教唯心论，相信图谶迷信，推崇神仙方术。不过书中思想有朴素唯物主义和辩证法的因素。在某种程度上反映下层人民要求平均的愿望。所以黄巾起义的领导人张角曾拿《太平经》传教，作为动员和组织人民的思想武器。

《太平经》现存的只有明朝《道藏》的一个本子，仅存五十七卷。唐末闾丘方远节录《太平经》编成《太平经钞》一书，今载《道藏》中。通过这一节本，可以窥见《太平经》一百七十卷的大体面貌。《道藏》中还收有《太平经圣君秘旨》，其内容有的见于今本《太平经》，有的未见今本《太平经》。今人王明根据《太平经钞》及其他二十七种引书加以校、补、附、存，编成《太平经合校》（中华书局1960年版），基本上恢复一百七十卷的面貌。这是《太平经》资料比较完备的本子。

后汉末，孙策统治江东时，也有一个道士于吉，孙策把于吉杀了。不知是不是造《太平清领书》的于吉。如果是，那于吉就活了一百多岁。

2.《牟子理惑论》

或称《牟子》，或作《理惑论》，凡三十七篇，是我国最早的佛教经典之一。旧题东汉太尉牟融撰，或云苍梧太守牟子博撰，均不可信。此书当成于汉献帝建安年间，所述为佛教初入中国时，世人对佛教的不同看法，并进而主张佛学与儒家、道家之说相融合，以适应中国的政治需要和风俗民情。这是研究早期佛学史的宝贵资料。此书早佚，《弘明集》中保存了较多的佚文，可资利用。

（六）小学书中的史料

1.《说文解字》

三十卷，东汉许慎撰，是我国第一部系统分析字形和考订字源的书。其释语留下了一些可资利用的秦汉史料。如《说文·叙》就言及尉律，贝部引律令曰："民不徭，赀钱二十二。"又关于"盐""祆""僧""塔"等的释文，对了解河东盐池的规模、拜火教和佛教的东渐都有一定的参考价值。使用此书，应利用清段玉裁《说文解字注》。

2.《方言》

十五卷，西汉扬雄撰，是我国第一部方言词典。今传晋郭璞注本，唯十三卷，略有后人增补。书中在以汉代通行语解释方言时，也片段地反映了汉代的衣食住行和风俗民情等社会生活的史实。清钱绎《方言笺疏》可参考。

3.《释名》

八卷，东汉刘熙撰。这是我国第一部用声训释字义的训诂书。全书共二十七篇，分天、地、山、水、丘、道、州国、形体、姿容、长幼、亲属、言语、饮食、采帛、首饰、衣服、宫室、床帐、书契、典艺、用器、乐器、兵、车、船、疾病、表制等类字义，对于研究两汉社会史具有较高的史料价值。可参考王先谦《释名疏证补》。

4.《急就篇》

凡三十一章，西汉史游撰。这是一部童蒙之书。首章为开篇，后六章叙姓字，始列一百一十三个；下接“诸物”部，分十八章，言及工具和日用器皿，武器及车马具、衣履服饰、建筑和室内陈设、人体生理和疾病、药物、农作物名称、花鸟虫鱼兽等名词；又有三章叙刑法；二章叙职官及地理；末章以颂扬汉德而告终。此书反映的社会面极大，从中可以了解许多汉代社会史的有用资料。《四部丛刊》本有唐颜师古注，较便于使用。

（七）文集及古小说中的史料

汉人文集基本散失，故传世之作多以辑本为主。其中，较重要的是《蔡中郎集》（蔡邕）。《四部丛刊》影明华氏活字本为十卷，较佳。《四库全书》翻明陈留本为六卷，张溥《汉魏六朝百三家集》只二卷，可备参考。此书是研究汉代历史和典章制度的重要参考书。

《扬子云集》六卷、《孔北海集》（孔融）一卷均见于《汉魏六朝百三名家集》和《四库全书》。其中扬雄的《法言》和《太玄经》价值最大。

此外，严可均辑《全上古三代秦汉三国六朝文》七百四十六卷，其中的《全秦文》一卷、《全汉文》六十三卷、《全后汉文》一百卷，有很大参考价值。

南朝梁萧统编的《文选》六十卷，是我国现存最早的一部文学作品总集。其中所录秦汉人之作，可作研史之参考。李善注《文选》，广征博引，多为秦汉佚书，也可订补正史之伪脱。同时可参考《六臣注文选》。

清杜文澜辑《古谣谚》一百卷。此辑引用秦汉古谣谚三百余首之多，还逐首引述本事，注明出处，考辨疑义，具有较高史料价值。

逯钦立《先秦汉魏晋南北朝诗》有关秦汉部分，也可供参考。

《西京杂记》今本六卷，晋葛洪编。或题汉刘歆撰，或以为南朝梁吴均撰，均非。此书历代指为伪书，但从行文语气及内容看，当是杂抄汉魏六朝佚史而成。所述西汉之事，怪诞不经，多不足信。但有关南越赵佗献宝于汉朝、昭君出塞前后汉宫画师事迹、刘邦筑新丰以迎太公、汉俗五月五日生事不举、邓通得蜀山以铸铜钱、茂陵富人袁广汉庄园之奇、司马迁有怨言下狱死、刘子骏作《汉书》诸事，均可开阔思路，有裨研史。中华书局《古小说丛刊》本较佳。

晋张华《博物志》、晋崔豹《古今注》、五代马缟《中华古今注》等，性质皆与《西京杂记》同，可聊备参考。他如《太平广记》所载秦汉小说，均可浏览。

第三讲　关于秦汉社会性质问题

秦汉社会性质问题是学习秦汉史必须首先要弄清楚的问题。这个问题，牵涉到中国古代史的分期问题。目前中国古代史分期有八种不同主张：即中国封建社会开始于西周、春秋、战国、秦、西汉、东汉、魏晋之际、东晋。主张中国封建社会开始于西周、春秋、战国、秦的学者认为秦汉是封建社会；而主张封建社会开始于魏晋之际或东晋的学者，自然认为秦汉是奴隶社会。中国古史分期问题是我国历史学界开展过多次讨论的重大问题之一。1956 年和 1957 年，历史研究编辑部分别编辑了《中国的奴隶制与封建制分期问题论文选集》和《中国古代史分期问题讨论集》两本书，由三联书店出版。这两本书汇集了各种观点的代表性文章。1982 年上海人民出版社出版了林甘泉、田人隆、李祖德执笔的《中国古代史分期讨论五十年》，介绍了自 1929 年到 1979 年讨论古代史分期问题的文章。1979 年以来，有关这个问题的讨论文章散见于各报刊。特别是从考古学和比较研究的角度发表的文章，值得注意。

新中国成立后的古代史分期问题讨论的一个重要特色，是魏晋封建论的崛起。这派学者主要有尚钺、王仲荦、日知（林志纯）、何兹全、王思治等。1980 年三联书店出版了王思治的《两汉社会性质问题及其他》，这本书有五篇文章集中论述汉代社会性质，是主张秦汉为奴隶社会的代表作。最近出版的何兹全的《中国古代社会》一书，对秦汉奴隶社会说也作了详细的论述。

1993 年北京师范学院出版社出版的杨生民的《汉代社会性质研究》则是主张秦汉是封建社会的代表性著作。

在古史分期问题讨论中，西周封建论者主要从直接生产者身份地位的变化，来确定西周的社会性质。战国封建论者在研究直接生产者身份地位的同时，还从生产力（主要从铁制生产工具）着眼，认为西周春秋的生产工具主要是青铜器，只能是奴隶制时代，只有到了战国，由于铁器得到推广，才进入封建社会。主张魏晋封建论的同志，对上述两种说法都持否定的态度。他们认为，无论是古代希腊、罗马或是古代东方，自由农民都多于奴隶，因而西周、春秋、战国农民的身份地位并不能说明当时已经进入封建社会。战国时代的铁器虽然得到推广，但还没有完全占主要地位。从世界史的普遍规律看来，只有在铁器广泛使用数百年以后，封建生产关系才能得以确立。研究者主张，中国奴隶社会的发展，大体上应与古典的古代和古代东方各国奴隶制时代相一致。根据综合年代学的研究，春秋以前，相当于古代东方的早期奴隶制阶段；战国以后，是发展的奴隶制阶段；东汉奴隶制王朝，与罗马奴隶制帝国差不多同时由于内战和奴隶起义而崩溃。

关于汉代的社会性质和古代中国如何从奴隶制向封建制过渡，魏晋封建论者的看法可以归纳如下。

春秋战国间，由家长式的早期奴隶制发展为以生产剩余价值为目标的发展的奴隶制。秦汉时代官私奴婢的数量很大，奴隶劳动不仅在工商业中占统治地位，在农业中也起着主导作用。奴隶主、商人和高利贷者三位一体，操纵着社会生产。

汉代的奴隶不仅可以自由买卖，存在着广大的奴隶市场，而且奴隶被任意虐杀的记载也很多。奴隶采取的各种形式的斗争以至武装起义，迫使奴隶主阶级和奴隶主政权不得不实行让步，因而从东汉开始，奴隶的地位逐渐提高，以至得到释放。

在奴隶社会里，不但有奴隶制经济，还有着其他形式的所有制。汉代虽然存在着一定数量的租佃制和为数众多的自耕农民的小土地所有制，但决定汉代社会面貌的是奴隶制的生产方式。就数量来说，汉代的自耕小农比奴隶多，但由于奴隶主、商人、高利贷者的兼并盘剥，加上专制主义国家赋税徭役的压榨，他们日益破产而转化为债务奴隶。

西汉时代，贵族奴隶主和商人奴隶主两个集团之间存在着矛盾。商人奴隶主凭借他们手中掌握的大量财富，不仅大肆兼并农民，而且损害了贵族奴隶主的利益，破坏了奴隶制国家的统治基础。西汉政权所采取的“重农抑商”政策以及汉武帝的“治缗钱”，就是奴隶主阶级中两个不同集团之间的矛盾和斗争的表现。

西汉末年，由于大土地所有制的发展和小农的破产，出现了大规模的流民，反映了奴隶制的严重危机。从东汉开始，封建制的因素沿着两条线孕育和生长：一条是自由民身份的下降，一条是奴隶身份的提高。东汉的私家部曲和客，是奴隶制向封建制转化过程中的产物。到了魏晋南北朝，劳动人民的身份已经从战国秦汉时代的编户齐民、奴隶，转变为封建社会的依附民、部曲和客。

战国秦汉时代的城市既是政治中心，又是经济中心。城市对乡村的支配体现了奴隶制经济对小农的支配。东汉末年以来，在土地荒芜、人口锐减、生产力受到严重破坏的情况下，商品货币关系萎缩，城市衰落，自然经济大大加强，经济生活的支配权从城市转移到乡村。

魏晋封建论者对秦汉社会性质的基本观点，都受到认为秦汉是封建社会的学者的诘难。下面我们介绍一些基本问题的两方争论情况，供同志们进一步研究参考。

一、 关于秦汉生产力发展水平问题

考察社会的面貌和社会的性质，应当从“人们生存所必需的生活资料的谋得方式”（斯大林）即生产方式着手。生产方式包括生产力和生产关系两个方面。历史唯物主义的一条基本原则是：生产关系必须适应生产力的发展水平和性质。在讨论秦汉社会性质的时候，必然会遇到秦汉生产力的发展水平究竟应当怎样估计的问题。对秦汉生产力发展水平的估计不同，对社会性质的认识也就不一样。生产力包括“生产物质资料时所使用的生产工具，以及因有相当生产经验和劳动技能而发动着生产工具并实现着物质资料生产的人”（斯大林）。

主张魏晋封建说的王思治在《再论汉代是奴隶社会》一文中对两汉生产力发展水平的估计，大致可以归纳为以下几点。

第一，根据《淮南子·主术训》“一人跖耒而耕，不过十亩，中田之获，卒岁之收，不过亩四石”和《盐铁论·未通》“民跖耒而耕，负檐而行，劳罢而寡功”的记载，说明“耒”在西汉中叶仍是农业生产中普遍运用的工具。这种工具的生产效能很低，“耕者日以退，织者日以进”。

第二，《史记·货殖列传》等史料记载，武帝时的江南地区还是“火耕而水耨”。当时京师附近和邻国还有大量荒田。

第三，武帝末年，赵过在三辅地区推广先进的生产工具和耕作技术，连最有经验的老农都需要从头学起，可见当时生产技术水平之低。

第四，《汉书·食货志》引晁错的话说：“今农夫五口之家……其能耕者，不过百亩；百亩之收，不过百石。”与前引《淮南子》的材料相比，每人耕种的土地数量虽大大增加，但收获量下降。

第五，武汉帝时，“民或苦少牛，无以趋泽”，可见牛耕还不很普遍，而用多人“挽犁”，正适合于奴隶制的集体耕作。

第六，根据汉代河南县城考古发掘材料（郭宝钧：《洛阳西郊汉代居住遗迹》，载《考古通讯》1956年第1期），西汉铁制生产工具数量不多，而东汉则已普遍使用。说明两汉生产力的发展水平有很大差别。

第七，汉代的鼓风炉还停留在“鼓囊吹炭”的水平，所谓“风箱”，不过是一只皮囊而已。煤之用作燃料，始于东汉末年，而且是否用于冶铁也无史料可证。西汉的冶铁技术是很低的，因而西汉的农具主要还是生铁冶铸的，工具很脆弱，生产力水平不高。

总之，他们认为秦汉时期生产力发展水平不高，适应奴隶制生产关系的性质。

王思治的上述说法引起了一些人的反对。关于农业生产工具，胡珠生根据考古资料说明，汉代农业生产中已使用铲、锄、锛、犁、斧、镰、铧等铁制农具，有些铁制农具已在边远地区普遍应用，“耒”只是次要的农具（《汉代奴隶制说的根本缺陷在那里？——对“再论汉代是奴隶社会”一文的意见》，载《历史研究》1957年第7期）。最近一二十年的考古资料充分证明两汉的农业生产工具已相当进步了，最突出的是铁犁铧的大量出土，以及牛耕和耧播资料的发现。

20 世纪 50 年代末至 60 年代初，富平、蓝田、浦城、兴平、长安、礼泉、西安、咸阳、陇县等地相继发现了全铁大铧、小铧、铧冠、犁镜以及巨型铁铧六七十件以上。1975 年，西安西郊一个铁农具窖藏中发现了大小铁铧、犁镜等农具达八十五件。陇县出土的巨型犁铧，在辽阳三道壕、河北满城、福建崇安等地也有发现。犁镜的形制有向一侧翻土的菱形和向两侧翻土的马鞍形两种，表明犁镜的设计和使用已经达到了一定的水平。犁镜的发明在犁耕史上具有划时代意义。此外，在边远地区的内蒙古、贵州、广西、甘肃、新疆、宁夏等省区也发现了铁犁铧，宁夏甚至还发现了犁镜。这说明铁制犁铧在两汉时期已普遍使用。全国各地的西汉遗址和墓葬中还发现了大量小型铁制农具。(《新中国的考古发现和研究》)。

关于牛耕，林瑞炤认为王思治引用的《汉书·食货志》“民或苦少牛，亡以趋泽”的记载，并不能证明牛耕的不普遍，倒是说明农民离开了牛耕后耕作上产生了巨大的困难，说明了牛耕的普遍应用。(《关于汉代生产力发展的水平问题——兼与王思治同志商榷》，载《光明日报》1956 年 12 月 6 日)。戎笙根据《汉书》的《循吏传》《王莽传》《平帝纪》中牛耕的记载，认为西汉中叶以后，东至渤海、西至河西、南至长江、北至长城，在这幅员广阔的地区内，已经普遍使用牛耕了。如果根据《汉书·地理志》粗略统计，上述地区约占西汉人口总数的 95% 以上，而实行“火耕水耨”“木耕手耨”“烧草种田”“蹠耒而耕”的地区，其居民不及人口总数的 5%，由此可见西汉牛耕推广的普遍程度。(《说西汉牛耕的普遍使用及其在农业生产上的重要作用——兼与王思治同志商榷几个问题》，载《光明日报》1958 年 2 月 3 日)。

关于牛耕的考古资料有：西汉时期山西平陆枣园村王莽时期壁画墓中的牛耕图、甘肃武威磨咀子出土的西汉末年木牛犁模型，东汉时期有江苏睢宁双沟画像石牛耕图、陕西绥德王得元墓画像石牛耕图、陕西米脂画像石牛耕图、内蒙古和林格尔壁画墓牛耕图、广东佛山澜石水田模型中的犁模型等等。犁架结构由犁梢、犁床、犁辕、犁衡、犁箭组成，从上述资料可以看出，汉代时畜力犁的主体构件已经具备。上下移动犁箭以控制深浅。牛耕的形式是二牛抬杠。从米脂和睢宁的牛耕图来看，当时已用牛环辔导牛，故只绘刻一人扶犁驱牛，显然已超过《汉书·食货志上》所说的“用耦犁，二牛三人”的阶段(《新中国的考古发现和研究》)。

在播种农具方面，最重要的是耧车的发明。山西平陆枣园村王莽时期墓中有一幅耧耕图，系用一牛挽三脚耧车。辽阳三道壕、陕西富平、北京清河等地也发现有西汉铁耧足，河南南阳还发现了西汉耧足范。耧车的发明和使用是播种史上的一个重大进步(《新中国的考古发现与研究》)。

关于铁器的质量问题，汉代封建社会论者也不同意王思治对汉代冶铁技术的估计。新中国成立后冶铁遗址的勘察和发掘证明，汉代钢铁冶铸、技术加工都已经达到相当成熟的水平。根据目前发表的资料，北京昌平、河北沙河、山西夏县、内蒙古呼和浩特、山东临淄、江苏徐州、河南郑州、陕西凤翔、新疆民丰等地发现汉代冶铁遗址 30 多处。遗址面积多在 1 万平方米以上，有的达到十几万平方米。河南省是发现汉代冶铁遗址最多的一个省区。据统计，已有 14 个县、市发现汉代冶铁遗址 18 处。勘测表明，作坊遗址都有比较合理的布局和分工。巩县（今河南巩义市）铁生沟、郑州古荥镇、南阳瓦房庄、温县招贤村是其中具有代表性的四处遗址。巩县铁生沟发现有 18 座炼炉，燃料是木炭、白煤、煤饼和木材，还发现熔炉和锻炉各一座。其中，低温炒钢炉的发明是继冶炼生铁和可锻铸铁之后冶金技术史上最光辉的成就之一。郑州古荥镇发现的大型炼炉以及重达 20 余吨的大积铁，反映了当时的冶炼效能。这里出土的铁铸的䦆、犁、犁铧、铲、臿、锛等农具，达 206 件，约占出土全部铁器的三分之一，说明这里曾为当时的农业生产提供了大量的农具。（《河南文物考古三十年》）

由此可见，主张秦汉是奴隶社会的同志对秦汉时期社会生产力发展水平的估计是偏低了。但是，认同生产关系一定要适合生产力性质的规律，并不等于说从生产力的发展水平可以直接推论出该时代的社会性质来。比如战国封建论者认为铁器广泛推广之后，就可以产生封建社会，而魏晋封建论者却认为，从世界史的普遍规律看来，只有在铁器广泛使用数百年之后，封建生产关系才能够得以确立。所以，我们在考察秦汉生产力发展水平的时候，必须将其与生产关系紧密结合起来，才能解决秦汉社会性质的问题。

二、 汉代社会占主导地位的生产关系

斯大林在《苏联社会主义经济问题》中说：“人们的生产关系，即经济关系。这里包括：（甲）生产资料的所有制形式；（乙）由此产生的各种不同社会集团在生产中地位以及它们的相互关系……（丙）完全以甲乙二项为转移的产品分配形式。”

在关于汉代社会性质的讨论中，一般都承认汉代既有封建制生产关系，也有奴隶制生产关系，分歧在于：究竟哪种生产关系占主导地位？汉代奴隶是当时社会生产的主要担当者，还是一种过时的生产方式的残余？

首先，我们看看农业中的生产关系。

主张汉代是奴隶社会的同志，认为汉代经济大体上有三种类型：即商人奴隶主经济、贵族奴隶主经济和小所有者经济。从数量上说，小所有者的人数当然最多，但决定汉代社会面貌的关键不是小所有者阶级的人数，而是奴隶制的存在。

奴隶制制约着小所有者的存在和发展。

商人奴隶主的特点，首先是利用奴隶劳动进行商品生产，“以末致富，用本守之”。他们既是富商，又是豪民；既是奴隶主，又是地主。商人奴隶主对于兼并来的土地，有的利用奴隶耕作，有的则利用农民佃耕。“见税什伍”和“分田劫假”这种剥削方式，乃是商人奴隶主土地兼并的结果，在西汉时代并不是普遍现象，不应夸大它的意义。

贵族奴隶主经济包括宫廷、王侯、官僚贵族所有经济。可分两大部分：一是利用奴隶生产劳动，如水衡、少府、大农、太仆等宫廷诸官所使用的奴隶劳动。这种奴隶制生产与商人奴隶主经济中的奴隶制生产不同，它不是以商品生产为主要目的，而是以供应贵族消费为主要目的。另一部分是天子、封君等所食的租赋。这部分经济主要来自对农民的剥削，和奴隶制并无直接关系。这种特点自古已存在，不是秦汉时代所专有。奴隶社会的剥削对象绝不单纯只有奴隶一种，广大的农民自始即是被剥削对象。

小所有者经济，主要是农民经济。在农民经济中，有的是小农，不发生奴隶制关系；有的是上农和中农，往往也有奴隶制的剥削成分。例如居延汉简：

> 候长觻得广昌里公乘礼忠年卅
> 小奴二人直三万　　用马五匹直二万　　宅一区万
> 小婢一人二万　　　牛车二两直四千　　田五顷五万
> 轺车二乘直万　　　服牛二六千　　　　●凡訾直十五万
> (37·35《居延汉简释文合校》，文物出版社1987年版，第61页)

说明中等以上的农民中也有奴隶制剥削，因此，为数众多的农民的存在和奴隶制的性质并无妨害。而且他们引用马克思《资本论》第三卷第四十七章分析“农民的小土地所有制”时，曾指出“自耕农民的自由的小土地所有制形态，当作支配的通常的形态，一方面在古典的古代的最盛时期，形成社会的经济基础”。他们认为即使在奴隶制的全盛时期，自耕农民也是普遍的、大量的存在。不仅中国如此，希腊、罗马也经历过这样的时代。而且根据多数的估计材料来看，奴隶社会里自由民的数量都多于奴隶。

因此，在各种生产关系当中，何谓“主导”？他们认为不应从“量”而应从“质”来理解“主导”。如果过分强调奴隶的数量，就有否定奴隶社会存在的危险。就汉代的情况来说，奴隶的数量虽然不可忽视，但不应当认为全国版图内普遍有数量庞大的奴隶。考虑奴隶数量应当从长安、洛阳等大城市着眼。

主张汉代是封建社会的同志，对于汉代各种经济成分的比重及相互关系则是另外一种说法。他们认为汉代有各种生产形式：奴隶制、租佃制、雇佣制、依附农民和自耕农民形式，奴隶制是残余。自耕农的数量不会太少，但所占土地面积的比重并不大。雇佣制的农民数量也不会太多。依附农民这一生产形式，在西汉时代比例也不大，到东汉才显著增加。租佃制则是主要的生产形式，而且反映了对生产资料的占有形式，以及社会各阶级、集团在生产过程中的地位、相互关系与产品的分配形式。换一句话说，租佃制是一种封建的生产关系，它在整个社会经济中是普遍存在的，因而也起着主导的作用。

关于汉代租佃制的材料，一般列举以下十种。

《史记·平准书》："山川园池市井租税之入，自天子以至于封君汤沐邑，皆各为私奉养焉，不领于天下之经费。"

《汉书·食货志》："秦……用商鞅之法，改帝王之制，除井田，民得卖买。富者田连迁陌，贫者亡立锥之地。……或耕豪民之田，见税什伍。故贫民常衣牛马之衣，而食犬彘之食。……汉兴循而未改。"

《汉书·王莽传》："豪民侵陵，分田劫假。"

《盐铁论·园池》："今县官之多张苑囿、公田、池泽，公家有鄣假之名，而利归权家……公田转假，桑榆菜果不殖，地力不尽。愚以为非……可赋归之于民，县官租税而已。假税殊名，其实一也。"

《西汉会要》卷五十《假民公田》。

《东汉会要》卷二十八《假民田苑》。

《史记·货殖列传》："名国万家之城，带郭千亩……此其人皆与千户侯等。然是富给之资也。不窥市井，不行异邑，坐而待收，身有处士之义而取给焉。"

《后汉书·郑康成传》："玄自游学十余年，乃归乡里，家贫，客耕东莱。"郑玄《诫子书》："年过四十，乃归供养，假田播种，以娱朝夕。"

《后汉书·桓谭传》："今富商大贾，多放钱货，中家子弟，为之保役，趋走与臣仆等勤，收税与封君比入。"

汉简中反映的西北边郡的租佃制（黄烈：《释汉简中有关汉代社会性质诸例》，载《历史研究》1957 年第 6 期）。

主张汉代是封建社会的同志认为租佃制是一种封建的生产关系，在汉代农业生产中占主导地位。但主张汉代是奴隶社会的同志却不认为租佃制是一种封建的生产关系，而是商人奴隶主经济一部分，而且数量不多。所以问题最后还是又落到究竟租佃制是不是封建的生产关系上。

主张汉代是封建社会的同志认为，单纯的租佃制的出现，只能说明土地的自由买卖和土地兼并的存在，奴隶社会和封建社会都可以出现这种现象，不一定说明这是封建社会的开始。但是租佃制的普及并成为支配的形态，则一定是在封建社会，而不是在奴隶社会。

主张汉代是奴隶社会的同志认为，在奴隶社会，特别当其初期，由于公社解体、社会内部分化，被公社排挤出来的、失去土地的自由民变成佃农是正常的现象。有的奴隶制国家在某一时期，也会因某种关系而出现较为普遍存在的租佃制。例如雅典在梭伦变法前就曾极盛行租佃制。所谓“六一汉”的佃农，就在当时雅典的农民中占绝大多数。他们留下收成的六分之一以维持自己的生活，而其余六分之五则以地租的方式交给主人。可是决定雅典社会面貌的绝不是这种租佃制的流行和佃农现象的普遍存在，而是当时虽然刚刚出现，但已居主导地位的奴隶制。

主张汉代是封建社会的同志往往引董仲舒说的“或耕豪民之田，见税什五”来论证封建租佃制在汉代已是处于支配地位的剥削方式。但主张汉代是奴隶社会的同志却认为“见税什五”虽然反映出地租的存在，但并不足以说明它是封建地租，因为地租并不起源于封建社会，它早在奴隶制下就已出现。有的同志更进一步说“或耕豪民之田”的“或”字，即已说明这种方式不是普遍的想象。“或”字，即《墨子·小取》篇中“或也者，不尽也”的意思。董仲舒这段话先讲一般农民的情况，然后讲间或还有个别农民佃种富豪之田的情况。这个“或”字，正说明租佃制不是一般性的生产关系。

秦汉奴隶制论者认为租佃制在古典的古代是普遍的现象，对于确定社会性质并没有重要意义。但他们始终回避了一个重要问题：这种租佃制究竟属于什么性质的生产关系？奴隶社会的租佃制和封建社会的租佃制在性质上是不是一样？如果说不一样，则他们必须证明秦汉的租佃制是奴隶制的租佃制而不是封建制的租佃制。

秦汉封建社会论者提出，从严格的意义上讲，租佃制和典型封建制当然不完全相同；但从生产关系的基本结构上讲，租佃制的方式也是封建生产方式中的一个类型。有的同志还认为，雅典、罗马早期奴隶社会里的租佃关系，与奴隶社会后期的租佃关系、封建社会里的租佃关系是不同的。至于古代东方的国家，如巴比伦和中国，与古代希腊、罗马不同，租佃制一出现就排挤奴隶劳动。因此，这种租佃关系应当看成是封建性的租佃关系。这些意见是否成立，都应该深入讨论。

在讨论汉代农业生产关系的时候，有一个问题非常尖锐，就是奴隶是否为汉代农业生产的主要担当者。

主张汉代是封建社会的人，对这个问题是持否定态度的。翦伯赞在《关于两汉的官私奴婢问题》（《历史研究》1954 年第 4 期）中认为，西汉虽然也有官私奴婢参加农业和手工业生产的个别例子，但主要从事皇家所属诸苑囿养狗马及其他畜兽，在宫廷和官署充当仆役，在奴隶主家里从事歌舞、扈从以及其他家庭杂务。这种把奴婢当作一种消费的财产，而不是当作一种生产投资，正是封建贵族的习惯。

而主张秦汉是奴隶社会的同志认为汉代奴隶劳动不论在农业上还是手工业上都

占着主导的地位。关于在农业生产中使用奴婢的情况，他们引用下列一些材料。

《汉书·食货志》记载晁错所说商人兼并农人的话，说明商人阶级不仅将小农变成债务奴隶（农人“卖田宅，鬻子孙，以偿责矣”），而且占有广大的土地。

《史记·货殖列传》说“名国万家之城”的商人用来耕种“带郭千亩”的，乃是“僮手指千”，可见耕种城郊土地的劳动力是奴隶。

《汉书·食货志》有关汉武帝治缗钱的记载，说明商人贵族在郡国大县和小县都拥有大量的奴婢和土地；而这些庞大数量的土地正是由“千万数”的奴婢来耕种的。

《史记·季布传》、《后汉书·樊宏传》和王褒《僮约》都有奴隶用于田事的直接记载。

围绕上述材料，20 世纪 50 年代曾展开过热烈的讨论。在讨论中，意见分歧最大的是关于汉武帝治缗钱没收的奴婢与田地的问题。许多同志不同意魏晋封建论者对上述材料的解释。

现在看来，把汉代农业中的奴隶劳动仅仅看成是偶然和个别的例子是很难说服人的。因为汉代奴隶从事农业生产不但从文献记载上可以得到证明（尽管不多），而且从近十几年的考古材料中也可以得到印证。

《睡虎地秦墓竹简·封诊式》：

> 爰书：某里士五（伍）甲缚诣男子丙，告曰：“丙，甲臣，桥（骄）悍，不田作，不听甲令。谒买（卖）公，斩（疑读为‘渐’，进也）以为城旦，受贾（价）钱。”（译文：爰书：某里士伍甲捆送男子丙，控告说：“丙是甲的奴隶，骄横强悍，不在田里干活，不听从甲的使唤。请求卖给官府，送去充当城旦，请官府给予价钱。”）

《仓律》记载：

> 隶臣田者，以二月月禀二石半石，到九月尽而止其半石。（译文：隶臣作农业劳动的，从二月起每月发粮二石半，到九月底停发其中加发的半石。）

近几年湖北江陵凤凰山 M8、M9、M167、M168、M169 和长沙马王堆 M3 等墓出土不少木俑，有的还手持农具。从出土的遣策看，木俑象征奴婢，而且包括从事农业的劳动奴隶。例如遣策有：

> 大婢益，操柤（锄）
> 大奴师，将田，操臿

大婢意，田，操柤
大奴载，田，操臿
㭘（耕）大奴四人
小奴一人，持锸
田又二人，大奴
田者男女各四人，大奴大婢各四人田者三人

以上考古材料证明，秦汉时代确实有奴隶从事农业生产。但是我们必须指出两点。

第一，用奴隶从事农业生产不是社会的主流，在社会生产中，封建的生产关系占着主导地位，生产的主要承担者是广大的自耕农、佃农、佣耕者和依附农民。

第二，未见关于汉代用奴婢来耕种“公田”的记载。

因此，对于“公田直接使用奴婢耕种”说，也有质疑的声音。

主张魏晋封建说的同志认为“公田直接使用奴婢耕种”这个问题值得商榷。

第一，我们看看这种主张的史料根据。其主要根据是《史记·平准书》中汉武帝“治缗钱”的一段话：

> 杨可告缗遍天下，中家以上大抵皆遇告。……即治郡国缗钱，得民财物以亿计，奴婢以千万数，田大县数百顷，小县百余顷，宅亦如之……乃分缗钱诸官，而水衡、少府、大农、太仆各置农官，往往即郡县比没入田田之。其没入奴婢，分诸苑养狗马禽兽，及与诸官。诸官益新置多（《汉书·食货志》无“诸”字），徙奴婢众，而下河漕度四百万石，及官自籴乃足。

对这段史料，有的同志说，“没收的土地由水衡等设农官来管理，没入的奴婢一部分分诸苑囿养狗马禽兽，一部分分配给各农官”，“没入的奴婢是生产奴婢。分配给予各农官的奴婢，自然就是用于耕种没入的土地了”。我以为得出这个结论根据不足，因为：①没入的奴婢是否为生产奴婢，单凭这条材料难以证明；②“诸官”不是“农官”，其意甚明，“没入奴婢，分诸苑养狗马禽兽，及与诸官”，并不是“一部分分配给各农官”；③退一步说，即使“诸官”包括“农官”在内，也不能说分配给他们的奴婢，“自然就是用于耕种没入的土地”，史料并没有这么说；④正是因为没入的奴婢，没有从事农业生产，故下文才说“徙奴婢众，而下河漕度四百万石，及官自籴乃足”。

《汉书·晁错传》载晁错的徙民实边奏：“乃募罪人及免徒复作令居之，不足，募以丁奴婢赎罪，及输奴婢欲以拜爵者，不足，乃募民之欲往者。”有的同志认为这条材料可以证明用奴婢去边疆耕种“公田”。其实，这种被募的罪人、免徒复作、奴婢及良民，到边疆之后，由政府“先为室屋，具田器”，“予冬夏衣，廪食，能自给而止”，并“赐高爵，复其家”。这些人的性质已经改变，原来是奴婢的现在已不再是奴婢，他们成为租“公田”耕种的“民屯”的人了。

《汉书·贡禹传》说：“诸官奴婢十万余人，戏游亡事……宜免为庶人廪食，令代关东戍卒，乘北边亭塞候望。”有的同志认为这是用奴婢去边疆“代关东戍卒”，而这些戍卒是实行军屯的，这是用奴婢去耕种“公田”之证。其实，这是建议解放官奴婢，再派去边疆“代关东戍卒，乘北边亭塞候望”，并不是用官奴婢去实行军屯。

因此，以上几条材料都不能证明两汉用奴婢去耕种“公田”。

第二，两汉文献中有许多官、私奴婢的记载，但找不到一条能说明用奴婢去耕种公田的材料。我想这不会是史家的漏记，而是没有这方面的史实。

第三，据近年来的考古发掘，在一些墓葬中出土了生产奴隶俑，如江陵凤凰山 M8、M9、M167、M168、M169 和马王堆 M3 等，均有木俑出土，不少木俑还手持农具。在这些墓葬的遣策中记有“大婢某，田，操柤（锄）”，“操臿”，“大奴某，田，操臿”等，这应该是有一部分奴婢被用于农业生产的证据。凤凰山的几座墓，墓主身份大体为九级爵五大夫。他们所占有的奴婢属于私人奴婢，或用于家内劳动，或用于生产，但不用于耕种“公田”。至于这种生产奴婢，在汉代社会中占多大的比重，另当别论，不是本文讨论的范围。

其次，我们看看工商业中的奴隶制生产关系。秦汉奴隶社会论者认为，秦汉的官私手工业和商业广泛地使用奴隶劳动。睡虎地秦简出土后，有些同志把一些材料解释为奴隶从事和手工业生产，这个问题容后再说。就文献材料而言，他们主要用《史记·货殖列传》《汉书·司马相如传》《汉书·张汤传附子安世传》，卓氏“用铁冶富……富至僮千人”，刁间以“桀黠奴……使之逐鱼盐商贾之利……起数千万”，“程郑……亦冶铸……富埒卓氏”，“临邛多富人，卓王孙僮客八百人，程郑亦数百人”。张安世“家童七百人，皆有手技作事，内治产业，累积纤微，是以能殖其货，富于大将军（霍）光”。汉武帝始，在产铁产盐的郡国皆置铁官、盐官，直属大司农下设大农丞，大农丞“领盐铁事”（《汉书·食货志》）。《后汉书·百官志》云：“凡郡县出盐多者置盐官，主盐税，出铁多者置铁官，主鼓铸。”铁官遍于各郡国以主铁冶，从事铁冶劳动的乃是大量的“铁官徒”（奴隶），用于煮盐事业的劳动力，当然也是大量的奴隶。《汉书·百官公卿表》《汉书·地理志》《后汉书·百官志》载，汉政府在中央和地方设有各种官吏，主持着各种各样的手工业生产，包括兵器、染织、手工、土木工等。这些手工业都是以奴隶劳动作为基础的。

主张秦汉是封建社会的同志，对于工商业中奴隶制关系的估计并不一致。郭沫若、张恒寿等虽然认为奴隶用于农业者少，但却承认用于采铜、铸铁、纺织、铸钱、造农具及其他修城、漕运等部门。但翦伯赞等认为工商业中的奴隶劳动是少数“偶然性的”甚至“反常”的现象。

从现在材料看来，有几点意见是值得考虑的。

第一，把工商业中的奴隶制关系看成是“偶然的”甚至“反常”的现象，显然是不妥当的。从秦简和文献材料看，有大量奴隶用于工商业。

第二，主张秦汉是奴隶社会的同志把《汉书・贡禹传》中“今汉家铸钱及诸铁官，皆置吏卒徒，攻山取铜铁，一岁功，十万人已上”和《盐铁论・复古》中“卒徒衣食县官，作铸铁器，给用甚众，无妨于民”的“徒”作为奴隶，进而把汉代的“铁官徒”以及从事各种土木工程的刑徒都作为奴隶看，这也是不妥当的。

关于秦汉时期“徒”的材料很多。云梦睡虎地秦简多次提到“徒”，如《徭律》说，做城邑工程、为苑囿建造堑壕、墙垣、藩篱并加补修的“徒”，是“兴”来的，即征发来的，如果工作质量不好，需要重新修建，而重新修建的工作量，不得算入服徭役的时间。说明“徒”需要向政府服徭役。这种服徭役的“徒”在从事手工业生产、考查产品被评为下等时，则会受到处罚。这种处罚，据《秦律杂抄》，要出“终组”二十根或五十根，这说明他们不同于一无所有、连自己都属于奴隶主阶级的奴隶。

从文献材料看，“徒”辄动几十万。这种徒就是刑徒。东汉王充在《论衡・四论》中给“徒”下定义说：“夫徒，善人也，被刑谓之徒。”沈寄簃的《沈寄簃先生遗书・甲编・刑法考・分考》说：“周之徒，庶人在官充役者也；汉之徒，有罪在官充役者也。”所以所谓“徒”就是因触犯刑律而犯罪，受过残酷的刑罚而又被强制服劳役的人。这种人是失去自由的，劳动强度大而生活又十分艰苦。但能否以此为根据，说他们是奴隶呢？我以为是不能的。

第一，我们深入研究秦汉记载“徒”和奴婢的资料，就会发现两者明显不同，说明当时的人对两者就有严格的区别。这种区别表现在：①把两者严格分开来说，绝不混同；②奴婢有官私之分，而徒只有官徒，而未见有私徒者；③皇帝关于赦免徒和赦免奴婢的诏书中，对两者的用词明显不同，对赦免奴婢说“免为庶人”，对刑徒则说“减刑若干”；④奴婢可以买卖，而未见徒可以买卖者。古人对徒和奴婢是严格区分的，我们今天也绝不能混同。

第二，从马克思主义的观点来看，奴隶和刑徒是两个不同的概念。奴隶“只是会说话的工具”。在奴隶社会中，生产资料的直接生产者主要是奴隶。奴隶的存在，可以延续到封建社会，但在封建社会中，奴隶不是主要的生产资料的直接生产者。

所谓“刑徒”是与国家和法的观念联系在一起的。刑徒，就是触犯了法律而被判刑又强制劳役的人。当然，由于法律具有鲜明的阶级性，所以“刑徒”必然绝大多数是被统治阶级，也有极少数是来自统治阶级的（可参考拙文《关于秦末大起义的性质问题》中《秦汉的“徒”不是奴隶》一节，载《中国农民战争史研究集刊》第三辑，上海人民出版社1983年版）。

第三，秦汉的手工业生产有官营、私营两种。在炼铁、炼铜、鼓铸铜铁器、煮盐等大型作坊或工场中，有一定数量的奴隶在从事生产，正如主张秦汉是奴隶社会的同志所引的材料。但是在这些手工业作坊或工场中，占主导地位的是封建的生产关系。

《盐铁论·复古》引桑弘羊的话说：

> 往者，豪强大家得管山海之利，采铁石鼓铸，煮盐，一家聚众或至千余人，大抵尽收放流人民也。远去乡里，弃坟墓，依倚大家。

这里所说的“尽收放流人民”“远去乡里，弃坟墓”，说明这些人民有相对迁徙的自由，他们不是奴隶，而是受雇于“豪强大家”。

《后汉书·党锢列传·夏馥传》：

> （馥亡命）乃自剪须变形，入林虑山中，隐匿姓名，为冶家佣。亲突烟炭，形貌毁瘁，积二三年，人无知者。

《后汉书·申屠蟠传》：

> （申屠蟠）家贫，佣为漆工。

这些资料都说明这种生产关系是一种封建的生产关系。

关于两汉奴婢是否从事工商业劳动的讨论，还涉及工商业在整个社会经济中的作用和地位问题。主张秦汉是奴隶社会的同志认为，奴隶社会的发展阶段都是以工商业比较发达为特征，因此，两汉工商业中的奴隶制关系也是决定社会形态的一个重要标志。建立于奴隶劳动之上的城市手工业、商业和矿业以及官僚贵族大土地所有制经济，通过城市对农村的支配，体现出奴隶经济对小农的支配，体现出奴隶制在古代社会中的支配地位。

主张秦汉是封建社会的同志则认为，在前资本主义社会，农业是社会生产中的主要部门，所以不能以手工业生产使用奴隶劳动而断定秦汉是奴隶社会。官私手工业中的奴隶劳动是属于奴隶经济体系，但不一定都能发生支配农村经济的作用。西汉时代城市的一部分商业资本和高利贷资本，虽然在经济上剥削农民，但不等于支配了农村社会，更不是奴隶经济支配小农经济。

三、关于两汉奴婢的数量、来源和待遇

两汉社会性质之所以会引起争论，原因之一是当时社会上存在着大量的官私奴婢，而且奴婢问题在一个时期内成了一个严重的社会问题。因此，对两汉奴婢的估计，自然是双方讨论的论题之一。

（一）奴婢的数量

对于奴隶社会中奴隶的数量问题，双方的认识就不一致。翦伯赞在《关于两汉的官私奴婢问题》一文中说："在奴隶社会中，奴隶的数目，必然要多于奴隶主和自由民的数目"，而"两汉的官私奴婢和当时的人口总数相比是微乎其微的"。他认为，根据《汉书·贡禹传》《汉书·王莽传》的记载，两汉官奴婢数量最高不过十余万人，而汉平帝元始二年（2）全国人口总数为五千九百多万人，官奴婢仅占总人口数的五百分之一。

主张秦汉是奴隶社会的同志则认为，所谓奴隶社会的奴隶数量一定要比奴隶主和自由民的数量多的说法，是根本不能成立的。有的同志提出反问：既然封建社会初期，农奴数目可以比自由农民少；资本主义社会初期，工人数目也远不及农民；那么为什么对奴隶社会，我们一定要求奴隶的数目超过自由人呢？他们从世界史的角度，论证奴隶社会之所以为奴隶社会并不取决于奴隶数目的多寡。胡钟达指出，有些同志以为古代希腊、罗马的奴隶总数超过了自由民，其实只是以讹传讹。他说，恩格斯《家庭、私有制和国家的起源》中的许多材料是从阿梯尼厄斯的《宴饮丛谈》中引用来的，而《宴饮丛谈》中的材料有许多是不符合实际的。例如它记载"雅典奴隶的数目是三十六万五千人。在哥林多城，最盛时代竟达四十六万人，在伊齐那竟达四十七万人；两处的奴隶都十倍于自由居民的人数"。但是，可靠的材料表明，伊齐那的全部面积约为一百零四平方公里，它若能容纳四十七万奴隶和四万七千的自由民，则其人口密度约为每平方公里五千人，相当于现代世界中人口最密的荷兰、比利时的二十倍。显然，这样的数字不可能是真实的。日知也列举了古代希腊、罗马的奴隶数目。在公元前430年，亚狄加的全部人口是三十一万五千人，其中奴隶只有十一万五千人；雅典及比里犹斯港，全部人口为十五万五千人，其中奴隶仅七万人。古罗马的自由民和奴隶数，有两种说法，自由民是五十二万或七十八万人，奴隶则是二十八万或二十万人。不论是希腊或罗马，奴隶数目都居于少数。胡钟达和日知说，如果认为在奴隶社会中奴隶数目必然要多于奴隶主和自由民的数目，那么在整个人类历史的发展过程中就没有奴隶社会这一阶段了。

（二）奴婢的来源

在分析两汉奴婢的来源时，翦伯赞提出下列意见。

第一，在奴隶社会中，外族的战俘是奴隶的主要来源。但两汉官私奴婢的主要来源不是外族战俘，而是本族的罪犯和贫穷的人民，因而不能说两汉是奴隶社会。

第二，两汉的对外战争并不以掠夺奴隶为主要目的。

第三，本族的罪犯及其家属籍没为官奴婢，其中不仅有一般人民，而且有贵族，这与奴隶社会的奴隶也没有共同之处。因为奴隶社会的阶级成分是不能改变的。正像奴隶主不能以任何功劳而升级为贵族，贵族也不能因任何罪过而被籍没为奴隶。

第四，有些奴产子，如卫青、卫子夫等，一跃为大将军、皇后，这在奴隶社会是不可能的，也是不允许的。

因此，两汉的官私奴婢，不是奴隶社会的奴隶。

主张秦汉是奴隶社会的同志认为，中国奴隶制以债务奴隶为主要来源，战俘奴隶居于次要地位。但并不能因此而否定两汉是奴隶社会。至于两汉对匈奴的战争，获得奴隶和牲畜是战争的主要目的之一。在对匈奴的战争中，捕获“生口”的记载，史不绝书。“生口”即是奴隶。《三国志·魏书》《三国志·王昶传》注引《任嘏别传》：“嘏取直如常，又与人共买生口”。“生口”可以买卖，当然是奴隶。而两汉边徼也有着保证掠取奴隶和防止奴隶逃亡的作用。《汉书·匈奴传下》，侯应反对罢边徼答汉元帝问：“设塞徼，置屯戍，非独为匈奴而已，亦为诸属国降民，本故匈奴之人，恐其思旧逃亡，四也。近西羌保塞，与汉人交通，吏民贪利，侵盗其畜产妻子，以此怨恨……五也。……又边人奴婢，愁苦欲亡者多，曰闻匈奴中乐，无奈候望急何，然时有亡出塞者。”

关于秦代奴隶的来源，从睡虎地秦简看，有以下几种。

第一，以战俘为奴隶。秦律中有一条：“寇降，以为隶臣。”

第二，通过买卖获得奴隶。《封诊式》：“某里士五（伍）甲缚诣男子丙，告曰：‘丙，甲臣，桥（骄）悍，不田作，不听甲令。谒买（卖）公，斩以为城旦，受贾（价）钱。’”奴隶丙因为“桥（骄）悍，不田作，不听甲令”，被按市场上的奴隶标准价格卖给了官府。

第三，奴隶的后代，不能摆脱奴隶身份，仍然被当作奴隶。秦律中经常提到“小隶臣”“小城旦、隶臣”“小妾”“小隶臣妾”“妾未使”等。这些幼小的男女奴隶，可能有两种情况：一是由于全家被抄没而沦为奴隶；另一种是父母原为奴隶，自己天生的就是奴隶，即《史记》《汉书》中的“奴产子”。

（三）奴隶的待遇

斯大林曾经说过，奴隶可以“当作牧畜来买卖屠杀”，而农奴“已不能屠杀，但仍可以买卖”。因此，两汉奴隶是否可以买卖和屠杀也是争论的一个焦点。

秦汉的奴婢可以买卖，史料有明确记载。例如，《汉书·王莽传》说：“又置奴婢之市，与牛马同兰。”王褒《僮约》和居延汉简有“奴一人为万五千”“小奴二，值三万”“大婢一，二万”的记载。云梦秦简《封诊式》说的奴隶丙因骄悍、不田作、不听令而被卖给官府。因此，关于奴婢是否可以买卖这个问题的认识比较一致。

对于秦汉奴婢是否可以任意屠杀，则有不同意见。郭沫若、翦伯赞认为两汉奴婢已不能任意虐杀，其主要根据有以下几个。

第一，《史记·田儋传》记载，田儋缚奴见狄令，“欲谒杀奴”，可见秦时杀奴已须报官，不能随便虐杀。

第二，史书明确记载，擅杀奴婢有罪，要受到夺爵、罢官，甚至抵命的处分，虽贵族也不能免。如邵侯顺和梁王立以杀奴而被夺爵和削县；将陵侯史子回妻因杀侍婢而论弃市；缪王元因杀奴婢、谒者和胁迫奴婢殉葬而受到“不宜立嗣”的处分；王莽之子杀奴，也被王莽责令自杀；等等。

第三，《汉书·食货志》记董仲舒建议“去奴婢，除专杀之威”；汉光武曾下诏云：“天地之性人为贵，其杀奴婢不得减罪。”（《后汉书·光武纪》）这些建议和诏令，证明两汉已禁止私自处死奴婢。

云梦秦简的材料也证明秦代的奴隶在法律上已经得到一点保护，例如《封诊式·黥妾爰书》：某里公士甲缚诣大女子丙，告曰：“某里五大夫乙家吏。丙，乙妾殹（也）。”乙使甲曰：“丙悍，谒黥劓丙。”讯丙，辞曰：“乙妾殹（也），毋（无）它坐。”（某里公士甲捆送大女子丙，控告说：“本人是某里五大夫乙的家吏。丙是乙的婢女。”乙派甲来说：“丙强悍，请求对丙施加黥劓。”审讯丙，供称：“是乙的婢女，没有其他过犯。”）连处以“黥劓”都要请求官府，说明对奴婢是不能任意虐杀的。

从秦汉史看，秦代的奴隶还可以通过下列几种途径摆脱奴隶的身份而获得自由。

第一，《司空律》规定：“百姓有母及同牲（生）为隶妾，非适（谪）罪殹（也）而欲为冗边五岁，毋赏（偿）兴日，以免一人为庶人，许之。或赎迁，欲入钱者，日八钱。”（百姓有母亲或亲姐妹现为隶妾，本人没有流放的罪而自愿戍边五年，不算作服军戍的时间，用来赎免隶妾一人成为庶人的，可以允许。有赎迁罪，愿缴钱的，刑期每天缴纳八钱。）

第二，《军爵律》规定：“欲归爵二级以免亲父母为隶臣妾者一人，及隶臣斩首为公士，谒归公士而免故妻隶妾一人者，许之，免以为庶人。工隶臣斩首及人为斩首以免者，皆令为工。其不完者，以为隐官工。”（要求退还爵两级，用来赎免现为隶臣妾的亲生父母一人，以及隶臣斩获敌首应授爵为公士，而请求退还公士的爵，用来赎免现为隶妾的妻一人，可以允许，所赎的都免为庶人。工隶臣斩获敌首和有人斩首来赎免他的，都令作工匠。如果形体已有残缺，用作隐官工。）

第三，《仓律》规定：“隶臣欲以人丁粼者二人赎，许之。其老当免老、小高五尺以下及隶妾欲以丁粼者一人赎，许之。赎者皆以男子，以其赎为隶臣。女子操敃红及服者，不得赎。边县者，复数其县。”（要求以壮年二人赎一个隶臣，可以允许。要求以壮年一人赎一个已当免老的老年隶臣，身高在五尺以下的小隶臣以及隶妾，可以允许。用来赎的必须是男子，就以用赎的人作为隶臣。从事文绣女红和制作衣服的女子，不准赎。原籍在边远的县的，被赎后应将户籍迁回原县。）

从以上材料可见，秦汉的奴婢与奴隶社会的奴隶，从待遇来说是有不同了：不但不能任意虐杀，而且在一定条件下，还可以赎身，摆脱奴隶的身份而获得自由。

但是，主张秦汉是奴隶社会的同志，对上述论据提出异议，认为郭沫若列举的擅杀奴婢有罪的材料，并不能证明西汉奴婢已不能任意屠杀，因为其间掺杂有其他政治因素。例如邵侯顺和缪王元是由于汉王朝削藩，“有司吹毛求疵，笞服其臣”，因而借故处罪。梁王立因杀奴获罪，是因为他指使家奴杀害官吏而又杀奴以灭口。将陵侯史子回妻杀侍婢，属于“妒杀”。王莽杀子，因当时丁傅用事，杀子是为了“避祸”。因此，西汉杀奴获罪的说法，实属疑问（柯元礼：《对西汉不是奴隶社会的六个例证的意见》，载《光明日报》1957 年 3 月 14 日）。

《学术月刊》1982 年第 3 期发表林剑鸣《论汉代“奴婢”不是奴隶》一文，他认为在奴隶制向封建制转化的过程中，奴隶的身份变了，但名称并未随之改变。许多汉代奴婢有个人财产，不从事生产劳动，受法律保护，与普通人的区别很少。“奴婢”是一般人的贱称与谦称。秦汉的奴婢不是一个阶级，而是分属于不同的阶级，同“士人”“宦者”一样，是一种职业的概念。这是近年来比较新颖的一种观点，值得大家注意。

对秦汉奴婢的数量、来源和待遇问题展开一定的讨论是必要的。但是，仅仅从奴婢的数量、来源和待遇来进行考察，还不能判明秦汉的社会性质。因为就奴隶数量而言，社会上要有多少奴隶，或者奴隶社会的奴隶与自由民的比例是多少才算是奴隶社会，需要定一个标准，而这在事实上是不可能的。至少，对于奴婢的来源问题，按照古希腊、罗马的情况（以外族奴隶主要来源）来衡量中国的历史，也是不能成立的。至于奴隶是否可以任意屠杀，历史实际远比一般的理论原则要复杂得多。甚至在封建社会里，虽然地主形式上没有杀死农奴的权力，可是实际上地主非法杀死农奴的事实累见不鲜。而且并不是所有国家在奴隶社会时奴隶都是可以被任意屠杀的，例如在巴比伦，按照《汉穆拉比法典》的规定，奴隶主虐杀奴隶，要受到各种处分。因此，我们考察秦汉社会性质时，不能孤立地看奴隶的数量、来源及待遇，必须把当时的奴隶制关系和其他的经济成分联系起来进行考察，才能弄清它在当时社会生活中的地位和作用。

四、 从秦汉时期的阶级矛盾和阶级斗争看秦汉的社会性质

马克思主义认为，阶级的存在和阶级斗争是同生产发展的一定历史阶段相联系的；不同时代的阶级和阶级斗争，都是该时代生产关系和交换关系的产物。在关于秦汉社会性质的讨论中，考察当时的阶级矛盾和阶级斗争，也是相当重要的一个方面。它主要涉及秦汉时代小农的地位和命运、社会的主要矛盾、农民起义的性质等问题。

主张秦汉史奴隶社会的同志，在分析秦汉时代的阶级关系和社会矛盾时，常常引用马克思的两段话作为理论根据。一段话见《资本论》第三卷：

> 自耕农的这种自由小块土地所有制形式，作为占统治地位的正常形式，一方面，在古典古代的极盛时期，形成社会的经济基础……（《马克思恩格斯全集》第二十五卷）

另一段话是马克思1855年3月8日给恩格斯信中所说的：

> 不久前我又仔细研究了奥古斯都时代以前的（古）罗马史。国内史可以明显地归结为小土地所有制同大土地所有制的斗争，当然这种斗争具有为奴隶制所决定的特殊形式。从罗马历史最初几页起就有着重要作用的债务关系，只不过是小土地所有制的自然的结果。（《马克思恩格斯全集》第二十八卷）

在秦汉奴隶社会论者看来，秦汉时代也像古代罗马一样，自耕农民的小土地所有制曾经形成了社会的经济基础。但由于奴隶劳动的排挤和债务奴隶制的发展，小农日益破产而沦为奴隶，这就决定了秦汉时代的社会性质是奴隶社会。何兹全说，奴隶制和大土地经济所有制的发展、大土地兼并小农和小农破产沦为奴隶是古代社会的发展规律。他认为，战国到秦汉间几百年的历史，就是大土地所有制和自耕农民小土地所有制的斗争过程和商业发展、土地集中、小农沦为奴隶过程

的历史。

从材料看，秦汉时代的阶级斗争并不存在大规模的奴隶起义。尽管王思治等把新市、平林、赤眉起义笼络地称为“奴隶、农民大起义”，但并没有确凿的材料证明奴隶是这次大起义的主力军。在奴隶社会里，社会的主要矛盾和斗争却不是奴隶和奴隶主的矛盾和斗争，这该怎样解释呢？他们采取了另一种说法，引用马克思在《资本论》第一卷中所说的“古代世界的阶级斗争主要是以债权人和债务人之间的斗争的形式进行的”（《马克思恩格斯全集》第二十三卷）作为理论根据。童书业认为：在古代东方奴隶社会中，阶级斗争主要表现在富人与穷人（包括贵族与平民）的斗争上，奴隶起义的规模是比较小的，而且次数也不很多。战国秦汉间的阶级斗争正是这样。他指出，古代埃及奴隶制国家有关起义的史料表明，起义的主力是“自由贫民”，奴隶只是参加而已；而古代印度，奴隶起义的史料几乎没有。由此可见，起义以贫民（主要是农民）为主力，缺乏奴隶起义的史料并不足以否认战国秦汉时代社会的奴隶制性质。王仲荦则从小农与奴隶的关系作了阐述。他认为，债务奴隶的前身就是农民，秦汉农民革命运动一方面是债务者反对债权者，破产的农民拒绝沦为债务奴隶的一种行动上的反抗；另一方面，在参加这些革命的群众中，破产农民的比重固然大，但也必然包括了前身是小农而已沦为债务奴隶的奴隶。农民和奴隶虽是两个阶级，但在债务奴隶盛行的年代里，他们是“血脉近亲”。所以古代的债务者反对债权者、平民反对专制主义的斗争，同时也就含有债务奴隶反对奴隶主的斗争的性质。在奴隶社会里，奴隶与奴隶主的对抗始终未能上升到第一位。

对于上述意见，主张秦汉是封建社会的同志，当然是不能同意的。他们承认秦汉时代大土地所有制兼并小农的事实，但是却不同意上述关于小农地位和命运的分析。张恒寿认为，小土地所有制的支配形态并不是奴隶社会的证明。在西方古代时期，小土地所有制处于支配形态的时期很短，接着便发展为大土地所有制的奴隶制发达时期。中国从战国以后，小土地所有制形态维持了相当长时期的支配地位，但奴隶制还没有来得及取得支配一切的地位便被地主农民对立式的封建经济占了统治地位。他说，从汉代的历史看，小农破产后，多数变为流庸，变为奴婢的是少数。江泉认为，汉代历史表明，土地越是集中在地主阶级手中，破产小农的数量就越多，他们或者沦为佃户、雇农，或者被迫流亡。这说明制约小农经济发展的，是以地主土地所有制为基础的封建生产关系，而不是奴隶制生产关系。

对于秦汉时期的阶级斗争问题，秦汉封建社会论者对秦汉奴隶社会论者提出了种种诘难。肖山说，两汉既然是奴隶社会，则当时存在的基本对抗阶级当是奴隶和奴隶主阶级。然而从秦汉阶级斗争的最高形式——武装起义来看，得出的结论是否定的。奴隶社会中，奴隶主阶级与奴隶阶级的对抗竟不占主导地位，反而把阶级斗争的主导地位让给农民战争，这种说法实在无法解释得通。张恒寿更尖锐地指出，既然承认汉代小生产者人数众多，奴隶和奴隶主的对抗没有上升到第一位，大规模起义是农民小生产者对皇帝贵戚等大土地所有者的斗争，就可以得出汉代的主导经济是地主经济而不是奴隶经济的结论；就可以根据直接的社会斗争、社会现象，说明社会性质和社会问题；就可以从农民多因苛重的徭役田租等剥削而变为流民的具体情况上，说明革命爆发的原因；而不必绕许多曲折的路径，把农民问题套在沦为债务奴隶的公式内，将其说成是反奴隶主的斗争。

现在看来，双方意见分歧的焦点是如何正确评价小农在秦汉社会中的地位和作用。主张秦汉是封建社会的同志把广大小农看作封建社会的农民，而主张秦汉是奴隶社会的同志则认为它们是奴隶社会债务奴隶的后备军。由于对小农的地位和作用有不同的认识，因而双方对两汉的社会矛盾和阶级斗争就各自作出不同的分析，从而得出两种社会性质的不同结论。

关于今后讨论如何深入，我们认为，对于主张秦汉封建社会的同志来说，应对主张秦汉小农沦为债务奴隶的观点给予足够的重视；同时要进一步论证秦汉的小农是封建社会的农民而不是奴隶社会的农民。他们认为秦汉农民战争的主力是农民而不是奴隶，可见当时只能是封建社会而不可能是奴隶社会，这也未免把古代社会阶级斗争的复杂内容理解得过于简单了。

对于主张秦汉是奴隶社会的同志来说，需要进一步阐明当时的主要社会矛盾是什么。他们虽然印证过马克思说的“古代世界的阶级斗争主要是以债权人和债务人之间的斗争的形式进行的”，但马克思说的是古代阶级斗争的表现形式，并没有涉及当时社会的主要矛盾。既然秦汉是奴隶制的发展阶段，而这个阶段，奴隶与奴隶主的阶级对抗尚且没有上升到第一位；那么在整个中国奴隶制时代，社会的主要矛盾是不是奴隶主与小农的矛盾？对这样重要的理论问题，是需要作出回答的。

五、 从汉代政权的阶级属性和意识形态看秦汉的社会性质

1956 年 12 月，郭沫若发表《汉代政权严重打击奴隶主》一文，认为汉代政权是否打击奴隶主是古史分期中一个关键性的问题。如果断定两汉是奴隶制，那么两汉的政权应该是保护奴隶主的。然而，两汉政府从一开始就打击工商业者，一直没有间断，而且有时打击力度十分大，对工商业者可以说是致命的打击。两汉政权对工商业者的打击，是封建国家消灭奴隶制残余的一种措施，说明汉代已不是奴隶社会而是封建社会。郭沫若的论述从方法论上来说是有一定道理的。因为在私有制社会里，一个在经济上取得优势的阶级，不一定就在政治上占统治地位；可是，一个在政治上已经建立了统治权的阶级，一般说来在经济上必然取得

了支配地位。因此，两汉政权的性质，可以说是当时经济基础的集中反映。

郭沫若的意见遭到了主张秦汉是奴隶社会的同志的反对。把他们的意见归纳起来有以下几点。

其一，“重农抑商”的传统本来就是奴隶制发展到一定阶段的产物，是奴隶社会固有的现象，并不是封建社会独有的。秦汉时代的“重农抑商”政策，“它只是奴主阶级内部不同集团相互斗争的表现”，也就是说，是贵族奴隶主集团打击商人奴隶主集团的反映。

其二，如果说汉代政权打击工商业者就是打击奴隶主，因而汉代政权属于封建制性质；那么历代王朝对于兼并土地的豪强大族或封建大土地所有者也曾予以打击，又将如何解释?

其三，汉代“抑商”是为了“重农”。欲治国必须重农，欲重农必须抑商，其出发点并不在于打击奴隶主。

其四，从汉代政权打击工商业者的效果来看，汉初“抑商”的结果是“今法律贱商人，商人已富贵矣”；汉武帝时，商人东郭咸阳、孔仅、桑弘羊都得到了重用；到了汉元帝以后，商人势力就更大了。如果认定打击工商业者是打击奴隶制残余，那么这是否意味着汉代政权打击奴隶制失败了，奴隶制又得到了发展呢?

对于上述诘难，主张秦汉是封建社会的张恒寿做了回答。他的论点归纳起来有以下几点。

其一，关于汉代政权的性质。从三方面论述：第一，汉朝统治机构中的官吏，除汉武帝和王莽时代有部分商人参加政权外，是限制或排斥使用商人的；第二，汉朝的征兵政策，把商人作为七科谪之一，和罪人一起征发，是一种惩罚性的措施；第三，汉朝的租税政策，商人和奴婢倍算，武帝时又治缗钱，禁止商人名田，这些都是打击商人和奴隶主的。因此，汉代政权是属于封建性质的。

其二，关于重用商人为吏问题，一个政权代表什么阶级的利益取决于这个政权所采取的政策，而不是个别人物的阶级出身。东郭咸阳等参加政权，是背叛了商人利益，而为代表地主阶级的汉中央集权政治服务的。

其三，关于“重农抑商”的效果问题，他认为“法律贱商人，商人已富贵矣”的说法表示商人只能“交通王侯”，而本身还不是王侯；商人只能“乘坚策肥，履丝曳缟”，而不能取消法律上“贱”的地位。不能根据商人在经济上有剥削、在享受上等于王侯，而认为汉朝政权代表商人的利益。

其四，关于商人的性质。汉武帝以前，商人是与奴隶主结合的，而在东汉时期，商人则是和地主结合了。东汉的商人已不是奴隶主身份而是地主身份，这便是西汉的抑商政策到东汉已不成问题的原因。

在这个问题的讨论中，高念之提出一种新的看法，认为汉代的工商业者是地主而非奴隶主，正因为这样，汉武帝时东郭咸阳、孔仅、桑弘羊等大工商业者才有可能做到中央大官。汉代政府对工商业者打击不彻底，也正因为这些工商业者是地主阶级。所以“重农抑商”政策既不是贵族奴隶主集团打击商人奴隶主集团，也不是封建政权打击奴隶主的措施，而是封建地主阶级内部矛盾的反映。(《关于重农抑商和汉代的社会性质问题》，载《人文杂志》1957 年第 4 期)

关于意识形态问题，郭沫若早在 1952 年在《奴隶制时代》一书中就提出过这样的一个问题：

> 西汉奴隶制说者……承认孔子和儒家学说是封建理论，而却主张西汉的生产关系还在奴隶制的阶段，这岂不等于说：在奴隶制的社会基础上树立了封建制的上层建筑？

但是这个问题并没有引起足够的重视。范文澜后来曾指出魏晋封建论者对这一问题不应采取“缄口不谈”“置若罔闻”的态度（《文要对题》，载《光明日报》1957 年 5 月 9 日）。日知随后在《敬答范文澜先生》一文中说，郭沫若的这段话有个前提，即“承认孔子和儒家学说是封建理论”，而“我如果不承认，就没有碰着那个无法解决的矛盾，也没有一定要回答的责任”，“如果有人既承认这是‘封建理论’而又主张两汉是奴隶社会，那当然要像郭老所说的，陷于无法解决的矛盾了”（见《光明日报》1957 年 7 月 4 日）。日知的这个回答虽然很巧妙，但实际上还是回避了问题。因为儒家学说从先秦经两汉到魏晋也是有变化的，魏晋封建论者要自圆其说，就必须论证先秦和两汉的儒家学说是“奴隶制的理论”，而魏晋以后的儒家学说则变成了“封建理论”。但至今魏晋封建论者仍然没有做出任何论证。

以上我们从五个方面介绍了关于秦汉社会性质讨论的情况，目的是希望同学们在了解前人研究的基础上，参加到讨论的行列中来，并有所突破。近十几年来，大量的出土文物为我们进一步研究秦汉社会性质提供了宝贵的材料。我们相信，在不久的将来会有更多的收获。

第四讲　秦汉土地制度

一、关于封建土地所有制形式的讨论

封建制度的基础是封建土地所有制。封建土地所有制的形式及其体系构成，不仅是构成我国封建社会经济制度和政治制度的主要特点的重要根源，而且也制约着阶级斗争，对中国封建社会历史发展进程有着重大影响。要探讨封建社会的历史，必须研究封建土地所有制。可以说，研究封建土地所有制，是打开封建社会历史发展规律奥秘的钥匙之一。因此，封建土地所有制问题，一直是历史学界关注的问题之一，一些著名史学家如郭沫若、范文澜、翦伯赞、邓拓等都发表过意见。20 世纪 50 年代和 60 年代初，学界对这个问题讨论得很热烈，南开大学历史系曾把讨论中具有代表性的文章编成《中国封建社会土地所有制形式问题讨论集》（上下册），由三联书店出版。

现在简单介绍一些不同意见的主要观点。

第一，中国封建土地所有制是“皇族所有制”，豪强地主、农民都没有土地所有权，他们或者只有占有权，或者只有使用权。皇族垄断的土地所有制，像一条红线贯串着明清以前的全部封建社会史。

这一观点以侯外庐为代表，他在一系列的文章中从理论上阐述了自己的观点（《中国封建社会史论》）。

封建土地所有权的含义。关于所有权的内涵，“政治经济学所要把握的是生产关系总和中的表现形态，而不仅只是法权形式”（《中国封建社会史论》）。严格意义的私有权或私有制这一历史形态，乃是古典的古代和近代的形态，而不是封建的所有权的形态。

土地占有，有法律规定和私有财产的含义。占有权取得了法律的规定，土地才具有私有财产的性质。但在封建社会，应同古代的及近代的私有财产区别开来。封建社会的土地关系，必须区别“所有”和“占有”。

在封建社会，作为耕作者的农民只有占有权、使用权，而无所有权。

第二，韩国磐、贺昌群也主张在中国封建社会中封建土地国有制占主导地位，但他们不同意侯外庐所说的“以一条红线贯串着明清以前的全部封建史”，而认为其只在魏晋隋唐时占支配地位。

第三，中国封建土地所有制包括国家土地所有制及地主土地所有制。从地租、地主阶级政权、阶级斗争等方面来考察，可以证明地主土地所有制占支配地位。

这一派以胡如雷为代表，他认为地主土地所有制之所以处于支配地位，其理由如下。

我国封建社会的剩余生产物绝大部分是当作私租归地主阶级所占有，地主政权所占有的赋税在全部剩余生产物中，只占较少部分，因为地主阶级的剥削是普遍而广泛的，他们人数众多，因此地主土地所有权是占支配地位的。

地主土地所有制对历史发展起着制约作用，从而决定着经济发展过程。

封建土地国有制如均田制本身就是向土地私有制转变的通路，永业田的私有和全部受田的合法或违法的出售，最后都使地主土地所有制重新发展起来。

第四，我国封建土地所有制存在着土地国有制、大土地占有制、大土地所有制、小农土地所有制和残余的村社所有制。这一派以李埏为代表。

第五，华山认为，从法律意义上说，封建社会没有土地私有权，只有占有权或使用权，国家或皇帝才对一切财产有绝对支配权；但从经济意义上说，封建社会有土地私有权，商鞅变法标志土地私有制的兴起，均田制遭破坏后私有制就占主导地位了。

第六，束世徵认为“封建土地所有制”是指领地制而言，它是私有制的一种形式。我国封建社会经历了由领主土地所有制到地主土地所有制的演变和发展。

以上是关于中国封建社会土地所有制形式问题讨论的大致情况。如果把各家的基本观点概括起来，对于我国封建土地的所有制形式可以说有三派意见：

封建土地国有制（或皇族土地所有制）占支配地位；

地主土地所有制（国有土地是整个地主阶级所有）占支配地位；

封建土地国有制、地主土地所有制、自由农民小土地所有制三者并存，地主土地所有制占支配地位。

我们认为第三种意见比较符合中国封建社会的历史实际。

秦汉时期是中国封建社会的确立阶段，我们解剖这个时期的土地制度，对理解这个时期的政治、经济、文化和整个封建社会历史都是有裨益的。

二、秦汉土地私有制的发展

（一）秦代土地私有制

我国商周时代是土地国有制，即井田制，“普天之下，莫非王土”是很好的写照。春秋战国时代，由于生产力的发展，尤其是牛耕和铁工具的使用，井田制被破坏，土地原有的疆界逐步毁掉，新垦地为开垦者所有，出现了土地私有。顺应这一时代潮流，各诸侯国新兴地主阶级纷纷变法，最突出的是商鞅变法。“坏井田，开阡陌”，“除井田，民得卖买”。秦国彻底废除国家土地所有制，从法律上确立了封建地主阶级的土地私有制。秦统一六国后，在全国实行这种制度。文献资料语焉不详，我们知道曾颁布“使黔首自实田”的法令，在全国范围内宣布承认土地私有制，但更具体的情况就不得而知了。1975 年湖北云梦睡虎地秦简的出土为我们提供了一些史料和线索。

首先，我们要明确，什么是土地私有？所谓土地私有，是说占有这块土地的人在法律上具有垄断性，有排斥他人再占有这块土地的权利。占有了这块土地，就获得了这块土地的绝对所有权，这就是马克思所说的：“土地所有权的前提是一些私人独占着地体的一部分，把它们当作他们的私人意志的专有领域，排斥一切其他的人去支配它。”（《资本论》第三卷）恩格斯也说：“对土地的完全而自由的所有权，不仅意味着可以毫无阻碍毫无限制占有它，而且意味着可以出售它。”（《家庭、私有制和国家的起源》）明确了土地私有制的概念后，我们再看秦汉时期土地私有的情况。

从秦简看，国家拥有相当数量的可耕土地，这种土地属于国家所有（详细情况下面再讲），这部分土地一部分用来赏赐军功。秦简《军爵律》明确规定：“从军当以劳论及赐。”所谓“劳”是指军功，“论”是论功“受其爵”，“赐”就是赏赐。赏赐什么，律文没有具体说明。根据按爵秩“名田宅”的精神，赏赐自然包括土地。《商君书·境内》：“能得甲首一者，赏爵一级，益田一顷，益宅九亩。”军功大，爵位就高，所赏赐的田宅也就多。当封建国家一旦将土地赏赐给臣下，即为臣下所私有，并且获得了法律上的承认。《史记·白起王翦列传》记载王翦请秦始皇赐与田宅一事，就是一个生动的例证。

> 王翦行，请美田宅园池甚众。始皇曰：“将军行矣，何忧贫乎！”王翦曰：“为大王将，有功终不得封侯，故及大王之向臣，臣亦及时以请园池为子孙业耳。”始皇大笑。王翦既至关，使使还请善田者五辈。
>
> 或曰：“将军之乞贷，亦已甚矣。”王翦曰：“……我不多请田宅为子孙业以自坚，顾令秦王坐而疑我邪？”

很明显，王翦所请大量田宅，是准备留给子孙的产业。这种作为“子孙业”的土地，当然属于私有。

既然有私有土地，必然有多寡之分。秦简《徭律》记有：

> 其近田恐兽及马牛出食稼者，县啬夫材（裁，作酌量解）兴有田其旁

者，无贵贱，以田少多出人，以垣缮之，不得为繇（徭）。（译文：苑囿如邻近农田，恐有动物及牛马出来吃去禾稼，县啬夫应酌量征发在苑囿旁边有田地的人，不分贵贱，按田地多少出人，为苑囿筑墙修补，不得作为徭役。）

这条材料告诉我们：第一，这些苑囿旁边的土地为私人所有；第二，占田有多少之分。占田多者必为"贵"，占田少者必是"贱"。

封建国家还极力维护地主土地私有制。《法律答问》有一条记载：

"盗徙封（田界），赎耐（剃去须鬓）。"可（何）如为"封"？"封"即田千佰（阡陌）。顷（百亩）半（畔）"封"殹（也），且非是？而盗徙之，赎耐，可（何）重也？是，不重。（译文："私自移封，应赎耐。"什么叫"封"？"封"就是田地的阡陌。百亩田的田界是算作"封"，还是不算作"封"？如私加移动，便判处赎耐，是否太重？算作"封"，判处并不算重。）

这是一条十分重要的资料，它告诉我们，对于田界，封建国家是予以承认和保护的。如果有人私自移动田界，侵犯土地所有权，就要受到法律的制裁。这是保护地主土地私有制在法律上的反映。

土地买卖是土地私有的一个重要标志。早在春秋时期就出现了土地买卖的现象，有所谓"中牟之民弃田圃而随文学者邑之半"（《韩非子·外储说左上》）的记载。这种土地买卖的现象到战国时就进一步发展了，如赵括为将之后，"王所赐金帛，归藏于家，而日视便利田宅可买者买之"（《史记·廉颇蔺相如列传》）。正如《汉书·食货志上》所说，"至秦则不然，用商鞅之法，改帝王之制，除井田，民得卖买，富者田连阡陌，贫者亡立锥之地"。所以，土地私有制在秦代得到确立和发展。

（二）汉代土地私有制的发展

在汉代，土地私有制和土地买卖以前所未有的速度向前发展，而且越往后其发展势头越大。这种材料，在两汉的历史文献和考古资料中，可以说比比皆是，今举其重要者于下。

《史记·萧相国世家》："客有说相国曰：'……君胡不多买田地，贱贳贷以自污，上心乃安。'于是相国从其计。……上（刘邦）罢布军归，民道遮行上书，言相国贱强买民田宅数千万。上至，相国谒，上笑曰：'夫相国乃利民。'民所上书，皆以与相国。""（萧）何置田宅必居穷处，为家不治垣屋，曰：'后世贤，师吾俭，不贤，毋为势家所夺。"

《汉书·司马相如传》："卓王孙不得已，分与文君僮百人，钱百万及其嫁时衣被财物。文君乃与相如归成都买田宅为富人。”

《史记·平准书》：“卜式者，河南人也。以田畜为事。亲死，式有少弟，弟壮，式脱身出分，独取畜羊百余，田宅财物尽予弟，式入山牧羊十余岁，羊致千余头，买田宅，而其弟尽破其业，式辄复分予弟者数矣。”

《汉书·霍光传》：“去病大为中孺买田宅奴婢而去。”

《汉书·张禹传》：“禹为人谨厚，内殖货财，家以田为业，及富贵，多买田至四百顷，皆泾渭溉灌极膏腴上贾。”

《汉书·贡禹传》：“故民弃本逐末，耕者不能半，贫民虽赐之田，犹贱卖以贾。”师古曰：“卖田与人，而更为商贾之业。”“禹上书曰：‘臣……有田百三十亩，陛下过意征臣，臣卖田百亩以供车马。’”

《汉书·李广传》：“广死明年，李蔡以丞相坐诏赐冢地阳陵当得二十亩，蔡盗取三顷，颇卖得四十余万，又盗取神道外壖地一亩葬其中，当下狱，自杀。”

《后汉书·阴识传》：“宣帝时阴子方者……暴至巨富，田有七百余顷，舆马仆隶比于邦君。”

《后汉书·吴汉传》：“汉尝出征，妻子在后买田业。汉还，让之曰：‘军师在外，吏士不足，何多买田宅乎！’遂尽以分与昆弟外家。”

《后汉书·马援列传附子防传》：“防兄弟贵盛，奴婢各千人已上，资产巨亿，皆买京师膏腴美田……”

《后汉书·光武十王列传·济南王康传》：“康遂多殖财货，大修宫室，奴婢至千四百人，厩马千二百匹，私田八百顷，奢侈恣欲，游观无节。”

这类文献材料不胜枚举，说明土地私有制在两汉时代获得了长足的发展。考古资料也证明了这一点。

在《居延汉简甲乙编》中保存有汉代居延地区戍边吏卒的名籍（户口簿），其中除记有户主及其家属外，还记有土地、奴隶、耕牛、轺车、住宅等资产，并且都标有价格。很显然，这些都属于私有财产。

候长觻得广昌里公乘礼忠年卅

小奴二人直三万	用马五匹直二万	宅一区万
小婢一人二万	牛车二两直四千	田五顷五万
轺车二乘直万	服牛二六千	●凡訾直十五万

（37·35《居延汉简释文合校》，文物出版社1987年版，第61页）

三樵隧长居延西道里公乘徐宗年五十		徐宗年五十	
妻妻	宅一区直三千	妻	妻一人
子男一人	田五十亩直五千	男子一人	子男二人
男同产二人	用牛二直五千		子女二人
女同产二人			男同产二人
女同产二人			

（24·1B《居延汉简释文合校》，文物出版社1987年版，第34—35页）

这里将土地、奴隶、牛、马、房舍标出价格，并不是为了出卖，而是为政府收资产税提供根据，它比实际的买卖价格可能要低一些。但无疑，这些都是财产。

1966年在四川郫县犀浦附近发现一座东汉砖室残墓，左墓门是利用一块刻有文字（隶书）的旧石碑改作的，据谢雁翔同志考证，可能是一个乡的“薄书碑”（《四川郫县犀浦出土的东汉残碑》，载《文物》1974年第4期）。这块碑虽然残缺不全，但记载了二十余户之田产、奴婢、房舍、牛之价格，仍不失为研究汉代土地制度、阶级关系及社会情况的珍贵资料。如“田八百，质（值）四千”，“舍六区，直四四万三千”，“田卅亩，质（值）六万”，“（奴婢）五人，直廿万，牛一头直五千”，“康眇楼舍，质五千”，“田顷五十亩，直卅万”，“王汶田顷九十亩，贾卅一万”，“中亭后楼，贾四万，苏伯翔谒舍，贾十七万”，等等。这些标价，也和居延汉简一样，不是买卖价格，是作为政府征收赀赋的根据。但无疑，都是可以买卖的私有财产。

封建土地私有制以及土地私有观念的高度发展，必然反映到人们想象的茫茫冥世中来，人们不仅渴望在现实生活中获得土地，而且期待死后继续占有土地。于是汉代出现了“买地券”。这种买地券出土于东汉以来的古墓内，南起广东，北至山西，西自新疆，东抵海滨，均有出土。质地有玉、铅、砖、石、铁、瓦、木、纸诸种。早期买地券一般是铅券，券文内容基本上是模仿现实的土地买卖文书，真实性较强，史料价值较高。晚期买地券，券文千篇一律，带有浓厚的迷信色彩。新中国成立前后发现的买地券有十多枚，但有些是赝品。经方诗铭等学者的考证，确定了东汉的六件是较为可信的。它们都记有买卖双方的姓名、土地的来历、位置、四至、面积、价值、钱地交割过程以及证人和酬劳方式等等，弥补了文献记载的不足，为研究汉代土地制度提供了难得的资料。现介绍这六件“买地券”，使大家对此有一个认识。

第一件：建初六年（81）武孟子男靡婴买地玉券。

建初六年十一月十六日乙酉，武孟子男靡婴买马熙宜、朱大弟少卿冢田。南广九十四步，西长六十八步，北广六十五（步），东长七十九步，为田廿三亩奇百六十四步，直钱十辔（万）二千。东、陈田比介，北、西、南朱少比介。时知券约，赵满、何非，沽酒各二斗。（罗振玉：《蒿里遗珍》）

按这个买地券，每亩地价约合四千三百五十钱左右，这是已发现的买地券及其他资料中地价比较高的一例。

第二件：建宁二年（169）王未卿买地铅券。

建宁二年八月庚午朔廿五日甲午，河内怀男子王未卿，从河南河南街邮部男子袁叔威买皋门亭部什三邛西袁田三亩，亩价钱三千一百，并直九千三百，钱即日毕。时约者袁叔威，沽酒各半，即日丹书铁券为约。（罗振玉：《贞松堂集古遗文》卷十五）

这个买地券的地价为每亩三千一百钱，属于较高的。在这里，我要介绍一下关于买地券的性质问题。它们究竟是现实世界的土地买卖文书，还是模仿土地买卖文书制作的随葬明器？它们与纯属迷信品的买地券，究竟是性质截然不同的两种事物（“买地券”与“镇墓券”），还是同一事物的两种具体表现形式？学术界存在三种意见。

第一种以罗振玉为代表，认为这一部分属于实在的土地买卖文书。他在《蒿里遗珍》中提出：“以传世诸券考之，殆有二种：一为买之于人，如建初、建宁二券是也；一为买之于鬼神，则术家假托之词。”在《贞松堂集古遗文》卷十五，又将“买之于人”者视为土地买卖文书，称之曰“地券”；而“买之于鬼神”的明器，称为“镇墓券”。这种主张得到我国绝大多数学者的赞同。

第二种是日本仁井田陞的意见，他把几乎全部出自汉魏六朝墓中的买地券，统统称为“现实生活中的土地买卖文书”，仅《汉魏六朝的土地卖买文书》一文，即达十七件。这一见解在日本影响颇大。

第三种认为买地券均为明器。台湾学者台静农、陈槃等均是这种主张。大陆学者李寿冈写的《也谈“地券”的鉴别》一文，吴天颖写的《汉代买地券考》也持这一主张。

主张这类买地券是“实在的土地买卖文书”的重要根据是有“丹书铁券”的文字，认为“即日丹书铁券为约”即是汉代买卖双方缔结的土地契约。方诗铭先生说：“《周礼·秋官·司约》说：‘凡大约剂（契约的一种）书于宗彝，少约剂书于丹图。’郑玄注：‘今俗语有铁券丹书，岂此旧典之遗言。’说明东汉末年有‘铁券丹书’的俗语。《王未卿买地券》云：‘即日丹书铁券为约。’罗振玉说：‘券上涂朱，殆即券文所谓‘丹书’也’。更说明‘丹书铁券’不但是俗语，而且是当时买卖文书的一种形式。……铅券涂朱，应即当时的‘铁券丹书’，是现实生活中土地买卖文书的一种形式。”（《再论“地券”的鉴别——答李寿冈先生》，载《文物》1979 年第 8 期）。

吴天颖认为两汉“丹书铁券”有三种情况：

其一，是皇帝赐予功臣的特殊身份。其制始于汉高帝十二年（前 195），刘邦“与功臣剖符作誓，丹书铁契，金匮石室，藏之宗庙”（《汉书·高帝纪》）。这与买卖文书是两回事。

其二，是汉廷与匈奴定边界的盟约。汉高帝九年，娄敬出使匈奴，与匈奴“作丹书铁券曰：‘自海以南，冠盖之士处焉；自海以北，控弦之士处焉。’割土盟誓，然后求还。”（《太平御览》卷七七九引《三辅故事》）。这与买卖文书也没有关系。

其三，东汉民间广泛流行的“丹书铁券”，是方士、巫觋以及太平道所从事的迷信活动之一。《后汉书·方士列传》记有不少头面人物“善为巫术”，“善为丹书符劾，厌杀鬼神而使命之”，20 世纪以来在河南、陕西一带出土的朱书（或涂朱）镇墓瓶，就是他们所为。对于这类镇墓券（瓶），北宋陶穀《清异录》卷四“土筵席”条，做了最清楚的说明：“葬家听术士说，例用朱书铁券，若人家契帖，标四界及主名，意谓亡者居室之执守，不知争地者谁耶?”由此可见，“例用”由来已久。“朱书铁券”，就是“丹书铁券”。它的各式是模仿土地买卖文书，“若人家契帖，标四界及主名”，它的性质是冥世的土地私有权凭证。它并不是现实生活中的土地买卖文书。

第三件：建宁四年（171）孙成买地铅券。

> 建宁四年九月戊午朔廿八日乙酉，左骏厩官大奴孙成，从雒阳男子张伯始卖所名有广德亭部罗陌田一町，贾钱万五千，钱即日毕。田东比张长卿，南比许仲异，西尽大道，北比张伯始。根生土著毛物，皆归孙成。田中若有尸死，男即当为奴，女即当为婢，皆当为孙成趋走给使。田东、西、南、北以大石为界。时旁人樊永、张义、孙龙、异姓樊元祖皆知券约，沽酒各半。（并见罗振玉《地券征存》《蒿里遗珍》《芒洛冢墓遗文续编》）

孙成是左骏官奴隶的头目，这是买地券中比较典型的例证，故常被史家所引用。这里还规定买过之后，土地上的所有东西都归买主孙成，甚至过去埋在这块土地上的死尸，也要成为孙成的奴隶，在阴间听他驱使。这充分反映了当时存在的根深蒂固的私有观念。

第四件：光和元年（178）曹仲成买地铅券。

> 光和元年十二月丙午朔十五日，平阴都乡市南里曹仲成，从同县男子陈胡奴买长榖亭部马领佰北冢田六亩，亩千五百，并直九千，钱即日毕。田东比胡奴，北比胡奴，西比胡奴，南尽松道。四比之内，根生伏财物一钱以上，皆属仲成。田中有伏尸，既□男当作奴，女当作婢，皆当为仲成给使。时旁人贾、刘皆知券约，他如天帝律令。（现藏日本中村书道博物馆，转引自吴天颖《汉代买地券考》）

此买地券说地价每亩一千五百钱，是当时中等价格。

第五件：光和七年（184）樊利家买地铅券。

> 光和七年九月癸酉朔六日戊寅，平阴男子樊利家，从雒阳男子杜謌子子弟□买石梁亭部桓千东比是佰北田五亩，亩三千，并直万五千，钱即日毕。田中根土著，上至天，下至黄，皆□□行，田南尽佰，北、东自比謌子，西比羽林孟□。若一旦田为吏民秦胡所名有，謌子自当解之。时旁人杜子陵、李季盛，沽酒各半。钱千无五十。（《贞松堂集古遗文》卷十五，原件藏日本中村书道博物馆）

这一买地券值得注意的是“若一旦田为吏、民、秦、胡所名有，謌子自当解之”一句，意思是说樊利家所买的土地，一旦有官吏、百姓、秦人（即汉人）或胡人出来说，这块地原来是他的产业，就应该由卖主杜謌解决纠纷。这充分说明建立买地文书的目的，是确保买主的土地私有权。

第六件：中平五年（188）房桃枝买地铅券。

> 中平五年三月壬午朔七日戊午，雒阳大女房桃枝，从同县大女赵敬买广德亭部罗西比□步兵道东冢下余地一亩，直钱三千，钱即毕。田中有伏尸，男为奴，女为婢。田东、西、南比旧□，北比樊汉昌。时旁人樊汉昌、王阿顺皆知券约，沽各半。钱千无五十。（《贞松堂集古遗文》卷十五）。

这个买地券是两个妇女之间的土地买卖，地价是每亩三千钱。最后一句“钱千无五十”，同时见于上一买地券，不知何解，有待识者。

上述六种买地券，虽已有程度不等的迷信色彩，但基本仍属依样画葫芦，直接模仿土地买卖文书。由于东汉天人感应、谶纬之说泛滥，死后灵魂不灭的迷信观念更加严重。于是出现一种单纯迷信品的买地券。请看下列两例：

光和二年（179）王当买地铅券。

光和二年十月辛未朔三日癸酉，告墓上墓下中央主士，敢告墓伯魂门亭长，墓主墓皇墓臽青骨死人王当，弟伎偷及父元兴囷从河南□□□□□子孙等买穀郏亭部三陌西袁田十亩以为宅，贾直钱万，钱即日毕。田有丈尺，券书明白，故立四角封界：至九天上，九地下，死人归蒿里地下□□何□姓□□□佑富贵利子孙王当，当弟伎偷及父元兴等当来人藏，无得劳苦，苛蓦勿繇使，无责生人父母、兄弟、妻子家室，生人无责，各令死者无适负，即欲有所为，待焦大豆生，铅券华荣，鸡子之鸣，乃与□神相听。何以为真，铅券尺六为真。千秋万岁后无死者如律令。券成田本曹奉祖田，卖与左仲敬等，仲敬转卖□□□弟伎偷、父元兴，约文□□，时知黄唯，留登胜。（《洛阳东汉光和二年王当墓发掘简报》，载《文物》1980年第6期）

此买地券值得注意的有两个问题：第一，地价每亩一千钱，属于中下等。第二，此地冢地已经转手三次，即最初是曹奉祖的田，后卖给左仲敬，左仲敬又转卖给王当弟伎偷。反映了土地买卖的频繁。

延熹四年（161）钟仲游妻买地铅券。

延熹四年九月丙辰朔卅日乙酉直闭，黄帝告丘丞墓伯、地下二千石、墓左墓右主墓狱吏、墓门亭长，莫不皆在。今平阴偃人乡苌富里钟仲游妻薄命蚤死，今来下葬，自买万世冢田，贾直九万九千，钱即日毕。四角立封，中央明堂皆有尺六桃券、钱布、铅人。时证知者先□曾王父母□□□氏知也。自今以后，不得干（扰）生人。有天帝教如律令。（《贞松堂集古遗文》卷十五）

这里的地价显然是夸张虚拟之词。

以上共列举了八个买地券。此外，还有西汉地节二年（前86）的《巴州民杨量买山地刻石》、东汉建初元年（76）的《大吉山买地摩崖》（又名《昆弟六人买山地记》）和建宁元年（168）的《马氏兄弟买地券》，都不能简单地认为它们属于迷信性质的明器，而是反映了当时土地买卖的实际情况。《居延汉简甲乙编》收有卖田券简文，其内容与形式，和明器“买地券”极其相似。

☑置长乐里乐奴田卅五亩（亩），贾钱九百，钱毕已，丈田即不足计亩（亩）数环钱。旁人淳于次孺、王充、郑少卿，古酒旁二斗，皆饮之。

（557·4《居延汉简释文合校》，文物出版社1987年版，第653页）

把汉简中的“卖地券”与明器“买地券”相对照，可以发现两者十分相似。

洛阳地区进行文物普查时，在偃师县发现《汉侍廷里父老僤（音“惮”是里中一种组织之名称）买田约束石券》，饶有趣味，今录如下：

建初二年（77）正月十五日，侍廷里父老僤祭尊于季主疏，左巨等廿五人，共为约束石券。里治中乃以永平十五年（72）六月中造起僤，敛钱共有六万一千五百，买田八十二亩。僤中其有訾次当给为里父老者，共以客田借与，得收田上毛物谷实自给，即訾下不中，还田转与当为父老者，传后子孙以为常。其有物故，得传后代户者一人。即僤中皆訾下不中父老，季、巨等共假赁田它如约束。（以下是廿五人签名）

这是侍廷里的二十五家共同建立的里僤组织。共同敛钱六万一千五百，买田八十二亩，土地收入交给里父老。如现任里父老家资不够条件而去职，就将土地交给继任的里父老，并可以传给他的儿孙。如现任里父老死去，要传给他家的继承人。假如僤中所有的人家资产都不够当里父老的条件，土地就由僤祭尊于季，主疏左臣代管租赁。这块买田约束石券提供了一个集体土地私有制的例证。

以上材料足以说明秦汉时代存在着土地私有和土地买卖，而且在两汉时代得到发展。有的同志根据封建国家在某种条件下可以干预土地占有数量，甚至可以没收的情况来否认秦汉时代土地私有制的存在，这是不符合历史实际的。

（三）汉代的庄园经济（或叫田庄经济）

1. 外国学者的庄园概念

中世纪的庄园起初称为 villa（别墅），这是沿用罗马奴隶制别庄而来。但中世纪 villa 与罗马奴隶制别庄不同，它是农奴制庄园。后来大陆上 villa 一字使用渐少，而用 curtis 一字，curtis 本指宅邸，这时有了庄园的意思，而 villa 这个字渐和村子的意思有些混同。英国则用 manerium 或 mansion 称呼庄园，它最初也是指封建主在乡间的宅邸，和英文 hall 的意思相近，其后才演化而指宅邸及其周围的土地，有了庄园的内容。大陆学者有时还把王室庄园称为 fiscus，这是沿用罗马皇庄的称呼而来的。

庄园这个字在中世纪时是否是一个专门名词，它究竟有什么含意，后来所说不一。以英国情况为例，据巴尔格研究，称为庄园的地产或是一个完整的村子，即该村整个属于某封建主，或则虽然一村分属好几个人，但其中一人土地最多，占绝对优势，则属于他的土地也可称为庄园（巴尔格：《11—13 世纪英国封建主义史研究》，第 41 页）。

到了 13 世纪，庄园一词在英国使用的较为广泛，往往用来泛指封建主的各种地产。英人梅特兰在其《英国法律史》中指出，典型的庄园应具备下列内容。

第一，地理上庄园与村子相一致，一村就是一个庄园，该村的领主也就是该庄园的领主，全村居民同属这一领主。

第二，庄园的耕地应有三部分，即领主自营地、自由领有地和农奴领有地。这三种土地均由分散在各处的狭长条田组成，互相交错，一家土地很少连成一片。自营地由无偿劳役耕作。另外，属于庄园的还有草地、牧场、森林、池塘等，这些多属公用性质。

第三，如果一领主有若干庄园，则分别计算收支。各庄园皆设管家及庄头分别管理。

第四，领主在庄园上设有庄园法庭，由他本人或其总管主持，审理本庄园内农奴的有关案件。对自由人则另设法庭审理。

后来维诺格拉道夫在《庄园的兴起》中对庄园的描写更为简化，以为庄园应具有财产的、社会的、政治的三方面内容，即它是由领有地（tenure）围绕着的一块地产，是统治者与被统治者的一个结合体，同时也是一个地方政府。

2. 利用外国人这一概念看汉代的社会

随着土地私有和土地买卖的发展，必然出现土地兼并，在私有制社会里，这是一条永恒的规律。在汉代，由于土地买卖的发展，土地越来越集中在地主阶级手里，自耕农的土地逐渐被剥夺而破产。有的地主占有几百顷、几千顷土地。随着土地的集中，西汉中晚期就逐渐出现了一种新的、在地主豪强控制下的庄园（或叫田庄）。

一般说，庄园是在西汉中期，即汉武帝时期出现的。《汉书·灌夫传》：

> （灌）夫不好文学，喜任侠，已然诺，诸所与交通无非豪杰大猾，家累数千万，食客日数十百人。波池田园，宗族宾客为权利，横颍川。

《汉书·田蚡传》：

> （田蚡）治宅甲诸第，田园极膏腴。

这些“田园”都是庄园，但这时庄园处于初期阶段，相关记载不够翔实。到了西汉末年，庄园经济已达到成熟阶段。樊重所经营的庄园，应是庄园经济早期发展阶段的典型代表。《后汉书·樊宏传》载：

> （樊）重，字君云，世善农稼，好货殖。……其管理产业物无所弃，课役童隶，各得其宜，故能上下勠力，财利岁倍，至乃开广田土三百余顷。其

所起庐舍，皆有重堂高阁，陂渠灌注。又池鱼牧畜，有求必给。尝欲作器物。先种梓漆。……资至巨万，而赈赡宗族，恩加乡闾。

《水经注》卷二九《比水注》也记载了樊重的庄园情况：

（樊重）能治田，殖至三百顷，广起庐舍，高楼连阁，波陂灌注，竹木成林，六畜放牧，鱼赢梨果，檀棘桑麻，闭门成市，兵弩器械，赀至百万，其兴功造作，为无穷之功，巧不可言，富拟封君。

《水经注》卷三十一《淯水注》还记载了樊重庄园中兴修水利的规模：

朝水又东南，分为二水，一水枝分东北，为樊氏陂，陂东西十里，南北五里，俗谓之凡亭陂。

樊重的庄园，在王莽时代已传给了他的儿子樊宏。在王莽末年农民大起义之后，樊宏就把庄园变成了武装堡垒，“与宗家亲属作营堑自守，老弱归之者千余家”（《樊宏传》）。

东汉是在豪强地主支持下建立起来的政权，豪强地主控制了各级政权。在经济上，豪强地主占有大量的土地，利用宗族、宾客、部曲、徒附等进行生产。在东汉政权的保护下，豪强地主的庄园经济得到了迅速的发展。

关于东汉的庄园，崔寔的《四民月令》有过详细的描述。据《四民月令》，庄园中的各种生产及其他活动，一年十二个月都安排得井井有条，特别是对农业生产的安排，非常注意时令、节气。

《四民月令》中的庄园是一个农林牧副渔、手工业、商业综合经营的自给自足的封建经济单位。

庄园里还办学校，“命成童（15—20 岁）以上入大学，学《五经》，砚冰释。命幼童（10—14 岁）入小学，学篇章”。

庄园里有由部曲组成的地主武装。部曲“二月……顺阳习射，以备不虞……三月……治墙屋……修门户，警设守备，以御春饥草窃之寇”，“九月治场圃，涂囷仓，修箪窖，缮五兵，习战射，以备寒冻穷厄之寇”。

庄园里的阶级关系被宗族、亲戚关系的纱幕所笼罩。每年春季青黄不接时，庄园主就要“振（赈）赡穷乏，务施九族，自亲者始”。九月秋收以后，庄园主还要“存问九族孤寡老病不能自存者，分厚彻重，以救其寒”。到了十月，“乃顺时令，敕表纪，同宗有贫窭之表不堪葬者，则纠合宗人，共兴举之，以亲疏贫富为差”。“十二月，乃请召宗族、婚姻、宾旅、讲好和礼，以笃恩纪”。用这种宗族、亲戚关系掩盖了庄园内部阶级关系的实质。

考古工作者在各地墓葬中发掘出很多东汉时期的陶城堡、楼阁、院落建筑群、车马、粮囷以及各种形象的陶俑，这是豪强地主大庄园的缩影。

到了东汉末年，庄园的一个特点是向武装化、堡垒化方向发展。武装化的田庄称坞壁、营堑。当然，坞壁的出现，并不在东汉末年，在东汉初年已有坞壁。但是庄园普遍武装化、堡垒化则是在东汉末年。董卓在长安附近修建的郿坞是东汉末年坞壁组织中的一个典型。《三国志·董卓传》及注引《英雄记》记载，郿坞“高与长安埒，积谷为三十年储”，“坞中金有二三万斤，银八九万斤，珠玉锦绮，奇玩杂物，皆山崇阜积，不可知数”。因此，董卓把郿坞看成铜墙铁壁，进可攻、退可守，认为有了郿坞，“事成，雄据天下，不成，守此足以毕老”。

田畴在徐无山建立的坞壁比董卓的郿坞更有典型意义。《三国志·田畴传》讲到田畴被公孙瓒放回以后，有下列记载：

> （田畴）率举宗族，他附从数百人……遂入徐无山中，营深险平敞地而居，躬耕以养父母，百姓归之，数年间至五千余家。畴谓其父老曰：“诸君不以畴不肖，远来相就，众成都邑，而莫相统一，恐非久安之道，愿推择其贤长者以为之主。”皆曰“善”。同佥推畴。畴曰：“今来在此，非苟安而已，将图大事……畴有愚计愿与诸君共施之，可乎?”皆曰“可”。畴乃为约束，相杀伤犯盗诤讼之法，法重者至死，其次抵罪二十余条；又制为婚姻嫁娶之礼；兴举学校讲授之业。班行其众，众皆便之，至道不拾遗，北边翕然，服其威信。乌丸、鲜卑并各遣译使致贡遗，畴悉抚纳，令不为寇。

在这个庄园里，田畴既是剥削者，也是生产的组织者，又是军事指挥者。对此，曹操在给汉献帝上表论田畴的功劳时，说得比较清楚：“畴率宗人避难于无终山，北拒卢龙，南守要害，清静隐约，耕而后食，人民化从，咸共资奉……后臣奉命，军次易县，畴长驱自到，陈讨胡之势……畴帅兵五百，启导山谷，遂灭乌丸，荡平塞表。”（《三国志·田畴传》注引《先贤行状》）

以上介绍了西汉中晚期的庄园，以及崔寔《四民月令》中所描写的东汉庄园的典型事例，还介绍了东汉末年在战乱中形成的武装化、堡垒化的两个典型庄园，即董卓的郿坞和田畴的徐无山坞壁。关于庄园经济的特点，在学习通史时一般都讲到了，问题是怎样评价这种庄园经济。

过去史学界对于两汉庄园经济的研究因为庄园主对庄园里的徒附、佃客、奴隶的剥削是很残酷的，因而多半看重揭露它的消极、反动的一面。甚至认为庄园主是社会上最反动、最黑暗的势力。近年来有些学者对此提出不同的看法。

第一，从历史发展的角度看，在西汉中晚期出现的庄园经济，应该说是一种新兴事物，它有适合生产力发展、促进社会经济进步的一面。由于庄园是一个比较有组织的生产单位，它可以根据不同的土质种植不同的农作物，有能力兴建一些相应的水利事业，也有条件制造、推广新式农具、积累生产经验和提高生产技术水平。由于庄园内农业、手工业的综合经营，它可以就地解决原料供应和销售问题，因此促进了庄园经济的向前发展。同时，在战乱的年代里，坞壁组织则起到了保护生产和劳动力的作用，使坞壁内的劳动人民免受屠杀和掠夺，这种积极作用是不应该忽视的。

第二，庄园内农民所受的剥削问题。一般来说是很重的，除交50%地租外，还要给庄园主服徭役、兵役。但是我们应当承认庄园主占有庄园农民劳动成品的暂时历史正当性。恩格斯说过："马克思了解古代奴隶主、中世纪封建主等等的历史必然性，因而了解他们的历史正当性，承认他们在一定限度的历史时期内是人类发展的杠杆；因而马克思也承认剥削，即占有他人劳动产品的暂时的历史正当性。"（《马克思恩格斯全集》第二十一卷）。特别是在东汉末年政治昏暗、腐败的情况下，人民处于"有七亡而无一得""有七死而无一生"的时候，庄园内农民的处境会好一些，否则就无法理解大批自耕农民破产后纷纷投入庄园。

第三，有的同志认为，庄园是封建割据的政治支柱和经济基础，因此必须否定。对此，问题也不那样简单，要作具体分析。庄园经济在西汉中晚期就出现了，但是东汉中期以前，庄园经济并没有构成对东汉统一中央集权制国家的威胁。相反，在刘秀时，中央集权制还有所加强。唐宋时期，庄园经济有新的发展，但唐、宋中期以前的中央集权制也是很牢固的，庄园经济并没有造成分裂割据局面。相反，战国时代，国家是分裂，但那时根本就没有庄园经济。可见庄园经济并不总是与统一中央集权制国家相对立的，它与封建割据势力之间，也没有必然的联系。另外，对于统一与割据的认识也不应该绝对化，不能说凡是统一都好，凡是分裂就坏。当然，从历史发展角度讲，人民拥护统一，反对分裂。但是，具体到某段历史就不能一概而论。例如秦末、西汉末、东汉末、隋末、唐末，统一封建国家已经陷于崩溃，农民起义、军阀割据已经不可避免，在这种情况下，腐朽的封建统一国家的分裂，不见得是坏事。分裂意味着走向新的统一。

（四）自耕农土地所有制

自耕农在秦汉时代的人口中占绝大多数，是农业生产战线上的主力军。在秦的文献中称为"黔首"，在汉称为"编户齐民"。在云梦秦简中，提到"士伍""百姓"的次数不下数十次之多，其中有一部分属于自耕农。自耕农是封建国家赋役剥削的重要对象，封建国家十分重视对自耕农的控制。马克思曾经指出："在欧洲一切国家中，封建生产的特点是土地分给尽可能多的臣属。同一切君主的权力一样，封建主的权力不是由他的地租的多少，而是由他的臣民的人数决定的，后者又取决于自耕农的人数。”（《马克思恩格斯选集》第二卷）。秦汉政府通过什伍组织、户籍制度把自耕农民编制起来并束缚在土地上，为封建政府提供剩余劳动。

这种自耕农占有一部分土地和生产资料，一家一户进行生产。战国的文献中，史不绝书。如《孟子·尽心上》：

> 五亩之宅，树墙下以桑，匹妇蚕之，则老者足以衣帛矣。……百亩之田，匹夫耕之，八口之家，足以无饥矣。

又《孟子·梁惠王上》：

> 五亩之宅，树之以桑，五十者可以衣帛矣。……百亩之田，勿夺其时，数口之家，可以无饥矣。

《汉书·食货志上》记载战国时李悝为魏文侯作“尽地力之教”，说“今一夫挟五口，治田百亩”。《荀子·大略篇》说：“故家五亩宅，百亩田，务其业而勿夺其时，所以富之也。”这是战国时代自耕农民的情况。

秦汉时代，封建政府大力培植自耕农，如刘邦赏赐随他打天下的战士爵位与田宅，又通过“复故爵田宅”的法令，培养了一部分自耕农，所以汉代的自耕农有所增加。下面举一些材料分析汉代自耕农的情况。

《史记·高祖本纪》载：

> 高祖为亭长时，常告归之田。吕后与两子居田中耨……

汉高祖为亭长时是一户自耕农，常常告假回家种田，老婆带着两个孩子在家种田。

《史记·陈丞相世家》和《汉书·陈平传》载：

> （平）少时家贫，好读书，有田三十亩，独与兄伯居。伯常耕田，纵平使游学。

陈平少时家有三十亩田，兄伯在家耕田，支持陈平“游学”，说明自耕农在政治上还是有出路的，通过“游学”“读书”可以进入仕途。

《后汉书·周燮传》：

> 有先人草庐结于冈畔，下有陂田，常肆勤以自给。非身所耕渔，则不食也。

《后汉书·徐稚传》：

> 徐稚字孺子，豫章南昌人也，家贫常自耕稼，非其力不食。

周燮、徐稚这种人自己耕种自己的土地，有时还搞些副业，打渔捞虾，生活可以自给，而且“非其力不食”，“非身所耕渔，则不食”。

当然，自耕农最理想的境界，是“百亩之田”“五亩之宅”，从事农业与家庭手工业相结合的自给自足的个体生产。但是实际上，不论是从文献资料还是从考古资料看，秦汉时期的自耕农都占不到他们理想的田宅数。湖北凤凰山十号汉墓出土一批竹简，是一批残缺的户籍。从这批材料看，一户只有十亩、二十亩，最多也只有四五十亩土地。

在封建国家苛重剥削与压迫下，自耕农的处境是很坏的。不仅史书有记载，云梦秦简也提供了重要资料。《司空律》有一条律文：“居赀赎责（债）者归田农，种时、治苗时各二旬。”所谓“居赀赎责（债）”，就是犯罪被判罪金赎罪，拿不出钱，欠官府债务，而以劳役抵债。所谓“归田农”，就是在官府服劳役期间要回家种田劳动。所谓“种时、治苗时各二旬”，就是在播种和管理禾苗这两个时节，各准许“归田农”二十天。从这条律文看到几点，一是犯罪，二是家贫欠债，三是从事劳役，四是拥有小块土地。这正是当时自耕农民政治地位和经济地位的生动写照。在《法律答问》中有“百姓有债”，《金布律》中有“百姓假公器及有债未偿”，在《司空律》中有“百姓有母及同牲（生）为隶妾”等记载，这些“百姓”都是自耕农。他们因欠债向国家借“公器”，甚至沦为“隶妾”。文献上记载自耕农被逼到“男子力耕不足粮饷，女子纺绩不足衣服”（《汉书·食货志上》）的境地。

《汉书·食货志上》记载，晁错曾对汉文帝述说自耕农的情况，这是一段很典型的材料：

> 今农夫五口之家，其服役者不下二人，其能耕者不过百亩，百亩之收不过百石。春耕夏耘，秋获冬藏，伐薪樵，治官府，给徭役，春不得避风尘，夏不得避暑热，秋不得避阴雨，冬不得避寒冻，四时之间，亡日休息。又私自送往迎来，吊死问疾，养孤长幼在其中。勤苦如此，尚复被水旱之灾，急

政暴虐，赋敛不时，朝令而暮改。当具，有者半贾而卖，亡者取倍称之息。于是有卖田宅、鬻子孙以偿责（债）者矣。……此商人所以兼并农人，农人所以流亡者也。今法律贱商人，商人已富贵矣；尊农夫，农夫已贫贱矣。

在谈自耕农时，需要讨论一个问题，就是关于“授田”的问题。

一种意见认为，秦汉时期以封建国家土地所有制为主，国家掌握大量可耕地，国家通过“授田”的办法，把土地分配给农民，农民从国家那里领受土地耕种，成为国家的佃农。云梦秦简《田律》：“入顷刍藁，以其授田之数，无垦不垦，顷入刍三石，藁二石。”他们认为，这是实行“授田”制的直接证据，证明大量土地是国家所有。

另一种意见则认为，《田律》中的“授田”虽然名曰“授田”，但已经不是原来意义的“授田”了。由于废除井田制和确立封建土地私有制，所以《田律》中的“授田”，已经不是什么国有土地，而是私有土地了。这种土地的所有者，不是什么国家佃农，而是地主或自耕农。他们认为商鞅变法在土地制度方面有破有立。在破的方面，就是宣布废除“井田”。在立的方面，就是《汉书·地理志》所说的“制辕田，开阡陌”。辕田，即“爰田”，始于春秋时的晋国。《左传》僖公十五年载：晋“作爰田”。孔颖达疏引服虔、孔晁的解释云：“爰，易也。赏众以田，易其疆畔。”原来在井田制下，耕地是采用授田的方法分配的，即“三年一换土易居”。但是随着生产力的发展，私田的扩大，这种“换土易居”的办法逐渐被废弃。《汉书·地理志》颜师古注引孟康曰：“三年爰土易居，古制也。末世浸废。商鞅相秦，复立爰田，上田不易，中田一易，下田再易。爰自在其田，不复易居也。”所谓“爰自在其田”，就是在一次授给之后，不再定期重新分配，各家从此受而不还，在自己的受田上进行轮流休耕。这样一来，各家得以长期占有土地，实际上是把所受之田变为私有。所以，所谓“制辕田，开阡陌”，就是废除旧的授田制，实行新的田制，并承认土地私有。所以受田的人是地主或自耕农。

这个问题还可以继续讨论。

三、国家土地所有制

（一）秦代的国有土地

秦代封建土地所有制的主要形式是土地私有制，但是封建国家还直接控制着一些土地。一方面，秦国原来就地广人稀，《商君书·徕民》云：“今秦之地，方千里者五，而谷土不能处二，田数不满百万，其薮泽、溪谷、名山、大川之材物货宝，又不尽为用。”这里“谷土”之外的土地数量是很大的。另一方面，秦统一六国的过程也造成了大量的无主荒地，因为“秦兼诸侯，置三十六郡，其所杀伤，三分居二”（《续汉志·郡国一》刘昭补注引《帝王世纪》），这样就有相当数量的土地因暂时无人耕种而抛荒，也就是所谓“其地有草者尽曰官田”（仲长统《昌言·损益篇》）。当时国家所直接掌握的土地包括山林川泽、苑囿园池，以及数量不小的开垦过或未开垦的无主荒地。

例如，苑囿园池由国家派官吏管理：

县葆（维修）禁苑、公马牛苑，兴徒以斩（堑）垣离（篱）散（藩）及补缮之，辄以效苑吏，苑吏循之。（译文：县应维修禁苑及牧养官有牛马的苑囿，征发徒众为苑囿建造堑壕、墙垣、藩篱并加补修，修好即上交苑吏，由苑吏加以巡视。）（《徭律》）

县所葆禁苑之傅山、远山、其土恶不能雨，夏有坏者，勿稍补缮，至秋毋（无）雨时而以繇（徭）为之。（译文：县所维修的禁苑，不拘离山远近，如因土质不佳不能耐雨，到夏季有所毁坏，不必逐步补修，要到秋季无雨的时候兴徭役修筑。）（《徭律》）

这些苑囿园池，一类是牧场，供“牧公马牛”之用。一类是畜养禽兽，种植花木的园林，是专供封建统治者游猎的地方。《史记》《韩非子》等书都有关于秦苑囿方面的记载。秦统一全国后，苑囿园池有所扩大和发展。据《史记·高祖本纪》记载，仅秦在关中的苑囿园池就有多处。这些苑囿园池，都圈占了大量耕地。当刘邦还定三秦时，“诸故秦苑囿园池，皆令人得田之”，说明秦苑囿园池占地面积是相当大的。

各地山林由国家直接控制，《司空律》载：

令县及都官取柳及木楘（柔）可用书者，方之以书；毋（无）方者乃用版。其县山之多苿（疑菅字）者，以苿缠书；毋（无）苿者以蒲、蔺以枲前挈（絜）之。各以其㰻（获）时多积之。（令县和都官用柳木或其他质柔可以书写的木材，削成木方以供书写；没有木方的，可用木版。县中山上盛产菅草的，用菅缠束文书；没有菅草的，用蒲草、蔺草及麻封扎。这些东西都应在其收获时多加储存。）

国家所控制的土地，其中一部分由国家直接派农官管理、耕种。《仓律》载：“隶臣田者，以二月禀二石半石，到九月尽而止其半石。”即使用了一部分官奴隶进行农业生产，这些官奴隶从耕种到收获的期间仅仅比农闲时每月多吃半石粮食（当时的“石”，约为今五分之一）。

其次，国家掌握的土地，有很大一部分是作为奖励军功用的（已述于前）。

（二）两汉的“公田”

两汉时代的土地所有制形式是史学界长期争论的问题之一。或以为是土地私有制，或以为是土地国有制，或以为是土地私有制和国有制并存。两汉土地所有制性质问题，随着对两汉社会性质的看法不同而产生分歧：或以为是奴隶制的土地所有制，或以为是封建制的土地所有制。我认为经过战国秦汉，土地国有制是瓦解了，封建土地私有制已基本确立。但是两汉时期封建政府仍控制着相当数量的国有土地，这种国有土地包括可耕地，封建帝王游乐、狩猎、牧养的苑囿（苑囿里也有耕地）和资源丰富的山林川泽。此处着重探讨国有土地中的可耕地问题。

1.“公田”的来源

两汉国有土地中的可耕地，文献中称为“公田”。例如《汉书·食货志》：“令命家田三辅公田。”《宣帝纪》：“下诏假公田。”《后汉书·明帝纪》：“诏郡国以公田赐贫人。”《安帝纪》：“以溉公私田畴。”

这种“公田”在文献中亦被称为“官田”“草田”。例如《后汉书·仲长统传》云：“今者土广民稀，中地未垦；……其地有草者，尽曰官田，力堪农事，乃听受之。”《汉书·广陵厉王胥传》云：“相胜之奏夺王射陂草田以赋贫民。”

这种“公田”存在于三辅地区和各郡国，其存在的时间贯穿整个两汉时代。“公田”的来源，大概有以下几个方面。

其一，接收前代的“公田”。秦代存在国家控制的“公田”。《田律》说：“入顷刍稾。以其受（授）田之数，无豤（垦）不豤（垦），顷入刍三石、稾二石。”正是国家控制一部分可耕地，才能“受（授）田”给农民。刘邦继承了秦朝“公田”遗产，使他能够“以功劳行田宅”。《史记·萧相国世家》云：“相国因为民请曰：‘长安地狭，上林中多空地，弃，愿令民得入田，毋收稾为禽兽食。’”上林苑中的可耕地，也是继承秦朝的遗产而来。东汉也接收西汉的“公田”。《后汉书·马援传》：“援以三辅地旷土沃，而所将宾客猥多，乃上书求屯田上林苑中，帝许之。”东汉上林苑中的可耕地，显然是继承西汉而来。

其二，没收商人、犯罪贵族官吏的“私田”而成为“公田”。《汉书·食货志》：“贾人有市籍及家属皆无得名田以便农，敢犯令，没入田货。”到武汉帝时，“杨可告缗遍天下，中家以上大抵皆遇告……得民财物以亿计，奴婢以千万数，田大县数百顷，小县百余顷”。这是没收商人的田地为“公田”之例。《汉书·哀帝纪》：“诏诸侯王列侯公主二千石及豪富民多畜奴婢，田宅亡限，与民争利……为吏犯者以律论，诸名田畜奴过品，皆没入县官。”这是说占田过制者，没收为“公田”。两汉时代，没收罪人的土地，是常见的。许多诸侯王，因骄纵不法，被削爵治罪，其财产亦多为没收，如衡山、淮南王获罪后和吴楚七国之乱后，他们的封地和私产都被没收。官吏被判罪罚没其土地，文献中记为“没官田”。

其三，兴修水利，变不可耕地为可耕地。《史记·河渠书》：“河东守番系言：‘漕从山东西，岁百余万石，更砥柱之限，败亡甚多，而亦烦费。穿渠引汾，溉皮氏汾阴下，引河溉汾阴蒲坂下，度可得五千顷。五千顷故尽河壖弃地，民茭牧其中耳。今溉田之，度可得谷二百万石以上。谷从渭上，与关中无异，而砥柱之东，可无复漕。’天子以为然。发卒数万人，作渠田。数岁河移徒，渠不利，则田者不能偿种。久之，河东渠田废，予越人，令少府以为稍入。”这些农田水利建设中新开垦出来的土地，也属于“公田”。

其四，原来占有土地的人户，因全家死亡或流亡他乡而遗弃的土地，由政府收为“公田”。在战争、饥馑、灾荒、疾疫之后，尤其是秦汉之交、西汉初年、西汉末年、东汉初年、东汉末年等几个时期，这种无主之田特别多。《三国志·魏书·司马朗传》提到东汉末年三国初年的情况：“今承大乱之后，民人分散，土业无主，皆为公田。”

其五，对匈奴、西羌用兵，开拓西北边疆，实行屯田。

两汉时代的“公田”有多少，占全国土地的比重多大，文献没有明确记载。事实上，公田数量经常有所消长，不可能是一个稳定的数字。关于西汉的全国垦田总数，平帝元始二年（2），是8 270 536顷，人口是59 594 978人，平均每人13.88亩。东汉各代平均每人亩数是这样：和帝元兴元年（105）13.74亩；安帝延光四年（125）14.26亩；顺帝建康元年（144）13.87亩；冲帝永嘉元年（145）14.05亩；质帝本初元年（146）14.57亩。而当时在“公田”中实行军屯的士卒，每人需要耕种多少土地呢，材料列于下。《汉书·赵充国传》：“田事出，赋人二十亩。”《流沙坠简考释》卷二载：张佥所部兵21人，种512亩，每人24多亩。梁襄所部兵26人，种380亩，每人14.5亩。《汉晋西陲木简汇编》：“玉门屯田吏高禀放田七顷，给予驰刑十七人。”每人40多亩。朝廷经常以公田作赏赐，可知政府控制的“公田”数量不少，但与全国的私田相比，仍然是少数。

2.“公田”的使用和经营方式

两汉政府对“公田”的使用和经营，主要有以下几种方式。

第一种，赏赐给贵族、官僚和有功之臣。这类记载很多，如《汉书·卜式传》：“上……乃召拜式为中郎，赐爵左庶长、田十顷，布告天下。”《后汉书·刘盆子传》：“（盆子率众降，光武帝）乃令各与妻子居洛阳，赐宅人一区，田二顷。”

封建帝王把“公田”赏赐给贵族、亲信、官僚、大臣之后，土地所有权便发生了变化，由国有土地变成了私有土地。这是国有土地向私有土地转化的一个重要途径。

第二种，把“公田”“赋于贫民”或“赐贫民”。这种情况多发生在战争、灾害、疾疫之后，人民流离失所，社会动荡不安，封建统治者为了把游离于土地之外的人民重新固定在土地上，于是颁布诏令，“赋民公田”，有时甚至还协助解决耕牛、种子、口粮等问题。如《汉书·平帝纪》载，元始二年，“安汉公、四辅、三公、卿大夫、吏民为百（姓）困乏，献其田宅者二百三十人，以口赋贫民”。《后汉书·章帝纪》载，建初元年（76），“诏以上林池籞田，赋与贫人”。元和三年（86），“今肥田尚多，未有垦辟。其悉以赋贫民，给与粮种，务尽地力，勿令游手”。

“赋民公田”，与“假民公田”（详下）是不同的。“赋”是“给与”之意。即政府把“公田”分给贫民，其目的是“尽地利”，缓和阶级矛盾。贫民得到这些土地之后，就获得了土地所有权。这类“赋民公田”的诏令都没有说明土地的数量。师古说“计口而给其田宅”，赋多少土地给贫民，当是根据具体情况而定。

被“赋”“赐”公田的贫民，获得了土地所有权，他们与封建国家发生什么关系呢？有的同志认为，向国家缴纳地租则是国家的佃农，是一种租佃剥削关系。我不同意这种看法。这种获得公田的农民，实际上是国家的自耕农，他们向国家缴纳比较低的地税。“赋民公田”“赐民公田”是一种救灾的措施，一些诏令中，“赋给公田”的同时，还“为雇耕佣，赁种饷，贳与田器，勿收租五岁，除算三年。其后欲还本乡者，勿禁”。他们“欲还本乡者，勿禁”，说明他们的身份是较为自由的，是国家的自耕农民。《盐铁论·园池》云：“先帝之开苑囿池籞，可赋归之于民，县官租税而已，假税殊名，其实一也。”“赋归之于民”，就是赋公田于民，归农民所有。“县官租税而已”，是政府向获得公田的农民收取地税。“假税殊名，其实一也”，是说假税的名称不同，但税率是一致的。汉代的地税在各时期是不同的，或十税一，或十五税一，或三十税一，总的来说，地税是较低的。有的同志把政府向被“赋”“赐”公田的农民征收的地税，称为“地税型假税”，是有一定道理的。

第三种，“假田公民”。汉政府把“公田”出租给农民，向农民征收地租，国家和农民结成租佃关系，农民成为国家的佃农。这是国家经营“公田”的主要方式。我们先看“假民公田”的材料。《汉书·宣帝纪》载，地节元年（前69），“假郡国贫民田”。《汉书·元帝纪》载，初元元年（前48）“关东今年谷不登，民多困乏。……江海陂湖园池属少府者，以假贫民，勿租赋”。《后汉书·安帝纪》载，永初元年（107），“以广成游猎地及被灾郡国公田假与贫民”，永初三年“京师大饥，民相食。……诏以鸿池假与贫民”。

从这些材料看，“假民公田”有两种，一种是在自然灾害严重的情况下采取的救灾措施，一种是经常经营“公田”的方式。“假”是“租赁”，“假民公田”即把“公田”“租赁”给农民，农民对“假”得的土地只有使用权而无所有权。农民向政府交纳地租。“国家既作为土地所有者，同时又作为主权者而同直接生产者对立，那末，地租和赋税就会合为一体，或者不如说，不会再有什么同这个地租形式不同的赋税。”（《马克思恩格斯全集》）

国家为了管理“公田”、征收地租，设有专门官吏主持这项工作。这些官吏的名称，见于文献的有：①稻田使者。《汉书·昭帝纪》云：“故稻田使者燕仓先发觉，以告大司农敞。”颜师古在《昭帝纪》给“稻田使者”作注时引如淳曰：“特为诸稻田置使者，假与民，收其税入也。”“稻田使者”把土地“假与民”，即租给农民，收取“假税”。②左、右内史。《汉书·沟洫志》云：“兒宽为左内史，奏请穿凿六辅渠，以益溉郑国傍高卬之田。上曰：‘农，天下之本也。泉流灌浸，所以育五谷也。左、右内史地，名山川原甚众，细民未知其利，故为通沟渎，畜陂泽，所以备旱也。今内史稻田租挈重，不与郡同，其议减……’”这个材料说明：第一，左、右内史同稻田使者一样，主管公田，假与农民；第二，政府与租种“公田”的农民还订有“租契”，显然这是一种租佃关系；第三，政府为了收取地租，还兴修水利以保证田地的灌溉；第四，我疑心左、右内史掌管的“公田”的地租比四方诸郡“公田”的重，所以武帝才说“其议减”。

以上是三辅地区和内郡的“公田”租佃情况。西北边郡也有这种情况。《汉书·元帝纪》云：“北假田官。”《汉书·王莽传》云：“五原、北假膏壤殖谷，异时尝置田官。”“田官”是“主以田假与贫人”的。“北假的‘假’字就是假税之‘假’”（唐长孺《魏晋南北朝史论丛》）。西北边郡这种把公田租赁给徒民耕种的办法，就是一般所说的“民屯”。汉武帝时期所开的河西四郡就曾大规模实行“民屯”。《汉书·地理志》说：“或以关东下贫，或以抱怨过当，或以悖逆亡道，家属徙焉。”把这些人徙往西北边郡，与“公田”结合起来，接受国家的地租剥削，他们就成为国家的佃农。

这种“假民公田”的地租剥削率是多少？三辅地区、内郡和边郡是有所不同的。《后汉书·文苑列传·黄香》载：“郡旧有内外园田，常与人分种，收谷岁数千斛。”“内外园田”就是“公田”，“常与人分种”是一种地租百分之五十的剥削率。《水经·河水注》云：“苑川水地为龙马之沃土，故马援请与田户中分以自给也。”这是马援在三辅地区出租“公田”，其剥削率也是百分之五十。以上两例为内郡和三辅地区的情况。西北边郡则不同。《居延汉简》有两条反映租佃关系的比较完整的简文：

右第二长官二处田六十五亩，租廿六石（303·7《居延汉简释文合校》，第496页）

右家五田六十五亩一租大石，廿一石八斗（303·25《居延汉简释文合校》，第498页）

如果按通常说法，亩产一石，则第一简的地租率为百分之四十，第二简则为百分之三十四。有的同志认为这个剥削率太高，特别是边郡地区，主要是为了把徙民安置下来，开发边疆，巩固边防，如此高的剥削率，有谁愿意去呢？我以为，第一，这些徙民本来带有强制性质；第二，租种“公田”成为国家的佃农之后，除了地租之外，不需要再负担什么徭役，他们与自耕农除向国家交纳地税之外，还有许多其他赋税徭役的情况不同。因此，不能以剥削率重而否定它的存在。事实上，正是由于国家实行“假民公田”，国家的财政收入大量增加。《盐铁论·园池》说，官府以“修沟渠，立诸农，广田收，盛苑囿”为务，“太仆、水衡、少府、大农，岁课诸入，田收之利，池籞之假，及北边置任田官，以赡诸用”。这种“假民公田”在当时是发挥了积极作用的。

第四种，实行“军屯”。汉代军屯的规模是相当大的。军屯主要分布于下列地区。

其一，河西、朔方地区。《汉书·匈奴传》载，元狩四年（前119），“是后匈奴远遁，而幕南无王庭。汉度河自朔方以西至令居，往往通渠置田官，吏卒五六万人”。这里有“田官”，有“吏卒”，应是实行军屯。《汉书·食货志》载，元鼎六年（前111），“初置张掖、酒泉郡，而上郡、朔方、西河、河西开田官，斥塞卒六十万人戍田之”。这里有“田官”，有“塞卒”，应是实行军屯。《后汉书·杜茂传》载，汉光武建武七年（31），“诏（杜）茂引兵北屯田晋阳、广武，以备胡寇”。《后汉书·百官志》云：“边郡置农都尉，主屯田殖谷。”东汉在西北边郡的军屯，其规模可能没有西汉时期广，但仍然是边防的一支重要力量。

其二，西域地区。西汉在西域地区实行军屯。其人数不一定很多，但其分布却遍于今天新疆的北疆和南疆。东汉之初，光武帝忙于统一战争和巩固政权，对西域的经营暂时中止。到汉明帝永平十六年（73），“乃命将帅，北征匈奴，取伊吾卢地，置宜禾都尉以屯田，遂通西域。……西域自绝六十五载，乃复通”。但章帝时，因匈奴骚扰，“罢伊吾屯兵”。到顺帝永建六年（131），“帝以伊吾膏腴之地，傍近西域，匈奴资之，以为钞暴……复令开设屯田如永元时事，置伊吾司马一人”。东汉对西域的经营是“三绝三通”。自桓帝永兴初“车师后王复反，攻屯营，虽有降首，曾莫惩革，自此浸以疏慢矣”。此后在西域的军屯就进入尾声了。

其三，河湟地区。《汉书·赵充国传》载，汉宣帝元康中，诸羌变乱，赵充国后将军率兵击羌，陈屯田十二利奏，罢骑兵，留步卒万余屯田河湟一带，安抚诸羌，收到很好的效果。到东汉和帝时，“后金城长史上官鸿上开置归义、建威屯田二十七部，侯霸复上置东西邯屯田五部，增留、逢二部，帝皆从之。列屯夹河，合三十四部。其功垂立”。顺帝时，“因转湟中屯田，置两河间，以逼群羌”“至阳嘉元年，以湟中地广，更增置屯田五部，并为十部”。两汉在河湟地区屯田，其目的是解决军粮问题以对付诸羌。

军屯是封建政府按军事编制，利用国有土地让士卒耕种。这种士卒既有守卫边疆的任务，又有耕种的任务，即所谓“且耕且守”，当然士卒中也有分工，各人的偏重点不同。如居延汉简中的田卒、河渠卒等应是务农为主，戍守为辅；牧士应以牧牛为主，戍守为辅；鄣卒、燧卒、省卒，应是戍守为主，田耕为辅。这些戍卒的生活费用和所用的一切生产工具、耕牛、种子、生活用具等都由政府供给，而收获物全部归国家。

军屯系统中除一般士卒之外，还有刑徒。《汉书·赵充国传》：“愿罢骑兵，留驰刑应募，及淮阳、汝南步兵，与吏士私从者，合凡万二百八十一人……分屯要害处。”《后汉书·郡国志》注引应劭《汉官》言：“（建武二十一年）建立三营，屯田殖谷，驰刑谪徒以充实之”。《后汉书·西域传》云：“乃以班勇为西域长史，将弛刑士五百人，西屯柳中。”

这种弛刑屯田士卒与一般的屯田士卒是有所不同的。后者一种是长期驻扎边塞的，一种是由内地按制度临时征调来边塞服役的，他们都是士兵。前者则是犯罪释放的。因此，从政治上来说，两者不能混为一谈。

实行军屯的作用是很大的。首先可以解决军队的粮食自给。在河西、西域屯田积谷，为打败匈奴奠定了基础。粮食充足，又可以“给使外国者”，使“丝绸之路”畅通。赵充国屯田奏中说，“屯田内有亡费之利，外有守御之备”，“益积畜，省大费”。《后汉书·光武帝纪》建武六年（30）十二月诏曰：“顷者师旅未解，用度不足，故行十一之税。今军士屯田，粮储差积。其令郡国收见田租三十税一，如旧制。”实行军屯，减少了军事开支，使全国地税由十一之税，减到三十税一。

3.“公田直接使用奴婢耕种”说质疑

主张魏晋封建说的同志认为“公田也直接使用奴婢耕种”。这个问题值得商榷。

第一，我们看看这种主张的史料根据。其主要根据是《史记·平准书》说汉武帝“治缗钱”的一段话：“杨可告缗徧天下，中家以上大抵皆遇告。……即治郡国缗钱。得民财物以亿计，奴婢以千万数，田大县数百顷，小县百余顷，宅亦如之。……乃分缗钱诸官，而水衡、少府、大农、太仆各置农官，往往即郡县比没入田田之。其没入奴婢，分诸苑养狗马禽兽，及与诸官。诸官益杂置多（《汉书·食货志》无'诸'字），徒奴婢众，而下河漕度四百万石，及官自籴乃足。”对这段史料，有的同志说：“没收的土地由水衡等设农官来管理，没入的奴婢一部分分诸苑囿养狗马禽兽，一部分分配给各农官”，“没入的奴婢是生产奴隶。分配给予各农官的奴婢，自然就是用于耕种没入的土地了”。我以为得出这个结论的根据不足。因为：①没入的奴婢是否生产奴隶，单凭这条材料难以证明；②“诸官”不是“农官”，其意甚明，“没入奴婢，分诸苑养狗马禽兽，及与诸官”，并不是“一部分分配给各农官”；③退一步说，即使“诸官”包括“农官”在内，也不能说分配给他们的奴婢“自然就是用于耕种没入的土地”，史料并没有这么说；④正是因为没入的奴婢没有从事农业生产，故下文才说“徒奴婢众，而下河漕度四百万石，及官自籴乃足”。

《汉书·晁错传》载晁错的徙民实边奏云：“乃募罪人及免徒复作令居之，不足，募以丁奴婢赎罪，及输奴婢欲以拜爵者，不足，乃募民之欲往者。”有的同志认为这条材料可以证明用奴婢去边疆耕种“公田”。其实，这种被募的罪人、免徒复作、奴婢及良民，到边疆之后，由政府“先为室屋，具田器”，“予冬夏衣，廪食，能自给为止”，并“赐高爵，复其家”。这些人的性质已经改变，原来是奴婢的，已不再是奴婢，他们成为租“公田”耕种的“民屯”的人。

《汉书·贡禹传》说：“诸官奴婢十万余人，戏游亡事……宜免为庶人廪食，令代关东戍卒，乘北边亭塞候望。”有的同志认为这是用奴婢去边疆“代关东戍卒”，而这些戍卒是实行军屯的，这是用奴婢去耕种“公田”之证。其实，这是建议解放官奴婢，再派去边疆“代关东戍卒，乘北边亭塞候望”，并不是用官奴婢去实行军屯。

以上几条材料都不能证明两汉用奴婢去耕种“公田”。

第二，两汉文献中有许多官、私奴婢的记载，但找不到一条能说明用奴婢去耕种公田的材料。我想这不会是史家的漏记，而是没有这方面的史实。

第三，近年来的考古发掘，在一些墓葬中出土生产奴隶俑如江陵凤凰山 M8、M9、M167、M168、M169 和马王堆 M3 等，均有木俑出土，不少木俑还手持农具。在这些墓葬的遗策中记有“大婢某，田，操柤（锄）”，“操臿”，“大奴某，田，操臿”等，这应该是有一部分奴婢用于农业生产的证据。凤凰山的几座墓，墓主身份大体为九级爵五大夫。他们所占有的奴婢属于私人奴婢，或用于家内劳动，或用于生产，但不是用于耕种“公田”。至于这种生产奴婢，在汉代社会中占多大的比重，另当别论，不是此次讨论的范围。

4. 简短的结论

第一，汉代封建土地私有制已基本确立，但封建政府仍控制着相当数量的国有土地，包括可耕种的耕地，封建帝王游乐、狩猎、牧养的苑囿和资源丰富的山林川泽，其中可耕地多称为“公田”“官田”“草田”。这些“公田”的来源主要是：接收前代的“公田”，没入商人、官吏的土地，人口逃亡的绝户田，兴修水利变不可耕地为可耕地，向边疆用兵新开辟的土地。这些“公田”是客观存在，不能以“公田实质上是统治阶级私有”而否定它的存在。

第二，这些“公田”主要用于赏赐、“赋（或赐）田贫民”、“假民公田”和军屯。赏赐和“赋（或赐）田贫民”，土地所有权已发生了变化，即由“公田”变成了“私田”。从整个发展趋势来说，“公田”不断变成“私田”。当然，赏赐和“赋田贫民”，两者性质是不同的：前者是统治阶级内部财产再分配的问题，后者是为了缓和阶级矛盾。

第三，“假民公田”和军屯就是政府经营“公田”的主要方式。“假民公田”是一种租佃关系，它不仅存在于三辅地区和内地，也存在于边疆地区，“徙民实边”的“徙民”与政府的关系基本上是这种“假民公田”的租佃关系。军屯在当时起着相当重要的作用。“公田直接使用奴婢耕种”的说法是值得怀疑的，至今还未找到这方面的史实。

第五讲　秦汉的赋税、徭役制度

在前资本主义社会中，赋税是国家为了实现其职能，按照法律预先规定的标准，强行取得财政收入的一种手段，是国家凭借政治权力占有财源所发生的一种分配关系。而徭役则是国家强迫“编户”从事的一种无偿劳动，是一种以力役形式出现的封建义务性的科派。大体来说，赋税和徭役都属于分配范畴。

赋税、徭役的征调，与国家取得财政收入的其他形式不同，它有其固有的特征。表现在：**第一，它有强制性**。凡是应当纳税、服役的人，必须依照国家的有关政策、法令如期、足额地纳税、应役。否则，就要受到法律惩处。**第二，具有无偿性**。向国家纳税、服役是法律规定的应尽义务，不得向国家索取任何补偿。**第三，具有固定性**。凡是税目、税率、征课对象、服役期限等，都是国家预先规定的，它有一个相对稳定的适用期限，是一种固定的连续性征课。这三个基本特征说明，赋役不是完全以生产资料的占有为条件，而是以国家的政治权力为前提的超经济剥削。

赋税和徭役不是从来就有的，而是阶级和国家出现以后的产物。奴隶社会有奴隶社会的赋税和徭役，封建社会有封建社会的赋税和徭役。

秦汉的赋税、徭役制度是封建国家机器赖以存在并能运行的重要经济支柱。马克思说：“赋税是政府机器的经济基础。”秦汉封建国家豢养着庞大的官吏和军队，官俸吏禄和各种军政开支，耗费巨大。离开了编户齐民的租税赋役，封建国家机器就无法转动。同时，赋税、徭役制度又是封建统治阶级在经济上调节其阶级矛盾和内部矛盾的重要工具。轻徭薄赋可以短时期地延长封建统治的命运。急征暴敛就会很快地激起人民的反抗。因此，封建统治阶级也不断地调整它的赋役政策。最后，研究赋税、徭役制度有助于我们认识地主与自耕农民所处的经济地位和生活状况，帮助我们认清封建政权的阶级本质。因此，我们研究秦汉历史必须研究秦汉的赋税、徭役制度。

一、　秦汉的赋税制度

秦汉的赋税名目繁多，而且随着时代不同而名目各异。计有土地税、人头税、商业税、盐税、铁税、酒税、工税、关税、渔税、赀税、军赋、畜租、息租、均输官地列肆税、义钱、义谷等。研究赋税制度，应包括以下几个内容：各项制度本身的来龙去脉，税率，缴纳的是实物还是货币，负担者是些什么人，等等。这些问题，史学界还没有完全解决，甚至有的意见分歧还很大。下面只介绍大体情况，供同志们进一步深入研究时参考。

（一）土地税

秦汉的土地税有三项：田租、刍稿（稾）和假税。

1. 田租

田租，又称田赋，是对私有土地课取的一种税收，是国家财政收入的主要部分。

首先，秦代田租的租率如何？

据《汉书·食货志上》：

> 至于始皇，遂并天下……收泰半之赋，发闾左之戍。

《淮南子·兵略训》：

> 作阿房之宫，发闾左之戍，收泰半之赋。

《续汉书·郡国注》注引《帝王世纪》：

> 及秦并诸侯，置三十六郡……收泰半之赋。

《史记·淮南衡山列传》：

> 秦为无道，残贼天下，兴万乘之驾，作阿房之宫，收太半之赋。

《文选·东京赋》：

> 秦政利嘴长距……收以太半之赋。

根据以上几种史料，秦代田租的租率是“收太半之赋”，颜师古作注时说：“太半，三分取其二。”也就是说在总收获量中取三分之二作田租，这大概是可信的。正因为田租高、剥削重，加上徭役沉重，所以很快激起人民的反抗，导致秦的灭亡。

近年来黄今言认为，对秦代田租率问题要“重新认识”，提出秦代田租率应为“什一之税”，其理由如下。

第一，战国时期大体上是实行什一之税，秦统一六国，未做新的更改。

第二，根据《秦简》记载："度禾、刍、稾而不备十分一以下，令复其故数；过十分（一）以上，先索以禀人，而以律论其不备。"这是秦代田租率为"什一之税"的直接证据。

第三，荀悦的《汉纪》说："古者，什一之税，以为天下之中正也，今汉人或百一而税，可谓鲜矣！"荀悦是东汉人，他所说的"古者"，也包括秦代在内。

那么，如何解释秦"收太半之赋"呢？黄今言认为不能把"收太半之赋"的"赋"解释为"田赋"，因"租""赋"的概念是不同的。"租"是按田亩征收实物，"赋"一般按人头课敛货币。"收太半之赋"，不能改为"收太半之租"。因此，他认为把"赋"释为"田赋"，从而以"收太半之赋"来说明秦代田租率之重是一种误解。（黄今言：《秦代租赋徭役制度初探》，载《秦汉史论丛》第一辑）。

西汉王朝鉴于秦亡的基本原因在于赋税徭役繁重，首先减轻田租，什伍而税一。《汉书·食货志》：

> 上（汉高祖）于是约法省禁，轻田租，什伍而税一。量吏禄，度官用，以赋于民。

汉文帝二年（前178），为了进一步重农务本，曾将这年的田租减半征收，也就是"三十而税一"。至十二年，又用晁错议再减半征收当年的田租。十三年，全部免除了全国农民的田租。直到汉景帝元年（前156），才又恢复"三十而税一"的办法。从此，"三十而税一"基本上就成为两汉田租租率的定制。

《后汉书·光武纪下》载，建武六年（30）十二月癸巳诏曰：

> 顷者师旅未解，用度不足，故行什一之税。今军士屯田，粮储差积，其令郡国收见田租，三十税一如旧制。李贤注："景帝二年，令人田租三十而税一。今依景帝，故云旧制。"

可见光武初年，曾施行什一之税，但很快地在建武六年就恢复了"三十税一"的旧制。从此直到东汉王朝结束，都没有变化。

以上所说是封建政府向土地所有者征收的田租。"三十而税一"的田租率，算是轻的。

土地私有以后，因为可以自由买卖，兼并之风随之而起，并且异常激烈。至汉代，"富者田连阡陌，贫者亡立锥之地"的记载，几乎史不绝书。地主把土地租给农民耕种。那么汉代地主的私租租率是多少？见于文献的有两句话，一是董仲舒所说“或耕豪民之田，见税什五”；一是王莽所说的“豪民侵陵，分田劫假，厥名三十，实什税五也”。这就是说汉代的私租租率是百分之五十，地主向佃农收取总收获量的一半或一半多的租谷。东汉荀悦对于汉文帝“除民田租”一事，曾提出批评说：

> 古者什一而税，以为天下之中正也。今汉民或百一而税，可谓鲜矣。然豪强富人，占田逾侈，输其赋太半。官收百一之税，民收太半之赋；官家之惠优于三代，豪强之暴酷于亡秦。是上惠不通，威福分于豪强也。今不正其本而务除租税，适足以资富强。（《前汉纪》卷八）

照荀悦“民收太半之赋”的话，则地主私租达十分之六七。所以，汉王朝虽然对土地所有者收取的田租是轻的，但农民的负担还是非常沉重的。

其次，田租的负担者是地主还是农民？

从文献记载看，田租的负担者主要是农民而不是地主。证之：

第一，《汉书·文帝纪》中，与赐民半租或除民田租有关的诏令一再地说“且吾农民甚苦”，“其于劝农之道未备”。而且晁错向文帝更明白地说：“勿收农民租。”（《汉书·食货志》）文帝就是听从晁错的这段话才“赐民十二年租税之半。明年，遂除民田之租税”的。

第二，《盐铁论·未通》云：“田虽三十而以顷亩出税……农夫悉其所得，或假贷而益之。是以百姓疾耕力作，而饥寒遂及已也。”

第三，《汉书·贡禹传》：“农夫父子，暴露中野，不避寒暑，捽草杷土，手足胼胝，已奉谷租，又出稾税。”

当然，从理论上说，凡有田者都应缴纳田租。实际上地主都把田租转嫁到农民身上。所以负担政府田租的是农民而不是地主。

再次，田租所征纳的是谷物还是货币？

田租征纳的主要是谷物。证之：

第一，《汉书·兒宽传》（武帝时，兒宽为左内史）云：“收租税，时裁阔狭，与民相假贷，以故租多不入。后有军发，左内史以负租课殿，当免。民闻当免，皆恐失之，大家牛车，小家担负，输租繦属不绝。课更以最。”输送田租，或用牛车，或肩挑背负，当然是谷物。

第二，《汉书·贡禹传》：“农夫父子……已奉谷租，又出稾税。”

第三，两汉书中记载地方官吏征收田租，都是以“斛”或“石”等单位计算。例如：后汉初寇恂为河内太守，“收租四百万斛”（《后汉书·寇恂传》）；章帝时，马稜为广陵太守，“岁增租十余万斛”（《东观汉记·马稜传》）；安帝时，黄香迁魏郡太守，“收谷岁数千斛”（《后汉书·黄香传》）。《居延汉简》中有

"右第二长官二处田六十五，取租廿六石"的记录。

我们说两汉田租征纳的主要是（或基本是）谷物。因为还有另外一些记载，例如《汉书·贡禹传》，贡禹有"租税禄赐，皆以布帛及谷"之议。《后汉书·朱晖传》载，尚书张林上言，因谷贵，建议"可尽封钱，一取布帛为租"。所以，两汉时田租亦有征收钱或布帛之时。当然，这在两汉是个别现象。

最后，中央和地方主管赋税的机构是什么？

秦汉主管赋税的机构在中央卫治粟内史，《汉书·百官公卿表》云：

> 治粟内史，秦官。掌谷货，有两丞。景帝后元年，更名大农令；武帝太初元年，更名大司农。属官有太仓、均输、平准、都内（纳）、籍田五令、丞；斡官、铁市两长、丞。

东汉的相关制度见《续汉书·百官志三》：

> 大司农卿一人，中二千石。掌诸钱谷、金帛诸货币。郡国四时上月旦见（现）钱谷簿。其逋未毕，各具别之。边郡诸官请调度者，皆为报给。损多益寡，取相给足。

此外，还有：

> 太仓令一人，六百石。主受郡国传漕谷。平准令一人，六百石。掌知物贾（价），主练染、作采色。导官令一人，六百石，主舂御米及作干糒导择也。

在地方，则是"郡国诸仓、农监、都水六十五官长、丞皆属焉"（《汉书·百官公卿表》）。

东汉制度则是"郡国盐官、铁官本属司农，中兴皆属郡县。又有廪牺令，六百石。掌祭祀牺牲雁鹜之属。及雒阳市长、荥阳敖仓官，中兴皆属河南尹。余均输等皆省"（《续汉书·百官志三》）。

在郡县以下，则是"大率十里一亭，亭有长；十亭一乡，乡有三老、有秩、啬夫、游徼。三老掌教化，啬夫职听讼，收赋税，游徼徼循，禁贼盗。县大率方百里，其民稠则减，稀则旷；乡、亭亦如之。皆秦制也"（《汉书·百官公卿表》）。

东汉制度，则是每县"丞各一人。尉，大县二人，小县一人。丞署文书，典知仓狱；尉主盗贼。……乡置有秩、三老、游徼。有秩、郡所署，秩百石，掌一乡人。其乡小者，县置啬夫一人。皆主知民善恶，为役先后，知民贫富，为赋多少，平其差品。……又有乡佐，属乡主民、收赋税”（《百官志五》）。其中，郡有秩和乡啬夫为郡县以下主管赋税的重要官职。

2. 刍稿（稾）

“刍稿”是什么?《汉书·萧何传》云：“上林多空地，弃；愿令民得入田，毋收稾为禽兽食。”颜师古注：“稾，禾秆也。言恣人田之，不收其稾税也。”《说文·禾部》云：“稿，秆也。秆，禾茎也。”《礼记·祭统》云：“士执刍。”郑玄注曰：“刍，谓稿也。”可见刍、稿同义，就是禾秆，即平常所说的稻草，征收来主要是用于供给马匹和上林苑等处牲畜的饲料。政府向农民征收刍稿，是一种土地税，也是农民的一项沉重负担。

《淮南子·汜论训》云：

> “秦之时，高为台榭，大为苑囿，远为驰道。铸金人，发适（谪）戍，入刍稿。”高诱注：“入刍稿之税，以供国用。”

关于秦征刍稿之税，云梦秦简中有新的证据，《田律》载：

> 入顷刍稾，以其受田之数，无豤（垦）不豤（垦），顷入刍三石，稾二石。刍自黄䵚及蘑束以上皆受之。入刍稾，相输度，可殹（也）。（译文：每顷田地应缴的刍稾，按照所受田地的数量缴纳，不论垦种与否，每顷缴纳刍三石、稾二石。刍从干叶和乱草够一束以上均收。缴纳刍稾时，可以运来称量。）

《仓律》载：

> 入禾稼、刍稾，辄为廥籍，上内史。●刍稾各万石一积，咸阳二万一积，其出入、增积及效如禾。（译文：谷物、刍稾入仓，就要记入仓的簿籍，上报内史。刍稾都以万石为一积，在咸阳以二万石为一积，其出仓入仓，增积和核验的手续均同上条关于谷物的规定。）

根据《秦简》可知，秦征刍稿以“石”为单位（一石一百二十斤，秦一斤约为今半斤）。而以万石为一积，可能就是稻垛或草垛，而且要归仓入账，出纳有严格规定，可见是重要的一项土地税。

汉代仍然征收刍稿税，上引《汉书·萧何传》可以为证。《贡禹传》还说：“已奉谷租，又出稾税。”因为“田租刍稾，以给经用”（《续汉书·百官志三》

刘昭注补引《汉官仪》)，所以封建统治者十分重视田租、刍稿的收入。

刍稿的负担者当然是广大农民。其租率，按秦简为“顷入刍三石，稾二石”。刍稿也可以纳钱，据《后汉书·光武帝纪》载，汉光武年轻时曾替他叔父讼讨“刍稾钱若干万”，可知两汉时刍稿可以折纳钱缴纳。

3. 假税

就是“公田”的田租。公田就是国有土地，汉朝政府把地租给农民耕种，农民就是政府的佃农，所收的田租就别名为“假税”。关于这种土地的税率、管理、性质等已在土地制度一节中叙述过，在此不赘述。

（二）人头税

秦汉的人头税有二：口钱和算赋。

1. 口钱

口钱，亦称为人头钱。《说文·贝部》引《汉律》云：“民不繇，赀钱二十二。”段玉裁注曰：“二十三，各本作二十二。……《汉仪注》曰：‘……七岁至十四岁，出口钱，人二十，以供天子。至武帝时，又口加三钱，以供车骑马。’……《论衡·谢短》曰：‘七岁头钱二十三’，亦谓此也。然则民不繇者，谓七岁至十四岁。”孙诒让《周礼正义》卷三“以九赋敛财贿”条下疏云：“《汉旧仪》云算民年七岁以至十四岁，出口钱，人二十三，二十钱以食天子，其三钱者，武帝加口钱，以补车骑马。又令民男女年十五以上至五十六出赋钱，人百二十为一算，以给车马。”由此可见，汉武帝以前，就已存在未成年者纳口钱的制度，不过武帝以前为每年每口出钱二十文，武帝时始增加到每年每人二十三文。从此便形成了“口钱”二十三文的定制。

关于口钱制度，《汉书》的记载还有互相矛盾的地方，引起人们的误解。例如《贡禹传》：

> （元帝时，贡禹代陈万年为御史大夫）数言得失，书数十上。禹以为古民亡赋算、口钱，起于武帝征伐四夷，重赋于民，民产子三岁，则出口钱，故民重困，至于生子辄杀，甚可悲痛。宜令儿七岁去齿，乃出口钱，年二十乃算。……天子下其议。令民产子七岁乃出口钱，自此始。

这段记载，贡禹说口钱“起于武帝征伐四夷”是不可靠的，因为在此以前已有口钱之征。但有一点可能是对的，即元帝以前是民生子三岁就要出口钱，因为贡禹的建议，才改从七岁开始，从此成为定制。

口钱，每人每年虽然只出二十三钱，但在整个国家财政收入中是相当重要的。

2. 算（箕）赋

算赋制度，见《汉书·高帝纪》如淳注列《汉仪注》：

> 民年十五以上，至五十六，出赋钱。人百二十为一算，为治库兵车马。

《汉书·高帝纪》载高祖四年（前203）八月“初为算赋”，这是说西汉直至第四年才承秦制而征算赋，并不是说算赋起于汉初。汉初征收算赋有两个积极意义。第一，重农抑商打击豪强。《汉律》载：“人出一算，算百二十钱。唯贾人与奴婢倍算。”（《汉书·惠帝纪》应劭注引）。第二，奖励生育人口。惠帝六年冬十月规定：“女子年十五以上至三十，不嫁，五算。”（《惠帝纪》）

算赋是纳钱，这应该是没有异议的。但有些记载却引起一些人的误解。《史记·张耳陈余列传》：“外内骚动，百姓罢敝，头会箕敛，以供军费；财匮力尽，民不聊生。”什么叫“头会箕敛”？裴骃《史记集解》引《汉书音义》曰：“家家人头数出谷，以箕敛之。”《汉书·张耳陈余传》服虔注：“吏到其家，人人头数出谷，以箕敛之。”所谓“人人头数出谷”，即指按人头纳税，也就是算赋。不过云“出谷”恐怕是望“算敛”一词而生训，以为钱不可以备算赋，只有谷才可以备算敛。

《淮南子·汜论训》：“头会箕赋，输于少府。”高诱注：“头会，随民口数责其税；箕赋，似箕然敛民财，多取意也。”那么“箕”究竟是什么？畚与箕，或两字连用，或单用畚、单用箕，都是一种编织的容器，可以用来盛钱。《秦简十八种·金布律》可以为证：

> 官府受钱者，千钱一畚，以丞、令印印。不盈千者，亦封印之。钱善不善，杂实之。出钱，献封丞、令，乃发用之。百姓市用钱，美恶杂之，勿敢异。（译文：官府收入钱币，以一千钱装为一畚，用其令、丞的印封缄。钱数不满一千的，也应该封缄。钱质好的和不好的，应装在一起。出钱时，要把印封呈献令、丞验视，然后启封使用。百姓在交易时使用钱币，质量好坏一起通用，不准选择。）

关于汉代征收算赋的时间问题，据文献记载，是每年八月。《后汉书·皇后纪叙》：“汉法，常因八月算民。”李贤注：“《汉仪注》：‘八月初为算赋。’故曰算民。”何谓“算民”，为什么在八月进行？根据汉制，“仲秋之月，县道皆按户比民，年始七十者，授之以玉杖，铺之糜粥。”（《续汉书·礼仪志中》）《后汉书·安帝纪》元初四年（117）七月诏：

方今案比之时，郡县多不奉行，虽有糜粥，糠秕相半，长吏怠事，莫有躬亲，甚违诏书养老之意。

这里所说的“案比”，就是《礼仪志》说的“按户比民”，也就是案验户口，统计民数。李贤《安帝纪》注：“《东观记》曰，方今八月案比之时，谓案验户口，次比之也。”在案验的时候，还要审阅每个人的年貌，《后汉书·江革传》：

建武末，（江革）与母归乡里。每至岁时，县当案比，革以母老，不欲摇动，自在辕中輓车，不用牛马。

这种“案比”每年一次，按规定时间，无论老幼都要到县里指定的地点，接受面对面的案验，这就是隋唐时“貌阅”的起源。（《后汉书·江革传》李贤注：“案验以比之，犹今‘貌阅’也。”）而且地方官“案比”时，技术是相当熟练的。《后汉书·独行列传·陆续传》：

（明帝时，陆续）仕郡户曹史。时岁荒，民饥困。太守尹兴使续于都亭赋民饘粥。续悉简阅其民，讯以名氏。事毕，兴问所食几何，续因口说六百余人，皆分别姓字，无有差谬。

至于案比户口为什么要在八月，主要是因为凡属计簿，皆以九月为断，十月以后的岁入岁出，则转入下年，这是秦汉“上计”制度所规定的。箕赋的征收以人为对象，又有一定的年限，所以必须相互配合，故在“八月算民”“案比”时征收。

3. 关于“献费”问题

《汉书·高帝纪》高祖十一年（前196）二月诏曰：

欲省赋甚。今“献”未有程，吏或多赋以为献，而诸侯王尤多，民疾之。令诸侯王通侯常以十月朝献，及郡各以其口数率，人岁六十三钱，以给献费。

对于“献费”，史家解释多不一致。元人马端临在《文献通考》中说“献费”即算赋。今人贺昌群的《汉唐间封建土地所有制形式研究》一书、劳榦的《秦汉史》中，都有与马端临类似的看法，即“献费”六十三文就是算赋在汉初的征收量。王先谦《汉书补注》引沈钦韩曰：“案，此于一算之外，复岁取六十三钱也。”这就是说，“献费”是算赋以外的一种税目。今人范文澜、王毓铨、魏良弢、高敏、钱剑夫等都力主这种说法。但是关于“献费”怎样征收，作什么用等问题，各家看法还不尽一致。王毓铨先生在《“民数”与汉代封建政权》（《中国史研究》1979 年第 3 期）中认为，“献费”“大概是为皇帝祭祀宗庙向人民勒索的祭礼”。这种说法是颇近情理的。不过，这种贡献之费，并不一定全是用于宗庙祭祀而已。

（三）商业税

秦汉的商业税有两种：市租和缗算。

1．市租

市租即工商业主的营业税，其起源可以追溯至春秋。《新序·杂事篇一》云：

> 晋平公谓固桑曰：“吾门下食客三千余人，朝食不足，暮收市租；暮食不足，朝收市租。吾尚可谓不好士乎。”

《晏子春秋·杂篇下六》云：

> 晏子方食，景公使使者至，分食食之。使者不饱，晏子亦不饱。使者反，言之公。公曰：“嘻！晏子之家若是其贫也？寡人不知，是寡人之过也。”使吏致千金与市租，请以奉宾客。

战国时代，市租更加普遍。山东临沂银雀山出土的汉墓残简《尉缭子·武议》云：“市者，所以外战守也。”旧注曰：“若战守之用不足者，必治市廛之税以充之，是市租所以供给战守者也。”（郑良树《竹简帛书论文集》）。于此可见市租所占地位之重要。《史记·李牧传》载，李牧为赵将，“常居代、雁门备匈奴，以便宜置吏，市租皆输入莫（幕）府，为士卒费”。市租的普遍，反映了商业的繁荣。

秦代的市租必然更普遍，但文献记录极少。云梦秦简中有《关市律》，关市是官名，管理关和市的税收等事务。关市律系关于市职务的法律，由此可知秦必有市租，才会制定《关市律》。

汉代商业更趋发达，市制规模更大，市租的征课必然更大宗。市租的征收有两种情况。

第一，对于市肆和有市籍者，即有贾人户籍、取得在市上经营商业权力的人，采用定期或不定期征税方法，把一定期间内应纳的税汇总集中缴纳，而且税可以拖欠。《汉书·何武传》云：

武兄弟五人，皆为郡吏，郡县敬惮之。武弟显家有市籍，租常不入，县数负其课。市啬夫求商捕辱显家，显怒，欲以吏事中商。武曰："以吾家租赋徭役不为众先，奉公吏不亦宜乎。"武卒白太守，召商为卒吏，州里闻之皆服焉。

第二，对于集市上的交易或者流动人口的买卖交易，即时成交，即时收税。否则，纳税人走开之后，就逃掉税了。《后汉书·和帝纪》中，"（永元）六年……三月庚寅诏，流民所过郡国，皆实禀之，其有贩卖者，勿出租税"是一个免税的特例，但它从反面证明了市肆以外的临时交易是要征税的。

汉代市租究竟有多少收入？目前没有统计数字。但在汉代财政上，市租起过重大作用。《史记·齐悼惠王世家》云："齐临菑十万户，市租千金，人众殷富巨于长安。"《史记》原注说："市租谓所卖之物出税，日得千金，言齐人众而且富也。"这种说法有些夸大。但市租起过重大作用是事实。《后汉书·寇恂传》载刘秀和群雄争天下的时候，派寇恂经营河内郡，寇恂"收租四百万斛，转以给军"，这对刘秀取得军事上的胜利是一项重大贡献。

对于汉代市租的税率是多少，现存文献没有直接的材料，只能从一些间接材料中做可能的推测。《汉书·贡禹传》云："民心动摇，商贾求利，东西南北，各用智巧，好衣美食，岁有十二之利，而不出租税。"师古曰："若有万钱为贾，则获二千之利。"《史记·货殖列传》中说："庶民农工商贾，率亦岁万息二千。"可见商贾取什二之利是当时的规律。如果市租税率是百分之二，那么把交易税换算成收益税率便是十分之一，这在当时看来是合理的。

市租的收入归谁所有?《汉书·食货志上》申述了汉代制度：

山川、园池、市肆租税之入，自天子以至封君汤沐邑，皆各为私奉养，不领于天子之经费。（师古注曰："言各收其赋税以自供，不入国朝之仓廪府库也。经，常也。"）

这就是说，中央管辖的市租收入归少府，是天子的私藏，不入大司农的国库；在各级诸侯王和通侯的封国中，市租的收入归各级"封君"。所以叫作私奉养。在这种情况下，各地的税率是否一致，不得而知，待考。

市租的征收，汉代有专法，即《租铢律》。《汉书·食货志下》云：

（元帝时，贡禹言）宜罢采珠玉、金银铸钱之官，毋复以为币；除其贩卖租铢之律。租税禄赐，皆以布帛及谷，使百姓一意农桑。议者以为交易待钱，布帛不可尺寸分裂，禹议亦寝。

什么叫作“租铢”？颜师古注：“谓计其所卖物价，平其锱铢而收租也。”可见“租铢”乃是律名，即据此律以收市租。可能货物和营业额就是以“铢”为税额的计算单位，所以这项法令就名为《租铢律》。《租铢律》是汉代征收市租的专法。上引文在《汉书·贡禹传》中也有记载，颜师古对“租铢”的注释是：“租税之法皆依田亩，不得杂计百物之铢两。”这个注释不得要领，不是“租铢”的真义。

此外，还有一种军市，也征收市租。这从冯唐对汉文帝的一番话中可以看到。《史记·冯唐传》：

> 李牧为赵将，居边；军市之租皆自用。飨士赏赐决于外，不从中扰也。……今臣窃闻魏尚为云中守，其军市租尽以飨士卒，出私养钱五日一椎牛飨宾客、军吏、舍人。是以匈奴远避，不近云中之塞。

《史记索隐》云，“军市”，“案谓军中立市，市有税，税即租也”。可见从战国到汉代，军队里都有军市，而且都征市租，主持军事的长官可自行处理，无须上缴少府。

另外，还有“胡市”和“羌市”，是对外贸易和对少数民族进行商业交往的专门场所。《史记·匈奴列传》云：

> （自武帝谋马邑）匈奴绝和亲，攻当路塞，往往入盗于汉边，不可胜数。然匈奴贪，尚乐关市，嗜汉财物，汉亦尚关市不绝，以中之。

这种在边境开放的市场，亦称为“合市”，就是双方混合为市，《资治通鉴》卷四十四王先谦补注引胡三省曰：“合市，与汉和合为市也。”两汉的这种“胡市”“羌市”，必然是收市租的，所以地方长官必然自肥。《东观汉记·孔奋传》云：

> （建武八年孔奋守姑臧）时天下扰乱，惟河西独安，而姑臧称为富邑。通货胡羌，市日四合。每居县者，不盈数月，辄至丰积。奋在姑臧四年，财物不增。惟老母极膳，妻子但菜食。或嘲奋曰：“直脂膏中亦不能自润。”而奋不改其操。

2. 缗算（算缗）

算缗钱本来是特殊财产税，即就部分动产征税；随即转变为一般财产税，即就人民所有的动产、不动产以及奴婢，一律估价，折算为钱，按规定税率征税。

若就其存在的时间而言，则是一种临时税，用以满足短时期的暂时需要，而当这个特定任务完成后，即行停止。

什么叫缗和缗钱？其征收从何时开始，到何时结束？《汉书·武帝纪》载：

> 元狩四年冬，初算缗钱。

颜师古注曰：

> 李斐曰："缗，丝也，以贯钱也。一贯千钱，出算二十也。"臣瓒曰："茂陵书诸贾人末作贳贷，置居邑储积诸物，及商以取利者，虽无市籍，各以其物自占，率缗钱二千而一算。此缗钱是储钱也。故随其用所施，施于利重者，其算亦多也。"师古曰："谓有储积钱者，计其缗贯而税之。"

这条材料，说明几个问题：

第一，算缗钱从武帝元狩四年（前119）开始实行。

第二，所谓缗钱即钱贯，或俗话所说的钱串，缗钱就是用钱串串起来的成串的钱，一贯或一串的数目是一千个钱。

第三，算缗钱的课税对象是商人手头所积储的现钱，按贯数抽税。

关于税率，同是一条材料，但说法有矛盾。按李斐说是"一贯千钱，出算二十"，即千钱出二十。而按臣瓒说，是"率缗钱二千而算"。《通鉴》武帝"元狩四年"条胡三省注曰："余谓率计缗钱二千而出一算，算百二十钱。"应以后说为是。

后来进一步发展成"算缗令"，课税对象由商人手头所积储的现钱，发展到征收一般人民的财产税。

《史记·平准书》载：

> 诸贾人、末作、贳贷、卖买、居邑、稽诸物及商以取利者，虽无市籍，各以其物自占，率缗钱二千而一算。诸作有租及铸（《集解》引如淳曰："以手力所作而卖之。"），率缗钱四千一算。非吏比者、三老、北边骑士（《集解》引如淳曰："非吏而得与吏比者，官谓三老、北边骑士也。楼船令边郡选富者为车骑士。"）、轺车以一算，商贾人轺车以二算，（《集解》引如淳曰："商贾有轺车，使出二算，重其赋也。"）。船五丈以上一算。匿不自占，占不悉（《索隐》曰："悉，尽也，具也。若通家财不周悉尽者，罚戍边一岁。"）戍边一岁，没入缗钱。有能告者，以其半畀之。

由此可见，当时不单单收取商人的储金税，手工业者、车、船等都要按税率收税。

算缗钱产生的历史背景，是通货膨胀。武帝为了打击商人解决财政困难。《史记·平准书》说：

> （武帝元狩初）商贾以币之变，多积货逐利，于是公卿言：郡国颇被菑害，贫民无产业者，募徙广饶之地。陛下损膳省用，出禁钱以振（赈）元元，宽贷赋，而民不齐出于南亩。商贾滋众，贫者畜积无有，皆仰县官。异时算轺车贾人缗钱，皆有差，请算如故。

《史记·张汤传》注曰：

> 缗音岷，钱贯也。武帝伐四夷，国用不足，故税民田宅、船乘、畜产、奴婢等，皆平作钱数。

这就是征收人民的财产税。所以“杨可告缗遍天下，中家以上大氐皆遇告”（《汉书·食货志》）。这样重的一般财产税不可能长时间地进行下去。那么，算缗钱何时停征呢？《汉书·食货志》有一项记载：

> 明年（元鼎五年，前112），天子始出巡郡国。东渡河，河东守不意行至，不辩，自杀。行西逾陇，卒，从官不得食，陇西守自杀。于是上北出萧关，从数万骑行猎新秦中，以勒边兵而归，新秦中或千里无亭徼，于是诛北地太守以下，而令民得畜边县，官假马母，三岁而归，及息什一，以除告缗，用充入新秦中。

如果公元前119年（元狩四年）下算缗钱令起，到前112年（元鼎五年）停止告缗，前后实行八年之久。征收算缗钱的结果，一方面是暂时解决了政府的财政困难。但另一方面却带来了三个不利的后果：其一是政府财富多了，乐得皇帝“悠悠然”忘乎所以，皇帝更加享乐了。《汉书·食货志》说：

> 及杨可告缗钱，上林财物众，乃令水衡主上林。上林既充满，益广。是时越欲与汉用船战逐，乃大修昆明池，列观环之。治楼船，高十余丈，旗帜加其上，甚壮。于是天子感之，乃作柏梁台，高数十丈。宫室之修，由此日丽。

其二，船车都抽税导致商人少了，货物交流不便，从而造成物价昂贵。而且人民看到有了财富之后，不但税收重且易受刑罚还会被没收财物，于是人民干什么都没有兴趣，只顾甘食美衣的享乐，这对国民经济来说是巨大的破坏。

其三，为了处理没收来的田宅奴婢，负担变重。私田变成官田，由官府经营后效率降低。奴婢变成了纯消费者，加重了财政上的供给负担。

（四）秦汉的其他赋税

1. 盐铁和酒类的征课

秦汉的盐铁和酒类，时而国家专卖，时而民营征税，是赋税中变化较多的税收。现只略述征税情况，关于专卖的情况，学习通史时一般都读到了，在此不述。

春秋战国时，由“工商食官”转到工商业由民间经营，官（政府）只收租税。秦统一六国后，盐铁皆为民营，政府只设官征税，既有盐官，也有铁官。《史记·太史公自序》云：“（司马）错孙蕲，蕲孙昌，为秦主铁官。”《华阳国志·蜀志》云：“置盐、铁市官并长、丞。”《秦简·效律》中有“右采铁，左采铁”的记载。秦时的民营盐铁获利很大，《史记·货殖列传》载：

> 猗顿用盬盐起，而邯郸郭纵以铁冶成业，与王者埒富。……蜀卓氏之先，赵人也，用铁冶富。秦破赵，迁卓氏……致之临邛，大喜，即铁山鼓铸，运筹策，倾滇蜀之民富至僮千人；田池射猎之乐，拟于人君。程郑，山东迁虏也，亦冶铸，贾椎髻之民，富埒卓氏。……宛、孔氏之先，梁人也，用铁冶为业。秦伐魏，迁孔氏南阳，大鼓铸，规陂池……鲁人俗俭啬，而曹邴氏尤甚，以铁冶起，富至巨万。……齐俗贱奴虏，而刁间独爱贵之。……逐渔盐商贾之利，或连车骑，交守相。

这些记载说明自战国至秦以来盐铁都是民营，政府只课其税。

汉承秦制，汉初盐铁也是民营，国家抽税。《史记·平准书》载：

> 至孝文时……令民纵得自铸钱，故吴，诸侯也，以即山铸钱，富埒天子，其后卒以叛逆。邓通，大夫也，以铸钱财过王者。故吴、邓氏钱布天下。

吴王刘濞不但铸钱，而且“煮海水为盐”，“国用富饶”（《史记·吴王濞列传》）。

那么，政府怎样征税？大概是盐铁经营者自行陈报，由官府规定税额抽税。

但税率是多少？这项税收占全国赋税总收入的百分之几？因材料缺乏，目前还说不清楚。

由于盐铁民营而使财富高度集中，“冶铁煮盐，财或累万金而不佐公家之急，黎民重困”（《汉书·食货志》）。因此，盐铁民营的征税制度就不得不为官营专卖制度所代替。关于从汉武帝开始的专卖制度，以及汉昭帝时期的盐铁大论战，在此不述。

到东汉初期，盐铁又归民营，证之于《后汉书·第五伦传》：

> （东汉初，第五伦）自以为久宦不达，遂将家属客河东，变名姓，自称王伯齐，载盐往来太原、上党。所过辄为粪除而去，陌上号为道士。

《后汉书·彭宠传》：

> （建武初）是时北州破散，而渔阳差完。有旧盐铁官，［彭］宠转以贸谷，积珍宝，益富强。

从这两条材料看，或则自载盐往来太原、上党间进行贩卖；或则转卖旧时盐铁商所储的盐铁以购买粮食。当然，这是盐铁民营时才会发生的情况。不过，到汉章帝时，盐铁又恢复了官营。《后汉书·郑众传》载：

> 建初六年，［郑众］代邓彪为大司农。是时，肃宗（章帝）议复盐铁官，众谏以为不可。诏数切责，至被奏劾。众执之不移，帝不从。

既然“帝不从”群臣之议，则盐铁官当已复置无疑。但是，官营不久，汉章帝就发现盐铁官营的流弊，所以章和二年（88）临死前即有遗诏，罢斥郡国盐铁之禁，听任人民煮铸，统由政府收税。

关于东汉盐铁民营政府收税的整个制度，有两条材料值得注意：

> 郡国盐官、铁官，本属司农；中兴皆属郡县。（《续汉书·百官志三》）

> 其郡有盐官、铁官、工官、都水官者，随事广狭，置令、长及丞，秩次皆如县、道，无分士，给均本吏。本注曰：凡郡县出盐多者，置盐官，主盐税；出铁多者，置铁官，主鼓铸。（《续汉书·百官志五》）

据此，可以明确两个极为重要的问题：①盐铁官营时凡属行政和收其赢利之务都集中在朝廷，东汉以后则分散于郡县。②东汉虽然也常置盐官和铁官，它的性质已和西汉基本不同，只主持征盐税和主管冶铸行政，当然也主持税务。但是，并不是只要有盐官和铁官，就能说那时是盐铁官营。

盐铁税究竟怎样征收？税率和税额如何？目前因史料缺乏而暂付阙如。

关于秦汉酒类的经营，时而官营专卖，时而民营征税，有过几次变化。但大体上以民营征税为主，而且征税比较重。《商君书·垦令》载：

> 贵酒肉之价，重其租，会十倍其朴。

这里的“朴”是什么？朱师辙《解诂》引归有光《诸子李函》注：“朴，本也。谓加酒肉之税，令十倍其原价。”酒税十倍其本的解释是正确的。

东汉从酿酒到贩卖都完全听任民营，官方只是收税。《后汉书·崔寔传》载：

> [桓帝时，崔寔] 父卒，剽卖田宅，起冢茔，立碑颂。葬讫，资产竭尽，因穷困；以酤酿贩鬻为业。时人多以此讥之，寔终不改；亦取足而已，不致盈余。

可见，从酒的酿造到贩卖都可以由私人独自进行。

至于怎样征酒税，大概也是采取自行陈报的办法，根据酒商本人的陈报，核实征税。

2. 其他杂项税收

（1）关税

关税，对商贾征收的货物通行税。关税起于春秋，战国时遍及全国，而且较重。秦代设关更多，大抵都在边境。秦地西有陇关，东有函谷关、临晋关，南有峣关、武关，四境都有雄关，所以号称“关中”。《关法》规定，鸡鸣才开关出客，所以燕太子丹去秦，“夜到关，关门未开，丹为鸡鸣，众鸡皆鸣，遂得逃归”（《艺文类聚》卷六引《燕丹子》）。云梦出土的《秦律》有《关市律》，也是过关要收关税的佐证。

汉承秦制，自然也征收关税，设关也多在边境，凡出入关必有符信，其名曰“传”，用今天的话来说就是通行证。关于其具体形式，《汉书·文帝纪》载：“三月，除关无用传。”注曰：“两行书缯帛，分持其一，出入关，合之乃得过，谓之传也。”又一说：“古者或用棨，或用缯帛。棨者，刻木为合符也。”

汉代关税见于文献者，如《汉书·武帝纪》：

> （太初四年）冬……徙弘农都尉治武关，税出入者以给关吏卒食。

《汉书·田蚡传》：

> 武帝初即位……（窦）婴为丞相，蚡为太尉……令列侯就国，除关。颜师古注引服虔曰："除关禁也。"

又《史记》同条索隐曰："除关"，谓"除关门之税"。

汉代关税的税率是多少？史无明文。但战国晚期的关税是很重的，《荀子·富国篇上》说：

> 今之世而不然，厚刀布之敛以夺之财，重田野之税以夺之食，苛关市之征以难其事。

秦的关税也是很重的，所以汉初才免除关税。过了几十年之后才又恢复关税，但税率却缺乏相关材料。东汉末年的关税率有明确记载，《三国志·文帝纪》云：

> 庚戌令曰："关津所以通商旅，池苑所以御灾荒，设禁重税，非所以便民。其除池籞之禁，轻关津之税，皆复什一。"

说明东汉末年，关税率重到十分之一以上，而这次下令是为了恢复"什一"之税。

《九章算术》卷六《均输》有几道反映关税的算题，饶有趣味，今录两道于下：

> 今有人持金二斤出关，关税之，十分而取一。今关取金二斤，偿钱五千；问：金一斤，值钱几何？答曰：六千二百五十。

> 今有人持米出三关，外关三而取一，中关五而取一，内关七而取一，余米五斗。问：本持米几何？答曰：十斗九升八分升之二。

关置关都尉，主关政，原为秦官。东汉"省关都尉，唯边郡往往置都尉，及属国都尉，稍有分县，治民比郡"（《续汉书·百官志五》）。但灵帝中平元年（184）复"置八关都尉"（《后汉书·灵帝纪》）。

（2）渔税

渔税，捕鱼者所缴纳的租税，也称为"海租""还税"，起源不详。但先秦古书上常说“渔盐之利”，那么，渔税的起源也一定较早。

秦代是否征渔税，目前尚未见到直接的史料。西汉征渔税，则见于文献记载。《汉书·食货志上》云：

> 大司农中丞耿寿昌……［宣帝］五凤中……又白增海租三倍，天子皆从其计。御史大夫萧望之奏言：故御史属徐宫，家在东莱，言往年加海租，鱼不出。长老皆言，武帝时县官尝自渔，海鱼不出，后复予民，鱼乃出。……寿昌习于商功分铢之事，其深计远虑，诚未足任，宜且如故。上不听。

王先谦补注引周寿昌曰：

> 海租，税渔户，即今渔课。汉有海丞官，主海税，属少府，故有海租。此特增三倍耳。王莽初设六筦之令，诸采取名山泽众物者税之，由海租推广也。

这条材料说明了三个问题：第一，汉武帝之前便有“海租”的征收；第二，汉武帝曾经把捕鱼业收归官营，由于渔民反抗，造成“鱼不出”，才改为民营而政府征税；第三，汉宣帝时“增海租三倍”。到汉平帝元始元年（1）六月诏曰：“置少府海丞、果丞各一人。”颜师古注曰：“海丞，主海税也。”（《汉书·平帝纪》）惟此官不见《百官表》，或以其时已至西汉末世，故未收，或失收。

西汉渔税的征收乃天子禁钱，属少府。《汉书·百官公卿表》：

> 少府，秦官。掌山海池泽之税，以给共养。

东汉渔税，则属郡县。《续汉书·百官志五》云：“（凡郡县）有水池及鱼利多者，置水官，主平水收渔税。”到了东汉末年，渔税又大幅度增加：

> （汉末任嘏）遂遇荒乱，家贫卖鱼。会官税鱼，鱼贵数倍。嘏取直（值）如常。（《三国志·魏书·王旭传》裴松之注引《任嘏别传》）。

这显然是因为渔税加重而造成鱼价成倍地上涨，鱼价上涨渔税也就跟着增加，这是封建社会的恶性循环。

（3）赀（訾）税

赀税（或称赀算），是对商贾以外居民征收的财产税。其起源未能考，目前只知道《汉书·景帝纪》载：

（后元二年五月诏曰）今訾算十以上乃得宦，廉士算不必众。有市籍不得宦，无訾又不得宦，朕甚愍之。訾算四得宦，亡（毋）令廉士久失职，贪夫长利。

景帝这个诏令，虽然主要讲的是降低作官的赀算标准，以扩大中小地主取得官位的数量，但也反映出景帝之前便有“算赀”之制。因算赀缴纳的税就叫“赀算”。对上引史料，颜师古注曰：“服虔曰：訾万钱，算百二十七也。”应劭曰：“古者疾吏之贪，衣食足知荣辱。限訾十算乃得为吏。十算，十万也。贾人有财不得为吏。廉士无訾又不得宦，故减訾四算得宦矣。”

关于赀税文献材料，目前所见仅此一条。据此可知，汉景帝时把做官的财产标准由十万下降到四万，因此“赀算”确是财产税。其税率为一万钱纳税一百二十七钱，即万分之一百二十七（或以为“七”字是衍文，即税率是钱一万算一百二十，和算赋中的算相同，所以叫“算”）。按注文，不足万者，不课税。

因为材料不足，有人怀疑汉代是否实行赀税，或实行之时间不长。但居延汉简为汉代的“赀算”问题提供了一定的证据。《居延汉简释文》卷三载“侯长觻得广昌里公乘礼宗”“凡赀直十五万”。又有“阳武县翟陵里□柱字子见，自言（陈直释为“自占”），二年一月，中赀省”一简。汉代史籍中还有“高赀富人”的说法。可知汉代确实存在以家财多少区分户等为“高赀”“中赀”之制。这样区分就是为了征收财产税。景帝时的税率1.27%，是偏轻的。但后来税率却不断地增加。《汉书·王莽传中》天凤六年（19）载：

一切税天下吏民，赀三十取一，缣帛皆输长安。

翼平连率田况奏郡县訾民不实，莽复三十税一。

可见赀税成倍地增加。

东汉的赀税尚难考。

（4）军赋

据《汉书·惠帝纪》，惠帝即位之初曾有一项诏令：

吏，所以治民也。能尽其治，则民赖之；故重其禄，所以为民也。今吏六百石以上，父母妻子与同居，及故吏尝佩将军、都尉印将兵及佩二千石官印者，家唯给军赋，他无有所与。

这是汉代“军赋”见于文献的唯一资料，注释家也没有解释清楚是什么性质的赋税。荀悦《前汉纪》卷五则作“吏六百石以上及故二千石家，唯给军赋，役无有所预”，也没有明确。《资治通鉴》卷十二则不载此诏。只有陈元粹《补汉兵制》注认为“军赋即算赋”，也不知道是根据什么来解释的。因此，“军赋”有待详考。

（5）户赋

《汉书·货殖传》载：“秦汉之制，列侯封君食租税，岁率户二百；千户之君，则二十万，朝覲聘享出其中。”这就是秦汉“户赋”的征课，每户每年纳钱二百。

此外，《汉书·肖望之传》载，宣帝时，西羌反，汉遣后将军征之。京兆尹张敞上言：“今有西边之役，民失作业，虽户赋口敛，以赡其困乏，古之通义，百姓莫以为非。以死救生，恐未可也。”师古注：“率户而赋，率口而敛也。”可知口敛就是口钱，说明此时还存在“户赋”。

《秦简·法律答问》云：“可（何）谓‘匿户’及‘敖童弗傅’？匿户弗繇、使、弗令出户赋之谓殹（也）。”可见“户赋”在秦即有。

高敏认为“军赋”“户赋”都不是秦汉单独的税目。可见其所著《秦汉赋税制度考释》（收入《秦汉史论集》）。

（6）牲畜税

《汉书·西域传赞》在汉武帝由于外事四夷而加重赋税时提及牲畜税：

> 师旅之费不可胜计，至于用度不足，乃榷酒酤，管盐铁，铸白金，造皮币，算至车船，租及六畜，民力屈，财用竭。

《后汉书·西域传》中，陈忠上疏追溯牲畜税的来由时也说：“算至舟车，赀及六畜。”可见牲畜是要收税的。“六畜”是指马、牛、羊、鸡、犬、豕。这六种家畜家禽是否都收税呢？从文献上看，只收马、牛、羊的税，而未见猪、鸡、犬的税。《汉书·翟方进传》（成帝时）云：“算马牛羊。”颜师古注引张宴云，所谓算马牛羊，是依“牛马羊头数出税算，千输二十也”，则六畜税的税率为百分之二。

牲畜税中以马税最重要，因此文献中又有“马口钱”一词。《汉书·昭帝纪》载，元凤二年（前79）六月诏曰：

> 朕闵百姓未赡，前年减漕三百万石，颇省乘舆马及苑马，以补边郡、三辅传马。其令郡国毋敛今年马口钱。

这是史书中第一次提到马口钱。颜师古注引文颖曰：“往时有马口出敛钱，今省。”又引如淳曰：“所谓租及六畜也。”可此可见，“马口钱”是课取民间私养马匹者之税，属于六畜税中的一种。

这是西汉的六畜税，东汉是否存在？史无明文，待考。

此外，还有一种变相的六畜税，叫作“课马息”。

《史记·平准书》云：武帝时，“车骑马乏绝，县官钱少，买马难得，乃著令：令封君以下至三百石以上吏，以差出牝马天下亭，亭有畜牸马，岁课息”。这就是始行于武帝时的“课马息”制度。这种“课马息”制度开始只行于边郡地区。早在武帝著“课马息”令之前，曾令民畜马边郡县，然后以子马偿息。《汉书·食货志》载，武帝“令民得畜边县，官假马母，三岁而归，及息什一，以除告缗，用充入新秦中”。颜师古注引李奇曰：“边有官马，今令民能畜官母马者，满三岁归之，十母马还官一驹，此即息什一也。”以此言之，则所谓“课马息”制度，正是把边郡畜官母马每十头以一驹偿息的办法推广于内地而已。这实质上是出租官马于民，从而课取其子马以为利息。所以，“课马息”是变相的六畜税，只是所课为马而非钱。据《汉书·昭帝纪》，始元五年（前82）“夏，罢天下亭母马及马弩关”，则“课马息”之制至此取消。

（7）工税

工税就是手工业税，大概也是产生于春秋战国，当时国家设有“工官”。云梦秦简中有《工律》《均工律》《工人程》等。至于西汉时工税，目前没有看到有关的史料，但是“工官”却屡见不鲜。东汉既见“工官”，也见“工税”。《续汉书·百官志五》载：

> 其郡有盐官、铁官、工官、都水官者，随事广狭，置令、长及丞，秩次皆如县道，无分士，给均本吏。……凡郡县出盐多者，置盐官，主盐税；出铁多者，置铁官，主鼓铸；有工多者，置工官，主工税物。

所谓“主工税物”，“主工”就是主持工业行政管理，“税物”就是征收工所生产之物，即工税。

（8）贳货税（息租）

贳货税就是对贷出货币、谷物而取得的利息所征课的收益税，即近代的利息所得税。

贷钱取息，也就是今天所说的高利贷。春秋战国就已产生，秦汉时期也很盛行。云梦秦简中《金布律》《司空律》《法律答问》等关于借债（责）的简文可佐证。汉代文献中借贷偿息的记载更多。如《汉书·食货志》上引晁错的话说：“亡者取倍称之息。”《史记·货殖列传上》说：“唯毋盐氏出捐千金贷，其息什之。”等等。但借贷还息是一回事，政府收取贳贷税（息租）是另一回事。战国、秦是否有贳贷税，待考。

到了汉代，完全可以肯定已有贳贷税（息租）。《汉书·王子侯表》载："（旁光侯殷）元鼎元年坐贷子钱不占租，取息过律，会赦，免。"师古注："以子钱出贷人，律合收租；匿不占，取息利又多也。"据此，足证汉制凡借钱与人取息，他所得的息金也须纳租，并且还要自行陈报。隐匿不报或报而不实者，即行判罪；纵然遇到大赦，也要免侯。对于借贷的利息，也有法律规定，"取息过律"要判罪。《王子侯表》又载陵乡侯䜣"建始二年坐使人伤家丞，又贷谷息过律，免"，师古注也说："以谷贷人而多取其息也。"那么，汉代的借贷，不只是钱，也有谷物。这类谷物也当缴纳息租。

东汉是否有贳贷税，尚未发现有关史料。

秦汉的赋税制度，大体如上。此外，还有"堧税"（以空地假民耕种而收其租税）、"均输官地列肆税"（租地造屋而收其房租）、义钱、义谷等，都是临时性措施。在此不一一叙述了。

综上所述，秦汉的赋税名目繁多。然而，大别之，不外赋、算、租、税四大类别（唐代颜师古所区分）。赋，包括算赋、口钱等大都是按人口征收的税，所纳一般为钱币。算，包括算赀、算缗钱、算车、算船等，一般也以钱币纳税。租，包括田租、假税、刍稿等，一般是征收实物。税，包括关税、盐铁税、酒税、渔税、牲畜税等，一般也以收钱币为主。汉代的赋税，四大类别中，仅"租"一项系征收实物，其余都以征收钱币为主。则货币税的在汉代赋税中是主要的。

到汉章帝时期，《后汉书·朱晖传》记载张林其人，建议"尽封钱，一取布帛为租，以通天下之用"。张林的主张虽未形成定制，但揭开了赋税以缴纳钱币为主到以实物为主的转变的序幕。这种转变的过渡期为东汉中后期。到魏晋时期，确立了以实物为主的赋税制度。

二、秦汉的徭役制度

秦汉的徭役有三种：更卒、正卒和戍卒。

（一）更卒

1. 更卒的定义和起役、止役年龄问题

"卒"，古制，凡是隶属于人而供其役使的，穿的都是赤衣，这种衣就叫"卒"，或名为"褚"。后来凡属供役使、服徭役和服兵役的就名为"卒"。《说文·衣部》："隶人给事者衣为卒。卒，衣有题识者。"又"褚，卒也"。段玉裁

本改作“隶人给事者为卒。古以染衣题识，故从衣、一”。王筠则谓不当改。盖卒本为衣名，衣此衣者即名为卒耳。（《说文释例》卷十八《存疑》）

为什么叫“更卒”？主要是因为这种徭役不仅有一定的服役期限，而且达到规定的服役期限时就可以更换，原服役的人就可以休息并止役，所以叫作“更卒”。

《汉书·食货志上》记董仲舒说秦的徭役：

> 又加月为更卒。已复，为正一岁，屯戍一岁，力役三十倍于古。（颜注：“更卒，谓给郡县一月而更者也。正卒，谓给中都官者也。率计今人一岁之中，屯戍及力役之事，三十倍多于古也。”）

颜师古关于“更卒”的解释是正确的，之后的解释则含糊不清。这里的“复”字是“复除”的“复”，也就是止役。那么这段话就是说：又增加了每年服役一月的更卒，这种更卒徭役满期止役，又要充任正卒徭役一年，再又充任戍卒徭役一年。这样计算，秦的“力役”是“三十倍多于古”。

秦代人民起役和止役的年龄是多少？过去学者每以“汉承秦制”为根据，认为秦代起役也是二十岁。云梦睡虎地秦简《大事记》记有“喜”这个人的出生：

> （昭王四十五年）十二月甲午，鸡鸣时，喜产。

同时也记“喜”于始皇元年初服徭役：

> 今元年，喜傅。

今，就是秦始皇。“傅”是什么？根据《汉书·高帝纪》“萧何发关中老弱未傅者悉诣军”，颜师古注：“傅，著也；言著名籍、给公家徭役也。”这就是说，到了规定的起役年龄，就要登记入专门的名册，并开始服役。这是服徭役的开始，所以也可以知道这是服行更卒徭役。“喜傅”就是喜开始服徭役。“喜”生于昭王四十五年（前262），至始皇元年（前246）而“傅”，总共是十七年。所以我们知道秦始皇时代或者是始皇的初期，服更卒的起役年龄为十七岁（据高敏计算为十五周岁，不从）。

可惜这个竹简只记到始皇三十年（前217），这时候“喜”还只有四十六岁，没有到退役的年龄。关于退役的年龄，现在只能看到《汉旧仪》下卷的材料：

> 秦制二十爵。男子赐爵一级以上，有罪以减，年五十六免。无爵为士伍，年六十乃免老。

据此我们知道，秦代止役年龄存在有爵与无爵的区别。有爵的人五十六岁就可以止役，无爵的人则要到六十岁才能够止役。

西汉更卒徭役的服役期限与秦一样，每人每年有一个月时间于郡县服役。但是，起役年龄至今还没有定论。所能根据的史料，基本上就是《汉书·高帝纪》"萧何发关中老弱未傅者悉诣军"的各种旧注：

> 古者，二十而傅。三年耕，有一年储，故二十三而后役之。(孟康注)

> 律：年二十三，傅之畴官，各从其父畴学之。……《汉仪注》云："民，年二十三为正，一岁为卫士……"又曰："年五十六，衰老；乃得免为庶民，就田里。"今老弱未尝傅者皆发之，未二十三为弱，过五十六为老。(如淳注)

> 傅，著也；言著名籍，给公家徭役也。(师古注)

根据以上几种注释，学者或以为汉民起役年龄为二十三岁，或以为是二十岁，一直争论不休。《汉书·景帝纪》载，景帝二年（前155）"令天下男子，年二十始傅"，我以为到这时才明确规定两汉人民的起役年龄为二十岁，而且成为定制。据《盐铁论·未通》：

> 今（昭帝）陛下哀怜百姓，宽力役之政，二十三始傅，五十六而免。

因此，或以为汉昭帝从"二十而傅"改为"二十三而傅"。其实这"二十三而傅"是指正卒徭役而非更卒徭役，因为《汉仪注》明明说："民年二十三为正。"钱文子的《补汉兵制》对此有正确的解释：

> 汉法，民二十始傅，二十三为正卒。自始傅为更卒，岁一月；正卒，为卫士一岁，材官、骑士一岁。

《文献通考·兵考一》：

> 凡民年二十三（应为二十），附之畴官，给郡县一月而更，谓［更］

卒，复给中都一岁，谓正卒；复屯边一岁，谓戍卒。

这是正确的解释。综合起来，汉代的更卒徭役就是人民从二十岁起即要登记载入到征发徭役的名册并自行申报，然后开始服行更卒徭役。每年服役的时间为一个月，服役地点为本郡县。因为是服役一月以后即行更换，故叫“更卒”。更卒徭役的服役期共为三年，即从二十岁至二十二岁。从二十三岁开始便转入正卒徭役。

以上是钱剑夫的解释。这一解释遭到高敏的反对。高敏认为钱氏的解释缺乏史料根据，自相矛盾，与情况不符、与事实不符。高氏认为秦汉“月为更卒”之役并非三年之役，而是符合役龄的男子每年必服之役。它的起役年龄与止役年龄，与“正卒”“戍卒”之役相同，并不存在两个不同的起役与止役年龄。（高敏：《秦汉徭役制度辨析（上）》，载《郑州大学学报》1985年第3期）

2. 更卒的徭役项目

秦汉更卒徭役虽然每年只有一个月时间服役于郡县中，但徭役的项目却非常繁多，例如修筑城垣、修筑道路、修治河渠、漕运委输、营缮宫苑、修造陵寝、保养马匹、煮盐冶铁等。

3. 更卒的反抗斗争

更卒在郡县中所从事的劳役名目繁多，工作沉重，生活艰苦，经常受到苛刻的虐待。所以服役的人民经常进行反抗斗争。斗争的第一种方式是“怠工”，如《盐铁论·水旱》所说的“卒徒烦而力作不尽”，又说“卒徒作不中呈，时命助之”。这里的“卒徒”包括来服更卒徭役的人；“力作不尽”，就是怠工。

斗争的第二种方式就是“破坏”。《群书治要》引《政论》云：《月令》曰“物刻工名，以覆其诚。功有不当，必行其罪，以穷其情”。在每件器物上刻有工人的姓名，目的是防止工人破坏。防止破坏，就说明有破坏。

斗争的第三种方式是“逃亡”“隐匿”。云梦秦简中有关于专门追捕各种逃亡者的法律——《捕亡律》。它是以严整农民阶级逃避徭役与租税剥削为目的的。法律禁止和惩处更卒的逃亡和隐匿，从反面说明有逃亡和隐匿的斗争。至汉代，这种斗争更加普遍。《盐铁论·未通》说：“刻急细民，细民不堪，流亡远去。中家为之色出，后亡者为先亡者服事。”（其中，“色出”两字费解，陈遵默说是“继出”，郭沫若当作“包出”，钱剑夫当作“保役”）。从这几句话看出西汉人民因为苦役而逃亡隐匿者众多。因而汉元帝时史游所著的《急就篇》卷四说：“更卒归诚自诣因。”颜师古注：“卒，给使役者也；更，言其去来更代也。诣，候至也；因，就也。谓更卒之徒，厌苦疲倦，常多逃匿，苟求脱免。若逢善政，则怀德感恩，来陈诚款，自诣官寺，就作役也。”这就是说，更卒厌苦徭役，常多逃匿；倘能宽缓，则仍来归，情愿服其“常役”，以谋起码的生活与生存。

斗争的第四种方式就是武装起义。秦末农民大起义虽然主要是戍卒最先发动的，但也杂有许多正卒和更卒。秦二世时李斯说的“盗多，皆以戍、漕、转、作事苦，赋税大也”就是一个明证。

汉代每次人民起义几乎都有更卒参加。西汉末年的农民大起义，据《汉书·王莽传下》记载：“内郡愁于征发，民弃城郭，流亡为盗贼，并州、平州尤甚。”说明这些农民起义大军，很多是内郡苦役的更卒。到东汉末年桓、灵之世，更卒的武装斗争就更加激烈。《后汉书·刘陶传》说：“诚恐卒有役夫穷匠，起于板筑之间，投斤攘臂，登高远呼，使愁怨之民，响应云合。八方分崩，中夏鱼溃。”这些“役夫穷匠”就是服苦役的更卒。

4. 关于研究更卒的几个疑难问题

（1）关于“更有三品”的问题

《汉书·昭帝纪》元凤四年（前77）“正月”条注引如淳曰：

> 更有三品：有卒更、有践更、有过更。古者正卒无常人，皆当迭为之；一月一更，是谓卒更也。贫者欲得顾更钱者，次直者出钱顾之，月二千，是谓践更也。天下人皆直戍边三日，亦名为更，《律》所谓繇戍也。虽丞相子亦在戍边之调。不可人人自行三日戍，又行者当自戍三日，不可往便还，因便住一岁一更。诸不行者，出钱三百入官，官以给戍者，是谓过更也。《律说》，卒践更者，居也；居更县中五月乃更也。后从《尉律》，卒践更一月，休十一月也。《食货志》曰：“月为更卒，已复为正，一岁屯戍，一岁力役，三十倍于古。”此汉初因秦法而行之也。后遂改易，有谪乃戍边一岁耳。

这段材料十分重要，探讨秦汉徭役制度者无不征引。然而这段文字矛盾之处很多，不解之处也甚多，因而引起古今中外聚讼不止。按照如淳的解释，更有三品：“卒更”是指亲身服一月之役而言；“践更”是指以钱二千雇人代一月之役而言；“过更”是指每人每年出钱三百入官以代戍边三日之役言。但这种解释却无法得到其他文献的印证。因此，“更有三品”之说，实属疑问。

近人钱剑夫引《汉书·游侠传·郭解传》颜师古注“践更，为践更之卒也”，认为“践更”的“践”就是“践履”之意，意思是实践了或服行了这个更卒徭役。钱文子《补汉兵志》虽然也赞同如淳说，但其弟子陈元粹注则云：“案，更卒，非正卒也。人直一月，犹践履而去，故曰‘践更’。践更，即更卒也。”所谓“过更”，就是说已经服过了更卒徭役；“践更数过”就是说应服的更卒徭役已经几次过去。总之，“践更”是正在服行更卒徭役，“过更”是已经服过更卒徭役。这是秦汉更卒徭役的法律名词。如淳以“卒更”“践更”“过更”为三品，是一个错误。（钱文子《补汉兵志》）

高敏的解释是：“卒更”，即凡成年男子亲身去服役，每年一月，服役者被称为“更卒”，而这种徭役则被称为“卒更”。“践更”，即凡成年男子当其应服役一月而不愿亲往时，可以用钱二千雇请家贫欲得雇钱者代替自己的一月“卒更”之役，这样也算他自己履行了“卒更”之役，故曰“践更”。因此，“卒更”与“践更”本质上同是一种徭役，只是服役的方式不同而已。“过更”，即凡符合服役年龄的人，每人每年都要戍边三日，但由于时间短而路程远，并不能人人都去戍边三日，于是戍边者往往以一岁为期，而其余不去戍边者，则每人每年出钱三百给官府，由官府给戍边者，凡缴纳了这笔钱的人，就算“过更”了，即服过戍边三日之役，因此，“过更”是指另一种徭役的服役办法。(《秦汉赋税制度考释》，载《秦汉史论集》)

(2) 关于“更赋”问题

《汉书·昭帝纪》“元凤四年”条记载了是年正月诏“毋收四年、五年口赋，三年以前逋更赋未入者，皆勿收”，这是“更赋”一名在史书上第一次出现。但是，这并不意味着“更赋”之制始于昭帝元凤四年（前77），在此之前“更赋”已存在，但不知始于何年。

何谓“更赋”？上引如淳的“更有三品”即是对“更赋”的解释。由于对如淳的解释各有不同的理解，所以对“更赋”也就众说纷纭。陈直先生在其《两汉经济史料论丛》说：汉代更赋只有一种，即每年三百钱。高敏进一步发展了陈说，认为“更赋”是徭役的替代税，即代役钱。但它不是汉代所有徭役的替代税，而仅仅是每年每人必须戍边三日之役的替代税。也就是如淳说“更有三品”中的“过更”。这种“更赋”与“践更”方式的每月二千钱的区别有三。第一，“更赋”是国家法定的，人人必出，而“践更”的雇费每月二千，并非国家法定的。第二，“更赋”是缴纳给国家，再由国家给戍者，而“践更”的雇钱每月二千，是由雇者直接给被雇者。第三，更赋的数额是每人每年三百钱，而“践更”的雇钱是每月二千钱。

高敏对“更有三品”和“更赋”的解释是诸种解释中的一种，也有一定道理，特介绍于此。

(3) 关于“践更平贾”问题

《史记·吴王濞列传》载：“其居国以铜盐故，百姓无赋。卒践更，辄予平贾(价)。”对“卒践更，辄予平贾”有多种解释。后人有两种解释是值得注意的：

谓卒践更，皆得庸直（佣值）也。《沟洫志》苏林注曰：“平贾，以钱取人作卒，顾其时庸之平贾。”(王先谦《汉书补注》引宋祁说)

若顾人为之，当随其月缓急贵贱为之直，谓之平贾。(陈元粹《补汉兵制》注)

简单地说，就是按时价给予服行更卒徭役的“工钱”，等于雇工。

（4）关于“外繇六月”问题

《汉书·沟洫志》云：“卒治河者，为著外繇六月。”孟康注：“外繇，戍边也。治水，不复戍边也。”师古注：“以卒治河有劳，虽执役日近，皆得比繇戍六月也。著，谓著于簿籍也。”而《沟洫志》又说：“治河卒非受平贾，为著外繇六月。”苏林注：“平贾，以钱取人作卒，顾其时庸（佣）之平贾（价）也。”王先谦补注：“受平贾者，顾庸于官，得直既优，故不著外繇；其充役未受直者，乃著之。”根据各家注解，所谓“外繇”就是戍卒徭役。因为正卒和更卒徭役基本上都在内郡，可以说是“内徭”，所以戍卒徭役即名“外徭”。“治河”的徭役服行者又当为更卒。因此，意思是凡是治河的更卒，因有很大的功劳，就登记在簿籍上，可以抵销将来的六个月的戍卒徭役。也就是说，戍卒徭役的服役期本为一年，这次的治河卒可以减半服役。

（5）关于更卒的免役问题

《汉书·百官公卿表》载，汉制，“爵，一级曰公士，二上造，三簪袅，四不更。”师古注：“不更，言不豫（预）更卒之事也。”

《续汉书·百官志五》刘昭注补引刘劭曰，《爵制》也说：“自一爵以上，至不更四等，皆士也。……四爵曰‘不更’。不更者，为车右，不复与凡‘更卒’同也。”由此可知，凡属法定的可以免除更卒徭役的，必须爵至“不更”，所以即为爵名。

（6）关于更卒的衣食问题

《盐铁论·复古》载：“卒徒衣食县官，作铸铁器，给用甚众，无妨于民。”《汉书·贡禹传》云：“卒徒攻山取铜铁，一岁功十万人已上。中农食七人，是七十万人常受其饥也。”这些材料证明更卒服役县中的，无论是什么样的徭役，他们的衣食都是由公家供给。汉言“县官”，或指天子，或指朝廷，或泛指公家。《平准史》云：“胡降者，皆衣食县官”“衣食皆仰给县官”等等，即系泛指公家。

但是，云梦睡虎地秦墓出土两件木牍，甲件说：

> 二月辛巳，黑夫、惊敢再拜问中，母毋恙也？黑夫、惊毋恙也。前日黑夫与惊别，今复会。黑夫寄益就书曰：遗黑夫钱，毋操夏衣来。今书节（即）到，母视安陆丝布贱，可以为禅裙襦者，母必为之，令与钱偕来。其丝布贵。徒［以］钱来，黑夫自以布此。黑夫等直佐淮阳，攻反城久，伤未可智（知）也。愿母遗黑夫用勿少。书到皆为报，报必言相家爵来未来，告黑夫其未来状。

而乙件亦说：

> 愿母幸遗钱五六百，绐布谨善者毋下二丈五尺。……用垣柏钱矣，室弗遗，即死矣。急急急。（见《文物》1976年第9期）

此外，《汉书·贾谊传》载，贾谊也说：

> 今淮南地，远者或数千里，越两诸侯，而县（悬）属于汉。其吏民繇役往来长安者，自悉而补，中道衣敝，钱用诸费称此。

根据这些资料，有人认为服徭役的人自备衣服粮食。这个意见恐怕不对。公家发给服役者衣服自然是不多的，零用钱就更少。所以写信向父母要些衣服、钱作为补充，这是不足为奇的。不能因此而认为秦汉更卒、戍卒都要自备衣粮。否则无法理解“衣食县官”的话。

（7）关于“更卒”的主管机构

《续汉书·百官志一》云：

> 太尉公一人，掌四方兵事功课。……署诸曹事掾史属二十四人。……尉曹，主卒徒转运事。

卒徒转运事属于更卒徭役。那么，更卒行政在中央就应该是总于太尉，而以太尉府的尉曹为主管。所以“凡卒践更，辄从《尉律》”。

在地方（即郡国），则“皆置诸曹掾史”“诸曹略如公府曹，无东西曹”。县道则“诸曹略如郡员”。县以下的乡则有啬夫，“知民善恶，为役先后”（《续汉书·百官志五》）。

不过，更卒在服役期间，又另有一套主管。《百官表》云：“（爵）十二左更、十三中更、十四右更。”师古注：“更，言主领更卒，部其役使也。”刘劭《爵制》则说：“自左庶长至大庶长，皆卿大夫，皆军将也。所将皆庶人更卒也，古以‘庶更’为名。”（《续汉书·百官志五》刘昭注补引）那么，秦汉时期的更卒徭役有一套比较完整的系统。

（二）正卒

所谓正卒是相对更卒和戍卒而言的。更卒一月而更，戍卒则在边地，正卒既在内郡和京师，服役的时间和项目都较为固定，所以名为正卒。《汉代注》中关于正卒的内容主要有：

> 民年二十三为正。一岁以为卫士，一岁以为材官、骑士。习射御、骑驰、战陈（阵）。八月，太守、都尉、令、长、相、丞、尉会都试，课殿最。水家为楼船，亦习战射、行船。（孙星衍校集本《汉官仪》卷上。）

据此可知正卒徭役的起役年龄为二十三岁，而服役期则为两年。第一年是充任“材官”“骑士”“楼船”，同时进行训练，因而他们的服役地点基本是在郡国；第二年或其后，材官、骑士、楼船止役以后所轮到的征调则为“卫士”，服役地点则基本上是在京师。

1. 材官（步兵）

材官亦称“材士”，是指勇健有力、能以脚踏强弩或手拉强弓而开张之士卒，所以也叫“材官蹶张”。材官按规定设置在郡国。《汉书·刑法志》云：“汉兴，天下既定，踵秦而置材官于郡国，京师有南北军之屯。”师古注：“踵，因也。”足证汉置材官于郡国是因于秦制。文献中所说的“蹶张”就是以脚踏弩，“引强”是以手开弓，都是指材官。

2. 骑士

《史记·灌婴传》云：“（高祖为汉王时）西收兵，军于荥阳，楚骑来众。汉王乃择军中可为骑将者，皆推故秦骑士、重泉人李必、骆甲，习骑兵，今为校尉，可为骑将。”可知骑士不但是秦制，而且是服行正卒徭役或已服正卒徭役的秦民。

汉承秦制，骑士又名“轻车”或“车骑”。这是因为骑士不仅是单骑，也要驾驭轻车，进行车战，所以有这两种异称。

3. 楼船（水兵）

楼船兴起春秋时期，《越绝书》卷八即有“使楼船卒二千八百人”的记载。秦代楼船士尤称强悍，《战国策·楚策一》《华阳国志·蜀志》都有记载。《史记·平津侯主父列传》载，秦“使尉佗屠睢将楼船之士，南攻百越”，可见楼船已遍布国境。汉代的楼船更多。

汉制，凡属材官、骑士、楼船不仅在郡国就地训练，每年八月还要举行大考：

> 八月，太守、都尉、令、长、相、丞、尉会都试，课殿最。水家为楼船，亦习战射、行船。边郡太守各将万骑，行障塞，烽火追虏。置长史一人，掌兵马；丞一人，治民。……材官、楼船年五十六，衰老；乃得免为庶民，就田；应合选为亭长。（《汉旧仪》卷下）

这种大考就叫作“都试”，即是后来的“检阅”。这时还要因其考试成绩来评定优劣（课殿最）。大考时，材官、骑士还有一定的仪式，即大致上都是穿着绛衣戎服，设斧钺，建旗鼓，演习骑射。

正卒的兵种有三：材官（步兵）、骑士（骑兵）、楼船（水兵）。由于不是每一战役都需要这些兵种，所以征发起来大致上有两种情况：一种是“因地而异”，即根据作战地势不同而征发不同的兵种；一种是“因敌而异”，即根据作战对象不同而征发不同的兵种。这完全是根据实战的需要。

正因为这样，并不是每一个郡国都具备这些兵种，而是根据地区条件而训练不同的正卒。大体上说来，金城、陇西、天水、安定、北地、上郡多骑士；巴蜀、三河、颍川、沛郡、淮南、汝南多材官；江淮以南则多楼船。

4．卫士

卫士，就是材官、骑士和楼船这些人在服役满一年以后再行征调京师，服役于宫廷和其他中央各个官府的正卒，亦称“卫卒”。卫士的职责主要是保卫王宫，持戟立于宫门和殿前的两阶。所以必须先经过材官、骑士和楼船的严格训练，才可以充任这项徭役。

卫士由卫尉主管。卫尉职责既重要又复杂。《汉书·百官公卿表》云：

> 卫尉，秦官；掌宫门卫屯兵。有丞；景帝初，更名中大夫令，后元年复为卫尉。属官有公车司马、卫士、旅贲三令、丞，卫士三丞。又诸屯卫侯司马二十二官皆属焉。长乐、建章、甘泉卫尉，皆掌其宫，职略同，不常置。

《续汉书·百官志二》云：

> 卫尉卿一人，中二千石。本注曰：掌宫门卫士、宫中徼循事。丞一人，比千石。公车司马令一人，六百石。本注曰：掌宫南阙门。凡吏民上章、四方贡献及征诣公车者。丞、尉各一人。本注曰：丞、选晓讳，掌知非法；尉、主阙门兵，禁戒非常。南宫卫士令一人，六百石。本注曰：掌南宫卫士。丞一人。北宫卫士令一人，六百石。本注曰：掌北宫卫士。丞一人。左、右都候各一人，六百石。本注曰：主剑戟士徼循宫、及天子有所收考。丞，各一人。宫掖门，每门司马一人，比千石。本注曰：南宫南屯司马，主平城门；宫门苍龙司马，主东门；玄武司马，主玄武门；北屯司马，主北门；北宫朱爵司马，主南掖门；东明司马，主东门；朔平司马，主北门；凡七门。凡居宫中者，皆有口籍于门之所属宫名两字，为铁印文符；案省符，乃内（纳）之。若外人以事当入，本宫长史为封棨传；其有官位出入，令御者言其官。（以上皆）右属卫尉，本注曰：中兴省旅贲令卫士一人丞。

仅从这两段材料可以窥见秦汉卫士及其主管各官任务的重要和复杂程度。卫尉、太常、光禄勋三卿都又隶属于中央统管军事的最高长官太尉。

卫士集中食宿在一定的地方，所以名为宿卫。（宿卫不只有卫士，郎官亦然，盖郎官亦持戟卫宫者。《续汉书·百官志二》云："凡郎官皆主更直执戟，宿卫诸剧门，出充车骑，唯议郎不在直中。"）这种宿卫食宿在周围环绕的庐舍，共列八屯，外面则有巡行的道路（徼道），以便昼夜巡徼。

卫士的职责第一是保卫皇宫。《史记·刘敬叔孙通列传》载，凡是朝会，殿廷中陈列车骑，卫士警跸，设兵并张旗帜，同时传声百官，提醒或指示他们怎样进退趋走。凡大傩（古时于腊月驱逐疫鬼的仪式），则卫士千人在端门外，和五营骑士共为三部，迭相传递炬火，以投洛水，是为"送疫"。凡天子行于宫中，则"十步一卫，两宫相去七里"，以"止行人，备非常"。天子校猎（正卒大考都试，即检阅的科目有校猎，由射兽中多少来考察正卒的材力）则又是卫士夹道。这些都是卫士的例行差遣。

第二是屯守园陵寝庙。仅以西汉元、成两帝时来说，凡诸帝、后的园陵寝庙共三十所，"用卫士四万五千一百二十九人……养牺牲卒不在数中"（《汉书·韦玄成传》），直到东汉才逐渐减少。

第三是守护皇太子和太上皇。《高帝纪》云："发车骑材官及中尉卒三万人，为皇太子卫。"这属西汉初期事，可能是皇太子有卫的开始。高祖时期是有太上皇的，所以有太上皇的卫士，郦商就曾"以将军为太上皇卫，一岁"（《史记·郦商传》）。

第四是服役于诸侯王国，因而凡属王国，都有卫士。

第五是分别守卫京师的各种官署，也就是所谓"给中都官"。（《汉书·宣帝纪》师古注："中都官，谓在京师诸官也。"又注："中都官，京师诸官府也。"）京师各种官署很多，所以总计起来，卫士的数目不会太少。卫士的服役期也是一年，役满就应该调换。倘有特殊情况而自愿留下来继续服役的，才可以再留一年。

汉代统治阶级对于卫士也较重视和优待，而且迎送卫士都有一套较为隆重的仪式。在迎接方面，卫士初至，丞相辄亲"到都门外劳赐"（《汉旧仪》），在役满遣送卫士时，则天子亲自"临飨"，其仪式为：

> 季冬之月，飨遣故卫士仪：百官会，位定；谒者持节引故卫士入自端门，卫司马执幡征护行。行定，侍御史持节慰劳以恩诏，问所疾苦，受其章奏，所欲言，毕，飨赐作乐，观以角抵。乐阕罢遣，劝以农桑。（《续汉书·礼仪志中》）

以“乐阕罢遣，劝以农桑”往来，可见它的基本目的是要卫士转业回家，努力生产。汉代天子临飨卫士有固定地点，大体上西汉是在曲台，东汉则在南宫。

（三）戍卒

戍卒是秦汉人民守卫边疆的徭役。《说文·戈部》云：“戍，守边也。从人持戈。”《殳部》云：“役，戍边也。”则“戍”和“役”最初的意义都是守边。戍边的徭役起源是很早的。至于秦代“戍卒”，最早见于《汉书·晁错传》：“秦时北攻胡貉，筑塞河上；南攻扬粤，置戍卒焉。”秦代戍期一年，到期即行更代。《汉代·食货志》董仲舒所说的“又加，月为更卒，已复，为正一岁，屯戍一岁”就是一个确证。

对于秦代戍边徭役的主要承担者是什么人的问题，历来存在不同的看法。有人认为秦的戍边徭役只有在“富者役尽”之后才发贫弱者；有人认为秦时主要是以犯罪的官吏戍边，劳动人民的徭役并不重。

关于秦代的戍边制度，汉初的晁错上疏汉文帝时说：“秦时，北攻胡貉，筑塞河上，南攻扬粤，置戍卒焉。”后由于“秦民”不乐戍边，于是政变办法，“因以谪发之，名曰谪戍”。而谪戍的对象则为“吏有谪”“赘婿”“贾人”“尝有市籍者”“大父母、父母尝有市籍者”，最后才是“闾左”。而对于“闾左”，古来已有解释。东汉应劭说：“秦时以谪发之，名谪戍……戍者曹辈尽，复入闾，取其左发之，未及取右而秦亡。”（《汉书·食货志》注引）曹魏时人孟康说：“秦时复除者居闾之左，后，发役不供，复役之也。”（《汉书·晁错传》注引）唐朝司马贞说：“闾左，谓居闾里之左也。秦时复除者居闾左，今力役，凡在闾左者，尽发之也。”又云：“凡居，以富强为右，贫弱为左，秦役戍多，富者役尽，兼取贫弱者而发之者也。”（《史记·陈涉世家》）

唐颜师古所注《汉书》对“闾左”的解释完全采用应劭的说法。

在“闾左”的各种解释中，存在其是复除者还是非复除者的重大分歧。如果说“闾左”本来是复除了徭役的人，那么，像陈涉、吴广这样的“闾左”之民，其被征发服戍边徭役是秦二代时期的事，则在此之前是不戍边的。这样，就会得出秦时贫苦劳动者不服戍边徭役的错误结论。但事实上，劳动人民是戍边徭役的主要承担者。

第一，《史记·秦始皇本纪》载：“三十四年，適（适）治狱吏不直者筑长城及南越地。”“適”就是“谪”，“不直”是指执法中的徇私行为。《秦律·法律答问》：“论狱［何谓］不直?”“罪得重而端轻之，当轻而端重之，是谓不直。”由此可知，确有一部分犯罪的治狱官吏去戍边。但这在戍边人员中是极少数。

第二，《史记·秦始皇本纪》说：“三十三年，发诸尝逋亡人、赘婿、贾人，略取陆梁地为桂林、象郡、南海，以谪遣戍。”这里提到戍边的三种人：“诸尝逋亡人”“赘婿”“贾人”。

“诸尝逋亡人”，即各种逃亡犯。关于各种逃亡犯的身份，《秦律》的出土为我们提供了证据。《秦律》提到的逃亡者有下列几种人：一是“盗贼”逃亡犯，地主阶级眼里所谓的“盗贼”无疑是贫苦劳动者；二是奴隶逃亡犯；三是罪犯逃亡犯；四是服役者逃亡犯；五是一般逃亡犯。这五种逃亡犯，基本上都是贫困劳动者。

“赘婿”是些什么人?《汉书·贾谊传》云：“秦人家富子壮则出分，家贫子壮则出赘。”“赘婿”就是这种家贫而“出赘”者。又《汉书·严助传》云：“岁比不登，民待卖爵赘子，以接衣食。”如淳曰：“淮南俗卖子与人作奴，名曰赘子，三年不能赎，遂为奴婢。”师古注：“赘，质也。一说，赘子者，令子出就妇家为赘壻耳。”“赘婿”解在《贾谊传》，可见“赘子”是准奴隶。又云梦秦简《为吏之道》简文中抄入的《魏户律》及《魏奔命律》，都讲到“赘婿”是不能立户、不能授田和不能做官的贱民，可见“赘婿”也属于贫苦劳动者。

因此，秦始皇三十三年（前214）谪遣戍边的三种人，除“贾人”之外，都是劳动人民。可见古戍边徭役的主要负担者是劳动人民。

戍边徭役，《史记》中谓之“谪戍”，也叫“迁”或“迁之”。《史记·商君列传》说商君将“乱化之民”“尽迁之于边城”，就是“谪戍”。《史记·项羽本纪》载，被迁者谓之“迁人”，“皆居蜀”。《汉书·高帝纪》注引如淳曰：“秦法，有罪迁，徙之蜀汉。”《秦简·封诊式·迁子》载：“爰书曰：某里士伍甲告曰：谒鋈亲子同里士伍丙足，迁蜀边县，令终身毋得去迁所。”这里的“迁”，就是戍边之意。

秦时劳动人民除犯罪者要服戍边徭役之外，另外还有不同于有罪戍边的“徭戍”之制。《除吏律》规定：“驾驺除四岁，不能驾御，赀教者一盾，免；赏（偿）四岁徭戍。”这种徭戍，大约就是董仲舒所说的凡符合服役年龄的人要“屯戍一岁”（《汉书·食货志》）的制度。

秦代戍卒徭役有专门的法律，就是《睡虎地秦墓竹简·秦律杂抄》中的《戍律》。《秦律杂抄》中有两条：

> 戍律曰：同居毋并行，县啬夫、尉及士吏行戍不以律，赀二甲。戍者城及补城，令姑（嫴）堵一岁，所城有坏者，县司空署君子将者，赀各一甲；县司空佐主将者，赀一盾。令戍者勉补缮城，署勿令为它事；已补，乃令增塞埤塞。县尉时循视其攻（功）及所为，敢令为它事，使者赀二甲。

西汉戍卒的戍期也是一年。《史记·汉兴以来将相名臣年表·大事记》载吕后五年“令戍卒岁更”,《汉书·晁错传》云:“然今远方之卒守塞,一岁而更。”《汉书·沟洫志》如淳注引《律说》:“戍边,一岁当罢。”可见戍期一年是有确凿证据的。但立法归立法,执行时戍卒“逾期不还”是常有的事。而且从汉简材料看,汉代戍卒的役龄实际上并没有或并不完全按照法律的规定,因而最小的仅有十二岁,年高的竟将七十岁:

□年十八,□年十二。(《居延汉简考释·簿录·名籍类》)

□昌里卢武疆,年十三。(同上)

显美骑士并延里辅宪,十四。(同上)

葆鸾鸟大昌里不更李恽,年十六。(同上)

戍卒河东皮氏成都里傅咸,年二十。(同上)

□□□□上造王福,年六十,长七尺二寸,黑色。(同上)

觻得武安里黄寿,年六十五。(同上)

奉明善居里公乘丘谊,年六十九。(《居延汉简考释·簿录·车马类》)

汉代还有以罪人“减死戍边”以代替一般人民的戍卒徭役,而且还“令妻子自随”,还给以“月食”。所以《居延汉简考释·簿录·名籍类》中有许多就是戍卒家属。

戍卒还有“俸钱”:

右属令史寿光廿五人 未得积廿三月廿九日奉(俸)用钱万一千九百四钱。(《居延汉简考释·簿录·钱谷类》)

出钱六百,给亡(无)害燧长李谊十二月奉,十二月戊午令史敞付谊。(同上)

鄣卒李就盐三升。十二月食三石三斗三升少,十一月庚申自取。(同上)

宗遣十日奉钱百二十一。(同上)

给□月奉钱千二百，四月奉钱千三百。

河平二年五月辛酉，掾常付士吏宗。(同上)。

出十二月吏奉钱五千四百。(同上)

这些简虽然多属戍边的小吏，但也有“鄣卒”，则戍卒也有俸钱自无问题，不过还不能考证每月的数目是多少。

戍卒徭役的主要任务是守望边境。守就是防守，望就是望敌，也就是防守和侦察。其中最基本的是烽燧、亭侯、邮驿、屯田。居延汉简、敦煌汉简的出土，为我们了解这些制度提供了大量的资料。

1. 烽燧制度

烽火，是中国古代一项非常重要的军事警备与通讯的制度、设施。古代凡边陲、要隘、道路等处，常常设置固定的亭燧线路。一旦发生敌情，烽燧即刻举烽报警，传递信息。烽火制度，在我国，至迟在西周时期已正式用于国家的安全防卫并历代沿袭下来，达三千年之久。

汉代的烽火制度，由于有新疆、敦煌、居延等地汉晋烽燧遗迹和大批屯戍简牍的发现，加之王国维、贺昌群、劳榦、陈梦家等人的不断研究，得以略知其大概。

近年的居延考古发掘中，又相继出土较多的关于烽火的简牍和遗迹、遗物，最重要的是1974年出土于破城子的甲渠候官遗址的《塞上蓬火品约》，共十七枚。类似这种格式和内容的木简在居延和敦煌的汉代烽燧遗址中已发现十一枚。这二十八枚“蓬火品约”简，把汉代塞上蓬火制度记录得相当清楚。现把新出土的比较完整的《塞上蓬火品约》(“品约”就是公约的意思）介绍如下。

(1) 匈人奴（当作匈奴人）昼入殄北塞，举二烽□□坞一，燔一积薪。夜入，燔一积薪，举坞（一作堠）上离合苣火，毋绝至明。甲渠、三十井塞上和如品。

上面提到的“殄北”“甲渠”“三十井”均系居延都尉属下的三个塞，塞置候官，各塞相距百里，候官下有部，部下有亭隧。据考察，上述三塞的遗迹今犹存：殄北塞在额济纳河下游，位于索果淖尔之南，故居延泽之西，北纬40度以北，其侯官在宗钦阿玛。甲渠塞在纳林河东岸与伊肯河西岸间的砾石沙地上，此即今名为破城事之地。三十井塞从伊肯河东岸的布肯幼莱到故居延泽南端的博罗宗赤。三塞壕隧相连，作“工”字形，居延城处其间。居延汉简中说的“鄣”是塞上的小城，“坞”是大烽台，“亭”即隧，是小烽台。

“蓬”，即“烽”，“燔积薪”“苣”（或“苣火”）都是一种报警的方法。居延和其他边境的报警方法有六种。一为“举烽”。“烽”即在烽火台上作桔槔，桔槔头上有笼，以薪草置其中，常低之，有寇则高高举起而不燃，谓之“举烽”，这种方法用于白天。二为“扬表”，是用赤、白色布为之，有敌来则高高扬起。汉简中多有“布表”一词，即指此物。“扬表”的方式也用于白天。三为“燃隧”，即在烽火台上积薪，白天用于举烽，夜间则将积薪点燃以报警，谓之“燃隧”。四为“燃苣火”，“苣”即“炬”，用草绑成火炬，夜间来寇则点燃火炬。《塞上蓬火品约》中说的“离合苣火”是火炬的一种。五为“烟”。六为“鼓”。

“毋绝至明”，即举炬火不熄，直到天明。

“甲渠、三十井塞上和如品”，即甲渠、三十井塞见到殄北报警信号后，也应如《塞上蓬火品约》所规定的信号相应和。

《塞上蓬火品约》中的这段文字说的是匈奴人进入殄北塞时报警的方法。第（2）（3）（4）简几段意思大体与此相同，只是因为入寇地点不同而规定不同的信号。第（4）简有“降虏隧”一词，这是当地的一个烽隧名，旧地在布肯托莱。

第（6）简有几个词需加解释：

> 匈奴人渡三十井县索关门外道上（一作二）隧，天田失亡，举一烽，坞（一作堠）上大表一，燔一积薪。不失亡，毋燔薪。它如约。

“县索关”属居延都尉，又称“居延县索关”，简称“居延关”，属三十井塞，又称卅井县索关，地在三十井候官旧地博罗宗治附近。

“天田”是边塞防敌入侵的设施，即在边境地区作“虎落”，表面上用沙埋之，有敌入境就留有痕迹在沙上，因谓之“天田”。“虎落”又称“疆落”，是用尖木桩布置的障碍物。

“它如约”，其他情况则照《塞上蓬火品约》规定办。

第（10）简：

> 塞上亭隧见匈奴人在塞外，各举部烽如品，毋薪燔。若（一作其，或作时）误，亟下烽灭火，候尉史以檄驰言府。

这段是说：如果匈奴人在塞外，就举烽，不需燃积薪，如果已经错误地燃起积薪，应赶快灭火，并由尉史呈报都尉府。尉史也是候官的主要属吏。

从第（1）至第（17）简，除残缺不知其意者外，大部分内容与前引的数段相似。（以上内容参见林剑鸣《简牍概述》）

《塞上蓬火品约》的年代属建武初年。把已出土的二十八枚“蓬火品约”简综合研究，可知烽火制度大致情况是这样：烽火品约由都尉府一级的军事机关发布，只对所属候官塞有约束力。品约因发布单位和发布时间的不同而不同，但警戒信号和总的准则都大体相同。警戒信号大约有六种：蓬、表、鼓、烟、苣火、积薪。白天举蓬、表、烟，夜间举火，积薪和鼓昼夜兼用，而且都以匈奴人塞一千人作为界限；凡不满一千人只燔一积薪，超过二千人燔二积薪；若一千人以上攻亭鄣时，则燔三积薪。积薪之外，还附有举蓬、举表、举苣火的不同规定；因入塞方位不同，白昼夜间不同，又有许多各自不同但很具体的规定。如果被围逼的亭鄣不能发出燔积薪的信号时，距离最近的亭隧应按规定照常举蓬燔薪，把信号准确传递出去。如果发现所报的信号有误，则应立即“下蓬灭火”，取消所发的信号，并写成书面报告，檄驰都尉府，说明真情。若天气恶劣，或亭隧相隔遥远，在“昼不见烟，夜不见火”的情况下，都应立即将军情写成书面报告，用加急的传递方式送上级。（《居延·敦煌发现的“塞上烽火品约”——兼释汉代的烽火制度》，载《考古》1979年第5期。）

这是一套较为完整严密的边防体制。从事这项徭役的就是戍卒，主管这项基层事物的就是隧长。而在服役途中和驻屯以后的基层主管，则为屯长，也作“敦长”。因为是驻守边防，所以其实际上是一种军事编制。

2. 亭候的戍卒徭役

居延汉简中有许多亭的资料，其中，亭候或称亭隧，是边塞候望系统的亭。亭候和烽隧是一个地点承担两项功能。亭候既为守望伺敌之所，又为迎送出入国境宾客的边站。《说文·高部》云：“亭，民所安定也。亭有楼，从高省，丁声。”《释名·释宫室》云：“亭，停也；亦人所停集也。”《汉书·高帝纪》云：“为泗上亭长。”师古注：“亭，谓停留行旅宿食之馆。”又《说文·人部》云：“候，伺望也。”《诗·曹风·候人》毛传：“候人，道路迎送宾客者。”《国语·周语中》云：“候不在疆。”韦昭注：“候，候人，掌送迎宾客者。疆，境也。”《荀子·富国篇》云：“其候徼支缭。”杨倞注：“候，斥候；徼，巡也。支缭、支分缭绕，言委曲巡警也。”《后汉书·光武纪》云：“筑亭候，修烽燧。”李贤注：“亭候，伺候望敌之所。”根据以上旧注，亭，就是伺候望敌之所，亦称为“烽隧”。所以在汉简中所见这种望候系统有两类，一类是候望系统最基层的组织——烽燧，即简文所谓亭隧；另一类则指烽火台的建筑。在亭侯中服役的，当然也就是戍卒徭役。

3. 邮驿的戍卒徭役

邮驿制度从春秋时代起就已经确立。《说文·邑部》云:“邮，竟(境)上行书舍。从邑、垂。垂，边也。”《说文·土部》也说:“垂，远边也。”“邮”的繁体字是“郵”，最初是边境传送文书的站头。邮舍既然最初是在边境，因此，它和烽隧、亭候就在一处，所以“举烽”也名“举邮”。现在的邮局还是符合“传书舍”的本义的。“驿”则初为单骑。《说文·马部》云:“驿，置骑也。”段玉裁注:“言骑以别于车也。”这个解释是正确的。《续汉书·舆服志上》云:“驿马三十里一置，卒皆赤帻绛鞲”指的就是置骑，卒就是戍卒。“置”，就是设置。

秦代的邮驿制度目前还没有足够的史料可以查阅，但在传递文书方面已经有专门的法律——云梦秦简的《行书律》。

据陈直考证，汉代传递文书的办法有三种:一曰“以邮行”，谓由步递;二曰“以亭行”，谓由亭隧递;三曰“以次行”，谓“写明各地点，不封函而露布”。(《略论云梦秦简》，载《西北大学学报》1977年第1期)

汉代邮驿制度，特别是戍卒徭役所负担的邮驿，在汉简中留有极可珍贵的第一手资料:

入西书二封。(一封中部司马□平望候官、一封中部司马□阳关都尉府)十二月丙辰日下□□时受旅故卒张永，日下□□时□□隧长张□。(《敦煌汉简》第一简)

入西蒲书二封(其一封文德大尹章诣大使五威将莫府、一封文德长史印诣大使五威将莫府)始建国元年十月辛未日食时关啬夫受□□卒赵彭。(《敦煌汉简》第二简)

入西蒲书一吏马行，鱼泽尉印，十三日起诣府。永平十八年正月十四日日中时杨威卒□□受□□卒赵仲。(《敦煌汉简》第三简)

据以上三简，王国维《敦煌所出汉简跋》云:

右三简皆记邮书之簿。中部司马者，敦煌中部都尉属官。文德地名，不见《汉志》。据上简，文德有大尹，有长史，则为边郡矣。(《续汉志》:“郡当边戍者，丞为长史。”)他简举西北边郡，有文德、酒泉、张掖、武威、天水、陇西、西海、北地八郡，举文德而无敦煌。故沙畹氏释彼简文德为王莽所改敦煌郡之初名。以此简证之，沙说是也。……渔泽尉亦障塞尉之类。

> 诸简所云某官诣某官者，皆据封泥及检署之文录之。中部司马、文德大尹章、文德长史印、鱼泽尉印诸字，皆封泥上文；而平望候官、阳关都尉府、大使五威将莫府诸字，则检上所署之字也。余曩作《简牍检署考》，据《王莽传》哀章所作铜匮之检、及刘熙《释名》，谓古人封书既用玺印，故但须署受书之人，不须自署官位姓名，此数简所记足以证之。又第三简云“十三日起诣府，”则并署发书之日矣。

此种邮书，皆自东向西之书，故曰“入西蒲书”。“蒲”者，“簿”之或作也。又诸简皆记受书日时，曰“日下□□时”，曰“日食时”，曰“日中时”，又皆隧卒致之隧长，或隧卒受之以次传送至他隧，可见汉时邮递之制，即寓于亭隧中。而书到时日与吏卒姓名均有记录，可见当时邮书制度之精密矣。（《观堂集林》卷十七《敦煌汉简跋十一》）

王国维这段考证和论述是非常精确的。汉代邮驿平时即送公报，战时则达军情。这种在边地上较苦的差使大体上是由戍卒（驿卒、邮卒）负担的。

4. 屯田的戍卒徭役

《汉书·晁错传》中，晁错建议“募民徙塞下”，而这些“民”在边塞有“家室田作”，这大概是西汉“民屯”的开始。至武帝时，外事四夷，拓境既广，于是陆续发动了几次“徙民实边”。元鼎六年（前 111），“乃分武威、酒泉地，置张掖、敦煌郡，徙民以实之。”“而上郡、朔方、西河、河西开田官，斥塞卒六十万人戍田之”（《武帝纪》《食货志》）。这大概是西汉“军屯”的开始，从此，北边有戍田卒，轮台、渠犁都有田卒（《西域传》）。

在汉简中，关于屯田卒、戍田卒、田卒、鄣卒的记载有很多，实际上都是服行戍卒徭役的戍卒。陈直说：“盖汉代戍边之人民，统称为戍卒，至戍所后，因职守之不同，而卒之名称亦异。以居延敦煌全部木简考查，有戍卒、田卒、河渠卒、鄣卒、守谷卒五种名称。”（《史记新证》，第 194 页）屯田主要是军屯，虽然仍是戍卒的一项徭役，但其作用一方面是防守敌人，一方面是增加生产。这对当时的统治者和广大人民来说都是有利的。

汉简中屯田的材料很多，但因不完全属于戍卒徭役，所以此处不多说了。待讲到丝绸之路开通时再讲一讲屯田问题。

（四）关于徭役与兵役有无区别的问题

一种意见认为“汉代的兵役与徭役，合而为一”，形成“兵徭合一的制度”。（陈连庆：《汉代兵制述略》，载《史学集刊》1983 年第 2 期）

高敏则认为，不能把兵役与徭役完全等同起来，二者既有联系，又有区别。

二者的联系表现在：第一，二者的本质属性是一致的、相同的，都是剥削制度下剥削阶级无偿占有劳动人民剩余劳动的一种剥削形式。因此，广义的徭役往往包括兵役在内。第二，从服役的年龄来说，二者是一致的。第三，从服役对象来说都是封建社会的直接生产者。第四，在服役的内容和范围方面也有重合的部分。因此，徭役和兵役存在密切的联系，甚至在当时人的眼里存在把二者视为一体的现象。例如当时服徭役和兵役的人，都被称为“卒”。

但二者毕竟不能完全等同，其区别在于：第一，兵役是一定国家形态下的臣民对于其国家的一种职责，具有一定程度的必要性和义务性质。而徭役则纯粹是一种剥削制度，没有任何正当性可言。第二，从服役的范围来说，徭役主要表现为从事生产性的劳役；而兵役则主要表现为从事训练、守卫、戒备与战斗等非生产性的军事活动。第三，服役期限与服役期间的待遇二者也有区别。正因为这样，在当时人看来，二者也是有区别的。所以出土的秦简中有《徭律》和《戍律》两种。（高敏：《秦汉徭役制度辨析（上）》，载《郑州大学学报》1985 年第 3 期）我以为理论上这样区别是可以的，但实际上却很难区别。

三、 秦汉的复除制度

（一）复除制度的起源

复除就是依照法律的规定或者是帝王的临时诏令，免除人民应纳的租税和应服的徭役。《汉书·高帝纪》云：“［二年，以］蜀汉民给军事劳苦，复勿租税二岁。”师古注：“复者，除其赋役也。”

复除，是伴随着赋役制度而来的一种制度。赋役既起于春秋战国时代，“复除”这一制度也是起于那个时代。《荀子·议兵篇》云：“中试，则复其户，利其田宅。”杨倞注：“复其户，不徭役也。”这是魏国考选武卒的规定，也就是魏国的一种复除法律。

（二）秦汉的复除制度

秦汉继承了春秋战国的复除制度。对于复除制度，不能笼统地说是统治阶级对人民的一种“恩赐”或“施舍”。综合考察秦汉的复除，其作用具有两重性，积极作用是调整国家的服役政策，对于巩固地主阶级政权和发展生产确有某些好。《史记·商君列传》云：

> （孝公）以卫鞅为左庶长，卒定变法之令……僇力本业、耕织致粟帛多者，复其身。

这是把复除作为鼓励生产的一种手段，是有其积极作用的。

两汉时代，复除的诏令很多，其原因不外是“凶灾”“旱蝗”“地震”“大风”“水潦”“疠疫”“寇乱”等等。这类复除，对人民主要是农民有一些直接的好处。而由于“祥瑞”“巡幸”“祭祠”等原因的复除，就完全是天子的“私恩”，或一时的高兴。当然，这对于广大农民也有一些间接的好处。

汉代的复除，有几种类型对于巩固政权和发展生产是有积极作用的。

第一，对夺取政权有功的人，一再予以复除。如高祖二年（前205），“令蜀汉民给军事劳苦，复勿租税二岁；关中卒从军者，复家二岁”，这对统一全国、恢复社会秩序是有好处的。

第二，汉高祖对“兵罢归家”者，“非七大夫以下皆复其身及户勿事”，这对于提高他们的生产积极性、恢复和发展生产是有好处的。

第三，汉高祖七年（前200）春，令“民产子、复勿事二岁”，这对于增殖人口是有好处的。

第四，对于“高年”“耆宿”“贞妇”“贤母”“死义”等等，则“皆复其子孙”，这也是一种善政。

但是，秦汉时期的另一种复除，则是进行剥削的另一种方式和手段。例如某种复除是招诱贫苦人民去服行更苦更重的戍边徭役，或叫奖励“移民”。《史记·秦始皇本纪》载：

> （二十八年）南登琅邪，大乐之，留三月。乃徙黔首三万户琅邪台下，复十二岁。
>
> （三十五年）立石东海上朐界中，以为秦东门，因徙三万家丽邑、五万家云阳皆复不事十岁。

《汉书·晁错传》也记载了募民实边“皆赐高爵，复其家”的事。

这种徙边的“民屯”人民，虽然免除赋税徭役，但他们却一辈子或世世代代都要服行最苦的戍卒徭役。所谓“复其家”只是一句空话。

另外，由于对富人、官僚的复除，其赋税徭役的沉重担子转嫁到广大贫困人民的身上。因此，这种复除对人民只有坏处而没有什么好处。

第六讲　秦汉职官制度

在马克思主义理论中，国家问题是最主要的问题之一。官吏，在一定意义上，就是国家的代表。列宁在《论国家》中说："国家一直是从社会中分化出来的一种机构，一直是由一批专门从事管理、几乎专门从事管理或主要从事管理的人组成的。人分为被管理者和专门的管理者，后者居于社会之上，称为统治者，称为国家代表。"（《列宁选集》第四卷）这种被称为"国家代表"的"居于社会之上"的"专门管理者"就是官吏。因此，弄清官制是研究马克思主义国家理论的重要问题之一。

过去有一种说法认为，学习中国古代史有四把钥匙，即目录、职官、年代、地理。从中国史书的实际情况看，弄清官制对学习和研究历史的确是很重要的。古书上有一连串的官名，而这些官名和官吏制度对许多历史问题有直接或间接的影响。

在整个古代官制史中，秦汉的官制有其特殊意义。

中国在秦汉时期就形成了封建主义中央集权政治制度。秦汉以前的官制有待进一步研究，但秦汉以后的官制有一个大的变化，《汉书·百官公卿表》说："自周衰，官失而百职乱，战国并争，各变异。秦兼天下，建皇帝之号，立百官之职。汉因循而不革，明简易，随时宜也。其后颇有所改。"一方面是"因循而不革"，即所谓"汉承秦制"；另一方面又"颇有所改"。就"因循"方面而言，"汉承秦制"在某种意义上使秦汉官制影响着中国封建社会的各个朝代。所以顾炎武说："汉兴以来，承用秦法以至今日者多矣。"（《日知录·秦纪会稽山刻石》）谭嗣同也说："故当以为二千年来之政，秦政也。"（《仁学》）

那么，什么是封建的、专制主义的中央集权制度呢？简单地说，就是毛泽东同志所说的"皇帝有至高无上的权力，在各地方分设官职以掌兵、刑、钱、谷等事，并依靠地主、绅士作为全部封建统治的基础"（《毛泽东选集》第二卷）。这段话实际包括两个内容：一个是皇帝独裁，即君主专制；一个是以皇权为中心，以地主阶级为基础的封建官僚制度。

中国的君主专制制度创始于秦始皇而健全于汉代。这种制度的内容很复杂，主要表现为名位和职权。

皇帝有至高无上的权力，但他不能一个人统治这么大的国家，必须建立起一个庞大的官僚机构。这个机构包括中央和地方上下两级。在中央政府内，主要官吏有所谓三公九卿，大体类似现代政府总理和部长两级；在地方就是郡县制。

本讲主要讲三个问题：中央官制、地方官制、官吏的选用和考核。

一、 中央官制

（一）三公和丞相

1. 三公

三公是古代官名，其说不一，但有一点是共同的，即三公是天子之下最高官吏的称呼，是辅佐天子的。秦代在习惯上仍称中央的最高官吏为三公，但是事实上秦代并没有实行三公制度。其在名称上虽设有丞相、御史大夫、太尉三个官职，但不能说是并列的三公，御史大夫虽然是副丞相，但与丞相的地位相差甚远。根据《汉书·百官公卿表》的记载，丞相是金印紫绶，御史大夫是银印青绶，并且明确写道："御史大夫，秦官、位上卿。"说明他不是公，而是卿。俸禄也不同，丞相是万石，御史大夫"秩中二千石"。因此，秦时是没有三公的，其制度应是丞相制。

汉初承秦制，中央的最高官职仍是丞相、太尉、御史大夫，也不是并列的三公。御史大夫真正位列三公和三公正式成为法定的官名，是汉成帝时候的事。《汉书·百官公卿表》写道："成帝绥和元年，（御史大夫）更名大司空，金印紫绶，禄比丞相。"至哀帝元寿二年（前2），再改丞相为大司徒，御史大夫为大司空，并大司马为三公官。《汉书·哀帝纪》：

> （元寿二年）五月，正三公官分职。大司马卫将军董贤为大司马，丞相孔光为大司徒，御史大夫彭宣为大司空。

三公制与丞相制，不仅官称不同，更重要的是实际职权有很大差异。汉成帝以前基本上是丞相制，丞相掌佐天子，助理万机，御史大夫为丞相副贰。武帝时虽对丞相职权有所裁抑，但在法定制度上，丞相仍为最高级官吏，有主管一切行政的责任。及至成帝改为三公制以后，情况便发生了变化。《通典·职官一》说：

> 成帝改御史大夫为司空，与大司马、丞相是为三公，皆宰相也。

于是丞相的职权一分为三，一人单独的责任制，改为三人共同负责制。这是武帝裁抑丞相职权的进一步发展。

东汉实行的就是这种三公制。但是三公的名称有多次变化，而且三公没有实权。

东汉初仍沿用西汉末的名称，三公为大司马、大司徒、大司空。建武二十七年（51），三公为太尉、司徒、司空。献帝建安十三年（208），罢三公官，置丞相、御史大夫，又恢复了丞相制。如果说，三公制的出现是削弱丞相权力的一个重要措施，那么东汉末年罢三公，则是丞相专权的需要。

东汉的三公，爵高禄厚，爵皆列侯，其奉月钱六万，其秩皆万石，然而没有实权。国家大事，则多由皇帝的近臣尚书办理。所以《后汉书·仲长统传》说：

> 光武皇帝愠数世之失权，忿强臣之窃命，矫枉过直，政不任下，虽置三公，事归台阁。自此以来，三公之职，备员而已。

不过，三公虽无实权，但其地位仍极尊贵，上自天子，下至臣民，会见三公，均加敬礼，有时还可参议朝政，监察百官。

两汉还有“上公”之称，所谓“上公”，是指位在三公之上的太师、太傅、太保等官。这种尊崇的官职，在汉代政治生活中并没有发生过什么实际作用。

2. 丞相

（1）秦丞相制的确立

1）名称

秦朝在建立封建专制主义中央集权的官僚组织时，一个重大的措施就是在中央政府内确立了丞相制度。关于丞相的名称，《汉书·百官公卿表》说：“相国、丞相，皆秦官。”由此引起古往今来许多不同的看法：有的认为“相国、丞相皆六国时官”（《汉官仪》）；有的又说“始皇始置相国”（《通典》）；有的还认为，丞相和相国为两个官名，并且“相国在丞相之上”（《历代职官表》）。众说纷纭。

我们认为，丞相是正式的官名，而且是从秦国开始、在秦朝确立的；相国是人们对丞相，也是对其他名称的宰辅（如楚之令尹）的尊称（有如后世之称国老、阁老）；相，既是丞相、相国的简称，也是宰辅之职的泛称，有时它还作动词用，如相秦、相齐，等等。

2）丞相的职权和属官

秦丞相的职权，《汉书·百官公卿表》说：“掌丞天子，助理万机。”就是说，他承受天子的命令，辅助天子管理整个国家大事。但是，丞相的地位和权力，在不同时期不同人的身上有较大的差别。一般说，以列侯任丞相之职的，地位很高，权力也大；反之，没有被封侯的丞相地位就较低。

关于秦丞相的属官是哪些，史书没有明确记载。孙楷的《秦会要》列丞相的属官有：侍中、尚书、舍人。舍人，不能当属官，它只是丞相府里侍从、宾客之类的一种称呼。尚书，也不是丞相的属官。侍中，也许是丞相的秘书之类的角色，可算作属官。总之，秦代的丞相可以说是没有什么属官的，即使有，也不健全。

3）确立丞相制度的意义

秦开创和确立丞相制度，完成了战国以来政治制度方面的一个重要转变。

第一，彻底废除了“世卿世禄”制，丞相不但不是世袭的，而且不是终身的。秦还与其他各国不同，任用其他国的人担任丞相（宋洪迈：《容斋随笔》卷二《秦用他国人》）。

第二，权力进一步集中。丞相是“百官之长”，“无不总统”“助理万机”，但更重要的是，他必须是上“承天子”的意旨。丞相的任免完全操于皇帝之手。所以，丞相制度的确立，是专制主义中央集权制度中重要的一环。

（2）汉丞相制的演变

1）人数和名称的变化

秦代基本都设左右丞相，西汉前期基本设丞相一人，西汉后期和东汉的三公皆为宰相，东汉末有一段时间又是设一丞相。《通典》卷十九叙述两汉丞相名称的变迁说：

> 汉置丞相，尝置相国，或左右丞相，寻复旧。成帝改御史大夫为大司空，与大司马、丞相是为三公，皆宰相也。哀帝改丞相为大司徒，亦为宰相。后汉以太尉、司徒、司空为宰相。献帝复置丞相。

这种变化，表面看来，只不过是名称的变化，或由一分为二、三，或二、三合而为一；然而，事实上，丞相的实权也随着职称的变化而有所不同。

2）丞相的职权

丞相的职权大体有以下几方面。

第一，选用官吏之权。《汉书·田蚡传》说：“当是时丞相入奏事，语移日，所言皆听。荐人或起家至二千石，权移主上。上（武帝）乃曰：‘君除吏尽未？吾亦欲除吏。’”这说明丞相几乎掌握了全部用人之权。但也正因为其权过大才引起皇帝的不满。

第二，劾案百官与执行诛罚之权。武帝时田蚡为丞相，劾灌夫骂坐不敬；后又以灌夫家在颍川，横行不法，民苦之，请案验，武帝曰：“此丞相事，何请？”（《汉书·田蚡传》）这说明丞相有劾案百官之权。文帝时申屠嘉为丞相，文帝宠臣邓通对其怠慢无礼，申屠嘉即以不敬丞相之罪，正式行文召邓通至丞相府欲杀之，文帝派使者营救，才将其释放（《汉书·申屠嘉传》）。

第三，主管郡国上计与考课之权。丞相府设有专人以掌管郡国上计事。《汉书·张苍传》云：“萧何为相国，而苍乃自秦时为柱下御史，明习天下图书计籍，又善用算律历，故令苍以列侯居相府，领主郡国上计者。”

第四，有总领百官朝议与奏事之权。秦汉时，凡遇重大的事情，皇帝常召集百官朝议，或者群臣上议，谓之集议，由丞相主持。集议的内容很广泛，如立君、立储、封赠、赏功、罚罪、食货、选举、民政、法制、礼制、边事等，皆可议论。集议结果，由丞相领衔奏事，天子与丞相共决之。

第五，有封驳与谏诤之权。对于皇帝的诏令有不符合法律、制度者，丞相有封驳谏诤之权。如景帝欲封皇后兄王信为列侯，与丞相周亚夫商议。亚夫劝阻曰：

> 高帝约："非刘氏不得王，非有功不得侯。不如约，天下共击之。"今信虽皇后兄，无功侯之，非约也。（《汉书·周勃传》）

丞相的工作非常繁重，因此丞相府的组织日益庞大，到武帝时，已有"吏员三百六十二人"（卫宏《汉旧仪》）。

（3）丞相的属官

重要的有长史、司直、诸曹掾属。

1）长史

长史，类似丞相府的总管，《通典》卷二十一说长史"盖众史之长也，职无不监"，丞相有事常交付长史办理。长史为佐助丞相，署理诸曹之职。

2）司直

司直是丞相府中的最高属官，它是武帝时开始设置的。《汉书·百官公卿表》说：

> 武帝元狩五年，初置司直，秩比二千石，掌佐丞相，举不法。

司直的职责主要是主管监察检举，特别是"助督录诸州"事（《后汉书·百官志》）。

3）诸曹掾属

诸曹掾属，均系相府幕僚，相府吏员众多，名目也不少，见于《汉书》者有：丞相征事、丞相史、丞相少史、东曹、西曹、奏曹、集曹、议曹、侍曹、主簿、从史、丞相属、大车属等。

诸曹掾史，各有分工，秩次也不同。《汉仪注》云："东西曹掾比四百石，余掾比三百石，属比二百石。正曰掾，副曰属。"

（4）丞相地位的变化

秦至西汉，丞相地位高、权力大，礼遇亦隆，凡居相位者多为列侯。武帝时，公孙弘起自布衣，为丞相后始封侯，其后遂为定制。《汉书·公孙弘传》云：

> 元朔中，（公孙弘）代薛泽为丞相。先是汉常以列侯为丞相，唯弘无爵，上于是下诏曰："……其以高成之平津乡户六百五十封丞相弘为平津侯。"其后以为故事。至丞相封，自弘始也。

东汉初年，丞相封侯之制尚存，但不久即废。《东汉会要》卷十七说："自是之后，位三公者，皆不复有茅土之封。……由是宰相封侯之制遂废。"

丞相位尊权大，必然要和君权发生冲突。因此，专制皇帝为要加强自身的权力，必然想方设法削弱丞相的权力。从制度上削弱相权的做法始于汉武帝，中经汉成帝的改制，最后完成于东汉光武帝。从武帝开始，丞相的权力便逐渐转归中朝尚书；成帝时，置三公官，丞相之权一分为三；东汉光武帝时，尚书台正式成为中央的最高权力机关，丞相（即司徒）有名无实，有职无权。

3. 御史大夫

（1）御史大夫的设立和发展

御史大夫是秦始皇时候设立的，其地位仅次于丞相，"掌副丞相"。据《周礼·春官》的记载，周代有"御史"这个官，但不过是国君身边记事和掌文书的人，地位不高。秦始皇时设立的御史大夫加上了"大夫"的头衔，地位显然提高了。由于御史大夫是由天子左右亲信发展起来的，所以他虽然"贰于丞相"，是副职，但是他和皇帝的关系更密切些。因为御史本是皇帝左右掌管文书记事之臣，所以皇帝的制书和诏书在下达各官时，也多由御史大夫承转，然后才下达丞相。武帝元狩六年（前117）四月卯诏："御史大夫（张）汤下丞相，丞相下中二千石，二千石下郡太守，诸侯相，丞（承）书从事下当用者，如律令。"（《史记·三王世家》）

从制度上说，御史大夫官位比丞相低，丞相是"金印紫绶"，御史大夫是"银印青绶"。但其地位却十分重要。《汉书·薛宣传》载谷永的话说：

> 御史大夫内承本朝之风化，外佐丞相统理天下，任重职大，非庸材所能堪。今当选于群卿，以充其阙。得其人则万姓欣喜，百僚说服；不得其人则大职堕斁，王功不兴。

御史大夫和丞相，其职权既相辅助又相制约，所以当时称丞相府与御史府被称为"两府"或"二府"。《汉书·杜延年传》有"常与两府及廷尉分章"句，如淳曰："两府，丞相、御史府也。"国家一切政务多归于两府。

到西汉末年，御史大夫的地位和职权也发生了变化。据《汉书·百官公卿表》载：

成帝绥和元年，更名大司空，金印紫绶，禄比丞相……哀帝建平二年，复为御史大夫。元寿二年，复为大司空。

这时御史大夫的身份和地位大大提高了，和丞相一样成了名副其实的三公。但职权却向着相反的方向发展。汉武帝以后，由于中朝尚书的权力逐渐发展，御史大夫的职权也和丞相一样转移于尚书。

东汉光武帝建武十七年（41），改大司空为司空，据《后汉书·百官志》，司空的职务如下：

司空，公一人。本注曰：掌水土事。凡营城起邑，浚沟洫、修坟防之事，则议其利，建其功。凡四方水土功课，岁尽则奏其殿最而行赏罚。

这时的司空成了专管水土之官了。

所以，御史大夫这个官，实际上只存在于秦与西汉，真正起作用又是在秦始皇时期和西汉前期。

（2）御史大夫的属官

关于御史大夫的属官，《汉书·百官公卿表》写道：

有两丞，秩千石。一曰中丞，在殿中兰台，掌图籍秘书，外督部刺史，内领侍御史员十五人，受公卿奏事，举劾按章。

这里虽说有“两丞”，实际上只讲了一个“中丞”，那么，另一丞究竟叫什么？梁沈约、唐杜佑认为，“两丞”一个叫御史丞，一个叫中丞：

时御史大夫有二丞，其一曰御史丞，其二曰御史中丞。（《宋书·百官志》）

初，汉御史大夫有两丞，一曰御史丞，一曰中丞，亦谓中丞为御史中执法。……（中）丞居殿中，察举非法也。及御史大夫转为大司空，而中丞出外为御史台率。（《通典·职官六》）

秦及西汉时，御史中丞是御史大夫的主要属官，其禄秩虽不高（千石），地位却很特殊，被称为“贰大夫”“亚长”。李华的《御史中丞厅壁记》说：

御史亚长曰中丞，贰大夫，以领其属。汉仪，大夫副丞相，以备其阙，参维国纲，鲜临府事，故中丞专焉。(《历代职官表》卷十八引)。

御史大夫的权力和职责，实在中丞一人身上，其具体职责和权力如下。

第一，掌图籍秘书。上引《汉书·百官公卿表》说御史中丞“掌图籍秘书”。应劭《汉官仪》说“兼典兰台秘书”，兰台乃“藏书之室，著述之所”，这里说中丞“掌”“兼典”，当是主管之意。

第二，外督部刺史，或叫督诸州刺史。督，乃是视察；部有分区之意，故又曰诸州；刺，谓举刺不法；史，即是使。那就是说，外督部刺史是充当在各地视察、检举不法的使者。汉代州刺史隶属于御史中丞，王鸣盛说：“刺史权重矣，而又内隶于御史中丞，使内外相维。”(《十七史商榷》卷十四)

第三，内领侍御史。根据各种记载看，御史大夫之下比较高级的属员有四十五个，其中以中丞为首的十五个是在殿中的。《汉旧仪》说：

御史员四十五人，皆六百石。其十五人衣绛，给事殿中为侍御史，宿庐在石渠门外，二人尚玺，四人持书给事，二人侍前，中丞一人领。余三十人留寺，理百官事也。皆冠法冠。

内领侍御史当是中丞的工作，因此采取分曹办事的办法，《晋书·职官志》说：

侍御史，案二汉所掌，凡有五曹：一曰令曹，掌律令；二曰印曹，掌刻印；三曰供曹，掌斋祠；四曰尉马曹，掌厩马；五曰乘曹，掌护驾。

实际上侍御史在殿中职掌的事务不只这些。宫中之事，无论巨细，似乎都归中丞所管。因为这种地位，所以又说其“受公卿奏事”，起一个上传下达的作用，内外朝相通，是经过侍御史传送的。

第四，举劾案章。这是御史中丞的主要职掌，就是监察。唯其在宫内、殿中执法，所以又叫“中执法”。

总之，御史中丞作为御史大夫的主要属官，从职权看，主要起到监察官的作用。西汉初，京师的监察官仅有御史中丞，武帝以后增设了丞相司直与司隶校尉，也管监察，关系就比较复杂了。不过其中以御史中丞为最尊。西汉末以后，御史大夫改为司空。东汉光武以御史中丞为御史台主，中丞遂代替西汉的御史大夫而成为独立的监察官，后代的御史台即由此发展而来。

御史大夫的属官，除御史中丞外，还有其他各种名称，其职掌亦各异，如侍御史、治书侍御史或持书侍御史、符玺御史、监御史、监军御史、绣衣御史等。其他掾属见于《汉书》者，还有御史掾、御史属、主簿、少史、柱下令、御史中丞从事等。掾、属是属官的笼统的总名称，少史、主簿等是属官的具体名称。

4．太尉

尉字从寸，《说文》云："有法度者也，从寸。"讲法度的字多半从寸。起初，军中的执法官叫尉，后来以尉名官。《汉书·百官公卿表》的"太尉"之下引应劭曰："自上安下曰尉，武官悉以为称。"因此，带尉字的官都与武事有点关系的。

（1）秦的国尉

郑玄注《礼记·月令》和班固《汉书·百官公卿表》都说："太尉，秦官。"但事实上，秦代太尉并不像丞相、御史大夫那样成为一个常设的官职，更不如汉代以后把太尉与丞相、御史大夫并列为三公。因为在《史记》之《秦本纪》《秦始皇本纪》以及有关秦人列传中，只有丞相、御史大夫，而不见有太尉的衔名。

从现在材料看，从秦国到秦朝，相当于汉代"掌武事"的太尉的官吏，只有"国尉"。《史记·白起传》载，秦昭王十四年（前295）"（白）起迁为国尉"，《正义》曰："言太尉。"《史记·秦始皇本纪》载，十年（前237），以尉缭"为秦国尉"，《正义》说："若汉太尉，大将军之比也。"《商君书·境内》有关"国尉"的记载如下：

> 其攻城围邑也，国司空訾（莫）［其］城之广厚之数，国尉分地，以徒校分积尺而攻之。

在攻城围邑时，国尉负责划分各队攻打地点、具体部署战斗行动，不是最高的武官。

（2）汉太尉的设置及其演变

"掌武事"而且有"金印紫绶"的"太尉"，何时开始设置，有待进一步研究。两汉有太尉这种官职是毫无问题的，但时置时废，并不固定。《汉书·百官公卿表》记载了变化的情况：

> 太尉，秦官。金印紫绶，掌武事。武帝建元二年省。元狩四年，初置大司马，以冠将军之号。宣帝地节三年置大司马，不冠将军，亦无印绶官属。成帝绥和元年，初赐大司马金印紫绶，置官属，禄比丞相，去将军。哀帝建平二年，复去大司马印绶、官属，冠将军如故。元寿二年，复赐大司马印绶，置官属，去将军，位在司徒上。

东汉又有变化：

> 建武二十七年，复旧名为太尉公。……灵帝末，以刘虞为大司马，而太尉如故，自此则大司马与太尉始并置矣。(《通典·职官二》)

关于太尉的职权，《汉书·百官公卿表》云："掌武事。"《汉官仪》则谓"司马主兵"。所谓"掌武事""主兵"，实际上在西汉时只不过是皇帝的军事顾问，太尉本身并无发兵、领兵之权，军令行使之权完全操于皇帝之手。东汉光武帝复改大司马为太尉之后，太尉的职权逐渐加重，于军事顾问之外综理军政。东汉时太尉职权加重的主要原因，在于录尚书事。《通典》卷二十说："后汉建武二十七年，复旧名为太尉公，每帝初即位，多与太傅同录尚书事。"在东汉三公中，太尉（司马）地位最尊，次司徒（丞相），次司空（御史大夫）。

太尉属官，西汉时较少，东汉时增多。据《后汉书·百官志》载太尉属官有：

> 长史一人，千石。本注曰：署诸曹事。

掾史属（掾属为一般属吏的泛称）二十四人，各分东西各曹理事。其中：

西曹：主府吏署用

东曹：主二千石长吏迁除及军吏

户曹：主民户、祠祀、农桑

奏曹：主奏议事

辞曹：主辞讼事

法曹：主邮驿科程事

尉曹：主卒徒转运事

贼曹：主盗贼事

决曹：主罪法事

兵曹：主兵事

金曹：主货币、盐、铁事

仓曹：主仓谷事

黄阁主簿：录省众事

令史及御属二十三人，其中：

阁下令史：主阁下威仪事

记室令史：主上章表报书记

门令史：主府门

其余令史：各典曹文书

御属：主为公御

又据《汉官仪》，太尉府还有官骑三十人。

（二）诸卿

秦汉时期，究竟哪些高级官吏可以称卿呢?《汉书·百官公卿表》说：“自太常至执金吾，秩皆中二千石。”其中包括奉常（即太常）、郎中令（即光禄勋）、卫尉、太仆、廷尉、典客（即大鸿胪）、宗正、治粟内史（即大司农）、少府、中尉（即执金吾）。这些官吏在《后汉书·百官志》中，就直接称为某某卿：如太常卿、光禄勋卿等。

秦汉九卿的说法是习惯上的称呼，并非固定官制。官秩中二千石的“卿”，不止九个，因此我们不用“九卿”之名，而用“诸卿”。

1. 太常和宗正

（1）太常

太常，秦曰奉常，西汉始改称太常。《汉书·百官公卿表》云：“奉常，秦官，掌宗庙礼仪，有丞。景帝中六年，更名太常。”为什么叫“太常”？因为“欲令国家盛大常存，故称太常”（《通典》卷二十五）。

太常的职类主要是宗庙礼仪，《后汉书·百官志》太常条下的本注讲得比较确切：

> 掌礼仪祭祀。每祭祀，先奏其礼仪；及行事，常赞天子。每选试博士，奏其能否。大射、养老、大丧，皆奏其礼仪。每月前晦，察行陵庙。

因为太常负责祭祀礼仪，故居此官者常常要进行斋戒，以免亵渎祖宗神祇。如东汉周泽为太常，常卧病斋宫，其妻怜其年老多病，至斋宫探视，泽大怒，以妻干犯斋禁，押送诏狱，并自劾谢罪。

太常还兼管文化教育，置博士弟子员之事，从选拔、教育到补吏都是由太常负责的（《汉书·儒林传序》）。

太常的属官主要是丞，太常丞秩千石，实际是太常的副职，有时又可以作为太常的代表，也可以说是太常寺的总管。

太常的属官很多，据《汉书·百官公卿表》和《后汉书·百官志》概述如下：

太常丞：掌凡行礼及祭祀小事，总署曹事。又举庙中非法者

太乐令（西汉）
大予乐令（东汉）｝掌伎乐。凡国祭祀，掌请奏乐，及大飨用乐，掌其陈序

太祝令：凡国祭祀，掌读祝，及迎送神。庙祭，太祝令主席酒

太宰令：掌宰工鼎俎馔具之物。凡国祭祀，掌陈馔具

太史令：掌天时、星历。凡岁将终，奏新年历。凡国祭祀、丧、娶之事，掌奏良日及时节禁忌。凡国有瑞应、灾异，掌记之

太卜令：武帝太初元年置，后省并太史

太医令（西汉）

均官长（西汉）：服虔曰："均官主山陵上槀输入之官也。"

都水长（西汉）：如淳曰："律，都水治渠隄水门。"

庙令（西汉）

高庙令（东汉）：守庙，掌案行扫除

世祖庙令（东汉）：如高庙

寝令（西汉）

园令：掌守陵园，案行扫除

食官令：掌望晦时节祭祀

廱太宰令（西汉）：职掌与太宰令同

廱太祝令（西汉）：职掌与太祝令同

五畤尉（西汉）

博士祭酒（东汉）

博士：掌通古今，教弟子；国有疑事，掌承问对

赞飨：掌赞太子

礼官大夫（西汉）

太常掾（西汉）

太常掌故（西汉）

曲台署长（西汉）

（2）宗正

宗正，是管理皇族和外戚事务的官，《汉书·百官公卿表》谓"掌亲属"。《后汉书·百官志》的本注说："掌序录王国嫡庶之次，及诸宗室亲属远近。"宗正既是掌皇帝宗亲事务之官，故任此者皆为皇族。《通典》卷二十五云："（宗正）两汉皆以皇族为之，不以他族。"

宗正属官有：

宗正丞：总署曹事

都司空令（西汉）：如淳曰："律，司空主水及罪人。"按罪人当指宗室之犯法者

内官长（西汉）：师古曰："《律历志》主分寸尺丈也。"

公主属官有：家令、家丞（东汉）、门尉（西汉）、主簿（东汉）、仆（东

汉）、私府长（东汉）、食官长（东汉）、永巷长（东汉）、傅（东汉）、驺仆射、舍人。

2. 光禄勋和卫尉

（1）光禄勋

光禄勋，秦名郎中令，郎与廊同，秦时殿上不得持兵戟，卫士皆立在廊下，廊下也就是廊内，或者说廊中。《汉书·百官公卿表》注引臣瓒曰："主郎内诸官，故曰郎中令。"汉初沿用此名，武帝太初元年（前104）改名光禄勋。《百官公卿表》注引如淳曰："胡公（胡广）曰：勋之言阍也。阍者，古主门官也。光禄主宫门。"章太炎从此说："下寻汉世，光禄勋掌宫殿门户。勋者，阍也。……及汉为天子，守门者仍称光禄。"（《章氏丛书》七《检论》）守卫宫殿门户是其主要职责。在这点上，它与"掌宫门卫屯兵"的卫尉很相近，所以《汉官旧仪》说："殿外门署属卫尉，殿内郎署属光禄勋。"

光禄勋属官有：

光禄丞：总署曹事

光禄掾（西汉）

光禄主事

光禄主簿

<table>
<tr><td rowspan="5">大夫</td><td>光禄大夫</td><td rowspan="5">西汉大夫掌议论。东汉凡大夫、议郎皆掌顾问应对，无常事，唯诏令所使。凡诸国嗣之丧，则光禄大夫掌吊</td></tr>
<tr><td>太中大夫</td></tr>
<tr><td>谏大夫（西汉）</td></tr>
<tr><td>谏议大夫（东汉）</td></tr>
<tr><td>中散大夫</td></tr>
</table>

议郎：掌顾问应对，无常事，唯诏令所使

五官中郎将：主五官郎

<table>
<tr><td rowspan="3">五官郎</td><td>中郎</td><td rowspan="3">西汉，凡郎掌守门户、出充车骑。东汉凡郎官皆主更直执戟，宿卫诸殿门、出充车骑。唯议郎不在直中。天子法驾出，侍郎参乘（《汉旧仪》）</td></tr>
<tr><td>侍郎</td></tr>
<tr><td>郎中</td></tr>
</table>

左中郎将：主左署郎

<table>
<tr><td rowspan="3">左署郎</td><td>中郎</td><td rowspan="3">职掌见前列五官郎</td></tr>
<tr><td>侍郎</td></tr>
<tr><td>郎中</td></tr>
</table>

右中郎将：主右署郎

<table>
<tr><td rowspan="3">右署郎</td><td>中郎</td><td rowspan="3">职掌见五官郎</td></tr>
<tr><td>侍郎</td></tr>
<tr><td>郎中</td></tr>
</table>

郎中三将{车郎将（西汉）：主车，曰车郎
户郎将（西汉）：主户卫，曰户郎
骑郎将（西汉）：为骑郎之将，主骑郎（《汉书·李广传》注）}

郎署长

期门（西汉）（仆射）：掌执兵送从

虎贲中郎将（东汉）：主虎贲宿卫

属官{左右仆射：主虎贲郎习射
左右陛长：主直虎贲朝会在殿中
虎贲中郎
虎贲侍郎
虎贲郎中
节从虎贲}掌宿卫侍从

羽林中郎将：主羽林郎

羽林郎：西汉掌送从，次期门。东汉掌宿卫侍从

羽林左监（东汉）：主羽林左骑

羽林右监（东汉）：主羽林右骑

骑都尉：本监羽林骑

奉车都尉：掌御乘舆车

驸马都尉：掌驸马

谒者仆射：东汉为谒者台率，主谒者，天子出，奉引

属官{谒者（西汉）：掌宾赞受事
常侍谒者（东汉）：主殿上时节威仪
给事谒者（东汉）
灌谒者（东汉）}掌宾赞受事，及上章报问，将、大夫以下之丧，掌使吊。满岁为给事谒者

（2）卫尉

卫尉，秦官，两汉期间有两次短时间改名，一次是“景帝初，更名中大夫令，后元年复为卫尉”（《汉书·百官公卿表》），另一次是王莽时，改卫尉曰太卫。

卫尉的职务是统辖卫士，卫护宫门内。卫尉的警卫工作，《汉官解诂》讲得很具体：

> 卫尉主宫阙之内，卫士于垣下为庐，各有员部。居宫中者，皆施籍于门，案其姓名。若有医巫、僦人当入者，本官长吏为封启传，审其印信，然后内之。人未定，又有籍，皆复有符。符用木，长二寸，以当所属两字，为铁印，亦太卿炙符。当出入者，案籍毕，复齿符，

乃引内之也。其有官位得出入者，令执御者官，传呼前后以相通。从昏至晨，分部行夜，夜有行者，辄前曰：“谁？谁？”若此不解，终岁更始，所以重慎宿卫也。

卫尉属官有：

卫尉丞：总署曹事

公车司马令：西汉公车司马掌殿司马门，夜徼宫中，天下上书及阙下凡所征召皆总领之。东汉掌宫南阙门，凡吏民上章，四方贡献及征诣公车者

卫士令（西汉）：掌卫士

南宫卫士令（东汉）：掌南宫卫士

北宫卫士令（东汉）：掌北宫卫士

旅贲令（西汉）：师古曰：“旅，众也，贲与奔同，言为奔走之任也。”

左右都候（东汉）：主剑戟士，徼循宫，及天子有所收考

宫掖门司马：
- 南宫南屯司马：主平城门
- 宫门苍龙司马：主东门
- 玄武司马：主玄武门
- 北屯司马：主北门
- 北宫朱雀司马：主南掖门
- 东明司马：主东门
- 朔平司马：主北门

3. 太仆

《汉书·百官公卿表》说：“太仆，秦官，掌舆马。”这种供给车马的官为什么能居卿这么高的地位呢？第一，太仆常在君主的左右，不仅掌管车马，有时还亲自为皇帝驾车。第二，太仆之所以重要，是因为他又主马政。当时马政分为两部分：一部分是供天子私用，即所谓“家马”；一部分是供军国之用，这是马政中的主要部分。

太仆属官有：

太仆丞：总署曹事

大厩令（西汉）

未央（厩）令：主乘舆及厩中诸马

家马（厩）令（西汉）：师古曰：“家马者，主供天子私用，非大祀戎事军国所需，故谓之家马也。”太初元年更名为挏马

车府令：主乘舆诸车

路軨（厩）令（西汉）：太初元年置。主乘舆路车，又主凡小车
骑马（厩）令（西汉）
骏马厩令（西汉）
龙马监长（西汉）
闲驹监长（西汉）
橐泉监长（西汉）
騊駼騟駼监长（西汉）
承华监长（西汉）
边郡六牧师苑令（西汉）：师古曰："《汉官仪》云牧师诸苑三十六所，分置北边、西边，分养马三十万头。"
牧橐令（西汉）：师古曰："言牧养橐驼也。"
騠駼令（西汉）
承华厩令（东汉）
考工令：主作兵器弓弩刀铠之属，成则传执金吾入武库，及主织绶诸杂工

4. 廷尉

廷尉，秦官，景帝中元六年（前144）更名大理，武帝建元四年（前137）复名廷尉。哀帝元寿二年（前1）复为大理。王莽曾改名作士。东汉光武以后复曰廷尉。建安中又改为大理。

廷尉的职掌是管刑狱，为最高司法官。尉字本义即与法度有关（见前文"太尉"）。《汉书·百官公卿表》说："廷尉，秦官，掌刑辟。"应劭曰："听狱必质诸朝廷，与众共之，兵狱同制，故称廷尉。师古曰：廷，平也。治狱贵平，故以为号。"

掌刑法的官起源很早，周至春秋时称之为大司寇，孔子曾为鲁之司寇。战国时，除秦国用廷尉这个名称之外，其他国家多以"理"字名官，因为"理"也是治狱之官。《管子·小匡篇》有"弦子章为理"，注云："狱官也。"

廷尉属官有：

廷尉正（相当于其他诸卿的丞）：主决疑狱
廷尉左右监（西汉）：主逮捕事
廷尉左监（东汉）
廷尉左右平（西汉）：汉宣帝地节三年（前67）置，主判案，相当于后世的审判员
廷尉左平（东汉）：掌平决诏狱
其他各种属官有：廷尉史（西汉）、奏谳掾（西汉）、奏曹掾（西

汉）、文学卒史（西汉）、从史（西汉）、书佐（西汉）、行冤狱使者（西汉）、治狱使者（西汉）

5．大鸿胪（附典属国）

大鸿胪，秦名典客。西汉景帝中元六年（前144）更名大行令。武帝太初元年（前104）改名大鸿胪。王莽时称典乐，东汉复名大鸿胪。为什么称为“鸿胪”？《太平御览》卷二三二引韦昭《辨释名》曰：

鸿胪本故典客，掌宾礼。鸿，大也，胪，陈序也。欲以大礼陈序宾客也。

关于大鸿胪的职掌，《汉书·百官公卿表》说是“掌诸归义蛮夷”，这个记载是有疏漏的。《后汉书·百官志》大鸿胪本注曰：

掌诸侯及四方归义蛮夷。其郊庙行礼，赞导，请行事，既可，以命群司。诸王入朝，当郊迎，典其礼仪。及郡国上计，匡四方来，亦属焉。皇子拜王，赞授印绶。及拜诸侯、诸侯嗣子及四方夷狄封者，台下鸿胪召拜之。王薨，则使吊之，及拜王嗣。

总之，大鸿胪的职责是掌诸侯（包括郡国上计吏）入京的迎、送、接待、朝会等事，所谓“掌归义蛮夷”，也是管蛮夷朝见的礼仪，即上引《汉仪》所说的“蛮、貊、胡、羌朝贡”。而蛮夷之受降等事，在秦和西汉早中期都是由典属国负责的。《汉书·百官公卿表》云：

典属国，秦官，掌蛮夷降者。武帝元狩三年，昆邪王降，复增属国，置都尉、丞、候、千人。属官，九译令，成帝河平元年省并大鸿胪。

大鸿胪属官有：

大鸿胪丞：主总署曹事
行人令：武帝太初元年改为大行令，主诸郎
译官令（西汉）
别火令（西汉）：太初元年置，主治改火之事
郡邸长（西汉）：主诸郡之邸在京师者
其他属官有：使主客（西汉）、主胡客、大鸿胪文学、大行卒史（西汉）、大行治礼丞（西汉）
典属国：别主四方夷狄朝贡侍子

6. 大司农

大司农，秦名治粟内史，汉初因之，景帝后元元年（前 143）更名大农令。武帝太初元年更名大司农。王莽时改名羲和，又改为纳言。东汉复名大司农。

秦汉时期，主管财政经济的官吏有两个，《急就篇》说："司农、少府国之渊。"颜师古注云：

> 司农领天下钱谷，以供国之常用；少府管池泽之税及关市之资，以供天子。……司此二者，百物在焉，故以深泉为喻也。

从秦代开始设这两个官职是我国古代官制发展史上的一个过渡，也是中央财政经济机构变化过程中的一个过渡。首先，他们位列九卿，地位比过去有所提高；其次，同时设立两个官职，即区别所谓"国家财政"和"帝室财政"，也是一个变化过程。

关于大司农的职掌，《汉书·百官公卿表》说"掌谷货"，《后汉书·百官志》说得比较详细：

> 掌诸钱谷金帛诸货币。郡国四时上月旦见钱谷簿，其逋未毕，各具别之。边郡诸官请调度者，皆为报给，损多益寡，取相给足。

可见凡属国家钱谷租税等财政收入和支出，均为大司农掌管。

大司农属官有：

大司农丞：总署曹事

大司农部丞：武帝时桑弘羊请置大农部丞数十人分部主郡国。平帝元始元年置大司农部丞十三人，人部一州，劝农桑。东汉大司农部丞一人，主帑藏（国库）

太仓令：主受郡国传漕谷

均输令（西汉）：孟康曰："均输，谓诸当所有输于官者，皆令输其地土所饶，平其所在时贾，官更于他处卖之，输者既便，而官有利也。"

平准令：掌知物贾，主练染，作采色

都内令（西汉）：都内是京师藏钱之所。都内令，主藏官也

籍田令（西汉）：主籍田事

斡官长（西汉）：如淳曰："斡，主也，主均输之事，所谓斡盐铁而榷酒酤也。"

铁市长（西汉）：主铁器买卖事

郡国诸仓长（西汉）：各地管理仓库之官

郡国农监（西汉）：各地管理农事之官

郡国都水（西汉）：各地有水池及鱼利多者置水官，主平水，收渔税

盐官（西汉）

铁官（西汉）

导官令（东汉）：主舂御米，及作乾糒

大司农史（西汉）

大司农斗食属（西汉）

7．少府（附水衡都尉）

少府，秦官，两汉皆仍旧名，仅王莽时曾一度改为共工。

少府的职掌，《汉官仪》说："少府掌山泽陂池之税，名曰禁钱，以给私养，自别为藏。少者，小也，故称少府。……小用由少府，故曰小藏。""王者以租税为公用，山泽陂池之税以供王之私用。古皆作小府。"少府在居延汉简中，皆写作小府，古义兼通。

其实，少府（小府）并不小，它的库藏比大司农多，《汉书·王嘉传》说：

> 孝元皇帝奉承大业，温恭少欲，都内钱四十万万（大司农掌管），水衡钱二十五万万，少府钱十八万万……（元帝）赏赐节约……故少府、水衡见钱多也。

少府和水衡所管都属于帝室财政，二者加起来多于大司农的都内藏钱。少府的机构之大、属官之多，不仅超过大司农，在诸卿之中也居第一。

少府属官主要有：

少府丞：总署曹事（西汉六丞、东汉省五）

尚书令：承秦所置，武帝用宦者，更为中书谒者令；成帝恢复旧制，用士人。掌凡选署及奏下尚书曹文书众事，下有佐属

佐属：
- 尚书仆射：署尚书事，令不在则奏下众事
- 尚书：西汉四至五人，东汉六人，分曹理事
- 左右丞：左丞主吏民章报及驺伯史。"总典台中纲纪，无所不统。"右丞假署印绶，及纸笔墨诸财用库藏。又"右丞与仆射对掌授廪假钱谷，与左丞无所不统。"
- 尚书郎（西汉）：分掌尚书
- 尚书侍郎（东汉）：东汉有三十六人，一曹六人，主作文书起草
- 尚书令史：有十八人，一曹三人，主书

符节令：为符节台率，主符节事。凡遣使，掌授节。下有佐属

佐属{尚符玺郎中（东汉）：主玺及虎符，竹符之半者
符节令史（东汉）：掌书}

太医令：掌诸医，下有佐属

佐属{药丞（东汉）：主药
方丞（东汉）：主药方}

太官令：主膳食。下有佐属

佐属{左丞（东汉）：主饮食
甘丞（东汉）：主膳具
汤官丞（东汉）：主酒
果丞（东汉）：主果}

汤官令（西汉）：主饼饵
导官令（西汉）：主择米
乐府令（西汉）：主乐
若卢令（西汉）：如淳曰："若卢，官名也，藏兵器。"《汉仪注》："有若卢狱令，主治库兵将相大臣。"
孝工室令：主作兵器弓弩刀铠之属
左弋令（西汉）：掌弋射
居室令（西汉）：当是管理宫内房屋之官
甘泉居室令（西汉）
左右司空令（西汉）：当为制作陶瓦之官
东织令（西汉）：织作文绣郊庙之服（《三辅黄图》）
西织令（西汉）：同上
东园匠令（西汉）：主作陵内器物
胞人长（西汉）：主掌宰割

都水长（西汉）
均官长（西汉）} 太常亦有都水、均官、职掌当大体相同

上林十池监（西汉）：主上林苑十池
中书谒者令（西汉）：即尚书令所掌。"武帝用宦者，更为中书谒者令。"
黄门令：宦者，主省中诸宦者
钩盾令：宦者，典诸近池苑囿游观之处
尚方令：掌上手工作御刀剑诸好器物
永巷令：宦者，典官婢侍使
御府令：主天子衣服。宦者，典奴婢，作中衣服及补浣之属
内者令：掌宫中布张诸亵物
宦者令（西汉）：主宫中宦者

中黄门：师古曰："奄人居禁中在黄门之内给事者也。"宦者，掌给事禁中

守宫令（东汉）：主御纸、笔、墨及尚书财用诸物及封泥

上林苑令（东汉）：主苑中禽兽，颇有民居，皆主之

侍中(东汉)：掌侍左右，赞导众事，顾问应对。法驾出，则多识者一人参乘，余皆骑在乘舆车后

中常侍（东汉）：宦者，掌侍左右，从入内宫，赞导内众事，顾问应对

给事黄门侍郎（东汉）：掌侍从左右，给事中，关通内外。及诸王朝见于殿上、引王就坐

小黄门（东汉）：宦者，掌侍左右，受尚书事。上在内宫，关通内外，及中宫以下众事。诸公主及王太妃等有疾苦，则使问之

黄门署长（东汉）
画室署长（东汉）
玉堂署长（东汉）
——宦者，各主中宫别处

丙署长（东汉）

中黄门冗从仆射（东汉）：宦者，主中黄门冗从。居则宿卫，直守门户；出则骑从，夹乘舆车

中黄门（东汉）：宦者，掌给事禁中

掖庭令（东汉）：宦者，掌后宫贵人采女事。下有佐属

佐属：
- 左右丞：各一人
- 暴室丞：暴室丞主中妇人疾病者，就此室治；其皇后、贵人有罪，亦就此室

祠祀令（东汉）：典中诸小祠祀

中藏府令（东汉）：掌中币帛金银诸货物

御史中丞（东汉）：御史大夫之丞也。旧别监御史在殿中，密举非法。及御史大夫转为司空，因别留中，为御史台率，后又属少府。下有佐属

佐属：
- 治书侍御史（东汉）：选明法律者为之，凡天下诸谳疑事，掌以法律，当其是非
- 侍御史（东汉）：掌察举非法，受公卿群吏奏事，有违失举劾之。凡郊庙之祠及大朝会，大封拜，则二人监威仪，有违失则劾奏
- 兰台令史：掌奏及印工文书

附：水衡都尉

《汉书·百官公卿表》说："水衡都尉，武帝元鼎二年初置。"王莽时"改水衡都尉曰予虞"。为什么叫水衡都尉呢？

应劭曰："古山林之官曰衡，掌诸池苑，故称水衡。"张晏曰："主都水及上林苑，故曰水衡。主诸官，故曰都。有卒徒武事，故曰尉。"师古曰："衡，平也，主平其税入。"水衡都尉的职掌是"掌上林苑"。

其属官有：

水衡丞：佐助水衡都尉掌上林苑
上林令：主苑中禽兽
均输令：主上林苑均输事
御羞令：主膳羞原料
禁圃令：主园艺
辑濯令：主船舶
钟官令：主铸钱
技巧令：主刻钱范
六厩令：主养马
辩铜令：主铸钱原料
衡官：主平其税入
水司空：主治水和罪人
都水：主平水及收渔税
农仓长：主藏谷
甘泉上林都水：职掌同都水

水衡都尉与少府是什么关系？他们都是掌帝室财政的部门。水衡都尉分管了少府掌收入方面的大部分职权，如原属少府的上林、御羞、钟官、技巧、辩铜、衡官等属官都转归水衡了。《汉书·王嘉传》说，元帝时"都内钱四十万万，水衡钱二十五万万，少府钱十八万万"，说明帝室收入的大部分归水衡管了。所以水衡的地位相当高。水衡都尉主要存在于西汉中后期。

8. 执金吾

执金吾，秦名中尉，武帝太初元年（前104）更名执金吾，王莽时名奋武，东汉复名执金吾。关于对执金吾的解释，师古注云：

> 应劭曰："吾者，御也，掌执金革，以御非常。"颜师古曰："金吾，鸟名也，主辟不祥。天子出行，职主先导，以御非常，故执此鸟之象，因以名官。"

俞樾对颜师古的解释提出了异议，他认为：

崔豹《古今注》：金吾，棒也，以铜为主，黄金涂两末。御史大夫、司隶校尉亦得执焉。御史、校尉、郡守、都尉、县长之类，皆以木为吾。据此，汉制有金吾，有木吾，岂得以金吾为鸟名乎！吾，实大棒之名，以大棒可御非常，故以吾名之。执金吾者，执此棒也。应说参以崔注，其义方尽。(《汉书补注》引)

关于执金吾的职掌，《汉书·百官公卿表》说："中尉，秦官，掌徼循京师。"注引如淳曰："所谓游徼，徼循禁备盗贼也。"《通典·职官十》对执金吾的职掌作了一个概述：

秦有中尉，掌徼循京师。汉武帝太初元年，更名执金吾。……旧掌京师盗贼，考按疑事。郅都、宁成、王温舒、减宣等，皆截理横噬虎而冠者也。一切理辨，亦旋诛黜。后汉掌宫外，戒司非常水火之事，月三绕行宫外，及主兵器。自中兴，但专徼循，不与他政。

所以，执金吾的主要职掌是担任宫殿之外、京城之内的警卫工作。不过，工作中还有很重要的一项，就是皇帝出行时，执金吾则充任护卫及仪仗队，师古说"天子出行，职主先导，"这一点是对的。

执金吾的属官有：

执金吾丞：总署曹事

佐属
- 候：军官
- 司马：军官
- 千人：军官

中垒令：掌宫中垒门

寺互令（西汉）：掌官府门禁

都船令（西汉）：如淳曰："都船狱令，治水官也。"

武库令：主兵器

左、右京辅都尉（西汉）：掌分区徼循京师

缇骑二百人（东汉）：掌导从

式道候：《后汉书·百官志》本注："车驾出，掌在前清道，还，持麾至宫门，宫门乃开。"

9. 将作大匠

将作大匠，秦名将作少府，景帝中元六年（前144）改名将作大匠，亦可简称为大匠。

关于将作大匠的职掌，《汉书·百官公卿表》说是“掌治宫室”，《后汉书·百官志》说得更具体：“掌修作宗庙、路寝、宫室、陵园木土之功，并树桐梓之类列于道侧。”可见将作大匠管的是基建，包括营建宗庙、宫室、陵园及其绿化工作。

将作大匠的属官有：

将作大匠丞：佐助将作大匠掌治宫室

佐属{左中候、右中候} 掌施工

石库令（西汉）：主石料保管、加工

东园主章令（西汉）：主木林及木器制作

左校令：掌左工徒

右校令：掌右工徒

前校令（西汉）

后校令（西汉）

中校令（西汉）

主章长（西汉）：师古曰：“掌凡大木也。”

（三）中朝官

汉代中央官制，从汉武帝开始有一个重要的变化，就是中外朝的形成。此事《汉书·百官公卿表》中没有明确的叙述，不过，在叙述了大大小小的中央官职之后，有一个关于“加官”的交代：

> 侍中、左右曹、诸吏、散骑、中常侍，皆加官，所加或列侯、将军、卿、大夫、将、都尉、尚书、太医、太官令至郎中，亡员，多至数十人。侍中、中常侍得入禁中，诸曹受尚书事，诸吏得举法，散骑骑并乘舆车。给事中亦加官，所加或大夫、博士、议郎，掌顾问应对，位次中常侍……皆秦制。

《汉书补注》引钱大昕曰：“自侍中而下，《汉书》所称中朝官也，亦谓之内朝臣。”《汉书》的许多地方提到中朝，在《刘辅传》的注中引了孟康一段比较明确的说明：

> 中朝，内朝也。大司马、左右前后将军、侍中、常侍、散骑、诸吏为中朝；丞相以下至六百石为外朝也。

从汉武帝时期中央官制的变化，可以知道以下几点。

第一，汉武帝以前，在中央政权中，除皇帝之外，掌握实权的就是丞相。丞相辅佐皇帝，总管政务，在文武百官中权力最大，地位最尊。这个时期没有什么中外朝之分。但是，后来中朝官的许多称号在汉初就已经有了，如侍中、尚书之类，而且像侍中这样的称号，一开始就有表示左右亲近的意思。

第二，汉武帝时期开始出现了中外朝。《汉书·严助传》说：

> 擢助为中大夫。后得朱买臣、吾丘寿王、司马相如、主父偃、徐乐、严安、东方朔、枚皋、胶仓、终军、严葱奇等，并在左右。是时征伐四夷，开置边郡，军旅数发。内改制度，朝廷多事，屡举贤良文学之士，公孙弘起徒步，数年至丞相。开东阁，延贤人与谋议。朝觐奏事，因言国家便宜。上令助等与大臣辩论，中外相应以义理之文，大臣数诎。

师古注曰："中，谓天子之宾客，若严助之辈也；外，谓公卿大夫也。"

这里明显地说出了有中外两班子人。形成这两班子人的原因，从以上记载看，似乎是因为当时国家事多，天子除任用大臣之外又添了不少宾客参与谋议。但这是表面现象，实际是皇权与相权矛盾发展的结果。为了削夺相权加强皇权，武帝开始重用文武侍从之臣，这样就逐渐形成了中朝和外朝。

第三，中朝官系统的形成及其权力的发展是有一个过程的。中朝官大体上有两类：一类是所谓天子的宾客，这类人在政府组织中本来是没有地位的，往往是挂着侍中的头衔参与谋议；另一类是文武官中的心腹之臣，如武官大司马、前后左右将军、文官太中大夫、光禄大夫以及后来日益重要的尚书等，他们也是加上了侍中或给事中的头衔，成为中朝之官。

1. 大将军

"将军"一名由来已久。但据顾炎武考证，将军"至汉则定以为官名矣"（《日知录》卷二十四）。起初，和高级文官通称为卿一样，将军是高级武官的通称。

下面分几个问题作一概述。

（1）大将军和列将军

秦汉时将军名目繁多，最尊者为大将军。在大将军之上再加以大司马的头衔，则名号最尊宠，为"大司马大将军"。《汉书·百官公卿表》说："元狩四年，初置大司马，以冠将军之号。"师古曰："冠者，加于其上，共为一官也。"武帝时的卫青因数征伐有功，封"大司马大将军"。

《汉书·霍去病传》又说："乃置大司马位，大将军、票骑将军，皆为大司马，定令，令票骑将军秩禄与大将军等。"据此，加大司马称号的不只大将军卫青，同时还有票骑（或称“骠骑”）将军霍去病，成为“大司马票骑将军”。

大将军的地位有多高？《后汉书·百官志》刘昭补注引《汉仪》曰：

> 汉兴，置大将军、骠骑，位次丞相，车骑、卫将军、左右前后，皆金紫，位次上卿，典京师兵卫，四夷屯警。

这里“位次”二字，似乎不宜理解为在丞相和上卿之下，应该理解为相当于丞相和上卿的地位。

将军的职掌，顾名思义，原属军职，《汉书·百官公卿表》说将军“掌兵及四夷”，《后汉书·百官志》说“掌征伐背叛”。这些是指有军事而言，其在平时，则为皇帝的近卫武官，而大将军则系近卫武官之长。因其近卫皇帝左右，故能得委任领录尚书事，居宫中参决政事。《文献通考》卷五十九说：

> 西汉以来，大将军之官，内秉国政，外则仗钺专征，其权任出宰相之右。

大将军权势所以超过丞相，主要在于领尚书事。既然领尚书事，就是中朝官而非外朝官。

与大将军平起平坐的是骠骑将军，霍去病为骠骑将军。其次是车骑将军，如张安世以车骑将军领尚书事，亦冠以大司马之号。再其次是卫将军，其职务与车骑将军同。此外，前、后、左、右将军的地位也是很高的。

自大将军至前、后、左、右将军，均为重号将军，为皇帝的最高级武官。此外还有众多的“杂号将军”，或者说“列将军”。据《西汉会要》卷三十二所列之列将军名称就有三十八种之多，《东汉会要》卷十九所列之列将军名称有四十种之多，而且这些是不完全的统计。

比将军地位略低一点，则单称为将，或称别将。《西汉会要》卷三十二所列汉初别将有十数种之多。

高级将领之下的中级武官是校尉和都尉。自秦以来，一般地说校尉比都尉要大一些。除行军作战时是一级带兵官之外，诸校尉和都尉平时随着大将军等，属于内朝官，而且他们往往有侍中之类的加官号。

（2）将军幕府

汉代，大将军和列将军与其他高级官吏一样，有荐举官吏的权力，所举之人有不少就是大将军和列将军之幕僚。《后汉书·赵典传》有“四府表荐”，注云：“四府：太尉、司徒、司空、大将军府也。”

将军之府称为幕（或写作莫）府，由来已久。《史记·李牧传》：“市租皆输入莫府。”《史记集解》引如淳曰：“将军征行无常处，所在为治，故言莫府。”

《史记索隐》引崔浩云：“古者出征为将帅，军还则罢，理无常处，以幕帟为府署，故曰幕府，则莫当作幕字之误也。”这种“以幕府署”的幕府，在将军称号成为定制之后，也就变化成了将军府的代称。将军开府置吏之制始于西汉，将军幕府主要是参赞军务。

将军幕府的僚属有哪些呢？

关于西汉的情况，《汉书·百官公卿表》说得很简单。但据《汉书》的志、传所载，我们可以知道大将军、骠骑将军、车骑将军以及卫将军幕府官属情况。

大将军幕府：

大将军长史
大将军校尉
大将军军司马
大将军军司空
大将军从事中郎
大将军军监
大将军史
大将军军武库令

这些都是幕府的高级幕僚，并非一般掾属。

骠骑将军幕府：

骠骑将军校尉
骠骑将军司马
鹰击司马
票姚校尉
骠骑将军史

车骑将军幕府：

车骑将军长史
从事中郎
车骑将军军市令
车骑将军掾
车骑将军千人
营军司马

卫将军幕府：

卫将军掾

以上记载所反映的各个幕府情况是很不全面的。实际上各将军幕府的属官可以分两大类：一类是属于军队系统的，如校尉、司马及监军等；另一类是长史、从事中郎以及各种掾、史，这些是管府内事务的，其中不少是文人。

其他列将军也有幕府，《汉书·李广传》说大将军“令长史封书与广之莫府”，刘敞曰：“凡将兵皆有莫府。”

东汉将军的属官，《后汉书·百官志》概述如下：

长史、司马皆一人，千石。本注曰：“司马主兵，如太尉。”从事中郎二人，六百石。本注曰：“职参谋议。”（按：此与西汉记载同，又注引《东观书》曰：“大将军出征，置中护军一人。”按：班固曾为中护军）掾属二十九人。令史及御属三十一人。本注曰：“此皆府员职也。又赐官骑三十人，及鼓吹。”（应劭《汉官仪》曰：“鼓吹二十人，非常员，舍人十人。”）

将军出征时“其领军皆有部曲”，《后汉书·百官志》概述当时军队编制的情况说：

大将军营五部，部校尉一人，比二千石；军司马一人，比千石。部下有曲，曲有军候一人，比六百石。曲下有屯，屯长一人，比二百石。其不置校尉部，但军司马一人。又有军假司马、假候，皆为副贰。其别营领属为别部司马，其兵多少各随时宜。门有门候。

其余将军，置以征伐，无员职，亦有部曲、司马、军候以领兵。

其职吏部集各一人，总知营事。兵曹掾史，主兵事器械。禀假掾史，主禀假禁司。又置外刺、刺奸，主罪法。

一校一部这个基本单位，在西汉也是如此，“大将军营五部”就是将五校。

两汉时期，将军名目繁多，以上只不过是将军及其幕府组织的概况而已。

2. 尚书台

（1）尚书台的沿革

尚书的官名，始见于秦。其实，战国时代已有此官。如魏有主书，主与尚同义，《汉书·惠帝纪》注：“主天子物曰尚。”是主书即尚书。齐有掌书，《广雅释诂》王念孙疏证：“尚之言掌也。”《新语》中掌即写作尚，是掌书亦即尚书。其职务并不重要，只不过是替封建诸侯主管文书的小吏而已。秦的尚书即由战国时代的主书或掌书发展而来。

秦的尚书属少府，并且有尚书令、尚书仆射、尚书丞以及左右曹诸史，已初步形成自己的办事机构，但其地位仍不重要，只不过是皇帝与丞相之间的一个传达吏而已。

汉承秦制，汉初尚书职掌与秦基本相同。到武帝时，为了加强君权，削弱相权，更多地利用尚书这个办事机构，并且用宦官为尚书，这就是中书。尚书（或中书）既是近侍，地位日益重要。但汉武帝是个雄才大略的皇帝，他并不把权力交给近侍，所以中书的地位仍不尊崇。

武帝以后，随着军权的发展与皇帝个人能力的降低，尚书（中书）的职权逐渐扩大。如元帝时石显为中书令，元帝“遂委以政，事无大小，因显自决。贵幸倾朝，百僚皆敬事显”（《汉书·石显传》）。

成帝时建三公官（司徒、司马、司空），统一的丞相职权一分为三，三公互不统辖，于是中央政府的实际权力自然总归于皇帝。但皇帝不可能一手尽揽天下之事，而天下大事又非通过皇帝的裁决不能实施，再加上皇帝个人的低能，因此就不得不委政于近侍——尚书。随着尚书职权的扩大，尚书的名额也逐渐增多，成帝时设尚书五人，一个为仆射，四人分四曹，正式组成宫廷内的政治机构。但这时的尚书五人还仅限于“通掌图书、秘记、章奏之事及封奏，宣示内外而已，其任犹轻”（《通典》卷二十二），实权仍不算太大。

尚书台正式成为总理国家政务的中枢，是在东汉时代。光武帝刘秀鉴于王莽篡汉，不再信任大臣，于是独揽大权。他虽也组织一个三公九卿分职的中央政府，但实际上国家的大权完全集中于宫廷，即集中于尚书台。《后汉书·仲长统传》说光武帝“虽置三公，事归台阁（台阁谓尚书也）。自此以来，三公之职，备员而已”。

东汉时尚书虽仍然“文属少府”，但实际上已从中央政府的组织中分离出来，一变而成为直接隶属皇帝的尚书台。凡尚书统称为台官，以其在禁中，所以又称中台，与御史宪台、谒者外台，总称为三台。《后汉书·袁绍传》云：“坐召三台，专制朝政。”注云：“《晋书》曰：汉官，尚书为中台，御史为宪台，谒者为外台，是谓三台。”由于尚书台是皇帝实行独裁政治、高踞于中央政府的御用机关，所以在三台之中，尚书台的地位最为重要，造成了“三府任轻，机事专委尚书”（《后汉书·陈忠传》）的局面。尚书台实际上是当时国家的最高权力机关。

（2）尚书台的职权

尚书的职权最初不过“在殿中主发书”，或“掌通章奏”而已，即主管收发文书，或传达记录章奏，本身并没有什么政治权力。汉武帝以后，尚书的职权逐渐提高，于是由“通章奏”而“拆阅章奏，”而“裁决章奏”，并进而直接“下达章奏”。这样，尚书不仅参与国家机密，出纳王命；而且也渐渐侵夺中央政府的职权。例如武帝以后，选举、任用、考课官吏的人事权也由丞相、御史二府转为尚书。

尚书不仅有官吏的任用权，而且还掌握刑狱诛赏的大权。尚书可以质问、弹劾大臣。

陈树镛《汉官问答》据《汉书》有关传记，对尚书的职权作了一个概述：

> 大臣有罪，则尚书劾之（见《王嘉传》）。天子责问大臣，则尚书受辞（见《朱博传》）。选第中二千石，则使尚书定其高低（见《冯野王传》）。吏追捕有功，则上名尚书，因录用之（见《张敞传》），刺史奏事京师，则见尚书（见《陈遵传》）。

总之，两汉的尚书，特别是东汉的尚书，可以说是包揽一切，三公九卿的职权都转归尚书。由于尚书职权畸形发展，尚书台的台官遂成为一种凌驾于百官之上的特权集团。应劭《汉官仪》云：

> 凡三公、列卿、将（五官及左右中郎将）、大夫，五营校尉行复道中，遇尚书令、仆射、左右丞，皆回车豫避，卫士传不得迕台官，台官过，乃得去。(《全后汉文》卷三十四引）

本段引文《太平御览·职官部》作：

> 其三公、列卿、(大夫)、五营校尉行复道中，遇尚书（令)、仆射、左右丞，皆回车豫避，卫士传不得纡台官，台官过，乃得去。（见《汉官六种》第140页）

（3）尚书台的组织机构

尚书台的组织一开始规模较小，其后随着尚书权力的日益提高，尚书台的机构也日益扩大。至东汉渐具规模，俨然成了一个小型的中央政府。两汉尚书台组织系统表如下。

尚书令
- 尚书仆射（即副尚书令，主文书启封，令不在，则奏下众事）

西汉
- 尚书丞（佐令与仆射事）
- 常侍曹（主公卿事）
- 二千石曹（主郡国二千石事）
- 民曹（主凡吏民上书事）
- 客曹（主外国夷狄事）
- 三公曹（主断狱事）
- 尚书郎（主匈奴单于营部）
- 尚书郎（主羌夷吏民）
- 尚书郎（主天下户口土田垦作）
- 尚书郎（主钱帛贡献委输）

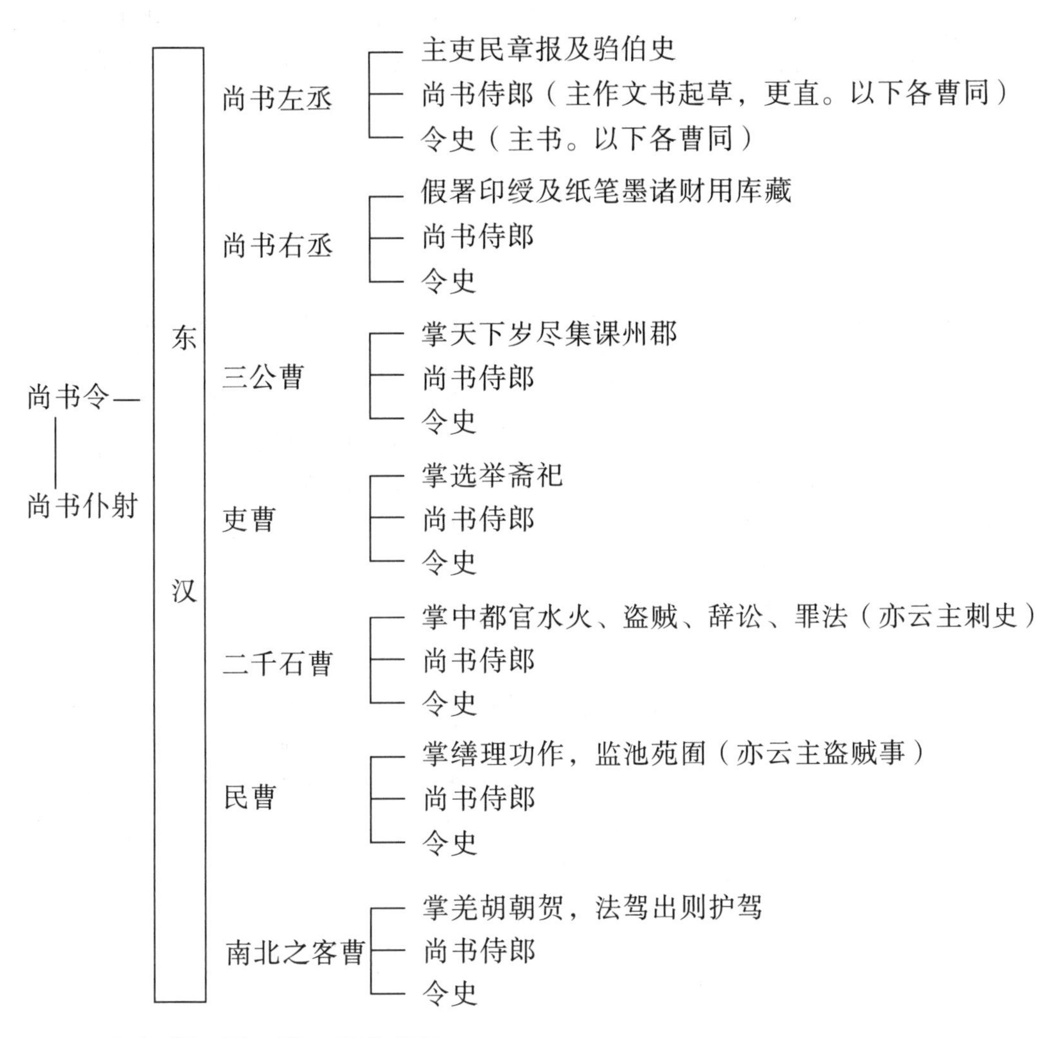

（4）领、平、视、录尚书事

尚书的实际职权虽高于三公，但它是少府的属吏（或者说是文属少府），其秩亦不过千石；而少府为九卿之一，九卿又分属三公，因而尚书在名义上还是三公下属的下属。这样就发生了矛盾，即上司不仅不能指挥下属，而下属反而变成了上司。为了解决这一矛盾，于是就有所谓领、平、视、录尚书事之制。即由中央高级官吏外加“领尚书事”“平尚书事”“视尚书事”或“录尚书事”等官衔来兼管或主持尚书台的工作。领、平、视、录尚书事，并不就是尚书令，而是皇帝在尚书台的高级顾问或代理人。这样，中央高级官吏既能保持其本职的秩位，而同时又能参与枢密。

“领”，有主管兼领的意思；“平”“视”则次于“领”，“平”是平决的意思，“视”则不必亲临，都是参与之意，和主管兼领不一样。

及至东汉，领、平、视尚书事等名称皆不复见，改称录尚书事；而中朝官多能领、平尚书事的制度也一变而为每帝即位，辄置太傅录尚书事，或以太尉与太傅同时参录的制度。《后汉书·百官志》本注曰：

世祖以卓茂为太傅，薨，因省。其后每帝初即位，辄置太傅录尚书事，薨，辄省。

由此看来，两汉的尚书台实为权力之所归，谁掌握了尚书台，谁就能成为当权者。即使上公、三公、大将军亦必领录尚书事之衔，而后始能掌握国家大权。不然，秩位虽高，礼遇虽尊，然亦不过徒具虚名而已。所以尚书台的职权十分重要，在名义上虽为宫廷近侍，实际上就是中央政府的总枢。两汉的皇帝就是利用这个御用组织，把政权从中央政府引渡到自己的卧室。这种制度必然要成为皇帝近侍之臣窃弄权柄的凭据。西汉后期和东汉后期的历史充分证明了这一点。

3. 侍中、给事中等加官

《汉书·百官公卿表》在叙述完中央诸官职之后写道：

侍中、左右曹、诸吏、散骑、中常侍，皆加官。所加或列侯、将军、卿、大夫、将、都尉、尚书、太医、太官令至郎中，亡员，多至数十人。侍中、中常侍得入禁中，诸曹受尚书事，诸吏得举法，散骑骑并乘舆车。给事中亦加官，所加或大夫、博士、议郎，掌顾问应对，位次中常侍。中黄门有给事黄门，位从将、大夫。皆秦制。

这些加官在政治上乃至生活上侍从或者常侍皇帝，或“有事殿中”，或出入禁中甚至皇帝卧室。加这些官号的官吏当然就属于中朝之官了。所以孟康曰：

中朝，内朝也。大司马、左右前后将军、侍中、常侍、散骑、诸吏，为中朝，丞相以下至六百石为外朝也。(《汉书·刘辅传》注引)

下面具体分述各加官的情况。

(1) 侍中

《汉书·百官公卿表》说：“侍中、中常侍得入禁中。”注引应劭曰：“入侍天子，故曰侍中。”《汉官仪》说：“侍中，便蕃左右，与帝升降，卒思（或作‘切问’）近对，拾遗补缺，百寮之中，莫密于兹。”可见“侍中”的本意是“入侍天子”。

侍中的职掌，《通典》说“汉代为亲近之职”，惟其亲近，所以“分掌乘舆服物，下至亵器虎子之属”。皇帝出行，侍中“则参乘、佩玺、抱剑”，能参乘的不过“多识者一人，余皆骑在车后”。在正式朝会中，侍中可接受天子委托，质问公卿，或向公卿传话。所以，侍中为皇帝左右亲近，在政治上的地位非常重要。

东汉时因为侍中地位日尊，并且“赞导众事，顾问应对”等，因而逐渐形成侍中寺，成为以后三省之一门下省的前身，《通典》卷二十一云：

> 门下省后汉谓之侍中寺（嘉［熹］平六年改侍中寺）。《晋志》曰：给事黄门侍郎与侍中，俱管门下众事，或谓之门下省。

入侍天子的侍中，多半是和天子有特殊关系的亲信，考西汉一代，能够为侍中者，大体是以下几类人。

一是皇帝的外戚，如卫青、霍去病、霍光等。

二是皇帝的佞幸，如淳于长、董贤。

三是文学侍从之臣，如严助、朱买臣等。

四是材武之士，如苟彘、上官桀等。

五是功臣子弟，如张安世、金日磾诸家子弟。

六是重臣及儒臣，如师丹、刘歆、蔡茂。

第六类是西汉后期才有的，反映了侍中由亲而尊的变化。到东汉时，这个变化更为明显，主要是外戚、功臣子弟和师儒重臣，佞幸、材武之类以及一般文学侍从都不再为侍中了。

（2）左右曹、诸吏

左右曹又称诸曹，诸曹和诸吏都是西汉时的加官，任何一个官吏，有此种加官以后，地位就有变化，如《汉旧仪》说：“五官属光禄勋，不得上朝谒。兼左、右曹诸吏，得上朝谒。”

诸曹、诸吏，一般来说是从汉武帝时开始设置的。《晋书·职官志》说：

> 汉武时，左右曹、诸吏分平尚书奏事，知枢要者始领尚书事。

诸曹、诸吏是枢机重臣，一个是受尚书事，一个则如御史中丞一样得举法案劾。加诸曹、诸吏之号，既亲近又尊贵，是人臣荣宠的一种称号，而且能“与闻政事”，成为“典枢机”的权贵重臣，《汉官解诂》曰“士之权贵，不过尚书，其次诸吏”，可见诸吏似乎比诸曹要尊贵。

关于诸曹、诸吏的演变问题，它们和侍中、给事中等不一样，侍中、给事中这类西汉时的加官到东汉及其以后，就演变成一种正式官职了，而诸曹、诸吏到东汉时基本上就没有了。

（3）散骑、中常侍

关于散骑的本意，颜师古和杜佑的解释一样：“骑而散从，无常职也。”《汉官仪》说：“散骑，骑马并乘舆车。”就是说，骑着马随从在皇帝乘舆车之后，相当于侍卫官。

常侍，当即常常侍从或者经常侍从的意思。后来逐渐发展成官名。中常侍似乎与常侍有所不同。西汉初年未见中常侍之名，作为加官称号的中常侍也许是元、成以后的事（或者与秦作为内官的中常侍有不同），如《汉书·张安世传》说：

> 自宣、元以来，为侍中、中常侍、诸曹、散骑、列校尉者，凡十余人。

中常侍在西汉时是加官之号，加此号之后，和侍中一样“得入禁中”。中常侍作为本职官名当是东汉以后的事。所以《后汉书·百官志》有：

> 中常侍，千石。本注曰：宦者，无员，后增秩比二千石。

中常侍在特定的条件下，也可叫常侍，如“十常侍”的常侍即中常侍。

东汉以后，有时又有中常侍出现，或者改称内侍，那都是宦者所为之内官，与西汉时加于一般士人的加官不是一回事。三国以后之散骑常侍是由散骑和中常侍合并而成的。

（4）给事中

《汉书·百官公卿表》在叙述侍中等各种加官之后，又单独把给事中提出来说：

> 给事中亦加官，所加或大夫、博士、议郎，掌顾问应对，位次中常侍。

给事中与其他加官有什么不同而需要单独提呢?《汉旧仪》说：

> 诸给事中，日上朝谒，平尚书奏事，分为左右曹，以有事殿中，故曰给事中。多名儒、国亲为之，掌左右顾问。

“给事”有负责实际任务的意思，《汉书·张安世传》说：“少以父任为郎，用善书，给事尚书。”（师古曰：“于尚书中给事也。给，供也。”）“平尚书奏事”“有事殿中”“左右顾问”这些都是“给事中”的实际任务，这就和其他一般的随从车骑之类的加官有所不同，所以“多名儒国亲为之”，一般的文学、武士很少有人加此官号。

（5）给事黄门

《汉书·百官公卿表》在叙述加官时最后写道：“中黄门有给事黄门，位从将大夫。”这说明“给事黄门”是一种加官。对于“给事黄门”，《通典》卷二十一说：

> 凡禁门黄闼，故号黄门，其官给事于黄闼之内，故曰黄门侍郎。初，秦汉别有给事黄门之职（扬雄为给事黄门），后汉并为一官，故有给事黄门侍郎，掌侍从左右，给事中（按：当读为给事于中），使关通中外。及诸王朝见于殿上，引王就座。无员，属少府。日暮，入对青琐门拜，故谓之夕郎。

“给事于黄闼之内”这个解释是比较符合西汉实际的。

（四）宫官

秦汉时期，皇帝的宫廷与管理国家的政府，在组织上有许多混同之处，有时很不容易区别。有些是政府官吏，但其职务也管理皇宫之事；反之亦然。所以直至三国时，诸葛亮还说：“宫中府中，俱为一体。”（《三国志·诸葛亮传》）说明当时宫廷和政府的职事还是混而为一，没有完全分离。这是君主专制政治下必然出现的现象。这里所说的宫官是指严格意义上的宫官，即太子官和皇后官。它们虽然也属于中央官吏，但基本上与政府官属于两个系统。

1. 太子官

在封建专制时代，皇太子是国家的储君，即皇帝的继承人。从汉代开始，皇位父子相传，立嫡立长的继承制度就成为我国古代封建社会立皇太子的基本制度，以后沿用了两千年。在建立皇太子继承制度的同时，也相应地建立了一套为太子服务的东宫官的系统。《通典》卷三十说：

> 凡三王教世子，必以礼乐……立太傅、少傅以养之，欲其知父子、君臣之道也；……师也者，教之以事而论诸道德者也；保也者，慎其身以辅翼之而归诸道者也。秦汉以下，始加置詹事、中庶子及诸府、寺等官，亦有以他官而监护者。

这里说得很清楚，从秦汉开始，既有太子师傅之官，同时又增设了属于太子系统的其他许多官吏。今分述如下。

（1）太子太傅、少傅

太子有师傅，其制甚早。《通典》卷三十云：

> 太子师保二傅（太傅、少傅），殷周已有。逮乎列国，秦亦有之。汉高帝以叔孙通为太子太傅，位次太常，后亦有少傅。

汉代太子太傅的地位如何？《通典》说“位次太常”，《汉旧仪》说：“（皇太子）太傅一人，真二千石（《汉书·百官公卿表》作二千石），礼如师，亡新更为太子师。”

从《汉书》记载太傅的情况来看，可以得出以下几点认识。

第一，西汉的太子太傅制度不断完善。武帝以前的太傅只能对太子起保养、辅翼的作用，如叔孙通、张良之为太子之羽翼；昭宣以后多以名儒硕士、通才为太傅，故能起到教师的作用，如疏广能使十二岁的太子通《论语》《孝经》。

第二，武帝以前，太傅固然重要，但并不十分受到尊崇。昭宣以后太傅受到尊崇，为太傅、少傅者大多得到升迁，以至位居三公。

第三，《通典》说太子太傅“位次太常”，这个说法是确切的。太常（中二千石）是九卿之首，而太子太傅（二千石）和它的地位大体相当，或者仅次于它。

东汉基本上沿袭西汉的太子太傅制度。东汉太子太傅、少傅的秩禄、职掌，《后汉书·百官志》记载得很明确：

> 太子太傅一人，中二千石。本注曰：职掌辅导太子，礼如师，不领官属。
>
> 太子少傅，二千石。本注曰：亦以辅导为职，悉主太子官属。（《汉官》曰：员吏十二人。）

（2）太子属官

《宋书·百官志》说：

> 汉西京则太子门大夫、庶子、洗马、舍人属二傅，率更令、家令、仆、卫率属詹事，皆秦官也。后汉省詹事，太子官属悉属少傅，而太傅不复领官属。

《通典》大体同此论述，这就给人较完整的印象，比《汉书·百官公卿表》的分别叙述要清楚。这些官分别属少傅和詹事两个系统。《汉书·百官公卿表》

说："詹事，秦官，掌皇后、太子家。"师古曰："皇后、太子各置詹事，随其所在以名官。"《百官公卿表》注："应劭曰：'詹，省也，给也。'臣瓒曰：'《茂陵中书》：詹事秩真二千石。'"詹事在皇后、太子那里被称为卿，但这个卿比朝中九卿的地位要低一点。

附：太子宫属官

太子太傅：职掌辅导太子，西汉二千石，东汉中二千石

太子少傅：以辅导太子为职，悉主太子官属，二千石

属官：
- 太子家令：主仓谷饮食，职似司农、少府。西汉属詹事
- 太子仓令：主仓谷。西汉属詹事
- 太子食官令：主饮食。西汉属詹事
- 太子仆：主车马，职似太仆。西汉属詹事
- 太子厩长：主车马。西汉属詹事
- 太子门大夫：职比郎将
- 太子中庶子（东汉）：职如侍中
- 太子洗马：职如谒者，太子出，则当直者在前导威仪
- 太子中盾：主周卫徼循。西汉属詹事
- 太子卫率：主门卫士。西汉属詹事

太子率更令：主庶子、舍人更直，职似光禄。西汉属詹事

太子庶子：职如三署中郎

太子舍人：更直宿卫，如三署郎中

2. 皇后官

封建社会中的皇帝是一夫多妻的。因为有众多的妻妾，如果宫教不修，后妃之制不定，就无法确定皇位的继承权，《汉书·外戚传》云：

> 汉兴，因秦之称号，帝母称皇太后，祖母称太皇太后，嫡称皇后，妾皆称夫人。又有美人、良人，八子、七子、长使、少使之号焉。

平时，皇后、皇太后、太皇太后分居各宫，各宫均有宫官，兹分述如下。

（1）皇太后宫官

《汉书·百官公卿表》曰：

> 长信詹事掌皇太后宫，景帝中六年更名长信少府。（张晏曰：以太后所居宫为名也。居长信宫则曰长信少府，居长乐宫则曰长乐少府也。）平帝元始四年，更名长乐少府。

《汉官仪》的记载更为具体：

帝祖母为太皇太后，其所居者长信宫。

帝祖母称长信宫，帝母称长乐宫，故有长信少府、长乐少府及职吏，皆宦者为之。

皇太后的官称为皇太后卿，有少府，太仆、卫尉三官，所以《通典》卷二十七有“汉制，太后三卿”之说。景帝以前，太后宫的少府称詹事。

关于太后卿以下的属官，《汉书·百官公卿表》失载。据材料推测，长信宫除少府和太仆丞之外，还当有私府、宦官、车府、永巷、仓等令、长、丞，这就与皇后之官大体差不多了。

（2）皇后宫官

皇后之宫虽也有具体宫名，但一般称为中宫，《汉书·外戚传》师古注曰：“中宫皇后所居。”《汉旧仪》曰：“皇后称中宫。”东汉郑玄注《周礼·内宰》时也说：“若今称皇后为中宫矣。”

皇后宫官称皇后卿，有：詹事（又名中少府）、将行（更名大长秋）、中太仆和中宫卫尉四个高级官吏，开始时，都是以士人为之，后来“或用中人，或用士人”。

皇后卿之属官，《汉书·百官公卿表》说：

又中长秋、私府、永巷、仓、厩、祠祀、食官令长丞。诸宦官皆属焉（师古曰：自此以上，皆皇后之官）。成帝鸿嘉三年省詹事官，并属大长秋（师古曰：省皇后詹事，总属长秋也）。

这里仅仅列举了詹事的属官，虽然是主要的，但不够全面。

兹将皇后属官列表于下：

詹事（西汉）（中少府）：掌皇后、太子家。西汉二千石。成帝鸿嘉三年省詹事，并属大长秋。

佐属（西汉）
- 詹事丞：佐助詹事掌皇后、太子家
- 中长秋：职同大长秋
- 私府令：主中藏币帛诸物
- 永巷令：主宫人
- 仓令：主仓谷
- 厩令：主车马
- 祠祀令：主祠祀
- 食官令：主饮食

中太仆（西汉）：掌舆马。西汉二千石

中宫卫尉：掌宫门卫屯兵

大长秋（将行）：掌奉宣中宫命。凡给赐宗亲当谒见者关通之，中宫出则从。二千石。承秦将行，宦者。景帝更为大长秋，或用中人，或用士人。中兴常用宦者

大长秋丞：宦者。佐助大长秋给事中官。六百石

佐属（东汉）：
- 中宫仆：宦者。主驭。千石
- 中宫谒者令：宦者。主报中章。六百石
- 中宫尚书：宦者。主中文书。六百石
- 中宫私府令：宦者。主中藏币帛诸物，裁衣被补浣者皆主之。六百石
- 中宫永巷令：宦者。主宫人。六百石
- 中宫黄门冗从仆射：宦者。主黄门冗从。六百石
- 中宫署令：宦者。主中宫请署天子数。六百石
- 中宫药长：宦者。主药。四百石

东汉皇后宫的属官比西汉数量要少，而且品秩较低。

二、 地方官制

（一）州

秦汉地方行政制度基本上是郡县两级制，但汉武帝以后，在秦设监御史的基础上又形成了统辖郡国的州部，设立司隶校尉和十三州刺史。

1. 司隶校尉

（1）司隶校尉的设立及其演变

司隶校尉，秩比二千石，武帝始置，初为中央官，后监察郡县。《汉书·百官公卿表》写道：

> 司隶校尉（师古曰：以掌徒隶而巡察，故云司隶），周官（刘昭以为周无司隶，应作司寇）。武帝征和四年初置。持节，从中都官徒千二百人，捕巫蛊，督大奸猾。后罢其兵，察三辅、三河、弘农。元帝初元四年去节。成帝元延四年省。绥和二年，哀帝复置，但为司隶，冠进贤冠，属大司空，比司直。

这里把司隶校尉的设置及演变说得很清楚，它是武帝因巫蛊一案临时设置的督捕

之官。其后虽罢其兵，但仍得督察三辅（京兆、右扶风、左冯翊）、三河（河南、河内、河东）、弘农七郡。司隶校尉是武帝临时设置而后来逐渐成为定制，以至发展到“纠皇太子、三公以下及旁州郡国无不统，陛下见诸卿，皆独席”（《汉官仪》）。

东汉时，司隶校尉的地位较西汉为高，据《后汉书·宣秉传》记载：

> 建武元年，拜（宣秉）御史中丞。光武特诏：御史中丞与司隶校尉、尚书令会同并专席而坐，故京师号曰“三独坐”。明年，迁司隶校尉，务举大纲，简略苛细，百僚敬之。

“三独坐”显然是一种特殊地位，由御史中丞迁司隶校尉，又可见司隶校尉高于御史中丞。

（2）司隶校尉的职权

关于司隶校尉的职权，《汉书·百官公卿表》记载：

> 武帝征和四年初置，持节，从中都官徒千二百人，捕巫蛊，督大奸猾。后罢其兵，察三辅、三河、弘农。

这个记载不够全面。《后汉书·百官志》作了补正：

> 本注曰：孝武帝初置，持节，掌察举百官以下，及京师近郡犯法者。

又同书注引蔡质《汉仪》云：

> （司隶校尉）职在典京师，外部诸郡，无所不纠。封侯、外戚、三公以下，无尊卑。入宫，开中道称使者。每会，后到先去。

所以，司隶校尉的职权是无所不察，不仅下察地方郡守上察中央百官，包括三公乃至太后，而且涉及政治、经济、生活各个方面。可见司隶校尉是一个显要的官职，唯其如此，故汉末权臣多自兼此职，如“镇东将军曹操自领司隶校尉”（《后汉书·献帝纪》）。更有远在他郡而兼司隶者，如袁绍出任渤海太守，“犹称兼司隶”（《后汉书·袁绍传》）。

（3）司隶校尉的属官

司隶校尉的属官，主要是较高的“从事”和较低的“假佐”两类。西汉的情况《汉书·百官公卿表》失载，散见于有关各传。《后汉书·百官志》记载较详，兹录其全文如下：

从事史十二人。本注曰：都官从事，主察举百官犯法者。功曹从事，主州选署及众事。别驾从事，校尉行部则奉引，录众事。簿曹从事，主财谷簿书。其有军事，则置兵曹从事，主兵事。其余部郡国从事，每郡国各一人，主督促文书，察举非法，皆州自辟除，故通为百石云。

假佐二十五人。本注曰：主簿录阁下事，省文书。门亭长主州正门。功曹书佐主选用。《孝经》师主监试经。《月令》师主时节祠祀。律令师主平法律。簿曹书佐主簿书。其余都官书佐及每郡国，各有典郡书佐一人，各主一郡文书，以郡吏补，岁满一更。司隶所部郡七。

这里从事史十二人，本注作了解释，包括都官从事、功曹从事、别驾从事、簿曹从事、兵曹从事，以及七个郡国从事，刚好十二个。从事的地位并不高，秩仅百石，然而其职权却不算小。假佐一类地位更低，本注只列举了一部分，没有全举。

2. 刺史、州牧

(1) 由监御史到刺史、州牧

秦统一六国之后，“分天下为三十六郡，郡置守、尉、监”（《史记·秦始皇本纪》）。这里的“监”就是《汉书·百官公卿表》中“掌监郡”的“监御史”，《通典》作“监察御史”或“监察史”（卷三十三），“监”是简称。《史记·高祖本纪》有“秦泗川监平”的记载，《集解》引文颖曰：“泗川，今沛郡也……秦时御史监郡，若今刺史。平，名也。”

监御史，隶属于御史大夫，是秦代特有的一种官吏，它的任务是掌监郡，但又不像是一个正式的地方官。它的地位也不高，“郡置守、尉、监”，排在守、尉的后面，但它的任务特殊，权力很大。

秦在每郡设监御史的制度到汉代又有发展变化。《汉书·百官公卿表》说：

监御史，秦官，掌监郡。汉省，丞相遣史分刺州，不常置。武帝元封五年初置部刺史，掌奉诏条察州，秩六百石，员十三人。成帝绥和元年更名牧，秩二千石。哀帝建平二年复为刺史，元寿二年复为牧。

秦设监御史，“汉省”，但汉朝中央仍派人监察地方，叫刺史或州牧。这种制度的演变，上引《百官公卿表》说得比较简略，《通典》卷三十二叙述了由监御史到刺史、州牧之设置的详细经过。下面详述。

汉初省秦监御史，中央派御史、丞相史监察郡，这是一种临时措施。因其职事重叠，各自为政，而又无固定的监察地区，不能适应中央集权政治需要，所以到武帝时便废除御史、丞相史监郡之制，在全国置十三部州，每州派刺史一人。十三州刺史上受中央御史中丞直接管辖，下分别监察十三州。刺史秩六百石，位下大夫，但可以监临二千石，所以刺史是“秩卑”而“任重”。汉成帝绥和元年（前8），曾改刺史为州牧，哀帝时复改州牧为刺史。王莽时复改为州牧，东汉初年沿用州牧，建武十八年（42），复为刺史。灵帝中平五年（188）改为州牧。刺史、州牧的改名，不仅是名称的变化，实质上反映了中央集权与地方割据势力的一个消长过程。

西汉十三州名称（附司隶）：司隶（校尉）、豫州、冀州、兖州、徐州、青州、荆州、扬州、益州、凉州、朔方州、并州、幽州、交州。

（2）刺史的职权

刺史的职务是监察地方郡国，明确规定“以六条问事”，《汉书·百官公卿表》注引《汉官典职仪》云：

> 刺史班宣，周行郡国，省察治状，黜陟能否，断治冤狱，以六条问事，非条所问，即不省。一条，强宗豪右田宅逾制，以强凌弱，以众暴寡。二条，二千石不奉诏书遵承典制，倍公向私，旁诏守利，侵渔百姓，聚敛为奸。三条，二千石不恤疑狱，风厉杀人，怒则任刑，喜则淫赏，烦扰苛暴，剥截黎元，为百姓所疾，山崩石裂，袄祥讹言。四条，二千石选署不平，苟阿所爱，蔽贤宠顽。五条，二千石子弟恃怙荣势，请托所监。六条，二千石违公下比，阿附豪强，通行货赂，割损政令也。

刺史所察对象主要是二千石长吏，其次是强宗豪右。又从其“周行郡国”看，诸侯王亦在刺史督察之列。

西汉刺史的职权范围，实系继承此前御史出察、丞相史出刺而形成的一种监察制度。刺史秩本六百石，而监临二千石官，并可升迁为守相，所谓秩卑权重而赏厚，故任此职者多能自励，竭忠尽力，对于加强中央集权、整饬吏治起过一定作用。

刺史以六条省察郡国而仅以奉诏奏事时是中央派出的监察官，而不是地方官。但刺史权任极重，可以控制地方上的二千石长吏，事实上极易越权。加之东汉后期阶级矛盾尖锐，为了加强对地方的控制和镇压农民起义，逐渐赋予刺史以六条外的职权，以加重刺史的权力，于是刺史便由单纯的监察官而发展为总揽地方大权的行政长官了。

刺史职权的发展，可以从以下几个主要方面看：

第一，监察范围的扩大。依照原定六条，刺史所察主要是二千石官吏。但以后所察范围渐广，西汉末可以下及墨绶令长，到东汉时监察范围已扩展到黄绶。也就是说，州内所有朝廷命官都在刺史督察之列。

第二，选举与劾奏权。依照原定六条，刺史无选举之权。其劾奏权也仅限于监察二千石选署不平、举奏二千石长吏不称职者，其所奏章尚须经过公府覆案，如刺史不法，则由公府加以劾案。至东汉初，州举茂才已成为定制，刺史不仅有权举茂才，而覆案之权也不再委任三府。于是尚书专擅于内，而地方选举劾奏之权则转归刺史。

第三，对地方行政的干预。依照原定六条，刺史只能监察二千石长吏措施是否得当，但是不得干预地方行政。但以后则往往超越诏条而干预郡守的行政权力。至东汉各朝，皇帝往往下诏书要求刺史亲预庶政。有时不仅是干预，甚至是取而代之。如《后汉书·贾琮传》：

> 交阯屯兵反。……有司举琮为交阯刺史。琮到部，讯其反状，咸言赋敛过重……民不聊生，故聚为盗贼。琮即移书告示，各使安其资业……简选良吏试守诸县。岁间荡定，百姓以安。

这简直是把郡县长吏完全放在一边，直接处理郡县政务了。

第四，兵权。东汉中叶以后，为了镇压农民起义和少数民族的反抗，刺史又被赋予领兵的权力。如安帝永初四年（110），张伯路与刘文河、周文光等起兵攻厌次城，杀县令，朝廷遣御史中丞王宗督青州刺史法雄讨破之。

根据以上所述，刺史督察对象遍及境内一切朝廷命官，有选举、劾奏之权，有权干预地方行政，又拥有领兵之权，可见刺史在事实上已由监察官演变为地方的高级行政长官。灵帝中平五年（188），改刺史为州牧，刘焉等以朝廷重臣出任州牧，“州任之重，自此而始”（《后汉书·刘焉传》）。

刺史与州牧的区别，不仅仅是秩位的高低（刺史为六百石，州牧为二千石），更重要的是有无赋政治民的行政职权。刺史由纯粹的监察官，逐渐发展为有行政职权的行政长官。到东汉末，州牧、刺史已不只是地方官的性质，在他们所管辖的领地内，他们是最高的统治者，甚至权位父子相袭，实际上已成了割据一方的诸侯。这对东汉中央政权的崩溃起了加速的作用。

（3）固定治所与幕僚组织的形成

西汉刺史有无固定治所，历来说法不一。大抵刺史之制，是有变化，元封五年（前106）始置刺史或无固定治所，以后因实际需要或习以为常（如每次行部，住在某处），而渐有定治。随着历史的发展，刺史不仅有了固定的治所，而且也逐渐有了自己的属官。

刺史究竟有哪些属官？据《宋书·百官志》说：

（刺史）官属有：别驾从事史一人，从刺史行部；治中从事史一人，主财谷簿书；兵曹从事史一人，主兵事；部从事史每郡各一人，主察非法；主簿一人，录阁下众事，省署文书；门亭长一人，主州正门；功曹书佐一人，主选用；《孝经》师一人，主试经；月令师一人，主时节祠祀；律令师一人，平律；簿曹书佐一人，主簿书；典郡书佐每郡各一人，主一郡文书。汉制也。

据此可知，州刺史的属官和司隶一样，皆有从事史（也叫从事）、假佐。刺史既有幕僚组织，显然已是固定的地方官组织，远远超出监察官的范围了。

东汉末年，刺史发展成为州牧，职重位尊，实际上割据一方，因而属吏增多了，属吏的地位也提高了。

（二）郡

关于郡县制的起源，至少要上推到春秋时期。县的出现早于郡，县多设在统治中心区，而郡则多设在边地，并且县大而郡小。郡的起源与军事守土有关，故郡的长官叫郡守，守就包含守土之意。战国时始设郡，多在边境。

秦始皇统一六国之后，分天下为三十六郡（后增至四十余郡）。从此以后，郡县制便成了中国两千多年来封建社会地方行政制度的基础。

秦汉的郡制，就户口多少而论，有大小之异；就政事难易而论，有剧、平之分；就地区而论，有内外、远近之别。内郡、近郡之中，又以京辅诸郡地位最高，有其特殊之处。

1. 内史、三辅、河南尹

（1）内史和三辅

京师为帝王所居、宗庙所在，所以京师所在的郡县，其地位特别重要，与一般郡县不同。秦在全国建立统一的郡县制度之后，以内史掌治京师。

汉承秦制，也以内史掌治京师，大约在景帝前后开始有所变化，《汉书·百官公卿表》说：

景帝二年，分置左［右］内史。右内史，武帝太初元年更名京兆尹，（张晏曰："地绝高曰京，《左传》曰莫之与京。十亿曰兆。尹，正也。"师古曰："京，大也。兆者，众数。言大众所在，故云京兆也。"）……左内史更名左冯翊。（张晏曰："冯，辅也；翊，佐也。"）

景帝将秦时掌列侯的主爵中尉更名都尉，武帝又改其名为右扶风（张晏曰："扶，助也。风，化也。"），连同京兆尹、左冯翊，即所谓"三辅"。

《三辅黄图》在三辅沿革和治所中都说：

> 武帝太初元年，改内史为京兆尹，与左冯翊、右扶风谓之三辅，其理俱在长安城中。
>
> 三辅者，谓主爵中尉及左、右内史。武帝改曰京兆尹、左冯翊、右扶风，共治长安城中，是为三辅。

三辅治所虽均在长安城中，其所辖区域则包括京师及其附近一些地区。三辅长官京兆尹、左冯翊、右扶风，皆秩中二千石，与九卿同；并得“独奉朝请”，即有资格参与朝议。而其他郡守则秩为二千石，且不能参与朝议。故当时由三辅出居旁郡，事实上即为左迁（降职）。反之，由其他郡守入为三辅，则为迁补（升级）。

京兆尹虽为地方官，但因其治长安，且又能参与朝政，故又有中央的性质。因京师多勋臣贵戚，号为难治，历任京兆尹，“久者不过二三年，近者数月一岁，辄毁伤失名，以罪过罢”（《汉书·张敞传》）。

三辅长官政绩卓著者，往往被选入为九卿，直至御史大夫、丞相。

三辅属官有相同的，也有不相同的。相同的是皆有都尉和两丞。《三辅黄图》说：

> 三辅郡皆有都尉，如诸郡。京辅都尉治华阴，左辅都尉治高陵，右辅都尉治郿。

据《汉书·百官公卿表》载，三辅“皆有两丞”。丞秩六百石，与一般郡丞相同。三辅都尉的治所不在长安城内，有自己单独的官属都尉丞。不过，三辅都尉常常兼任三辅长官。三辅长官在行政地位上比三辅都尉高。

三辅不同的官属如下。

京兆尹的属官：

长安市令、丞：长安有东西市令，其职掌为主管城内商业贸易。市令下有丞

长安厨令、丞：掌帝王巡幸境内离宫别馆时之供帐

都水长、丞：刘向曾领护三辅都水，苏林曰：“三辅多溉灌渠，悉主之，故言都水。”（《汉书·刘向传》及注）都水有长有丞，史籍无考。一九四八年，西安城遗址曾出土“都水丞印”

铁官长、丞：职掌待考

此外，见于《汉书》其他地方的京兆尹属官有主簿、贼捕掾、督邮、门下督等。

左冯翊的属官：

廪牺令、丞、尉：师古曰："廪主藏谷，牺主养牲，皆所以供祭祀也。"

左都水长、丞：可称"左都水"，也可叫"左冯翊都水"，在境内或可直称"都水"

铁官长、丞

云垒长、丞：无可考

长安四市长、丞［严耕望认为疑"四"字衍，长安只有东西市（《中国地方行政制度史》上编，188页）］

右扶风的属官：

掌畜令、丞：职掌为主畜牧、宗庙祭祀的牺牲及京师地区的畜产供应等

右都水长、丞

铁官长、丞

厩长、丞：厨长为供给厨食之官自无疑问，廱字何意？文颖解释："廱，主熟食官。"如淳说是"五畤在廱"，廱即是雍县之雍。师古同意此说（《汉书·百官公卿表》注）

以上为三辅属官中较特殊者，其他属吏当与诸郡同。

（2）河南尹

东汉迁都洛阳，治京师者为河南尹，原有的西汉三辅，因陵庙所在仍存旧名，但减其秩同于郡守，即改中二千石为二千石，其秩移归河南尹。河南尹亦得奉朝请。《后汉书·百官志》云：

> 河南尹一人，主京都，特奉朝请。其京兆尹、左冯翊、右扶风三人，汉初都长安，皆秩中二千石，谓之三辅。中兴都洛阳，更以河南郡为尹，以三辅陵庙所在，不改其号，但减其秩。

《汉官仪》记河南尹的沿革说：

> 河南尹所治，周地也。洛阳本周城（案：当作成周），周之衰微，分为（东）西周（案：东周洛阳，西周河南）。秦兼天下，置三川守，河、洛、伊也。汉更名河南，孝武皇帝增曰太守。世祖中兴，徙都洛阳，改号为尹。

尹，正也。《诗》曰："赫赫师尹。"

改三川守为河南太守显然是要提高其地位。因此，河南尹者都是"能名"人物，或重要将领、官吏。

河南尹的属吏，《后汉书·百官志》大司农条下本注曰："又有廪牺令，六百石，掌祭祀牺牲雁鹜之属。及洛阳市长、荥阳敖仓官，中兴皆属河南尹。"又，州郡条下注引《汉官》云：

> 河南尹员吏九百二十七人，十二人百石（按：百字上当脱一数目字）。诸县有秩三十五人，官属掾史五人，四部督邮（吏）部掾二十六人，案狱仁恕三人，监津渠漕水掾二十五人，百石卒吏（当作史）二百五十人，文学守助掾六十人，书佐五十人，循行二百三十人，干、小史二百三十一人。

这两段记载大体上概述了河南尹的官属。

总之，东汉的河南尹，地位虽与西汉三辅相同，但职事稍减，其属吏大体已无异于他郡了。

2．郡守

《汉书·百官公卿表》说：

> 郡守，秦官，掌治其郡，秩二千石。有丞，边郡又有长史，掌兵马，秩皆六百石。景帝中二年，更名太守。

太守是一郡的最高官吏，系中央与县的中枢，上则执行中央命令，下则监督所属各县，举凡民政、财政、司法、教育、选举以及兵马等，可以说职无不总。太守的主要职权及其变化情况如下。

（1）辟除权

郡守及其佐吏丞、尉等由朝廷任命，郡守的幕僚属吏，则可自行署置，郡守有任免权。汉朝制度，除三辅郡属吏可用他郡人之外，一般郡吏皆用本郡人。

至于县令长，也由中央署置，郡守不得更调；但遇其不能时，则可置守令以摄理其事。

（2）选举权

按照汉法规定，郡守任职满一年以后便有选举权。或为皇帝的特诏，指定其选举的科条；或为岁贡，依所定科目员额选举。诸如孝廉、贤良方正、茂才异等、文学明经以及有道之士等等，皆在郡守察举的范围。但如果不能选举，或举贤而不当者，郡守要受到国家法律的制裁。这实际是沿袭了秦时的办法："任人

而所任不善者，各以其罪罪之。”（《史记·范雎传》）

西汉对待郡守的选举权比较严谨，至东汉则渐趋于滥。郡守把国家赋予他们的职权以结私恩，遂使所置之吏和选举之士与其故君或举主形成二重君臣关系，助长了地方与中央的离心力。

（3）自设条教（或曰条式，或曰教令）

云梦出土秦简中有《语书》一篇，是“南郡守腾”发布的，开头就说：“廿年四月丙戌朔丁亥，南郡守腾谓县、道啬夫。”郡守管辖境内各县，并有考课各县令、丞的权力，还可以因地制宜，补充颁布一些律令。

汉代郡守像秦一样，也可以因地制宜，自设条教，或劝民农桑，或整齐风俗，以及举办文化教育等各项地方事业。郡守一些好的条教往往还会被推行到全国。

（4）赏罚、司法和监察权

据《后汉书·百官志》所述郡守的职掌，其中还包括赏罚、司法和监察权。因郡守有赏罚之权，故置功曹，主选署功劳议论赏罚；有司法权，故置决曹，主治狱及罪法事；监察权主要是监察其所属县之长吏。

（5）生杀予夺权

按法律，郡守并无专杀之权，虽罪至死，亦必先奏请，以待秋决。有时因特殊原因，令太守得便宜从事或以军法从事，可以专杀，或者先斩后奏。

（6）兵权

前人多谓太守主民，都尉主兵，民兵分治，但这与事实不完全符合。《汉书·百官公卿表》明言：“都尉，秦官，掌佐守典武职甲卒。”孙星衍辑《汉官解诂》云：“都尉将兵，副佐太守。……言与太守俱受银印部符之任，为一郡副将；然俱主其武职，不预民事。”这些记载都说明都尉佐助太守掌兵，故太守称郡将，而都尉称副将。郡守专一郡政务无所不统，兵权亦不例外。所以说太守总管军民诸政，而都尉分治军事。不过太守虽拥有一郡的兵权，但在秦和西汉时期，地方上如有重要军情，一般是由中央命将置帅，郡守不得擅自发兵。如郡守发兵，必须有皇帝虎符，若边郡有紧急军情，事后也得立即上报。

东汉时期，郡守职权逐渐扩大，建武中罢省郡都尉，并职于郡太守，虎符发兵之制亦渐被破坏，再加上东汉后期为了镇压各地农民起义和少数民族反抗，太守逐渐有了发兵领兵之权。在《后汉书》中可以看到许多太守领兵镇压少数民族反抗和农民起义的事例。到东汉末年，刺史、太守不仅可以募兵领兵，而且其募领之兵，往往变成私人部曲，可以父子相袭，这是造成地方割据的重要原因之一。

（7）财权

郡府的经费由国家拨给，由郡守支配。国家从什么经费中拨给郡守使用呢？一般是从本郡赋税收入中拨给，收入少的边郡则由内郡调拨。赋税是归国家所有的，除按规定拨给郡府使用之外，其余一般不得擅自使用。按规定拨给的部分需每年上计，过此，则必须事先上报奏请。除正式田赋以外的杂调，各郡也还有一些公田和山泽之利，其收入自然由郡守支配。

以上是郡守职权及其变化情况。郡守是地方的最高行政长官。朝廷对郡守官职是十分重视的，政绩良好者辄升任公卿；还对郡守的职权予以限制，以防止地方势力过大而对抗中央。

3. 郡佐官

《通典》卷三十三《总论郡佐》中说："郡之佐吏，秦汉有丞、尉，丞以佐守，尉典武职。"实际上，郡府还有许多属官，因为任命不同，我们把他们分为佐官与属吏两类：秩二百石以上的由中央任命，有丞、长吏、都尉等，谓之佐官；秩百石以下的由郡守自行辟除，如功曹、五官、督邮、主簿等掾史，皆为属吏。下面专述佐官。

（1）丞、长史

《汉书·百官公卿表》说："郡守……有丞。边郡又有长史，掌兵马，秩皆六百石。"这是说一般的郡守设丞佐守；边郡则既有丞又有长史，二者并置，分佐太守治军民。这一点卫宏《汉旧仪》说得更明白：

> 边郡……置长史一人，掌兵马。丞一人，治民。当兵行，长史领。

东汉时有变化，《后汉书·百官志》说："郡当边戍者，丞为长史。"注引《古今注》曰："（建武）十四年，罢边郡太守丞，长史领丞职。"

两汉时期，丞和长史均有代太守行事的权力。至于丞与长史是否有属吏，文献中很少见到相关记载。

（2）都尉及其官属

郡有尉，佐太守主兵，是从秦开始的制度，《汉书·百官公卿表》说：

> 郡尉，秦置，掌佐守典武职甲卒，秩比二千石，有丞，秩皆六百石。景帝中二年更名都尉。

都尉的职务，既是佐助太守分管军事，故凡郡内一切军事行动，均由都尉负具体责任，所以实际上握有一郡的兵权。

关于都尉的地位及其与郡守的关系，《文献通考》卷六十三有一段按语说：

> 按：自秦置三十六郡，而郡官有守、有尉、有丞，然考之西汉，《百官表》称，郡守掌治郡，秩二千石，有丞，秩六百石；郡尉掌佐守典武职，秩

比二千石，有丞，秩亦六百石。是守、尉皆二千石，而俱有丞以佐之，尉之尊盖与守等，非丞掾以下可拟也。《酷吏传》言周阳由为守，视都尉如令；为都尉，陵太守，夺之治。明守不可卑视尉也。……《通典》叙都尉，而以置之郡佐之末，非是，故今以次郡守。

可见郡守和都尉的地位大体是相等的。除了均为二千石之官以外，还有两点相似之处。

第一，都尉有单独的治所。西汉时期，除少数例外，都尉与太守一般不同治，太守治所一般在首县，都尉治所不在首县，故《汉书・地理志》夹注中多标以某县某都尉治。

第二，都尉有单独的官属（详下），因而都尉和太守一样均可称府，如《居延汉简释文》卷一：

地节五年……都尉府移太守府……

总之，都尉之秩位仅次于太守，又直接负责军事，有时代理太守行事，实为一郡的实权派。

以上是内郡都尉的情况。边郡的情况与内地不同。汉武帝以后，为了加强对新辟地区的统治，往往分部设置都尉，一郡之中有二部或三部都尉。见于《汉书・地理志》者有许多部都尉，现仅列举一些如下。

会稽有西、南部都尉各一人
广汉有都尉及北部都尉各一人
武威有都尉及北部都尉各一人
张掖有都尉二人，又有肩水都尉一人
酒泉有东、西、北三部都尉各一人
朔方、五原等郡皆有中、东、西三部都尉各一人

东汉边郡所设置的部都尉，见于《后汉书》者共有十三部都尉。

据《汉书・百官公卿表》："边郡又有长史，掌兵马。"那么长史与都尉是什么关系呢？《汉旧仪》说：

边郡太守各将万骑行障塞烽火追虏。置长史一人，掌兵马。丞一人，治民。当兵行，长史领。置部都尉、千人、司马、候、农都尉，皆不治民。

由此可见，部都尉等与长史虽同为掌兵马，但有不同：长史之掌兵马和丞之治民一样，是太守的助手，太守所将之兵，即由长史直接率领；而都尉或部都尉则别

有治所，并且往往是单独行动、独当一面。

边郡都尉除部都尉外，还有：

关都尉：主关地

骑都尉

农都尉：主屯田殖谷

属国都尉：主蛮夷降者

都尉既单独有府，所以和太守府一样，有秩六百石的丞和其他属吏，如主簿、功曹以及各种掾、史、属、书佐等等。不过太守府请曹掾史甚多（详下），而都尉府分曹相对少一些。都尉府的官属，以《后汉书·任延传》所记最为详细，可参考。

边郡都尉之属吏更多，因有出土汉简，故多可考记，陈直《汉书新证》说：

> 边郡都尉有烽燧台者，则设有候官，或简称为候。……候官之下有候长，候长之下有燧长。候官、候长之属吏，有令史、佐、啬夫等职。……又在烽燧台之外，如遇有险要地区，设有障、塞，大者曰障，小者曰塞……并置有障尉、塞尉……塞尉之制度，属吏有士史、尉史各二人……以上所述候官，障尉等两官系统，皆直属于都尉管辖。……又按：都尉府属吏今可考者有掾、属、书佐。

这是一个概述，可见边郡都尉的属官是很多的。陈梦家《汉简缀述》对此作过更详细的整理，可供参考。

4. 郡属吏

郡守除都尉、丞、长史等佐吏由朝廷任命之外，众多的属吏都是由太守自己辟除的。郡守究竟有哪些属吏呢？《后汉书·百官志》和《宋书·百官志》有过简单的记载。根据这些记载，我们可以指出下列几点。

第一，和中央（公府）一样，分曹办事。分曹即分科办公，如民政（户曹、比曹、时曹、田曹、水曹）、财政（仓曹、金曹）、交通（集曹、漕曹、法曹）、军事（兵曹、尉曹）、治安（贼曹）、司法（决曹、辞曹）、教育（学官）、卫生（医曹）等等。各曹皆有办公处所（或机关）。

第二，诸曹曹名及其职掌和公府曹大体相同。

第三，主持各曹之吏，或曰掾，或曰史，一般是掾、史通用，也有时掾、史同时设置，则史位在掾下。掾是郡府各机关主要负责人的通称，如主记掾、仓曹掾、督邮掾之类。

第四，《续后汉书·百官志》说："阁下及诸曹各有书佐、干主文书。"意思是说，协助掾史治事的还有各种属吏，也可以笼统称之为斗食、佐史之属。一般郡府都有大量书佐、干、小史等低级属吏。

下面分类叙述诸曹掾史的情况。

（1）功曹、五官掾、督邮

1）功曹

功曹是郡府中地位最高的属吏，或称右职，或称右曹、上曹。按其职掌，有负责全局、统领或监督其他各曹的性能，实权较大，是太守的左右手。在汉人的心目中，功曹等同朝廷的相国。

功曹在郡府中地位很高，在特殊情况下，可以决定郡府的一切，但其主要工作，还是《后汉书·百官志》所说“主选署功劳”，包括对郡吏之任免和赏罚。

2）五官掾

对于“五官”这个名称，《急就篇》颜师古解训：

> 古言五官者，总举众职，以配五行，无所不包……若今言百官也。

无所不包，意思也就是无一定职掌，可见五官掾为一荣誉职务。《后汉书·百官志》说是“署功曹及诸曹事”。这个“署”字极为恰当，署者署理也，凡官出缺或离任，以他官暂理其职务，谓之署理，有别于正式任命者。可以说，没有功曹，五官掾就署理功曹事，其他各曹或缺，五官掾也可以代行其事。因为他可以署理功曹事，其地位是比较高的，或者仅次于功曹。

但是，五官掾之设既为定制，理应有其具体职责，从许多资料看，郡中春秋祭祀是由五官掾主祭的。

3）督邮

西汉初年有遣都吏巡行属县之事，《汉书·文帝纪》载：“二千石遣都吏循行，不称者督之。”注引如淳曰：“律说，都吏今督邮是也。闲惠晓事，即为文无害都吏。”可见在未置督邮之前，即由都吏督察郡内各县。

大约西汉中叶以后逐渐形成督邮督察属县之制。督邮作为郡太守之耳目，其主要职责是督察县政。督察的主要对象是所属县长吏，察其善恶与是否称职，然后报府，以便奖罚。

4）门下亲近属吏

门下又称阁下，汉代官府正门一般不轻易开启，府内人员日常出入走旁门、小门，小门曰阁，故有阁下或门下之称，表示亲近的意思。郡府属吏似乎均可称为门下或阁下。但功曹、五官、督邮等地位特殊，其余列曹又各有所掌，实际变成相对独立的机构，所以史书常把一些最亲近的属吏特别冠以“门下”的称号，以示与其他职事曹有所区别。故门下亲近属吏可别为一类。

主簿　主簿原来的意义是“主计会之簿书”，于君前记事，自然是在君之左右，故有“主簿，股肱近臣”（《古文苑》十，《曹公下夫人与杨太尉袁氏夫人书》）的说法。

主簿的主要职责有三个职责。

代郡守宣读书教。《后汉书·郅恽传》说：“主簿读书教。”

为太守奉送要函。东汉弘农太守皇甫规，因门吏得罪当时名士赵壹，“谨遣主簿奉书”谢罪（《后汉书·赵壹传》），即其例。

为太守迎接贵客。尊贵的客人当由主簿招待。

主记室史　《后汉书·百官志》记：“主记室史，主录记书，催期会。”主记好像是一个专管记录、簿书的办公室，或者说相当于一个曹。其员吏则为主记室史，或简称主记，是仅次于主簿的亲近吏。

少府　《汉书·文翁传》载，文翁为蜀郡守时，曾“减省少府用度”，师古注云：“少府，郡掌财物之府，以供太守者也。”则郡中少府实为太守的内府，总管太守私人财政，这与中央少府管理皇帝私人财政性质相同。

门下督盗贼　主兵卫，带剑导从，很像郡守的侍卫队长，因而不是豪侠就是素有气力者。

府门亭长　一般郡府城门、府门皆有门亭长，主守府门。门亭长之下尚有门吏、门卒若干人。

书佐、循行、干、小史　诸曹有掾、史、属的区别，掾、史以下有属，或曰守属。一般地说，属或者守属，当为掾、史以下属吏的总名，分有书佐、循行、干、小史等名称，其地位也各有不同。

书佐：主秘书工作，如记录、缮写、起草、宣读等等。

循行：一般称门下循行，是郡府中一种低级散吏，类似门下客。

干、小史：是郡府中最卑末之小吏，有的或冠以具体名称，如直事干、门干、直事小史、门下小史，或有不以干、小史为名者，如骑吏、铃下、五百（五百职在导引，兼行杖事。五即伍，当也。百即伯，道也。使之导引当道陌中以驱除也）等，亦属此类。

（2）列曹

户曹　汉代公府中央“户曹主民户、祠祀、农桑”，郡府户曹亦以民户为主，兼及狱讼、礼俗和祠祀等事。

比曹　比曹之职掌为何?《周礼·小司徒》云：“及三年则大比，大比则受邦国之比要。”郑云注曰：“大比谓使天下更简阅民数及其财物也。”郑司农云：“五家为比，故以此为名，今时八月案比是也。”案比即案验，《后汉书·江革传》云：“建武末年，（革）与母归乡里。每至岁时，县当案比（注：案验以比之，犹今貌阅也），革以母老，不欲摇动，自在辕中輓车，不用牛马。”则案验时人人都得到场。既然检阅民数及财物为比，比曹当即主管检核之事。此职与户曹

相近，或不常置，记载不多。

时曹、祠祀掾史　时曹主时节祠祀。祠祀掾史、供曹掾史、祠仁德掾史等，皆为郡国境内祠祀名山大川或先圣先贤庙所专设之掾史，与时曹相类。

田曹、劝农掾史　主管农业、土地。

水曹、都水　主管兴修水利。

将作掾　主管工程兴建，东汉多见，西汉时名司空。

仓曹　主仓谷事。仓曹有掾有史，多见于碑传。

金曹、市掾　公府（中央）金曹，主货币、盐、铁事。郡府金曹大约不管盐铁，但主钱布。市掾主管理市场。

集曹　据《汉书·匡衡传》载，丞相府有集曹掾主管郡国上计，则郡府集曹亦当主管各县上计。集曹有掾有史。

漕曹　漕曹主管漕运。《史记·平准书》云："漕转山东粟以给中都官，岁不过数十万石。"《索隐》引《说文》云："漕，水转谷也。一云：车运曰转，水运曰漕。"汉代漕运之事由地方负责。

法曹　公府有"法曹主邮驿科程事"，与后世司法性质的法曹不同。汉代郡府亦有法曹，应与公府相应，亦主邮驿科程事。

兵曹、兵马掾、监军掾　兵曹主兵事无疑义，但具体管什么，需要弄清楚，否则与都尉及其属官之职混淆不清。《五曹算经》有"必资人功，故以兵曹次之"之说，可见兵曹所管之事为征集、输送兵丁。

郡府主兵事之吏，除兵曹掾史之外，还有兵马掾、监军掾等。

尉曹　公府尉曹"主卒徒转运事"，郡府尉曹当亦相同。尉曹主士卒，与兵曹之职有何区别？大抵尉曹转运者为服徭役的卒徒，与兵曹征集和输送兵卒不一样。

贼曹　公府贼曹主盗贼事，郡府亦同。

辞曹　公府辞曹主辞讼事，郡府辞曹与公府职同，但辞曹记载较少，见于汉碑中。

决曹、案狱仁恕掾　公府决曹主罪法事，郡府决曹亦主决狱，有掾、有史，其职掌主要是决狱、断狱、用法，决曹多以晓习文法者为之。仁恕掾亦主案狱。

医曹　医曹主医药事。

以上所列职吏诸曹是比较主要的，一般不可缺少。但不同时期、不同地区或置或废，不尽相同。

（3）上计掾史

《后汉书·百官志》述郡国守相的职类中有一条说："岁尽，遣吏上计。"述县令长的职责也有一条说："秋冬集课，上计于所属郡国。"此种上计制度是中央对郡国、郡国对县了解情况、考察政绩、监督官吏的一种制度。

那么，由谁负责上计呢？这在历史上是有发展变化的。秦汉以前，由地方长官亲自上计于中央。从西汉开始，郡国守相不再自行上计，而是派遣守丞、长史为上计吏，故上计吏兼指守丞、长史。此外还有上计掾史，也还有斯役徒卒。

东汉时，郡丞、长史不再上计，而由计吏奉上计簿，其为首者即上计掾。上计掾（或简称“计掾”）就是郡守上计中央的代表，一般受到皇帝或三公的接见。

（4）学官（学之官舍也）

秦时未有学校，“有欲学者，以吏为师”（《史记·李斯列传》）。汉初，因“尚有干戈，平定四海，亦未皇庠序之事也”（《汉书·儒林传》），直至武帝时才正式下令全国各地设立学校。《汉书·文翁传》记载说：

> 景帝末为蜀郡守，仁爱好教化。见蜀地辟陋有蛮夷风，文翁欲诱进之……修起学官于成都市中（师古曰：学官，学之官舍也），招下县子弟以为学官弟子，为除更徭，高者以补郡县吏，次为孝弟力田。常选学官僮子，使在便坐受事。每出行县，益从学官诸生明经饬行者与俱，使传教令，出入闺阁，县邑吏民见而荣之，数年，争欲为学官弟子，富人至出钱以求之。由是大化，蜀地学于京师者比齐鲁焉。至武帝时，乃令天下郡国皆立学校官，自文翁为之始云。

郡国学校一般称“学官”，也有称“校官”者，有时又称“黉”或“横”。地方学校有文学先生和弟子之分（中央太学有博士与弟子之分）。文学先生即郡国学官，或称“郡文学”，一般简称为“文学”。因为其职为教授学生，故皆以明经者为之。文学是简称，正式的官名应为文学掾和文学史。因为郡县学校规模不算小，所以文学掾、文学史的数量比郡府其他曹掾、史更多，其地位也比诸曹掾、史更高，汉人尊师重道，故往往排在前面。

文学掾、文学史的主要职责是管理学校，教授学生；但郡内凡有关教化、礼仪之事往往也要参加。

（5）特设官

汉代各郡除设置共同的行政机构和属官之外，因各地物产不同以及某些特殊情况，有些郡还特设一些机构和官吏。这些特设官，在西汉大多直属中央某一机构，为中央之派出官吏；在东汉则大多改属地方，成为郡的属吏。《后汉书·百官志》州郡条记载：

> 其郡有盐官、铁官、工官、都水官者，随事广狭置令、长及丞，秩次皆如县、道，无分士，给均本吏。本注曰：凡郡县出盐多者置盐官，主盐税。

出铁多者置铁官，主鼓铸。有工多者置工官，主工税物。有水池及鱼利多者置水官，主平水收渔税。在所诸县均差吏更给之，置吏随事，不具县员。

同书“大司农”条又说：

本注曰：郡国盐官、铁官本属司农，中兴皆属郡县。

据此，可以指出下列几点。

第一，东汉时各郡的特设官是从西汉沿袭下来的，不过西汉时大多属于中央的某一机构，而东汉则属地方郡县。

第二，特设官的名称一般称令、长，“秩次皆如县道”，称丞者，则秩俸较高。不同于一般郡属吏，如河南尹属官廪牺令，六百石。

第三，特设官秩次虽如县道，但其吏属与县道却不一样。一般郡之特设官，均是“置吏随事，不具县员”，而且，其属吏均由所在之县委派。

第四，特设官是根据情况和需要而设置的。西汉时期，最多的是农、水、盐、铁等官，东汉也一样。盐、铁、都水、工官这几种主要的比较普遍的特设官之外，也还有一些其他更特殊的官，如铜官、木官、橘官、圃羞官、楼船官、发弩官，等等。

（6）散吏

散者，冗散也，闲散而无具体职事之吏，称之为散吏。散吏是对职吏而言的。

散吏，大约是从战国养士、养客的风气发展而来的，郡守除了选拔郡内一些人才担任各种职吏，分曹理事之外，对郡内另一些人，或有德行，或有志节，或才智出众而不愿任具体职吏者，则以散吏的名义养在郡府之中。

散吏或者称“散职”，在西汉或称之曰“冗从”，或称之曰“从史”（师古曰：“从史者，但只随官僚，不主文书。”）。

散吏的地位有相当于掾的，有相当于史的，地位最高的则是祭酒。祭酒是一种尊称，韦昭《辨释名》曰：

祭酒，凡会同飨燕必尊长先用，先用必以酒祭先，故曰祭酒。

祭酒是尊称，同时也是虚衔，不领具体职务，属于散吏。郡府散吏数量不少，有种种名称。

以上是郡守掾属的大概情况。

由于郡守对于属吏有任免与荐举之权，因而属吏与长官，被举者与举主，往往因私恩结合成一种特殊的关系。如被郡守任用或保荐过的属吏，即使日后做了大官，对其上司、举主，也要自称“故吏”，有时甚至称郡府为本朝、郡朝、朝廷。这样，属吏与郡守便有了君臣之分。属吏事郡守如臣子事君父，故主死了，则为之服丧；故主有罪，则随同流徙；故主被斩，则冒死领尸。这种以私恩结成的君臣依附关系，势必助长地方割据势力。

（三）县

县的产生比郡早，从春秋开始，县就开始普遍地设立了。从秦孝公开始，秦国县的长官，一般都称为县令。县令的名称一直沿用到宋，宋以后才出现所谓“知县”“县知事”或“县正堂”等名称。

汉代的县因不同情况而有不同的名称，《汉书·百官公卿表》说：

> 列侯所食县曰国，皇太后、皇后、公主所食曰邑，有蛮夷曰道。

其名称虽有县、国、邑、道之别，但就行政区划而言都属于县制。西汉的县数，据《汉书·百官公卿表》载有一千五百八十七个。东汉的县数，据《后汉书·郡国志》载有一千一百八十个。

县下还有乡、亭、里等基层组织。

1. 县廷官吏

（1）县令、长

1）名称和等级

《汉书·百官公卿表》说：

> 县令、长，皆秦官，掌治其县。万户以上为令，秩千石至六百石；减万户为长，秩五百石至三百石。

县长官为令、长，史籍记载基本一致，但云梦秦简中，还有县啬夫、大啬夫的名称，有人（熊铁基、裘锡圭）认为这是县令、长的别名。王莽时曾改县令、长名为宰。

万户以上为令，万户以下为长，这是一般情况，但也不能绝对化。

汉代县有剧县和平县之分，这种区分主要根据的是治理的难易。两汉察举有治剧之科，所谓“治剧”就是能够治理老大难的县。剧县与平县的待遇不同，除了秩次有高下之分，其他方面剧县长官也比平县的待遇要高。

2）职掌

关于县令、长之职，《汉书·百官公卿表》只记载了“掌治其县”。《续汉书·百官志》本注所说则较为具体：

> （令、长）皆掌治民，显善劝义，禁奸罚恶，理讼平贼，恤民时务，秋冬集课，上计于所属郡国。

实际上对县内一切事务无所不管。

3）与郡守的关系

郡守是县令、长的顶头上司。汉制，郡以秋冬课吏，县令、长则先期集课，然后上计于所属郡，郡核其计簿，以评定殿最。《后汉书·百官志》注引胡广曰：

> 秋冬岁尽，各计县户口垦田，钱谷入出，盗贼多少，上其集簿。丞尉以下，岁诣郡，课校其功。

“丞尉以下，岁诣郡，课校其功”，或者是各主管曹掾分别向郡的有关诸曹上计，要不然就是功曹、主簿代理。但西汉时，也有令、长自行上计的。

郡守除通过每年的上计对县、令长实行监督考察之外，好的郡守平时也进行检查，或私访民情，或打击权要。使县令、长畏惧，不敢轻易贪赃枉法。如果郡守作风不正，必将对所属县政产生很坏的影响。

4）选用中的问题

汉制，县令、长的铨选途径较多，或由“察廉”，或由“治剧”，或由“茂才”“孝廉”，或由“征辟”，或由“吏积功”，而其主要途径则是由郎官出补，如《汉官仪》所说：

> （尚书郎）出，亦与郎同，宰百里。

“宰百里”即为县令、长。

东汉自顺帝以后，选官制度日益破坏，地方令、长多非德选。灵帝时，宦官专权，黄门子弟为令、长者布满天下，多奸猾纵恣。皇帝又贪财卖官，吏治败坏，导致东汉灭亡。

（2）县丞和县尉

县丞和县尉皆为县佐官。《汉书·百官公卿表》说：“县令、长皆秦官，掌治其县……皆有丞、尉。”

1）县丞

县丞在县的地位较高，秩二百石至四百石，除佐令、长之外，还“丞署文书，典知仓、狱”（《续汉书·百官志》本注）。丞对于令、长不完全是辅佐，更不是从属身份，而能独立地处理仓、狱等事。丞和尉皆可为卿。

一般说来，一个县只有一个丞，但都城所在则不止一人，如西汉长安就有左右丞。

2）县尉

县尉的设立，如《后汉书·百官志》所说“大县二人（即左、右尉），小县一人”，但都城所在县，则设尉更多，如长安、洛阳各设四尉。

县尉的职掌，《后汉书·百官志》本注曰：

> 尉主盗贼。凡有贼发，主名不立，则推索行寻，案察奸究，以起端绪。

因为尉主盗贼，故而县尉经常巡行境内，行使其警备、捕盗贼的职权。

县中更卒番上、役使卒徒之事，也由县尉主持。

由于县尉职掌较专，对于令、长有一定的独立性，有时还可直接与郡府发生联系，且分部而治，多与令、长别治，有自己单独治所——官廨，也有属吏。主要属吏为尉史、尉从佐。尉史之职为捕盗贼，从佐，乃小吏之一种。

（3）县属吏

秦、西汉初，县廷的主要属吏是令史。西汉中叶以后，县廷分曹置掾，像郡属吏一样。现分述如下。

1）功曹、廷掾

功曹　功曹职总内外，是县廷的主要属吏，秦汉初称为主吏，功曹乃后起之名。功曹在县属吏中地位最高，职权最大，上可以代表令长，下可指挥游徼、亭长。

廷掾　县之廷掾，相当于郡的五官掾，地位较高。县廷掾与郡五官掾所不同者，在于廷掾兼有督邮之职，要经常下乡，四处巡行。

2）门下亲近吏

和郡属吏一样，除分职列曹之外，县属吏往往冠以门下称号，如功曹又称门下功曹等。我们这里要说明的门下，是指与县令、长更为亲近的带有秘书、侍从性质的属吏。

主簿　主簿在县廷内地位仅次于功曹，但比功曹亲近县令、长。县令、长出行时，后从者第一人即为主簿，紧跟在长吏后面，可见亲近。主簿可以说是门下亲近吏之长，但不冠以“门下”二字。

主记、录事　原为掌簿书之主簿成为门下之长以后，具体的记事、文书等职掌或由主记、录事之类的属吏来承担。另有掾、史、书佐一类之属吏。

小府（或称“少府”，秦、西汉或称“少内”）　在县廷主财政。《五行大义》卷五《论诸官》引翼奉云：“小府主出纳、主饷粮。”

门下游徼、门下贼曹　主盗贼事。

3）列曹

第一种，主管民政方面的诸曹：

户曹　主户口名籍婚庆祠祀诸事。有掾、史。

田曹　类似郡府的劝农掾，秦时称田啬夫，见于云梦秦简。

时曹　主时节。

水曹　主水利。

将作掾　主土木兴作。

第二种，主管财政方面的诸曹：

仓曹　主收民租。有掾有史。

金曹　主收市租。有掾有史。

第三种，主管交通方面的诸曹：

集曹　“集曹供纳输。”有掾有史。

法曹、邮书掾　主邮驿科程事。

道桥掾　主修道路桥梁。

厩啬夫　见云梦秦简，主养马。

第四种，主管军事方面的诸曹：

兵曹　主兵事。有掾、史。

库啬夫　主兵戎器械。

尉曹　主卒徒转运事。

第五种，主管司法、治安方面的诸曹：

贼曹　主盗贼。

狱掾史、狱司空　相当于郡府主罪法之事的决曹。

传舍、候舍吏　传舍虽为客馆，然也有监督行人的职责。候舍乃门候之舍。

守津吏　主县内津要之地的治安，监督行人。

市掾　或称都市掾，主县市治安及物价。

盟掾　在汉族与少数民族杂居之县设盟掾，掌少数民族事务。

4）校官（或称学官）

《汉书·平帝纪》载，元始三年（3）“立官稷及学官。郡国曰学，县道邑侯国曰校，校、学置经师一人”。可见郡称学官，县称校官，主管学校。

5）散吏

和郡府一样，县廷也设一些虚衔以尊老敬贤，是为散吏，如祭酒、议曹、从掾位、从史位之类。

以上是县属吏的大致情况。曹掾、史是主要属吏，其下还有各种各样的小吏，如佐史、书佐、循行、干、小史之类。县廷也是一个庞大的官僚机构。

2. 乡里基层官吏

从全国范围说，县是基层的行政单位，故中央任命官吏至县而止。但是真正的基层却是乡、亭、里等组织。乡官、里吏至为重要，举凡国家赋税、徭役、兵役以及地方教化、狱讼、治安等事，无不由乡官里吏直接承担。

下面分述乡、亭、里的官吏。

（1）以啬夫为主的乡官

秦汉之制，县以下分若干乡，《续后汉书·职官》云：

> 凡县户五百以上置乡，三千以上置二乡，五千以上置三乡，万以上置四乡。

关于乡的官吏，《汉书·百官公卿表》说：

> 乡有三老、有秩啬夫、游徼。三老掌教化。啬夫职听讼，收赋税。游徼徼循禁贼盗。……皆秦制也。

1）三老

“三老教化”，其职在推行教化，实际上就是教导人民安分守己。三老是统治者在地方上树立的道德化身，通过他们对人民进行封建思想教育，但三老不是行政职务，亦无俸禄，所以在汉人心目中，三老“比于吏”，并非真正之吏。

2）有秩啬夫

乡的主要行政事务（听讼和赋役）是由啬夫承担的，三老非正式官吏，游徼或者是县的派出人员，因此乡官实际上是以啬夫为主。

啬同穑，啬夫在古代原为农夫之别称，其中的生产能手被选拔为田官，才逐渐变成了一种官称。

汉代乡官中的啬夫有“有秩啬夫”和无秩的啬夫之区别。“有秩啬夫”有以下三条特点。

第一，有秩啬夫的禄秩是百石。百石，在西汉官品和禄秩中是最后一等，是刚刚入官品的芝麻官。无秩啬夫当然就没有百石，或者相当于斗食，或者更少，即没有品秩的官。

第二，有秩啬夫和其他有秩之吏一样，是要上报的。凡是有秩之吏都要在一定的“官簿”上登记。不一定所有食廪禄的人都名列官簿，但名列官簿的一定是有秩之吏，有秩啬夫是入官簿的。

第三，有秩啬夫在官品之中，或者说刚刚入等，或者算是半等，但它和其他有秩之吏一样，是佩带印绶的，即仲长统所说的“半通青纶之命”，或叫“半章印”。沈钦韩《汉书疏证》说：

> 《汉官仪》：皇太子黄金印，龟钮，印文曰章，下至二百石，皆为通官印。案：自此以上，印皆取方，曰“通官印”。其百石以下，则为半印，曰“半通”……《法言·孝至篇》：不由其德，五两之纶，半通之铜，亦泰矣。仲长统亦云，身无半通青纶之命。则百石虽假印绶，不得为通官印也。（今园印、邑印皆半方，即此是。）

李轨注《扬子法言》说：

> 纶，如青丝绳也。五两之纶，半通之铜，皆有秩啬夫之印绶，印绶之微者也。

有秩啬夫所佩带的印绶是最低一等的印绶。

3）乡佐

《后汉书·百官志》在述乡官有秩、三老、游徼之后写道：“又有乡佐，属乡，主民收赋税。”乡佐主要职掌虽为赋税、徭役，其他行政、民事、兵事也似乎都管，其地位或相当于郡、县之丞。

4）游徼

《汉书·百官公卿表》和《续汉书·百官志》都说乡有游徼，“徼循禁盗贼”或“徼循司奸盗”。但史传所见游徼，似乎均直属于县。游徼是直属于县而派往各乡徼巡者，故两汉书均有“徼循”二字，徼与循同义，即巡也，巡行于乡以禁盗贼，故名游徼。《五行大义》引翼奉云：“游徼、亭长、外部吏，皆属功曹。”更说明游徼为县职，是分布于各乡的。

（2）亭长和亭吏

《汉书·百官公卿表》说：“大率十里一亭……十亭一乡……皆秦制也。”秦代亭的数目已不可考，西汉平帝时有亭二万九千六百三十五（《汉书·百官公卿表》），东汉桓帝永兴元年（153）有亭一万二千四百四十二（《续汉书·郡国志》注引《东观记》），说明汉代地方上亭的设置是很普遍的。

1）关于亭的性质

早在20世纪50年代，王毓铨先生就提出乡、亭、里三者是不同性质的地方行政组织。亭只司奸盗，不主民事，以乡统亭，以亭统里的说法是不正确的。汉代地方行政组织是乡和里，以乡统里，积里为乡。（《汉代“亭”与“乡”“里”不同行政系统说》，《历史研究》1954第2期）

最近熊铁基先生提出，文献中所见“十里一亭”“十里一乡”，讲的是地方行政组织，亭和乡是同一级的单位，亭是城市中县以下、里以上的单位，在乡村的亭亦为县以下的分支，但其作用有所不同，因而亭吏和乡官的职掌各有侧重。

城市中亭下辖里如同乡下辖里一样，大体上是十里一亭。考古资料有陶印文“某亭某里”“咸亭某里”（咸即咸阳）证明城市中亭下辖里。

亭是城市中里以上的一级地方单位。乡村中是否也有亭呢？有的，这就是分亭。但班固所说的“十里一亭”主要就城市情况而言的，他既讲城市的“十里一亭”，又讲农村的“十里一乡”。乡亭主要起客舍和邮传作用。

2）亭的主要官吏是亭长

亭长隶属于县，而不是隶属于乡，这表现在亭长是由县任命的，如《后汉书·王忳传》云：“县署忳大度亭长。”《仇览传》云：“县召补吏，选为蒲亭长。”再从管理上看，《五行大义》引翼奉云：“游徼、亭长，外部吏皆属功曹。”实事上不尽属功曹管理，有时县令也要亲自过问。

3）亭长的职责

《后汉书·百官志》说：

> 亭有亭长，以禁盗贼。本注曰：“亭长主求捕盗贼，承望都尉。”

说明亭长的主要职责的“禁盗贼”，即维持地方治安。因此，亭长多选少壮有勇力者或有军事经验者充任。

4）亭部吏卒

亭佐　亭的副职。

亭候　《后汉书·光武纪》“十二年”条注云：“亭候，伺候望敌之所。”大概亭有候望的任务，故专设亭候以主其事。

求盗　《史记·高祖本纪》云：“为泗水亭长，使求盗至薛治竹皮冠。”《集解》引应劭曰：

> 旧时亭有两卒：其一为亭父，掌开闭扫除；一为求盗，掌逐捕盗贼。

（3）里正、典、老

文献所谓“十里一乡”“十里一亭”，说明乡下有里，里下有什、伍。《续汉书·百官志》载：

> 里有里魁，民有什、伍，善恶以告。本注曰：里魁掌一里百家。什主十家，伍主五家，以相检察。民有善事恶事，以告监官。

因为里和乡与人民关系至为密切，所以在人们心目中，乡、里是十分重要的，后世人们往往把家乡称为乡里，故乡称为故里。居延汉简所载戍卒名籍，皆著爵里，证明户籍是以里为基本单位的。云梦秦简《封诊式》二十多个案例中，“爰书”开头大多是“某里公士”“某里士伍”等。

里有里吏，此种里吏具有官民二重身份。里吏有哪些？

里正　或称“里魁”。

父老　不做具体事情，当是“耆老有高德者”。

社宰　专管祭社神之事。

里祭酒　多见于汉碑。

里监门　师古注《汉书·张耳陈余传》曰：“监门，卒之贱者，故为卑职以自隐。”是吏卒中最低的一种，或者专司门房。

《后汉书·百官志》说“民有什伍”，“什主十家，伍主五家”。那么如何称呼主管十家和五家的人呢？根据云梦秦简，秦代主五家的曰“伍老”，主十家的曰“什典”。汉代也许均以“长”为名，称为“伍长”“什长。”

此外，在乡、亭之下还有聚、落之名，这是一种泛称，是指人们聚居之处，不一定是地方的一级行政单位，无需单独考证聚、落之吏。

以上是内地的县、亭、乡、里组织及其官吏设置概况。边塞郡县，因为防御设施与军事的需要，其组织自成系统。参阅陈梦家《汉简缀述》、陈直《汉书新证》。

（四）王国

秦汉时期，地方政府除了郡县制以外，还存在着封国制。封国制包括王国和侯国，下面先述王国。

1. 王国概况

在楚汉战争中，刘邦为了战胜项羽，曾分封韩信、彭越、英布等人为王以换取他们的支持。西汉建立之初，刘邦封了八个异姓王，即：齐王韩信（后徙为楚王）、梁王彭越、淮南王英布、韩王信、赵王张耳、燕王臧荼［汉高祖五年（前202）反，更立卢绾为燕王］、衡山王吴芮（后改为长沙王）、闽粤王亡诸。这些异姓诸侯王各自拥兵割据，“其后十年之间，反者九起”（《汉书·贾谊传》）。刘邦费了很大力量，才逐渐将他们剪除。

但在消灭异姓王的同时，刘邦鉴于亡秦孤立之败，各地统治不稳，又封九个同姓诸侯王：

> 自雁门、太原以东，至辽阳，为燕、代国；常山以南，太行左转，度河、济、阿、甄以东薄海，为齐、赵国；自陈以西，南至九疑，东带江，

淮、谷、泗，薄会稽，为梁、楚、淮南、长沙国。（《史记·汉兴以来诸侯王年表序》）。

诸侯王国的势力逐渐强大，对中央造成威胁。经过文帝、景帝、武帝的“削藩”，诸侯王国的势力才逐渐削弱。景、武以后的王国变化很大，不仅是所辖范围有很大变化，在管理系统方面也有所不同，汉初所谓“大者五六郡”，不单是疆域之大，而且实际上是国内辖郡。《廿二史考异》卷四云：

汉初，诸侯王国大率兼数郡之地，郡之属王国者，郡名似未尝废。齐悼惠王献城阳郡以为鲁元公主汤沐邑；吕后割齐之济南郡封吕台，琅邪郡封刘泽；吴王濞封有四郡五十余城；景帝时割吴之豫章郡、会稽郡，削楚之东海郡，赵之河间郡；皆郡之属于国者也。赵相周昌奏常山二十五城，亡其二十城，请诛守尉，则诸侯王国之郡亦有守也。

景、武帝削分诸侯王国之后，一般疆域均比郡小，王国就不再领郡而直接统县了。因而，官制也必有相应的变化，《汉书·元帝纪》初元三年（前46）“令诸侯（师古曰：此诸侯谓诸侯王也）相位在郡守下”，可以为证。

东汉中兴后也限制诸侯王的权势，东汉王国的封地很小，简直不可与西汉同日而语。《后汉书·黄琼传》说：“今（指顺帝时）诸侯以户邑为制，不以里数为限。”东汉抑制了诸侯国王，但提高了州郡牧守的权力，又演变为汉末地方割据的局面。

2. 汉法对王国的限制

汉初分封诸王时，对于王国已立法限制。可考者有下列诸项：

诸侯王不得窃用天子仪制。《汉书·淮南王传》载，厉王“不用汉法，出入警跸，称制”，戴黄屋，均为天子仪制，诸侯王窃用，即为僭越违法。

诸侯王置吏需依汉制。汉初王国二千石官，均由中央代置；二千石以下官，始由王国自置。景帝以后，定制四百石以上官吏均由中央派遣，王国仅得自置四百石以下官，有时甚至还限制在二百石以下，违者即以不法论。

诸侯王无虎符不得擅自发兵。

诸侯王不得在国内私自煮盐冶铁。

诸侯王不得擅爵人、赦死罪。

诸侯王不得收纳亡人，藏匿亡命。

诸侯王当定期入朝。

诸侯王不得与外戚家私自交往。

诸侯王不得与其他诸王私自会晤。

诸侯王不得私自出境。

诸侯王不得对朝廷大臣私行赏赐。

吴楚七国之乱平定以后，汉中央又作左官律、阿党法、附益法，进一步限制诸侯王。

3. 王国官制

两汉时期，随着诸侯王权力的消长，王国官制前后也有很大变化，总的趋势是逐渐缩减。《汉书·百官公卿表》及《后汉书·百官志》有一些记载，但语焉不详。今据有关史籍，分述于后。

（1）太傅、傅

汉初，天子置太傅（成帝时曰傅）以辅诸侯王。太傅为王师，地位重要，责任重大，多以儒生任之。太傅秩二千石，职在辅王，不参国政。遇有诸侯王不法，得谏诤或举奏于朝。如果太傅辅导无方，王为非法，傅当坐罪。

（2）相国、丞相、相

汉天子代诸侯王国置相。初名相国，惠帝元年（前194）更名丞相，景帝中元五年（前145）复更名为相。

相秩二千石，有功，得增秩为中二千石。相为国中最高行政长官，其职责是“统众官”“总纲纪，辅王”，或说“相如太守”，故历来守、相并称。相对诸侯王，既有辅导之责又有谏诤或举奏之责，有时还有典兵之权。所以，相实际上拥有王国的一切权力，并且对诸侯王实行监督。

由于相位尊权重，故多以功臣或有才能者任此职，如曹参相齐，周昌相赵，田叔相鲁，董仲舒为胶东、江都相等皆是。另一方面，因相为中央所置，以监辅王国，如辅导不善，王为不法，相和傅一样也当坐罪。

西汉前期，诸侯王势力大，相的地位也比较高，直到昭、宣之时，相的地位都还在郡守上。元帝初元三年（前46），则明令“诸侯相位在郡守下”（《汉书·元帝纪》）。相地位的变化，反映了王国由盛而衰的发展趋势。

郡国连称，王国相亦如郡太守，但王国官吏与郡府属吏有所不同，前者是仿照汉初中央建制，由诸卿分管各事。不过，相府内另有自己的属吏，见于两《汉书》者有：长史（《续汉书·百官志》说：“相如太守，有长史如郡丞。”《汉旧仪》云：“相置长史。”）、少史、从史、舍人、相掾。以上属吏，除长史之外，其他掾、史当系普通名称，均不止一人。

（3）中尉

汉初王国自置中尉。景帝以后，为汉中央代置。中间曾一度废除，至成帝时复置。

中尉的职掌，《汉书·百官公卿表》说是“掌武职”，《汉书·何武传》说是“备盗贼”，都是维持王国治安。

中尉位比傅、相，秩二千石，有与傅、相共同辅王之责。史书中常常是“傅、相、中尉”并称，并明确说“傅、相、中尉，皆以辅正为职”（《汉书·文三王传》）。

中尉属官，据《汉旧仪》说，置丞一人，六百石。此就其主要者而言，实际上当有许多自除之属吏。

（4）御史大夫

御史大夫仅次于丞相，位在群卿众官之上，为王国自置。但是吴楚七国之乱后，景帝省其官，以后未见恢复的记载。

御史大夫的职掌是督察官吏，与中央的御史大夫职掌略同。

御史大夫亦有属吏，如侍御史等。

（5）内史

内史一官，汉初为王国自置。成帝时罢内史官，以后不见复置，《汉书·百官公卿表》记其事。

关于内史的执掌，《汉书·百官公卿表》说“内史治国民”，《汉书·何武传》说“内史典狱事”。实际上，内史总揽一切，其权有时甚至超过丞相。内史还有谏诤与举奏之权。

内史必有不少属吏，但见于记载的不多。

（6）郎中令

郎中令为王之侍卫近臣，亦为重要官职。遇有大事，王常与郎中令谋议。郎中令初秩二千石，武帝时改中央郎中令为光禄勋，王国仍名郎中令，但减其秩为千石，后更为六百石。

郎中令属官有大夫、郎、谒者等。

大夫及中大夫　为王扈从，侍奉左右，或充使者。多为文学士，善辞令。

郎官　或称为郎吏。和汉廷一样，郎官有郎、郎中、中郎、侍郎等。郎官均侍从王之左右，其中文学之士不少，枚乘、伍被都是当时著名文人。

谒者　与汉廷一样，谒者以宦官充任，为王的亲近侍从。

侍中、常侍　侍从王之左右，备顾问应对。

（7）卫尉、大行

《汉书·淮南王传》记载簿昭与淮南厉王书，其中有言曰：

> 客出入殿门者，卫尉、大行主。

可见王国有卫尉和大行。可能客出入殿门之礼仪诸事由大行主，警卫则由卫尉主。

（8）廷尉、少府、宗正、博士

《汉书·百官公卿表》说：

> 景帝中五年，令诸侯王不得复治国，天子为置吏，改丞相曰相，省御史大夫、廷尉、少府、宗正、博士官。

说明景帝以前诸侯王国有上述官职，且是自置的。

（9）太仆、仆

《汉书·百官公卿表》说武帝时王国太仆改曰仆，和郎中令一样，“秩亦千石”，说明汉初王国有太仆官。

（10）将军

诸侯王用兵时往往有将军、大将军的称号，还有老将、少将等泛称。

（11）其他

都尉　主兵。按汉制，以都尉名官者甚多，或专主一事，或专主一地，或为军官。

校尉、候、司马　此皆为领兵之官。

私府长、中御府长　主王国府藏之官。

太仓长　主管谷物仓库之官长。

医工长、太医、侍医、尚方　皆为主医药之官。

尚食监、食官长　主膳食之官。

北宫司空　主后宫罪人之官。

永巷长、永巷仆射　主后宫妇女之官。

宂从　散职之从王者也。

此外，出土的汉印封泥还可以为王国属官提供不少佐证资料。

以上是西汉王国官属的概况。东汉王国领地已很狭小，大率不过一郡；而官属也相应减少，且多由汉中央代置。《后汉书·百官志》略记东汉王国属官情况，可供参考。

（五）侯国

1. 侯国概况

战国时代，新的封君制度代替了旧的采邑制度。封君与采邑中的大夫不同，封君既无领地，也不治民，仅能收取民户的租税。

秦统一之后，国家将封邑内的赋税赏给封君。汉初刘邦封功臣为侯（共封一百四十三人为列侯），大体仍继承秦制，其目的也和封同姓王一样，都是为了拱卫中央集权。同时，武帝实行推恩令之后，由诸侯王国分出许多小的侯国。这两部分侯国随着汉中央集权的加强，都日益趋于没落。到东汉时期，列侯封户愈少，管制愈严，在地方上已处于无足轻重的地位。侯国相当于县一级行政单位，或者仅食一乡，皆离故县而独立为侯国。

2. 汉法对侯国的限制

秦和汉初，中央由主爵中尉掌管列侯。汉景帝时更名主爵中尉为都尉，武帝又改为右扶风，治内史右地，因而列侯更属大鸿胪。秦汉时列侯多居京师，由国家赐其宅第；其给食租税则由其封地转输京师以供费用。功臣列侯居京师，一方面可以加强中央的力量，另一方面也是对列侯的一种控制办法。

文帝以代王入京师继帝位，因列侯大臣权势太重，为防止他们把持朝政，始遣列侯就国。列侯居国，受种种限制，如：受郡守尉的监督；征发徭役赋税，均有法律规定，既不得"过律"，更不得"擅兴"；不得擅自逾越国界；不得与诸侯王私通；等等。

东汉情况大抵如上。

3. 侯国的官制

以功劳封侯，为秦制。秦爵二十级，最高级为彻侯。汉初承秦制，亦有彻侯。《汉书·百官公卿表》云：

> 彻侯金印紫绶。避武帝讳，曰通侯，或曰列侯。改所食国令长名相，又有家丞、门大夫、庶子。

汉代列侯，即秦之彻侯。秦时彻侯所食国，其官制与县同，县令长直属郡守，自成系统，彻侯仅得食租税而已。但汉初的列侯，在其国内可以自行设置官吏，征收赋税。至汉武帝时，改侯国令、长曰相，由中央直接派遣，主治民，如令、长对列侯不称臣，但将其应得户租交与列侯。实际上就是取消了侯国自置官吏、征收赋税的权力，而由朝廷直接控制的相（县令、长的异名）来征租，按其规定户数给予列侯，这个相并不是侯的臣属。因而其相以下的官属当与县同，是上属于郡国的独立系统。西汉武帝以后以及整个东汉，侯国的官属只有家臣，列侯的家臣也就是列侯的属官。主要的家臣有：

家丞　主侍候，理家事，是列侯属官的主要成员，地位较高。东汉不满千户的列侯还不能置家丞。

庶子　主侍候，理家事。东汉时千户以下列侯不置家丞，但置庶子一人。

门大夫　侍卫武官。东汉省此官。

行人　无可考。

洗马　无可考。

武帝以后，列侯只不过是寄食所在县邑的一个寄生阶层而已，没有多少实权，既不能自置官吏，也不能管理其食邑之人民，惟食租税而已。

以上所述，主要讲功臣、王子侯的情况。另外，汉代还有一类侯者，即外戚恩泽侯。这类侯，在宣帝以前还不多，成帝以后则渐趋于滥。东汉初期外戚侯控制较严，东汉后期多女主临朝听政，外戚侯亦滥矣。

（六）少数民族地区

秦汉时期，中央设有管理少数民族事务的官吏，在少数民族地区亦设官建职，这对加速民族融合、促进经济文化交流以及维护国家的统一都起了一定的作用。

1. 典属国

《汉书·百官公卿表》云："典属国，秦官，掌蛮夷降者。"西汉前期和中期均有此官，掌管归附的少数民族。任此官者多半为熟悉少数民族情况的人。如景帝时的公孙昆邪、昭帝时的苏武、宣帝时的常惠、元帝时的冯奉世等，都是因熟悉少数民族情况而被任命为典属国。

典属国的属官主要为九译令（即翻译，九者言其多次或多种）。

成帝河平元年（前28）"罢典属国，并大鸿胪"（参阅《汉书·成帝纪》《汉书·百官公卿表》）。

2. 属国都尉

从汉武帝时开始，对于降附或内属的少数民族，汉朝均设属国以处之，以后一直实行这个制度。《汉书·武帝纪》云：

> （元狩二年）秋，匈奴昆邪王杀休屠王，并将其众合四万余人来降，置五属国以处之。（师古曰："凡言属国者，存其国号而属汉朝，故曰属国。"）

两汉时期究竟有多少属国？

西汉至少有八个：安定郡的三水县属国、上郡的龟兹县属国、五原郡的蒲泽县属国、天水郡的勇士县属国、西河郡的美稷县属国、金城属国、北地属国、张掖属国。

东汉属国更多，计有：广汉属国、蜀郡属国、犍为属国、张掖属国、居延属国、龟兹属国、辽东属国、安定属国、西河属国、酒泉属国。

两汉时期的属国多由郡中分出以专主蛮夷降者，故《续汉书·百官志》说："稍有分县，治民比郡。"有些属国时置时废。东汉和西汉比，不仅属国数量增加，而且把属国限于西北边境扩展到东北和西南地区了。故《后汉书·窦融传》注有"汉边郡皆置属国"的说法。

属国的官吏，据《汉书·百官公卿表》说："置都尉、丞、候、千人。"

属国所置都尉即名属国都尉，是属国的最高长官，秩比二千石，既典武职，又兼理民事，“治民比郡”。

都尉之下有丞一人。候和千人，不可考。

3. 持节领护诸官

秦汉时期，对“内属”之少数民族相对稳定者，则多于边郡以内置属国处之，设属国都尉以分县治民，如上所述。而对于更边远一些则临时加官，所谓“持节领护”，如《后汉书·西羌传》司徒掾班彪上言所说：

> 旧制益州部置蛮夷骑都尉，幽州部置领乌桓校尉，凉州部置护羌校尉，皆持节领护，理其怨结，岁时循行，问所疾苦。又数遣使驿通动静，使塞外羌夷为吏耳目，州郡因此可得儆备。

（1）使匈奴中郎将

以中郎将出使匈奴始于西汉武帝时，《汉书·苏武传》记其事，武帝“乃遣（苏）武以中郎将使持节送匈奴使在汉者，因厚赂单于，答其善意”。中郎将秩比二千石，是比较高级的官员，又是武官，适合于出使处于敌对地位的匈奴。同时这也是当时匈奴方面的要求。但当时出使只是临时的任务，虽“持节”，而尚无“领护”职权。

到了西汉后期，以中郎将出使匈奴，似乎逐渐成为定制。东汉初延续此制，并且正式设置使匈奴中郎将这一官职。《后汉书·光武纪》载：

> （二十六年）遣中郎将段郴授南单于玺绶，令入居云中。始置使匈奴中郎将，将兵卫护之（注：中郎将即段郴也。《汉官仪》曰“使匈奴中郎将屯西河美稷县”也）。南单于遣子入侍，奉奏诣阙。于是云中、五原、朔方、北地、定襄、雁门、上谷、代八郡民归于本土。

在边境局势相对稳定的情况下，由于南匈奴的请求正式设立“使匈奴中郎将”这一官职，并且正式有了“卫护”或者“监护”的职权。

使匈奴中郎将，史书上有多种别称，如中郎将、匈奴中郎将、护匈奴中郎将、领中郎将、行中郎将、北中郎将等。据《后汉书·南匈奴传》载，历任使匈奴中郎将就有段郴、吴棠、耿谭、任尚、杜崇、耿种、马翼、梁并、陈龟、张耽、马寔、张奂、臧旻、张修等人。还有散见于各纪、传者，不备举。

关于使匈奴中郎将这个官职，《后汉书·百官志》云：

> 使匈奴中郎将一人，比二千石。本注曰：主护南单于。置从事二人，有事随事增之，掾随事为员。

使匈奴中郎将的属官既然是随事而设，并不固定，常见的有“副校尉”或“副中郎将”，直接的下属除“从事”之外，可考者还有“司马”。

（2）西域都护

西汉初年，西域在匈奴的控制之下，从汉武帝派遣张骞出使西域到西汉王朝联合其他少数民族反攻匈奴，至汉宣帝始取得基本胜利，于神爵三年（前59）置“西域都护”。《汉书·西域传》和《汉书·郑吉传》记载了设置西域都护的大致经过以及官名的来源和意义。《汉书·郑吉传》说：

> 自张骞通西域，李广利征伐之后，初置校尉，屯田渠黎。至宣帝时，吉以侍郎田渠黎，积谷，因发诸国兵攻破车师，迁卫司马，使护鄯善以西南道。神爵中，匈奴乖乱，日逐王先贤掸欲降汉，使人与吉相闻。吉发渠黎、龟兹诸国五万人迎日逐王……吉既破车师，降日逐，威震西域，遂并护车师以西北道，故号都护（师古曰：并护南、北二道，故谓之都，都犹大也，总也）。都护之置，自吉始焉。

这里的“护”，即“领护”“卫护”“监护”的“护”，以校尉或骑都尉或卫司马或其他官为持节使者护西域各国。“都”者，都总南、北二道也（针对原来仅护南道而言）。

西域都护开始只是一种加官，后来事实上成为一种正式官职，故《汉官仪》说西域都护“秩二千石”，比其他几个持节领护少数民族的官位要高。

东汉对西域的政策始终不稳定，几次不复遣都护，有时仅置护西域副校尉，或军司马、西域长史。延光二年（123）改置西域长史，直至东汉末年。

西域都护的属官，据《汉书·百官公卿表》说：“有副校尉，秩比二千石，丞一人，司马、候、千人各二人。”实际上，属官中有三种类型。

第一，汉中央政府直接任命的副校尉，他不同于一般的属官，可以说是都护的同僚。

第二，西域都护开府置吏，真正的属官有：

丞　一人。管理文书。

司马　二人。或称“军司马”，代理司马之职者，称为假司马。有都护时属都护，无都护时亦可单独行动。

候　二人。负责守望。或称“军候”。

千人　二人。为带兵的低级军官，其地位大约相当于军中的屯长。

以上是比较固定之属吏，还可以根据需要而临时设置。

第三，都护还兼领屯田区的田官。《汉书·西域传》载：

（宣帝置都护后）匈奴益弱，不得近西域。于是徙屯田，田于北胥鞬，披莎车之地，屯田校尉始属都护。

《汉书·百官公卿表》又载：

戊己校尉，元帝初元元年置，有丞、司马各一人，候五人，秩比六百石。

戊己校尉的地位相当重要，说“秩比六百石”很为可疑。黄文弼《罗布淖尔考古记》“释官”一章认为戊己校尉秩应为比二千石，这是可信的。他虽受都护调遣，但有一定的独立性，可以单独设府，有自己的属官。

西域都护秩二千石相当于内郡的郡守。其所管辖的西域，虽然仍保留着原来“国”的名称，但是，如《汉书·西域传》所说：

最凡国五十，自译长、城长、君、监、吏、大禄、百长、千长、都尉、且渠、当户、将、相至侯、王，皆佩汉印绶，凡三百七十六人。

所谓五十国，主要是在今新疆地区。都护的职务是代表汉朝中央总护西域南北道，并且“督察乌孙、康居诸外国动静有变以闻，可安辑，安辑之；可击，击之”。汉朝通过都护实现对西域的统治。

（3）护乌桓校尉

乌桓，又写作乌丸，原来是东胡族的一支。从汉武帝开始，才正式与汉朝发生关系，并开始置护乌桓校尉。《后汉书·乌桓传》说：

及武帝遣骠骑将军霍去病击破匈奴左地，因徙乌桓于上谷、渔阳、右北平、辽西、辽东五郡塞外，为汉侦察匈奴动静。其大人岁一朝见，于是始置护乌桓校尉，秩二千石（《汉官仪》载：“秩比二千石。”），拥节监领之，使不得与匈奴交通。

自武帝以后至整个东汉时期，护乌桓校尉一直存在，其名称或有变化，或称领乌桓校尉，或称乌桓校尉。

护乌桓校尉“开营府”，有其官属。《续汉书·百官志》注引应劭《汉官》曰：

拥节。长史一人，司马二人，皆六百石。

可见其主要官属为长史和司马，与其他持节使官相同。

护乌桓校尉的职掌，《续汉书·百官志》说是："主乌桓胡。"实际和其他领护官一样，是"拥节监领"，"可安辑，安辑之；可击，击之"。

鲜卑与乌桓很近，故护乌桓校尉"并领鲜卑"（《续汉书·百官志》注引应劭《汉官》）。

所谓监领自然包括赏赐、质子、岁时至市等一切事务。

护乌桓校尉之设立，对于保卫北疆、开发东北，都起过一定作用。

（4）护羌校尉

羌族是一个古老的民族，其在秦和汉初的情况《后汉书·西羌传》有简要的概述。至汉武时"遣将军李息、郎中令徐自为将兵十万人击平之。始置护羌校尉，持节统领焉"。武帝时设护羌校尉，王莽时罢，东汉时又恢复。由于西汉时重点在匈奴，所以关于护羌校尉的事记载甚少。《汉官仪》简要地说：

> 护羌校尉，武帝置，秩比二千石，持节，以护西羌。王莽乱，遂罢。时（光武建武时）班彪议，宜复其官，以理冤结。帝从之。以牛邯为护羌校尉，都于陇西令居县。

关于护羌校尉的秩别与职掌，《后汉书·百官志》说："护羌校尉一人，比二千石。本注曰：'主西羌。'"所谓"主西羌"，即持节领护西羌，也就是"可安辑，安辑之；可击，击之"。从东汉时期的实际情况看，设置护羌校尉主要是为了镇压羌族人民的反抗。但在护羌校尉主持下，沿河两岸屯田殖谷，发展畜牧，对河西地区开发也起了一定的作用。

关于护羌校尉的属官，《续汉书·百官志》注引应劭《汉官》曰："拥节。长史、司马二人，皆六百石。"又有护羌从事（见《后汉书·西羌传》）。

以上是少数民族地区的职官，起初都带有临时差遣的性质，以后才逐渐变成了某一边境地区的正式官制。这一变化反映了这些地区和汉朝中央的关系，也是统一的多民族国家形成的一个重要标志。

三、官吏的选用、考课及其他各项制度

秦汉王朝有一个庞大的官僚机器。《汉书·百官公卿表》记载西汉官吏的情况说：

> 吏员自佐史至丞相十二万（官本作十三万）二百八十五人。

为了驾驭如此庞大的官吏，无论选举、任用、管理、考课、赏罚，都要有相应的典章制度。下面分别叙述各种制度的大概。

（一）选官制度

“设官分职”，文武百官怎样产生？即官吏怎样选拔？史书如何称选拔官吏的选举？春秋以前的官吏是“世卿世禄”制，战国时废除世卿世禄制而建立军功爵制。《通典·选举典》说秦的情况：

> 秦自孝公纳商鞅策，富国强兵为务，仕进之途，唯辟田与胜敌而已。以至始皇，遂平天下。

说明秦“仕进之途”主要有两条，一是辟田，二是胜敌。辟田，就是积极开辟田地，发展农业生产。胜敌，就是军功。汉代在秦代的基础上，建立和发展了一整套选拔人才的选官制度。下面分述各种制度的内容及得失。

1．察举

察举也算是选举，是一种由下向上推选人才为官的制度。这种制度起源很早，但严格说来，作为选用官吏的察举制度，应当从汉文帝开始，到汉武帝时成为一种比较完备的选官制度。《汉书·董仲舒传》云：

> 自武帝初立，魏其武安侯为相而隆儒矣。及仲舒对册，推明孔氏，抑黜百家，立学校之官，州郡举茂材、孝廉，皆自仲舒发之。

武帝元光元年（前134）十一月，“初令郡国举孝廉各一人”（《汉书·武帝纪》），从制度来说，这次举孝廉奠定了西汉时代察举制度的基础。

汉代察举的科目很多，主要有孝廉、茂才、贤良方正与文学（通常指经学）、明经、明法、尤异、治剧、勇猛知兵法、阴阳灾异及其他临时规定的特殊科目。这些都是功名，有了功名，便可实授官职。

汉代察举的标准，大致不出四科：“一曰德行高妙，志节清白（如孝廉、贤良方正）；二曰学通行修，经中博士（如文学、明经）；三曰明达法令，足以决疑，能按章覆问，文中御史（如明法）；四曰刚毅多略，遭事不惑，明足以决，才任三辅令（如治剧），皆有孝弟廉公之行。”（《后汉书·百官志》注引应劭《汉官仪》）四科取士，大约起于西汉，下迄东汉，大体未改。下面是察举的主要科目。

（1）孝廉

孝廉即孝子廉吏。举孝察廉原为察举二科，武帝元光元年（前134）初令郡国举孝廉各一人，即举孝举廉各一人。但是两汉在通常情况下则往往将孝廉连称而混同为一科。两汉史书中可考见的孝廉不下一百余人，大多为州郡属吏或通晓经书的儒生。从任用情况看，以中央的郎署为主，再升为尚书、侍御史、侍中、中郎将等，在地方则为地方的令、长，再迁为太守、刺史。可见孝廉一科，在汉代实乃清流之目，为官吏晋身的正途。

察举孝廉为岁举，即郡国每年都要向中央推荐人才，而且还有人数的限定。然而这项工作开始时并不顺利，因为汉承秦制，举人失当者有罪，所以各郡国对察举孝廉并不积极，“或至阖郡而不荐一人”。因此，汉武帝元朔元年（前128）又下一道严格限制必须举人的诏书，“令二千石举孝廉，所以化元元，移风易俗也。不举孝，不奉诏，当以不敬论；不察廉，不胜任也，当免”（《汉书·武帝纪》）。此后岁举孝廉制度才得以贯彻执行。至东汉和帝永元之际，又改以人口为标准，率二十万岁举孝廉一人，并对少数民族地区有特殊照顾，“十万以上岁举孝廉一人；不满十万，二岁举一人；五万以下，三岁举一人”（《后汉书·和帝纪》）。这样，孝廉的名额有了保证，但有时不免滥竽充数。

（2）茂材

茂材，西汉曰秀才，东汉时避光武帝刘秀讳改为茂材，或写作茂才。

察举茂才，亦始于汉武帝。元封五年（前106年）诏曰：“令州郡察吏民有茂才异等，可为将相及使绝国者。”（《汉书·武帝纪》）。西汉时所举茂才，均为现任官吏，而且属于特举，这和孝廉岁举且不限于现任官吏有所不同。

东汉建武时，茂才才变为岁举。不过孝廉属于郡举，而茂才则是州举，故茂才的数目比孝廉少。东汉茂才的出路，多为地方县令，而孝廉则多为郎官。县令是千石官，郎官最高不过六百石，所以茂才比孝廉任用为重。汉代一般先举孝廉，后举茂才。可见茂才比孝廉为高。

（3）贤良方正与文学

举贤良方正，始于文帝。自此以后，两汉诸帝大都颁布过察举贤良方正的诏令，诸侯王、公卿、郡守均得依诏令规定察举。

文学的察举，亦始于文帝。文学在当时也就是经学，与贤良类似，故往往贤良、文学并称。

贤良方正与文学和孝廉、茂才不同。前者均为特举或特科；而后者则为岁举或常科。

（4）其他特科

贤良方正和文学，虽非岁举，属于特举，但在两汉也是常见的。至于偶尔一举或数举，或者性质稍异的，尚有以下各科。

1）明经

明经就是通晓经学。自汉武帝独尊儒术，明经亦为察举及入仕之一途。

2）明法

明法就是通晓法律。汉朝治国的传统制度是儒法兼用。故在选官时，把明律令文法作为察举的一个科目。

3）尤异

汉代官吏治绩最好的称“尤异”，这是从现任官吏中选拔人才使其担任更高级职务的一个科目，同时也是对忠于职守的官吏的一种鼓励。

4）治剧

两汉时，郡县因治理难易而有剧、平之分。能治剧，用现在的话说，即能治理老大难的郡县。汉代为鼓励能治剧者，亦列为察举一科。

5）勇猛知兵法

汉代察举勇猛知兵法者，始于成帝元延元年（前12），诏曰：“乃者，日蚀星陨……北边二十二郡，举勇猛知兵法者各一人。”（《汉书·成帝纪》）这可看作是后世武举的先声。

6）阴阳灾异

自董仲舒天人感应之说流行以后，汉代君臣大都相信阴阳灾异与国家政治有密切关系。因此，有时也要察举明阴阳灾异之士。

此外，还有一些临时特定的科目，此处不一一列举了。

综上所述，察举中实际分为岁举和特举两种情况。通常实行的郡国岁举制，史有明文；特举则由诏令临时规定。此外，尚有公卿大臣向皇帝负责推荐人才一途，或称为荐举。被推荐者，或由皇帝自询问，以观其能，或即委之以政，或令特诏候补。荐举亦是选官的一种方式。

2. 征辟

征辟是一种自上而下选任官吏的制度，主要有皇帝征聘与公府、州郡辟除两种方式。

（1）皇帝征聘

皇帝除了诏令公卿大臣与州郡察举官吏之外，有时也采取特征与聘召的方式，选拔某些有名望的品学兼优的人士，或备顾问，或委任政事。皇帝征聘，为汉代最尊荣的仕途。征君去就自由，朝廷虽可督促，如坚不应命，亦不能强制；且于既征之后，其地位也不同于一般臣僚，大都是待以宾礼。

（2）公府辟除

辟除是高级官员任用属吏的一种制度。两汉公府自丞相（或司徒）、御史大夫（司空）、太尉（司马）、大将军以至九卿如光禄勋、太常，皆可自辟掾属。有时皇帝也敕令公府辟召。辟除之权以丞相为最大，除署置除吏之外，可大开客馆以招贤士。掾属本系佐助主官治事，如由公府荐举，便可升迁。

（3）州郡辟除

州郡辟除，由州郡佐吏，积功久次或试用之后以有能被荐举或被察举，亦可升任中央官吏或做地方长吏。

武帝设十三部州，州刺史纯为监察官，以六条巡察郡国，用人权很小。西汉末，刺史逐渐干预地方行政，组织扩大，掾属亦随之增多。东汉以后，刺史既成为地方高级行政长官，自然有辟除掾史之权。

郡守辟除掾属，西汉时已成通制，太守甚至可酌加变更诸曹设置。

公府州郡辟除为选官与入仕的重要途径，而公卿牧守又可自行辟除，他们为了发展个人的势力，皆争以此笼络士人；士人为了做官也不得不依托权门，长此以往便与私恩结合。西汉时，被辟除者犹为国家官吏；到了东汉，故吏实际上成了主官的私属。于是中央集权分裂，地方割据势力发展。

3. 考试

察举和考试，是两汉选官制度的两个重要步骤。察举之后，是否选得其人，还需要经过考试，而后始能量才录用。考试的内容，诸生试经学，文吏试章奏。考试的方法有对策、射策。所谓对策、射策，据《汉书·萧望之传》注引师古说：

> 射策者，谓为难问疑义书之于策，量其大小署为甲乙之科，列而置之，不使彰显。有欲射者，随其所取得而释之，以知优劣。射之，言投射也。对策者，显问以政事经义，令各对之，而观其文辞定高下也。

用现在的话说，对策就是命题考试，射策就是抽签考试。对策多用于考试举士，射策多用于考试博士弟子。兹分述多种考试情况。

（1）天子策试

凡属诏令特举之士，皇帝往往亲加策试。被举者“受策察问，咸以书对”，当时称为对策，天子亲览其策，而第其高下。被举者对策时，如引起皇帝的特别注意，有的甚至还要反复进行二三次策试。对策的地方或在太常寺，或在公车，或在白虎殿，均为随时指定。

（2）公府复试

郡国岁举的孝廉、茂才，到京师之后，也要依其科目与被举者的学艺不同，由公府分别加以考试。孝廉考试的内容是“诸生试家法（所学某一经学大师的经说），文吏课笺奏”。这种复试制度是东汉左雄创立的。这种制度虽遭到顽固派的反对，但对于防止营私舞弊不失为一种有效的办法。

（3）博士三科

博士本由察举或荐举、征召而来，但既为博士之后，仍须进行考试。成帝时有三科之制，《汉书·孔光传》云：

> 成帝初即位，举为博士。……是时，博士选三科，高为尚书，次为刺史，其不通政事，以久次补诸侯太傅，光以高第为尚书。

（4）博士弟子课试

自武帝立五经博士、置博士弟子员，设科射策，劝以官禄，博士弟子通过考试选补官吏遂成为定制。博士弟子，皆按甲乙之科射策，试以经学。

以上均为固定的考试制度。此外，尚有根据临时需要而进行的考试，如东汉安帝时，对六百石以上即相当于县令长一级的现任官吏仍可由诏令规定特考，高第者可以迁官。

4. 任子

新兴地主阶级在政治上废除了旧的“世卿世禄”制，同时又通过军功爵制取得了土地、财产、爵禄、官职。他们想要世世代代保住自己的地位，因而“任子”这样一种选官制度便应运而生。所谓“任子”，即“子弟以父兄任为郎”（《汉书·王吉传》注引张晏语），或“大臣任举其子弟为官”（《汉书·汲黯传》注引孟康语）。这里，“任”也就是“保任”和“任举”之意，颜师古注《汉书·哀帝纪》除任子令时说：“任者，保也。”任子，即高级官吏可以保任其子弟为官，在汉代一般是首先保任为郎官，故有“任为郎”之说。

秦是否有任子制，史无明文。但云梦秦简中有“葆子”的记载。“葆子”疑即为“任子”（高敏《关于汉代“任子”制的几个问题》）。

汉代“任子”成为通制。还有“以族父任”“以宗家任”“以姐任”为郎者，东汉更加扩大，有因“门从”而任为郎者，有义行也可以荫其子弟得官。

汉代“任子”制是官僚子弟做官的重要途径，这种“不以德选”的制度，其弊病是很大的。一则败坏了当时的吏治，二则对东汉以后世官世族的形成起了不小的作用。因此，许多有远识的政治家，都反对这种制度。

5. 纳赀、卖官及其他

以资财得官也是秦汉时期选官与入仕的一条途径。纳赀补官，西汉时以武帝一朝为最滥。《西汉会要》卷四十五《鬻官》条集其事。但是在西汉朝，以资财为官是会被人瞧不起的，因此，选官尚未过滥。至东汉后期，则公开计金卖官。灵帝时更把卖官钱作为重要的私人财政收入。光和元年（178）“初开西邸卖官，自关内侯、虎贲、羽林入钱各有差。又私令左右卖公卿，公千万，卿五百万”（《后汉书·灵帝纪》）。汉末吏治的败坏，可想而知。

此外，还有几种选官办法，虽非常制，但有一定影响，今分述于后。

（1）上书拜官

这是皇帝征召、毛遂自荐、审查录用三者结合的一种选官办法。武帝时上书自荐者曾达千余人，武帝亲自审阅奏牍，从中选拔了不少人才，如主父偃、终军等。

（2）以材力为官

《汉书·地理志》云："汉兴，六郡（陇西、天水、安定、北地、上郡、西河）良家子选给羽林、期门，以材力为官，名将多出焉。"其中如李广、赵充国、傅介子、甘延寿等都是一代名将。

（3）以方伎为官

凡有一技之长，皆可为官。如卫绾"以戏车为郎，事文帝"，邓通"以濯船为黄头郎"。

武帝时，更是"博开艺能之路，悉延百端之学，通一技之士，咸得自效，绝伦超奇者为右，无所阿私"（《史记·龟策列传》）。

6. 选举法规与选官制度的利弊得失

（1）选举法规

第一，实行选举责任制。选任得人与否，选任者与被选任者要负连带责任，功罪赏罚相同。《史记·范雎传》云："秦之法，任人而所任不善者，各以其罪罪之。"汉承秦制，仍行选举责任制。

第二，对于被选举人与参与考试人的家庭出身、秩位、年龄、资历、才能、学识、体格等都有具体规定。如：

> 孝惠、高后时，为天下初定，复驰商贾之律，然市井之子孙亦不得仕宦为吏。（《史记·平准书》）

此为家庭出身的限制。本初元年（146）诏：

> 其令秩满百石，十岁以上，有殊才异行乃得参选。（《后汉书·桓帝纪》）

此为资历与才能的限制。

> （阳嘉元年）初令郡国举孝廉限年四十以上，诸生通章句，文吏能笺奏，乃得应选，其有茂才异行若颜渊、子奇，不拘年齿。（《顺帝纪》）

此为年龄与学识的限制。

前郡守以青（郡吏王青）身有金夷，竟不能举。(《后汉书·张酺传》)。

此乃身体条件的限制。

第三，选举人的资历和地位同样也有法令规定。每年例行的郡国岁举，由刺史、守、相等地方长官负责。汉法，郡国守相视事需满一岁者始有察举的资格；负责选举的主管机关也有具体规定。

(2) 选官制度的利弊得失

汉代察举的科目很多，选官的范围也很广，而选举法令又严，得人与否，举者与被举者同其赏罚，使得统治者不得不努力搜求人才；再加上察举与考试相结合，因人授官，尤其是武帝时代求贤若渴，不拘一格选拔和重用人才，使武帝一朝，人才辈出，功业兴盛。这反映出地主阶级在其上升时期对人才的重视。

但是，这种选官制度不得不受到历史和阶级的局限，其根本的缺陷就是选用人才的大权掌握在封建皇帝及高级官吏等少数人手里，而且选拔人才的标准是封建地主阶级的德才。东汉中叶以后，选举完全被权门势家所把持，流弊百出；再加上皇帝公开计钱卖官，整个选官制度完全被破坏。以郡国察举孝廉而论，权门请托，贵戚书命，盖已成一时的社会风气。东汉末察举、选官制度的败坏与吏治败坏互相影响，互为因果，以致造成恶性循环，一败而不可收拾。东汉灭亡，实肇基于此。王符在《潜夫论·考绩》中作淋漓的描述：

群僚举士者，或以顽鲁应茂才，以桀逆应至孝，以贪饕应廉吏，以狡猾应方正，以谀谄应直言，以轻薄应敦厚，以空虚应有道，以嚚暗应明经，以残酷应宽博，以怯弱应武猛，以愚顽应治剧。名实不相副，求贡不相称，富者乘其材（当作“财”）力，贵者阻其势要，以钱多为贤，以刚强为上。凡在位所以多非其人，而官听（当作“职”）所以数乱荒也。

（二）任用制度

秦汉时期任用官吏制度已经独立成为一种人事制度。其任用方式、任用法规、任用期限等都有具体的法律条文规定。兹分述如下。

1. 任用方式

官吏的任用称之为拜，或称之为除。拜除之权，特别是高级官吏的拜除权掌握在皇帝手里。汉代，地方官吏秩过百石者，皆由朝廷任命（实即皇帝任命），故有所谓“命卿”之称。事实上，皇帝不可能一一亲自拜除，因而不得不假他人之手，所以，在汉代，上自丞相、三公，下至九卿，皆有拜除之权。《汉旧仪》说：

> 旧制，令六百石以上，尚书调，拜迁四百石长相至二百石，丞相调；除中都官百石，大鸿胪调；郡国百石，二千石调。

官吏的任用方式，主要有以下几种。

（1）真、守

真，即真除实授，一般不用这个“真”字，只是在与守相对时才用。守为试署性质［《陔余丛考》卷二六《假守》条：“（秦汉时）其官吏试职者则曰守。”］，一般是试守一岁，即试用期为一年，称职者即可为真。《汉书·平帝纪》注引如淳曰：

> 诸官初除，皆试守一岁乃为真，食全俸。

在试守其间，如不称职，则或他调、左转或罢归原职。

守，除试守之意外，还有兼、摄之意。《汉书·王尊传》：

> （王尊）为谏大夫，守京辅都尉，行京兆尹事。

这里所谓守、行，均为兼官性质。守还有摄事之意，《后汉书·卓茂传》：“河南郡为置守令。”所谓守令，即代理县令，意即河南郡设置代理县令。

（2）假

假是摄事之意，非真假之假。《陔余丛考》卷二六说：

> 秦汉时官吏摄事者皆曰假，盖言借也。

以假任者甚多。如《史记·秦始皇本纪》云：

> 始皇十六年，有南阳假守腾。

《汉书·曹参传》云：

> 汉二年，拜（曹参）为假左丞相。

东汉末年又有“假节”“假黄钺”之制。节，是代表皇帝使命的凭证；黄钺，为皇帝专用的仪制。这些表示特殊地位和权力的凭证、仪制一旦假于人手，往往就意味着君权的旁落和被分割。

（3）平

平，是平决的意思。《后汉书·梁冀传》注云：“平，谓平议也。”汉代之平，多用之于廷尉尚书，其用于尚书者，皆以本官而平决尚书事。如：

> （于）定国由是为光禄大夫平尚书事。（《汉书·于定国传》）

> 宣帝征（张）敞为太中大夫，与于定国并平尚书事。（《汉书·张敞传》）

（4）领

领，为兼领之意，即已有主官之职，又领他官他职而不居其位者，则谓之领。如：

> 桑弘羊为治粟都尉，领大农。（《汉书·食货志》）

> 南阳宗广领信都太守事。（《后汉书·任光传》）

领又有暂守之意，或以领护、领校为称。如刘向以故九卿召拜为郎中，领护三辅都水（《汉书·刘向传》）；冯参为谏大夫，领护左冯翊都水（《汉书·冯参传》）。此皆明显有暂时署守之意。

（5）视

一般以居官治事为视事，如《汉书·王尊传》云：“今太守视事已一月矣。”但作为任用制度的一种，视与平、领近似，也有兼官的意思。如薛宣“复爵高阳侯，加宠特进，位次师安昌侯，给事中，视尚书事”（《汉书·薛宣传》）。

（6）录

录的名称始于东汉，亦仅限于尚书事。录有参决、总领之意，《后汉书·和帝纪》注云：“录，谓总领之也。”东汉的录尚书事，与西汉的平、领、视尚书事相近，而其权位则较之为重。西汉时，中朝官多可平、领尚书事，东汉则渐以太傅、太尉兼任此职，而尤以太傅为主。在称谓方面，平、领、视渐被废弃（此就尚书事而言，于他官仍有用领者），而单用录名。录尚书事最初也只是兼职性质，以后则渐变为一种实职官了。

（7）兼

兼，乃是以本官而兼任其他官职。兼官之制，起源甚早（最早见于秦武王时，见《韩非子·说林上》）。两汉兼官或以文兼武，或以武兼文，或以文兼文。

（8）行

所谓行，乃是官缺未补暂时由他官摄行之意。两汉摄行制度较为普遍，这是在遇有官缺，而一时无适当人选补缺时采取的一种临时措施。如：

> 张汤为御史大夫……数行丞相事。（《汉书·张汤传》）

（9）督

督是由中央派员监督地方之制，多为军事上的需要而设，始于东汉。《通典》卷三十二《都督》条说：

> 后汉光武建武初，征伐四方，始权置督军御史，事竟罢。

可见督是具有一种临时差遣性质。汉以后，有所谓都督、督军、总督等名称，其制盖渊源于此。

（10）待诏

待诏即等待皇帝诏命的意思，类似一种候补官员。待诏多出于上书求试，或出于皇帝的征召，是当时一种特殊的仕途。在没有正式委任官职以前，由皇帝临时指定待诏官署，等待诏命，故曰“待诏”。待诏之地点并不固定，但一般是在公车，《后汉书·和帝纪》注云：“公车，署名也，公车所在，故以名焉。……诸上书诣阙下者皆集奏之；凡所征召，亦总领之。”可见一般都是待诏公车。

凡是待诏人物大都有所专长。因待诏非实职，故无正式俸禄，但在待诏期间，为使其能维持生活，也给予一定的生活补助。

（11）加官

加官为本职以外的一种虚衔。汉代，凡列侯、将军、卿、大夫、将、都尉、尚书、太医、太官令至郎中皆可加官，所加有侍中、左右曹、诸吏、散骑、中常侍等官；又大夫、博士、议郎也可加官，所加多为给事中。以上诸加官均属中朝官。故加官虽为虚衔，但由于一旦加官之后便可出入禁中，侍从皇帝左右，权力很大，在汉代政治生活中起着重要作用。

除上述加官之外，如特进、奉朝请以及朝侯、侍祠侯之类，也应属加官性质。特进、奉朝请多用以赐予功德优盛的高级官吏。有此官衔，虽免官或退休之后，仍可以参与朝廷大政。如西汉丞相张禹告老罢相之后，“以列侯朝朔望，位特进，见礼如丞相”，以后“虽家居，以特进为天子师，国家每有大政，必与定议”（《汉书·张禹传》）。

此外，西域都护亦为加官，其本职为骑都尉、光禄大夫，加官都护是为了总统西域诸国之事。“大司马”也是一种加官，《汉书·霍去病传》云：“乃置大司马位，大将军、骠骑将军皆为大司马。”

（12）散官

散官为无印绶、不治事之官。中央如大夫、博士、御史、谒者、郎官之类，或不治而议论，或侍从传达。地方亦有散吏，如祭酒、从掾位、从史位、待事掾、待事史等，与中央之散官性质相同。散官虽不治事，然其在上层者多参与国家大政谋议与朝廷宗庙礼仪。西汉贾谊、晁错、董仲舒等均曾居此类官职，论议定计，对文、景、武时期的政治有很大影响。中央的散官因为亲近皇帝，极容易由无印绶的散官迁任有印绶的高官。

2. 任用法规

汉代任用官吏的法规，虽无系统的记载，但从《史记》《汉书》中，可以看出不仅有许多相关法律条文，而且对这些法律的执行还是比较严格的。现就可考者分述如下。

（1）关于王国官、地方官的任用法

关于王国官的任用，从汉惠帝以后便常常采取限制与裁抑的政策，如“孝惠帝元年，除诸侯相国法”（《史记·曹相国世家》）。文帝时，凡是二千石官，都要由汉中央任命。吴楚七国之乱后，汉景帝更“令诸侯王不得复治国，天子为置吏”（《百官公卿表》）。武帝时又“作左官之律，设附益之法”（《汉书·诸侯王表》）以限制诸侯王网罗人才，防止他们从事非法的活动。依据这些政策的精神，汉朝中央在任用王国官吏时颇多限制。

地方官的任用主要有籍贯的限制。西汉初年，地方长官郡守、县令均可由本郡人担任。但是，武帝中叶以后，地方长官明显地要回避本籍，虽无明令规定，事实则是不用本籍人：刺史不用本州人；郡守、国相等不用本郡人；县令、长、丞、尉不但不用本县人，且不用本郡人。不过，西汉时司隶校尉、京兆尹和长安县令、丞、尉不在此限。郡县之属官佐吏除三辅外，则一律用本籍人，用外郡人即为破例。还有，郡督邮用本郡人，但不用所督诸县之人；州之诸郡从事亦用本州人，而不用所部之郡人。

东汉时，对地方长官的籍贯限制更严，京畿也不例外，一律不用本籍人（初兴和末季乱世也有例外），甚至婚姻之家及两州人士不得对相监临，以后又有“三互法”。《后汉书·蔡邕传》说：

> 初，朝议以州郡相党，人情比周，乃制婚姻之家及两州人士不得对相监临。至是复有“三互法”。禁忌转密，选用艰难。幽、冀二州，久缺不补。

李贤注云：

> 三互，谓婚姻之家及两州人士不得交互为官也。

按此注所云，应为三互法以前之制。在此之前，两州人士有婚姻者，则其家人不得交互为官；甲州有人在乙州做官者，则乙州人不得在甲州做官。三互之法对此种限制又有发展：如甲州人士在乙州为官，同时乙州人士又在丙州为官，则丙州人士不得在甲州、乙州做官。三州婚姻之家也是如此。

由于限制过严，禁忌繁密，致使选用困难，所以有的地方（如上述幽、冀二州）久缺不补。这种限制，其目的是加强中央对地方的控制。但东汉后期尾大不掉之势已经形成，虽有这样严密的限制，也无法改变地方割据的局面。

（2）关于宗室、外戚、宦官的任用法

由于宗室、外戚、宦官与皇帝的关系特殊，往往对政权有很大影响，皇帝为了防止大权旁落，对于这三种人，在任用方面加以适当限制。

对宗室的限制，《汉书·刘歆传》说：

（刘歆）为河内太守，以宗室不宜典三河，徙守五原。

汉代称河东、河内、河南三郡为“三河”，《史记·货殖列传》说：“三河在天下之中，若鼎足，王者之所更居也。”为了防止宗室觊觎帝位，故规定“宗室不宜典三河”。

对外戚的限制，《后汉书·明帝纪》载：

帝遵奉建武制度，无敢违者。后宫之家，不得封侯与政。

说明对外戚任官有限制。

对宦官的限制，《后汉书·李固传》说：

诏书所以禁侍中、尚书、中臣子弟不得为吏察孝廉者，以其秉威权、容请托故也。

说明对宦官子弟任官也有限制。

两汉时代虽曾制定一些法规对宗室、外戚、宦官的任用加以限制。但是，由于他们在皇帝周围，防不胜防，所以，这些法规是不能贯彻到底的。

（3）关于财产、职业、身份、学历以及年龄等方面的规定

财产，是任用官吏的重要条件，《汉书·景帝纪》后元二年（前142）诏曰：

今訾（同赀）算十以上乃得官……朕甚愍之。訾算四得官，亡令廉士久失职，贪夫长利。

赀（訾）算，就是财产税。汉代家资值万钱，算赋一百二十文，十算就是十万。这就是说在景帝后元二年以前，家资需在十万以上始能做官，后元二年减至四万即可做官。

在职业方面，西汉规定“有市籍不得官”（《汉书·景帝纪》），有市籍即指商人。武帝时“巫蛊之祸”以后，规定巫家亦不得为吏。

在身份方面，秦律明确规定不得任“废官”为吏。汉代沿袭此制，文帝时规定“吏坐赃者，禁锢不得为吏”（《汉书·贡禹传》）。东汉质帝本初元年（146）诏：“臧吏子孙不得察举”（《后汉书·桓帝纪》）。

在学历方面，《汉书·艺文志》说：

> 汉兴，萧何草律……曰：太史试学童，能讽书九千字以上，乃得为史。

说明任官有学历规定。顾炎武《日知录》卷十七《通经为吏》说：“汉武帝从公孙弘之议，下至郡太守卒史皆用通一艺以上者。”

在年龄方面也有规定。云梦秦简《内史杂》云：“除佐必当壮以上，毋除士五（伍）新傅。”据此规定，新傅籍的青年人不可担任官府的佐吏，只许任用壮年以上的人。汉代在年龄方面的限制更多，如明经、博士限年五十；选举孝廉限年四十；博士弟子限年十八以上，一岁课试，通一艺者始能做官，则其任用年龄当在二十左右。但确有奇才异能者，则不受年龄的限制。

3. 任用期限

汉代官吏的任期，虽无明文规定期限，但从许多资料看，两汉实行多重久任之制。如萧何、曹参、公孙贺为丞相并十三年，张苍十五年，陈平十二年，徐自为为光禄勋二十六年，王恬启二十五年。地方官如田叔守汉中、孟舒守云中，皆十余年。甚至政绩良好者，朝廷宁愿就原职增秩、加俸，也不轻易调动。

东汉官吏久任的事例也不少，如冯鲂为魏郡太守二十七年，王霸为上谷太守二十余年，祭彤为辽东太守近三十年。东汉也承西汉以来增秩而不迁其位的遗制。东汉后期由于政治腐败任用制度混乱不堪。

官吏久任，有其优点，所谓“吏称其职，人安其业”，能保持政治局面的安定；而调动过于频繁，则“各怀一切，莫虑长久”，容易造成政治秩序的混乱。汉代政治家朱浮、左雄、崔寔等人所以主张官吏久任制的原因即在于此。但官吏任职过久也有其弊端，主官和属官容易结成私人集团，形成和中央集权的离心力量，汉末割据的形成，与此有很大关系。

（三）考课制度

1. 上计与考课

官吏的考核制度是和任用制度相连的一种人事制度。战国时各国推行的上计与考课制度就是对官吏的考核制度，此种制度至秦汉而渐趋完备。县令上计于郡守，郡守上计于国君，层层上计，一年一次，而且是年终十二月为计。每年年终的上计，不仅有各种税收、粮食收入以及其他籍、牒（各方面的登记造册），且上计时还要将有关的物（秦简称为“余褐”）一并送上。《金布律》云：

> 已禀衣，有余褐十以上，输大内，与计偕。

这里的“计谐（偕）”，是指上计吏携带物品一并俱上。关于汉代的“计偕”，《汉书·武帝纪》说：

> 征吏民有明当时之务、习先圣之术者，县次续食，令与计偕。

颜师古对此作注说：

> 计者，上计簿使也，郡国每岁遣诣京师上之。偕者，俱也。令所征之人与上计者俱来，而县次给之食。

说明上计吏与选拔的人一齐到上级机关。

汉承秦制，每年年终由郡国上计吏携带计簿（书面工作汇报）到京师上计（汇报工作），这叫常课；三年一考察治状，叫大课。汉代的考课制度大体说来有两个系统，一是公卿守相或各部门主官备课其掾史属官，这是上下级系统；一是中央课郡、郡课县，这是从中央到地方的系统。下面主要是略述后者的考课制度。

（1）中央对郡国的考课

汉朝非常重视考课。在中央，往往由皇帝亲自主持考课；有时皇帝行幸郡国，也常就地上计。但是，皇帝亲自受计终归是特例，中央主管上计的机关是丞相、御史二府。二府也各有侧重，丞相主要负责岁终课殿最（上功曰最，下功曰殿）上闻，御史大夫主要负责按察虚实真伪，二府相辅为用。丞相、御史大夫亲自过问上计是当然的。但是，上计的具体事务则另有专人负责。

东汉以三公分掌丞相之职，所以郡国上计也由三公分管。《后汉书·百官志》在司徒、司空、太尉条下，分别注有考课之事：“岁尽，则奏其殿最而行赏罚。”不过，实际上，自汉末叶以至东汉，上计考课的实权即逐渐转归尚书。尚书主天下之大计，如蔡质《汉仪》所说尚书“典天下岁尽集课事”（《后汉书·百官志》注引）。

此外，在州成为郡的上级时，州对郡也有考课之权。《后汉书·百官志》

云："诸州常以八月巡行所部郡国，录囚徒，考殿最。初，岁尽诣京都奏事，中兴但因计吏。"

无论哪一级的考课，均须认真负责，如考课不实，应反坐其罪。

（2）郡国对属县的考课

在郡县两级制普遍实行之前，县是直接上计于中央的。在郡县两级制普遍实行之后，郡国守相上承中央考课，下则考课属县。《后汉书·百官志》本注曰："秋冬集课，上计于所属郡国。"补注又引胡广曰：

> 秋冬岁尽，（县）各计县户口垦田，钱谷入出，盗贼多少，上其集（计）簿。丞尉以下，岁诣郡，课校其功。功多尤为最者，于廷尉劳勉之，以劝其后；负多尤为殿者，于后曹别责，以纠怠慢也。

郡课县的时间必须在郡上计中央之前，以便郡汇集各县情况。在西汉，县上计时，由令、长、丞、尉亲行上计。东汉以后有所变化，令长不再自行，但遣丞尉以下上计，如前引胡广云："丞尉以下岁诣郡课校其功。"

（3）上计吏之职责

上计吏的职责十分重要。他不仅仅每年奉上计簿，在郡课县时，县则要参加集课的都试大会。在中央课郡国时，上计吏一方面代表地方参与朝会与其他大典，或备询政俗；另一方面则上奉中央诏敕，下达给地方守相。

（4）上计内容

当时的中央政府主要通过上计制度掌握全国情况并据以考核地方官吏的政绩，因此地方上的一切情况，都属于上计内容。上引《后汉书·百官志》补注引胡广曰："秋冬岁尽，各计县户口垦田，钱谷入出，盗贼多少，上其集（计）簿。"此应是上计的主要内容。但地方官吏上计时也常常弄虚作假，或欺谩朝廷以避其课，或谎报成绩冒功领赏，甚至为了对付上计竟专门选用善于作伪的属吏编造计簿，其流弊可见。西汉末和东汉末，考核制度废弛，吏治趋于败坏。

2. 迁降与赏罚

通常情况下，对官吏迁降赏罚均应以考课结果而定。考课内容要登记在册，所谓"考绩功课，简在两府"（《汉书·薛宣传》），简即记载劳绩的册籍。登记的简册，就是迁降赏罚的依据。

（1）迁降及其他

1）迁

一般来说，考课为"最"、为"高第"者，均能得到升迁。迁有平迁和超迁两种情况。以积功久次（即功劳、资历）循序而升者为"平迁"；有特殊功绩或奇才异能因而被破格猎等而进者，称为"超迁"。"超迁"既包括越级提升，也包括提升得快。

2）降

考课官吏，有功则升赏，有过则降免处罚。汉代官吏除因重罪犯法而被罢官削爵或处以死刑外，凡犯有小过而不宜重处者，一般仍留为官吏而降职罚俸。降职，当时称为"左转"或"左迁"，罚俸称为"贬秩"。

3）转

转，既非迁也非降。因工作需要由此官而改任他官，而其品秩相同者，则称为转。

4）徙

徙兼有转、迁二义，视具体情况而定，有时属转性质（工作调动，不升不降），有时属迁性质（升迁）。

5）出、入

由中央官外调为地方官，称为"出"；由地方官内调为中央官，称为"入"。出、入常含有迁降或赏罚的意义。入，多半是外职内升。出，则为左迁。不过，中央小官如郎官、公府掾属之出任地方官，虽是外出，但并非左迁。

6）迁补

官吏之迁补，也有常例，如丞相例由御史大夫迁补，御史大夫则选中二千石，中二千石则选郡国守相高第。其他迁补之常制，《汉官仪》有载。一般来说，中央机关的属吏外任迁补多半是重用，而博士、尚书、郎官等尤为明显，虽无显著功劳，以久次即可迁升，此董仲舒所谓"累日以取贵，积久以致官"（《董仲舒传》）。

（2）赏与罚

上述迁、降、转、徙、出、入及迁补诸例，其中多含有赏罚之意。除此之外，还有多种赏罚形式。

1）赏的方面

增秩、赐爵　对于治理有效的官吏，有时并不立即升迁，而采取增秩、赐爵的办法，使之继续留任原职，赏赐除增秩、赐爵之外，还有田宅、奴婢、甲第、秘器、安车驷马、缯帛等许多赏赐。

礼遇上的优宠　对有功之臣礼遇的优宠方式有很多，如车饰冠服不同于众、玺书褒勉、给予某种尊号，等等。

2）罚的方面

秦汉官吏，如犯有罪过，得以律科罚，其科罪之律，今已不能详考。但对于官吏的惩罚，除夺爵免官、减秩罚金之外，还有科罪之刑，如杖、笞、耐、髡、弃市、族诛等刑名。但为保全大臣体面，九卿以上的高级高吏可免捶扑之刑，如宣布死刑，则使之先期自裁。汉代有"将相不辱""将相不对理陈冤"的习惯，凡诏丞相诣廷尉诏狱，不论有罪与否，丞相受诏后即须自杀，谓之“自裁”。有时候皇帝虽不明令处死，只遣尚书令赐酒十石，牛一头，受赐的丞相便须自杀。

（四）赐爵制度

古代最高统治者如何驾驭众多的“百官之职”呢？《周礼·大宰》说得很清楚：

> 以八柄诏王驭群臣：一曰爵，以驭其贵；二曰禄，以驭其富；三曰予，以予其幸；四曰置，以驭其行；五曰生，以驭其福；六曰夺，以驭其贫；七曰废，以驭其罪；八曰诛，以驭其过。

这驾驭群臣的“八柄”，关键是爵和禄，如《周礼正义》所说：“爵禄为予夺废置之本，故首举之。”爵禄二字是连得很紧的。

春秋以前，官、爵、禄三者基本上是统一的，所以《周礼》中的官职，都标明卿、大夫、士之类的爵位。同时，一定的爵位就有一定的禄。在古代，禄是以田邑来计算的。

战国时，官职乱了，爵禄制也发生了很大变化，主要表现在以下几点。

第一，新的军功爵制代替了旧的五等爵制，爵位的等级、名称以及予夺办法等都不同了。五等爵制与分封制、宗法制密切相关，而且世袭；军功爵制则是“皆以赏有功”，其“尊卑爵秩”是按军功大小决定的，且不是世袭。

第二，官职与爵位二者之间没有固定的统一标准，和《周礼》中那种什么官固定为什么爵的情况不同，做某种官并不要求有相当的爵位。例如秦的丞相，有的封侯，有的没有封侯。

第三，禄也不再与爵紧紧相连了。过去是爵禄连称，有爵必有禄，而禄以田邑计算。而战国以后，禄成了与官职相连的俸禄，所以汉人郑玄注《周礼·大宰》解释“禄”的时候说：“若今日奉也。”官吏的禄自有独立的等级，从五十石、百石……直到二千石、中二千石、万石等，称为“禄秩”，而且禄以石计算。总之，爵禄为秩禄所代替。

秦汉的爵制，就是这种与五等爵制不同的军功爵制。

1. 秦的赐爵制度

秦的赐爵制度，旧籍记载不完备，近人有了不少专门论述，但许多问题还值得探讨。

（1）爵的用处

战国时，在战争中论功行赏是各国的普遍现象。而秦国的论功行赏则集中了各国的优点而避免了其他国家的一些缺点。《荀子·议兵篇》把齐、魏、秦的论功行赏做了比较，秦国是“隐而用之，得而后功之，功赏相长也”。杨倞的注说：“有功而赏之，使相长。”就是功与赏同步而长，功多则赏多，功少则赏少。军功爵制在一定意义上保证了秦的胜利。爵位给人们带来什么好处呢？

1）可以为官

《韩非子·定法》说：

> 商君之法曰：斩一首者爵一级，欲为官者，为五十石之官；斩二首者爵二级，欲为官者，为百石之官。官爵之迁，与斩首之功相称也。

正如《商君书·境内》说，立功赏爵，“乃得人兵官之吏”。

2）可以得到田宅和役使庶子

《史记·商君列传》说：

> 令有军功者，各以率受上爵，明尊卑爵秩等级，各以差次；名田宅臣妾衣服，以家次。

赐爵一级之后，除了田宅之外，还“除庶子一人”。“除”可以解释为“给予”。

3）可以用来赎罪或赎奴隶

《商君书·境内》说：

> 爵自二级以上，有刑罪则贬；爵自一级以下，有刑罪则已。

二级爵位的人犯了刑罪，就降低他的等级；一级爵位以下的人犯了刑罪，就取消他的爵位。这说明爵位可以用来赎罪。云梦秦简《军爵律》有记载以爵位赎奴隶的，赎免之后爵位就被取消了。

（2）爵位的等级和名称

关于秦的爵制，《汉书·百官公卿表》云：

> 爵：一级曰公士（师古曰：“言有爵命，异于士卒，故称公士也。”），二上造（师古曰：“造，成也，言有成命于上也。”），三簪袅（师古曰：“以组带马曰袅，簪袅者，言饰此马也。”），四不更（师古曰：“言不豫更卒之事也。”）（按：以上相当于士），五大夫（师古曰：“列位从大夫。”），六官大夫，七公大夫（师古曰：“加官，公者，示稍尊也。”），八公乘（师古曰：“言其得乘公家之车也。”），九五大夫（师古曰：“大夫之尊也。”）（按：以上相当于大夫），十左庶长，十一右庶长（师古曰：“庶长，言为众列之长

也。”），十二左更，十三中更，十四右更（师古曰：“更言主领更卒，部其役使也。”），十五少上造，十六大上造（师古曰：“言皆主上造之士也。”）（按：传世商鞅量、商鞅戟铭文，“大上造”均作“大良造”），十七驷车庶长（师古曰：“言乘驷马之车而为众长也。”），十八大庶长（师古曰：“又更尊也。”）（按：以上相当于卿），十九关内侯（师古曰：“言有侯号而居京畿，无国邑。”），二十彻侯（师古曰：“言其爵位上通于天子。”）（按：以上相当于诸侯），皆秦制，以赏功劳。

班固只说是“皆秦制”，没有明言是商鞅变法时的秦制，还是变法后逐渐形成的秦制。从实际情况看，二十级爵制的形成是有一个发展过程的。《商君书·境内》所提到的爵称、级数、顺序，与上述二十爵制均有出入。

爵虽有二十级，其中还有几个大的等级，如士、大夫、卿、侯等。大体还可以分为两个大等级，即以七级公大夫和八级公乘为界来划分，钱大昭《汉书辨疑》说：

自公士至公乘，民之爵也，生以为禄位，死以为号谥，凡言民爵者，即此。自五大夫至彻侯，则官之爵也。

《汉书·高帝纪》则说：

七大夫（按：即七级公大夫）、公乘以上，皆高爵也。

或说八级公乘以上，或说七级公大夫以上，未知是时间不同规定不同，还是这两级是交叉级，待考。不过，“官爵”“民爵”的区别是明显的。爵位高低不同，享受的特权也就有别。

关于爵名的问题，前引二十等爵名绝不是整个秦汉时期的爵名，它有一个发展变化的过程。《商君书·境内》只记载十五级，而且有的爵名、爵序也与二十等爵制不同。大良造（《汉书·百官公卿表》作大上造）为最高级，商鞅本人最后为大良造，即得了最高爵位。

《史记·秦始皇本纪》上有“列侯”和“伦侯”的记载，如果说“列侯”是因避武帝讳改“彻侯”为“列侯”的话，那么“伦侯”这个名称是怎么回事呢？《索隐》曰：

伦侯，爵卑于列侯，无封邑者。伦，类也，亦列侯之类。

《秦会要》徐复补引刘师培曰：

《索隐》说甚允。《说文》云："伦，辈也。"《仪礼·既夕》记："伦如朝服。"郑注云："伦、比也。"盖同列于侯曰列，拟于侯曰伦。伦侯之伦，犹汉之比二千石，后世之仪同三司也。

2. 两汉赐爵制度的演变

（1）西汉初对秦爵制的因袭

汉初刘邦采取了秦的二十等爵制。《汉书·高帝纪》载：

（汉五年）诏曰："诸侯子在关中者，复之十二岁，其归者半之。民前或相聚保山泽，不书名数，今天下已定，令各归其县，复故爵田宅，吏以文法教训辨告，勿笞辱。……军吏卒会赦，其亡罪而亡爵及不满大夫者，皆赐爵为大夫。故大夫以上，赐爵各一级，其七大夫以上，皆令食邑，非七大夫以下，皆复其身及户勿事。"又曰："七大夫、公乘以上皆高爵也。诸侯子及从军归者，甚多高爵，吾数诏吏先与田宅，及所当求于吏者，亟与。爵或人君，上所尊礼，久立吏前，曾不为决，甚亡谓也。异日，秦民爵公大夫以上，令丞与亢礼。今吾于爵非轻也，吏独安取此！且法以有功劳行田宅，今小吏未尝从军者多满，而有功者顾不得，背公立私，守尉长吏教训甚不善。其令诸吏善遇高爵，称吾意，且廉问，有不如吾诏者，以重论之。"

从这段诏令中，我们可以得到关于汉初功爵制的几点认识。

第一，肯定了秦的军功爵制在汉朝的合法地位，恢复秦民原有的爵位和土地、房屋的所有权。

第二，对于从军的军吏，除犯罪者外，一律赐给大夫爵位；原来享有大夫以上爵位的人各加一级；有七大夫以上爵位的人都可以食邑，七大夫以下者，免除其个人和全家的徭役。

第三，明确七大夫、公乘以上属于高爵，并表示对高爵的尊重，责令地方官必须优先满足高爵对于田宅和其他合乎其规定的要求，不得拖延。这说明刘邦对高爵者的关心，因为这些人是西汉政权的支柱。

这说明楚汉战争之后，刘邦在主要方面因袭了秦的二十等爵制。

（2）西汉时期赐爵制的变化

刘邦死后，吕后执政，曾以惠帝名义发布了一个大规模的赐爵诏令：

赐民爵一级。中郎、郎中满六岁爵三级，四岁二级。外郎满六岁二级。

中郎不满一岁一级。外郎不满二岁赐钱万。宦官、尚食比郎中。谒者、执楯、执戟、武士、驺比外郎。太子御骖乘赐爵五大夫，舍人满五岁二级。(《汉书·惠帝纪》)。

这次赐爵和刘邦时的赐爵相比，有明显不同。

第一，从赐爵的对象和条件来看，取消了以军功赐爵这个根本条件，无条件地普遍赐民爵，开了赐爵轻滥的先河。

第二，把“赐民爵”与“赐吏爵”分开，此后，在赐爵时“吏”“民”分开，官吏享受着更多的特权。

第三，取消了以爵级赐与田宅的规定。这以后所有的“赐民爵”都与田宅无关系了，只是得到一个空衔；但对吏爵特别是高爵，赐爵时还是有赐田宅、奴婢及金帛等的赏赐。

这些变化反映了地主阶级地位的变化。

文、景时期，赐爵制度又有进一步变化。总的来说，是进一步背离了奖励军功的原则，向着轻、滥的方面变化。除十九级（关内侯）和二十级（列侯）还拥有实际社会地位之外，其他各级，特别是八级以下的民爵，成为徒有其名的虚衔。如钱大昕所说：“大约公乘以下，与齐民无异。”（《潜研堂文集》卷三十四《再答袁简斋书》）

西汉民爵轻滥，表现在两个方面。

第一，赐民爵甚多。据《西汉会要》卷三十五《赐爵》条统计，在十六种情况下，如新君即位、立太子、改年号……所谓“大事”之时，都要发诏书、宣布赐民爵一级。赐爵成了统治者欢庆节日的点缀。

第二，正式实行卖爵制，当时可以用钱买爵，也可以输粟入奴婢买爵。卖爵制使军功爵制完全失去了秦和汉初时的价值和作用。

汉武帝时期，为了发动对匈奴的大规模反击战争，需要军功爵制来调动战士的积极性，故在元朔六年（前123）根据大臣们的建议，又设置武功爵，“以宠战士”。但武功爵可以买卖，这样也失去了军功爵的意义。因此，推行不久便自动取消了。

汉武帝以后，仍照例“赐民爵”“赐吏爵”，而且越来越滥，赐爵制原有的性质和作用丧失了，作为维护官吏、贵族特权地位工具的性质更加突出了。

（3）东汉时期军功爵制的衰亡

东汉时期，世家豪族地主阶层已经形成，他们通过察举、征辟和任子制度完全垄断了政治特权，完全用不着以“赐吏爵”去扶植新的权贵了。所以东汉时没有一次“赐吏爵”，可见已经废除。至于“赐民爵”，则成了一种更廉价的点缀品。如刘秀在位期间就四次颁布赐爵令，一次是“赐天下长子当为父后者爵，人一级”，有三次皆“赐天下男子爵，人二级”（《后汉书·光武帝纪》），可见爵制名存实亡。正如王粲《爵论》所说：

> 古者爵行之时，民赐爵则喜，夺爵则惧，故可以夺赐而法也。今爵事废矣，民不知爵者何也，夺之，民亦不惧，赐之，民亦不喜，是空设文书而无用也。（《艺文类聚》卷五十一《封爵部》）

东汉以后，商鞅变法时创立的赐爵制度随着历史的发展而消失了。

（五）秩俸和朝位制度

1. 官吏的秩俸

春秋以前，贵族中实行世卿世禄制，所以没有官吏的秩俸。春秋战国时，世卿世禄制被废除，代以官吏的秩俸制度。战国时，因各国官秩不同，故官俸也不相同，至秦汉始有统一的秩俸。秩是指官阶，有几等秩即为几级官；俸是指薪俸，薪俸的多少是依官阶的高低而定的。一般说“增秩”“减秩”既包括官阶的升降，也包括秩俸的增减。

秦官吏的秩俸虽不可详考，但根据云梦秦简《金布律》和《仓律》，可以肯定秩俸是按月发放的，又叫月食。秦按月发放口粮和月俸的原则和方法为汉代所承袭。汉代官吏的等级——秩，也是用谷米数量来分的，如千石、百石，等等；但在按秩发放俸禄米谷时，则用斛来计算。石是衡的单位，斛是量的单位，西汉一石约等于二斛，东汉一石约等于三斛。石不过是定等级的虚名，斛才是实俸。（聂崇岐：《汉代官俸质疑》，载《宋史丛考》）

秦汉时期，因各个时期的物价与货币的比值不同，故官吏的秩俸也不尽相同。西汉官吏的实俸，见《汉书·百官公卿表》颜师古注，东汉建武二十六年（50）刘秀所定的官吏俸例，见《后汉书·光武帝纪》李贤注引《续汉志》以及刘昭补《后汉书·百官志》。今一并表列于下，以备参考。

两汉官吏实俸表

秩（石）别	颜师古注	李贤注	刘昭注
	月俸（斛）	月俸（斛）	月俸（斛）
万石	350	350	350
中二千石	180	180	180
二千石	120	120	120
比二千石	100	100	100
千石	90	80	80

（续上表）

秩（石）别	颜师古注	李贤注	刘昭注
	月俸（斛）	月俸（斛）	月俸（斛）
比千石	80		
六百石	70	70	70
比六百石	60	55	50
四百石	50	50	45
比四百石	45	45	40
三百石	40	40	40
比三百石	37	37	37
二百石	30	30	30
比二百石	27	27	27
百石	16	16	16
斗食	11	11	11
佐史	8	8	8

六国和秦的官俸，或以种计，或以石计，或以盆计，或以担计，自然都是谷物。汉继承秦官吏的秩俸等级以石为标准，因而给官吏俸禄发放谷物是完全可能的。但西汉的官俸有一段时间是钱，而且是以谷物数量折合成钱的。俸禄以谷物折钱从何时开始？今存俸禄发钱的记载均为汉武帝以后，或者是武帝前后。据居延汉简记载，当时边塞官吏的俸给也是用钱来计算的。由此可见，西汉时石是定秩俸等级的虚名，斛是实俸，但真正实际发放时，又往往折合为钱。当然，有的时候也同时发放钱谷。

至于东汉，《后汉书·百官志》记载的建武二十六年“百官受奉例”仍然是按石的等级，列举了各等的月俸是多少斛，最后才说：“凡诸受奉，皆半钱半谷”。此文之下刘昭补注引荀绰《晋百官表注》曰：

> 汉延平中，中二千石奉钱九千，米七十二斛。真二千石月钱六千五百，米三十六斛。比二千石月钱五千，米三十四斛。一千石月钱四千，米三十斛。六百石月钱三千五百，米二十一斛。四百石月钱二千五百，米十五斛。三百石月钱二千，米十二斛。二百石月钱一千，米九斛。百石月钱八百，米四斛八斗。

这个记载不一定精确，但可以看到钱谷兼发的情况。所谓“米钱半谷”，并不一

定是五与五之比，“半”只是一部分的意思。从这个叙述看，大约是钱七成、米三成。（聂崇岐《汉代官俸质疑》）

汉代官吏除常俸外，尚有节日赏赐，实际上是常俸以外的加薪。但赏赐对象多半是高级官员和中央官吏。与此相反，六百石以下的低级官吏，如县令、长以下的俸禄则比较低，时人颇有议论。崔寔《政论》说：

夫百里长吏，荷诸侯之任，而食监门之禄，请举一隅，以率其余。一月之禄，得粟二十斛，钱二千。长吏虽欲崇约，犹当有从者一人，假令无奴，当复取客，客庸一月千，刍、膏肉五百，薪炭、盐、菜又五百，二人食粟六斛，其余财足马，岂能供冬夏衣被、四时祠祀、宾客斗酒之费乎？况复迎父母致妻子哉。（《全后汉文》卷四十六）

仲长统《昌言》也说：

夫选用必取善士，善士富者少而贫者多，禄不足以供养，安能不少营私门乎？从而罪之，是设机置阱以待天下之君子也。（《后汉书·仲长统传》）

官吏贪污，在封建社会固然是不可避免的现象，但官俸过低以至于难以养家糊口也是促使官吏贪污的一个因素。特别是一个乡亭之吏，俸禄微薄，取给于民，乃是常事。《后汉书·吴祐传》记载了一个具体例子：

（吴祐为胶东侯相），啬夫孙性私赋民钱（五百），市衣以进其父，父得而怒曰：“有君如是，何忍欺之！”促归伏罪。性渐惧，诣阁持衣自首，祐屏左右，问其故。性具谈父言。祐曰：“掾以亲故，受污秽之名，所谓观过斯知人矣。”使归谢其父，还以衣遗之。

2. 朝位的班序

朝位是指帝王主持朝议时各级官吏所处位置的先后左右之班次，朝位和官秩是一致的，有什么样的官秩，就有什么样的朝位。朝位的班序是由秩次的高低决定的。

秦的朝位班序已不可详考。汉自叔孙通定朝议而始有朝位班序，《汉书·叔孙通传》记其事。《西汉会要》卷三十七所列班序如下：

诸侯王	相国	太师
太傅	太保	丞相
大司马	御史大夫	大将军

列将军兼官	特进	列将军
列侯奉朝请	太常	光禄勋
卫尉	太仆	廷尉
宗正	大司农	大鸿胪
少府	长信少府	中少府
执金吾	太子太傅	水衡都尉
京兆尹	左冯翊	右扶风
典属国	将作少府	就国侯
颍川三河太守	齐楚等相	东汉等太守
高密等侯	太子少傅	太子詹事
关内侯	丞相司直	司隶校尉
城门校尉	八校尉	騪粟都尉
光禄大夫	御史中丞	丞相长史
三辅都尉	五官左右中郎将	羽林中郎将
护军都尉	奉车都尉	驸马都尉
骑都尉	尚书令	西域都护
太中大夫	尚书仆射	尚书
诸侯太傅	十三州刺史	朔方刺史
郡都尉	关都尉	农都尉
属国都尉	西域副校尉	郎中车将
郎中户将	郎中骑将	诸侯中尉
诸侯内史	谏大夫	太子家令
博士	九卿列卿丞	谒者仆射
公车司马令	将军长史	廷尉正监
长安令	千石令	黄门侍郎
尚书丞郎	议郎	五官左右中郎
从事中郎	太史令	廷尉平
三辅丞	六百石令	五百石长
郡司马长史	五官左右侍郎	太守丞
都尉丞	三百石长	侍御史
太子门大夫	五官左右郎中	太子庶子
中庶子	太子舍人	太子洗马
羽林郎		

这是一般的朝位班序，因具体情况不同，有时也有变化。

（六）印绶、符、节与舆服制度

1. 印绶与符节

（1）印、绶

《史记·秦始皇本纪》集解引卫宏曰：

> 秦以前，民皆以金玉为印，龙虎钮，唯其所好。秦以来，天子独以印称玺，又独以玉，群臣莫敢用。

秦以后在印绶方面有统一规定，除了皇帝的印独称玺之外，百官的印绶也有种种区别，其区别都有一定的含意，如应劭《汉官仪》所说：

> 印者，因也。所以虎钮，阳类，虎［者］，兽之长，取其威猛，以执伏群下也。龟者，阴物，抱甲负文，随时蛰藏，以示臣道功成而退也。
>
> 绶者，有所承受也，所以别尊卑，彰有德也。
>
> 绂者，有所承受也。长一丈二尺，法十二月；阔三丈，法天、地、人。旧用赤韦，示不忘古也。秦汉易之以丝。

百官印章形质、印文等均有不同，《汉旧仪》说：

> 诸侯王印，黄金橐驼纽，文曰玺，赤地绶；列侯，黄金印，龟纽，文曰印；丞相、大将军，黄金印，龟纽，文曰章；御史大夫章、匈奴单于黄金印，橐驼纽，文曰章；御史、二千石，银印，龟纽，文曰章；千石、六百石、四百石，铜印，鼻纽，文曰印。章，二百石以上皆为通官印。
>
> 皇太子，黄金印，龟纽，印文曰章，下至二百石，皆为通官印。

据出土汉印来看，汉代官印并非纯金印，最多为鎏金印。广州南越王墓出土过“文帝行玺”金印一方。西安汉城遗址曾出土“御史大夫章”一方，系铜质，并非银质。至于二千石以上诸卿，许多出土过铜印，并非银质，亦不涂银。上述记载与出土实物有出入，或为汉初规定，后来铸印，不一定遵照制度。

关于印绶，两汉材料较多。据《汉书·百官公卿表》记载，西汉情况大体上是：相国、丞相金印紫绶，高帝十一年（前196），相国更为绿绶。太傅、太师、太保、太尉、左右前后将军皆金印紫绶。御史大夫与秩比二千石以上的官吏皆银印青绶。秩比六百石以上皆铜印黑绶。比二百石以上皆铜印黄绶。成帝绥和元年（前8），长、相皆黑绶。哀帝建平二年（前5），复改为黄绶。东汉情况可据《后汉书·舆服志》注引《东观书》中大略窥知秩等与印绶的关系。

凡有印绶之官，皆为治事之命官。另外，还有无印绶之官，此类官则多为不治事的加官或散官。有无印绶乃是否治事之官的一个重要标志。印绶的各种质色表示不同的官阶、级别，所以一般人可根据其所佩印绶而判断其属于何种官职。印绶是权力的象征。

关于汉官印，还有一条记载可参考。《汉书·武帝纪》，“太初元年”条“数用五”之下注引张晏曰：

> 汉据土德，土数五，故用五，谓印文也。若丞相曰“丞相之印章”，诸卿及守相印文不足五字者，以“之”足之。

《封泥考略》中有“丞相之印章”“御史大夫章”“大司空章”“裨将军印章”“太史令之印”，等等。此外“××相印章”“×相之印章”“××太守章”也很多，属官及县令长之印则多为四字。

（2）符、传

符是一种信物或凭证，有多种式样和使用方法。符的起源很早，战国时已较为普遍应用。在各国交往中将符作为信物用于军事方面，则谓之兵符，战国时普遍以虎形之符为兵符，故亦称为虎符，传世秦兵符中有“新郪虎符”“阳陵虎符”等。

至汉代，分封功臣、任命郡守，以及发兵一类的军国大事，也都用符作为凭信。《汉书·文帝纪》师古注曰：

> 应劭曰：“铜虎符第一至第五，国家当发兵遣使者，至郡合符，符合乃听受之。竹使符，皆以竹箭五枚，长五寸，镌刻篆书，第一至第五。”张晏曰：“符以代古之圭璋，从简易也。”师古曰：“与郡守为符者，谓各分其半，右留京师，左以与之。”

铜虎符多用以发兵，竹使符则用于一般的调发。虎符之信，至东汉曾一度中断，后因杜诗奏请，又重新恢复。《后汉书·杜诗传》云：

> 初，禁网尚简，但以玺书发兵，未有虎符之信。诗上疏曰：“臣闻兵者国之凶器，圣人所慎。旧制发兵，皆以虎符，其余征调，竹使而已，符第合会，取为大信，所以明著国命，敛持威重也。间者发兵，但用玺书，或以诏令，如有奸人诈伪，无由知觉，愚以为军旅尚兴，贼虏未殄，征兵郡国，宜有重慎，可立虎符，以绝奸端。……”书奏，从之。

所述，为有关军国大事的符制，其余一般吏民出门远行或出入关界，均须用传。传，也叫作符。或符传连用。云梦秦简中即有符传（或作符券），在边关必须拿自己的符传向有关官吏报告、验明，始能进行交易。显然，符传类似身份证或通行证。汉代继承了这种制度，诸关用“传”出入。《汉书·文帝纪》文帝十二年（前168）“三月，除关无用传”条颜师古注：

张晏曰：传，信也，若今过所也。如淳曰：两行书缯帛，分持其一，出入关合之乃得过，谓之传也。

文帝时曾一度废除出入关的“传”，景帝时“复置诸关用传出入”（《汉书·景帝纪》）。居延汉简中有许多符文，现举一例：

始元七年闰月甲辰，居延与金关，为出入六寸符券，齿百，从第一至千，左居官，右移金关，符合以从事。（65.7《居延汉简释文合校》）

传与符为一类，但也有区别。其区别据陈直《汉书新证》：“符写人名，传或写或不写人名；符写到达地址，或有不写到达地址者与传相同；符有齿，传无齿；符纪数，传不纪数（纪载有家属之符，则不纪数）。其形式，符与普通木简相似，传则长方形，宽度比符加一倍。”（第21页）符传的作用类似后来的过所，也就是通行证，写有名字者就像身份证。

（3）节

节和符同为古代行使君主权力的一种信物，所以符节往往连称。但在汉代，节成为一种比较高级的凭证。《汉书·高帝纪》师古注云：

节以毛为之，上下相重，取象竹节，因以为名，将命者持之以为信。

汉初之节纯赤，征和二年（前91），以戾太子持赤节发兵反，武帝更节加黄旄以示区别。少府属官有符节令丞，主符节事。

节的使用范围很广，出使、发兵、赦免罪犯、任命官吏、视察地方等等，均有持节之制。持节，就是代表皇帝行使某种权力。皇帝授节臣下，即表示授权；臣下受节，即表示受命。苏武出使匈奴，被扣留十九年之久，节旄尽落，仍坚守不失，即为不辱君命，也叫守节。后代所谓节操、妇女守节即由此演化而来。

2. 车舆和冠服

《后汉书·舆服志》说：

夫礼服之兴也，所以报功章德，尊仁尚贤。故礼尊［尊］贵贵，不得相逾，所以为礼也。非其人不得服其服，所以顺礼也。

可见自古以来，车舆冠服等物具有鲜明的等级性，并为等级制度服务，所以历代统治者都十分重视车舆冠服制度。帝王、后妃之乘舆、冠服非常复杂，今从略。下面只讲文武百官的车服。秦汉官吏的车服制规定很严格，认为车服不称即为失官体，当绳之以法。

（1）车制

车制的主要内容包括：车的动力、车的附件装饰和车马文饰。这些都是区别等级的标志。

秦代百官之车不可详考。《后汉书·舆服志》有一段记载：

秦灭九国，兼其车服，故大驾属车八十一乘，法驾半之。属车皆皂盖赤里，［朱］轓，戈矛弩箙，尚书御史所载。最后一车，悬豹尾，豹尾以前比省中。

这属车当为百官所乘，有一定的车饰。

西汉初年的车制“因陋就简”，制度不完善。直至平帝时，王莽还“奏车服制度”（《汉书·平帝纪》）。

东汉车制的资料保留较多，《后汉书·舆服志》有专门的记载，其有关百官的车制，主要有以下一些。

公、列侯安车，朱班轮，倚鹿较，伏熊轼，皂缯盖，黑轓，右騑。中二千石、二千石皆皂盖，朱两轓。其千石、六百石，朱左轓。轓长六尺，下屈广八寸，上业广尺二寸，九文，十二初，后谦一寸，若月初生，示不敢自满也。景帝中元五年，始诏六百石以上施车轓，得铜五末，轭有吉阳筩，中二千石以上右騑，三百石以上皂布盖，千石以上皂缯覆盖，二百石以下白布盖，皆有四维杠衣。贾人不得乘马车（惠栋曰：徐广云其余皆乘）。除吏赤画杠，其余皆青云。

另外还有一段关于马的文饰的记载：

诸马之文：……王、公、列侯，镂［锡文］髦，朱镳朱鹿，朱文，绛扇汗，青翅燕尾。卿以下有騑者，缇扇汗，青翅尾，当卢［文］髦，上下皆通。中二千石以上及使者，乃有騑驾云。

总之，通过车马的不同装饰以及许多不同的附件，就可以看出乘车者的身份和等级。

（2）冠服

秦时百官冠服，多取六国之制。《后汉书·舆服志》记载了秦以六国冠服赐给臣下的一些情况。汉初冠服“一承秦制”，所用者多，所改者少。东汉明帝时对冠服制度有一次较大的改革。此后冠服制度更完善，更整齐划一。《后汉书·舆服志》载：

天子、三公、九卿、特进侯、侍祠侯，祀天地明堂，皆冠旒冕，衣裳玄上纁下。乘舆备文，日月星辰十二章，三公、诸侯用山龙九章，九卿以下用华虫七章，皆备五采，大佩，赤舄绚履，以承大祭。百官执事者，冠长冠，皆袛服。五岳、四渎、山川、宗庙、社稷诸沾秩祠，皆袀玄长冠，五郊各如方色云。百官不执事，各服常冠袀玄以从。

冕冠，垂旒，前后邃延，玉藻。……冕皆广七寸，长尺二寸，前圆后方，朱绿里，玄上，前垂四寸，后垂三寸，系白玉珠为十二旒，以其绶采色为组缨。三公、诸侯七旒，青玉为珠，卿大夫五旒，黑玉为珠。皆有前无后，各以其绶采色为组缨，旁垂黈纩。郊天地，宗祀，明堂则冠之。衣裳玉佩备章采，乘舆刺绣，公侯、九卿以下皆织成。陈留襄邑献之云。

…………

凡冠衣诸服，旒冕、长冠、委貌、皮弁、爵弁、建华、方山、巧士、衣裳文绣、赤舄、服绚履，大佩，皆为祭服。其余悉为常用朝服。唯长冠，诸王国谒者以为常朝服云。宗庙以下，祠祀皆冠长冠，皂缯袍单衣，绛缘领袖中衣，绛绔袜，五郊各从其色焉。

冠服和车舆一样，代表着官吏的身份和等级，使人们一望便知，赏赐冠服也是一种奖励和荣誉。与冠服有关的如佩刀、佩玉等也有具体规定，《后汉书·舆服志》有详细记载，可供参考。

（七）休假和致仕诸制度

1. 休沐与告宁

秦时已有休假制度，称为“告归”。所谓“告归”，注家解释即为休假。《史记·高祖本纪》集解引李裴曰：“休谒之名也。吉曰告，凶曰宁。”孟康曰：“古者名吏休假曰告。”秦的休假制度不可详考，汉制记载稍多，分述如下。

（1）休沐

汉代官吏，一般利用休假日洗沐，如《汉书·霍光传》“光时休沐出”句下王先谦注引《资治通鉴》胡注云："汉制中朝官五日一下里舍休沐。"故休沐成为休假的名称，并且是一般的例假。《初学记》引《汉律》："吏五日得一休沐。"就是官吏每隔五天休息一天。这一天的休息，实际上是处理各种家务事。官吏五日一休为两汉通制。

此外，还有节日假。《汉书·薛宣传》："日至休吏。"师古曰："冬夏至之日不省官事，故休吏。"据《后汉书·礼仪志》记载，夏至、冬至的休假似乎还不止一天，说"冬至前后，君子安身静体，百官绝事，不听政"，"日夏至，礼亦如之"。此类节日休假，也是让官吏们处理私事。

（2）告假

告为因功或因病而休假之制，而告之中，又有予告、赐告之分。《汉书·高帝纪》"高祖尝告归之田"注云：

> 李裴曰："休谒之名，吉曰告，凶曰宁。"孟康曰："古者名吏休假曰告。……《汉律》：吏二千石有予告，有赐告。予告者，在官有功最，法所当得也。赐告者，病满三月当免，天子优赐其告，使得带印绶将官属归家治病。至成帝时，郡国二千石赐告不得归家。至和帝时，予赐皆绝。"师古曰："告者，请谒之言，谓请休耳，或谓之谢，谢亦告也。"

由此可见，所谓"予告"，系在赐予职有功、课为上等者依法休假，其性质等于赏赐。所谓"赐告"大概是当时法令规定，请病假满三个月当免，由皇帝赐告，则可延长假期而不至免官。《汉书·冯奉世传》对予告、赐告的若干规定说得更为详细。大概由皇帝诏令的予告、赐告仅限于二千石以上的官吏，一般下级官吏的予告、赐告由其主管部门批准执行。

（3）宁

宁和告本来是连称，告宁乃休谒之名。但是，告和宁又有区别，吉曰告，凶曰宁，宁则为丧假专称。宁期的长短，大抵依丧服制度的推行情况而定。

西汉文帝提倡丧制从简，规定行丧"服大红（功）十五日，小红（功）十四日，纤七日，释服"（《汉书·文帝纪》），即行丧时间为三十六日，且成为定制。《汉书·翟方进传》云：

> （翟方进后母死）既葬三十六日，除服起视事，以为身备汉相，不敢逾国家之制。

但是《汉书·扬雄传下》应劭注云：

《汉律》：以不为亲行三年服，不得选举。

可能西汉丧服制前后有变化。

关于东汉丧服制的大致情况，赵翼《陔余丛考》卷十六“汉时大臣不服父母丧”条考察了东汉的丧制，时而行三年之丧，时而又废。两汉统治者标榜以孝治天下，故主张行三年丧制；但丧假三年，官吏一旦因丧假离职，官事皆废，又不得不明令制止。所以终汉之世，宁假的期限未能形成一种固定的制度。

2. 致仕与优恤

（1）致仕

致仕，即辞官归居。《公羊传》云：“古之道不即人心，退而致仕。”注：“致仕，还禄位于君。”近似现在的退休制度。致仕的条件主要是年老或有病。但致仕后的归养俸禄，以及是否岁时朝见皇帝等，则要看其官位、功绩与皇帝恩宠的程度，从而由诏令加以规定。因此具体情况因人而定。西汉公卿大臣老病退休一般都受到国家的优厚待遇。致仕就是去官，当然不能享受原官的秩俸，在一般情况下，大概只能享受原官职三分之一的俸，如平帝元始元年（1）令：

天下吏比二千石以上，年老致仕者，三分故禄，以一与之，终其身。（《汉书·平帝纪》）

此外，对致仕官吏还有一次性的赏赐，或钱，或黄金，或粮谷，或房屋，或车马，等等，还有平时地方官的馈赠。

（2）恤典

恤典是朝廷对于官吏死后的一种抚恤制度。或赠赙（即以财物助丧仪），或赠印绶，或赐谥，或赐冢地、缯绣、衣物之类，不一而足。此类材料很多，各种赠、赐因人因时而异。但有所谓“送之如礼”（《后汉书·盖勋列传》），似有一定典礼可依。

官吏因公死亡，除厚加赏赐，并得荫其后代。

（此讲参考安作璋、熊铁基《秦汉官制史稿》）

第七讲　两汉时期的经学

中国经学是中国封建社会上层建筑的一个重要部门。经学对中国封建社会的政治、思想、文化、学术和社会意识等的影响是极其深远的。从汉武帝“废黜百家，独尊儒术”以后，孔子和六经几乎成为神圣不可触犯的圣人和经典，儒家思想成为中国封建社会的正统思想。在西汉，统治者提倡儒学，通经可以为仕，皇帝诏令及群臣奏议皆援引经义以为依据，可见当时经学与社会政治生活的密切关系。从汉代开始，学校、教育以及统治者的科举考试、选拔人才几乎都以经学为重要标准和基本内容，儒学成为封建统治者维护封建统治的精神支柱，儒家思想成为封建社会精神生活和道德观念的基本准则。从文化学术方面看，经学与中国的史学、哲学、语言文字学、文献学、考据学都有密切的关系。著名经学史专家周予同先生在注释皮锡瑞《经学历史》的序言中说：“因经今文学的产生而后中国的社会哲学、政治哲学以明，因经古文学的产生而后中国的文字学、考古学以立，因宋学的产生而后中国的形而上学、伦理学以成”，这就概括地说明了经学与中国封建社会的政治思想和文化学术的密切关系。

中国经学的产生，慎重一点地说，可以追溯到西汉初年。两汉时代是中国经学的发展和繁荣时期。如果我们要研究两汉时代的政治思想、文化学术、儒学对两汉社会发展的影响，那么，了解两汉经学并用马列主义的立场、观点和方法来研究和总结两汉经学的历史发展是非常必要的。

一、　经和经学

所谓“经”，是指由中国封建专制政府“法定”的、以孔子为代表的儒家所编著书籍的通称。“经”这一名词作为儒家编著书籍通称的出现，应在战国以后；而“经”正式被中国封建专制政府“法定”为经典，则应在汉武帝罢黜百家、独尊儒术以后。

“经”字，最早见于周代铜器（甲骨文中未见“经”字），盂鼎、克鼎、毛公鼎、克钟都有“巠”字。郭沫若认为，“巠”“经”应是一字，“经”的初字是“巠”，“经”是后起字（《金文丛考》《金文余释》《释巠》）。金文中虽有“经”字，但并不释作“经典”，它的本义作“经纬”解。《说文》云：“经，织也。从系，巠声。”段玉裁注：“织之从丝谓之经。必先有经，而后有纬。”“经典”的说法，到战国后才出现。《管子·戒》云：“泽其四经。”“四经”就是诗、书、礼、乐。《荀子·劝学篇》云："学恶乎始？恶乎终？始于诵经，终于读礼。"《庄子·天运》云："孔子谓老聃曰：'丘治诗、书、礼、乐、易、春秋六经，自以为久矣。'"自战国以后，"经"就往往用来专指儒家经典。

但是，以孔子为代表的儒家编著的书籍为什么被称为"经"呢？有四种说法。

一是五常说。《白虎通·论五经象五常》说："经所以有五何？经，常也，有五常之道，故曰五经。"训"经"为"常"，"常"即"常道"之义，也就是永恒不可改变的道理。

二是专名说。今文经学派以为"经"是孔子著作的专称，孔子以前不能有经，孔子以后的书也不能称"经"。孔子弟子门人所述的叫作"传"或"记"，弟子门人辗转相传的叫作"说"。此说始于龚自珍，而皮锡瑞、廖平、康有为都主此说。

三是通名说。古文经学派与今文经学派相反，以为经是一切书籍的通称。在孔子以前，固然已有经；在孔子以后的群书，也不妨称之为"经"。"经"就是"线"，就是古代装订书的韦编，即《史记·孔子世家》说，孔子读《易》，"韦编三绝"的韦编。这样，"经"成为群书的通称，不能占为五经、六经、七经、九经、十三经等经书的专名。对此说提出系统意见的是章炳麟。

四是文言说。该说以为中国文学以骈文为正宗，而骈文源于（易）经中的"文言"。因之，凡是骈文（文言体）的书册，都可被称为"经"。主此说者为刘师培（《经学教科书》第一册）。

由于对"经"的解释，各说纷纭，所以范文澜说"为什么叫经，是无法说清楚的"（《经学讲演录》）。

我们今天研究经学史，有它科学的定义。周予同认为，经学史中的"经"，应具有下列几个特点。

第一，经是中国封建专制政府"法定"的古代儒家书籍，随着中国封建社会的发展和统治阶级的需要，经的领域在逐渐扩张。汉武帝罢黜百家，独尊儒术，设立五经博士，从而《易》《书》《诗》《礼》《春秋》五经就被封建专制政府所"法定"。汉代提倡"以孝治天下"，所以东汉在五经之外又增加了《孝经》和《论语》，合称"七经"。唐代以三礼（《周礼》《仪礼》《礼记》）、三传（《左传》《公羊传》《穀梁传》），加上《易》《书》《诗》，合称"九经"，并以九经取士。据宋人晁公武《郡斋读书志》说，唐文宗太和年间，"复刻十二经，立石国学"。这十二经是上述九经加上《论语》《孝经》《尔雅》。宋代的理学家把《孟子》的地位抬高，朱熹取《礼记》中的《大学》《中庸》两篇与《论语》《孟子》相配，称为"四书"，于是《孟子》进入经的行列。唐代的十二经，加上《孟子》就成了十三经。明、清两朝封建统治者多次将这些经书"御纂""钦定"。

第二，经是以孔子为代表的古代儒家书籍，但不是所有儒家编著的书籍都叫作“经”，也不是所有流传下来封建专制政府认为合法的书籍都叫作“经”。经是从古代儒家书籍中挑选出来的，是以孔子为代表的古代儒家所编著书籍的通称。至于西汉以后儒家释经之书，则只能称为“注”“笺”“解”“疏”，而不能称为“经”。

现在通行的《十三经注疏》，其注疏者如下：

《周易》：魏王弼、韩康伯注，唐孔颖达等正义

《尚书》：旧题汉孔安国传，唐孔颖达等正义

《诗经》：汉毛亨传，汉郑玄笺，唐孔颖达等正义

《周礼》：汉郑玄注，唐贾公彦疏

《仪礼》：汉郑玄注，唐贾公彦疏

《礼记》：汉郑玄注，唐孔颖达等正义

《左传》：晋杜预注，唐孔颖达等正义

《公羊传》：汉何休注，唐徐彦疏

《穀梁传》：晋范宁注，唐杨士勋疏

《论语》：魏何晏集解，宋邢昺疏

《孝经》：唐玄宗注，宋邢昺疏

《尔雅》：晋郭璞注，宋邢昺疏

《孟子》：汉赵岐注，宋孙奭疏

第三，经之所以被中国封建专制政府从所有合法书籍中挑选出来“法定”为经，正是由于它能满足封建统治阶级的需求。因此，经的本身就是封建专制政府和封建统治者用来进行文化教育、思想统治的主要工具，基本上成为整个中国封建社会中合法的教科书、选拔封建统治人才的主要准绳。

这就是我们今天对“经学”中的“经”下的定义。

那么什么叫“经学”呢？经学一词，最早见于《汉书・兒宽传》：“及（张）汤为御史大夫，以宽为掾，举侍御史。见上，语经学。上说之，从问《尚书》一篇。”当时所谓“经学”，多少带有“经世之学”的意味。我们今天的理解，所谓“经学”，一般说来就是指对儒家经典的阐发和议论；随着中国封建社会的发展、经济和政治的变化、封建统治阶级内部各阶层的变化，思想领域也起了变化，对经书的阐发和议论也就有所变化并赋有时代的特点。就其阐发和议论的形式来看，经学是经书中的学术问题；就其阐发和议论的思想实质来看，经学又代表着不同阶级（阶层）的利益。前者是他们对经学的继承性，而后者则是他们的阶级性。从这个意义上说，经学基本上是适应封建统治阶级的需要而随着中国社会、经济、政治情况的发展而产生和发展的精神武器。它内部各流派的斗争则是历代地主阶级内部各阶层展开思想斗争的一种形式。所以，不管他们如何争

论，基本上都是为封建统治服务的。

我们今天研究两汉经学，就是要研究两汉统治阶级如何利用以孔子为代表的儒家思想进行文化教育和思想统治，就是要研究两汉统治阶级内部不同阶层和集团如何以经学为形式展开思想斗争和政治斗争，从而了解两汉经学的历史价值。

二、 研究两汉经学的价值

对于中国经学，近人多持否定态度。其实，不尽然。就研究两汉经学来说，有以下几点价值是值得我们注意的。

第一，汉初重用黄老思想，但到汉武帝时，黄老思想已不能适应统治阶级的需要。汉武帝看了董仲舒发明的《春秋》大义、素王立法的《天人三策》后，置五经博士，主王官学，建立了西汉的经学。从西汉经学建立的过程来说，它除了表明汉代统治阶级为了适应新的历史条件、完成新的历史任务、敢于冲破旧统治思想的束缚、有选择新的统治思想的政治气魄和历史精神外，也说明了西汉统治阶级尊重私学，也就是尊重知识分子创造性的精神劳动。这点值得我们批判地继承。

第二，两汉经学的通经致用精神，也是值得批判地继承的。董仲舒《天人三策》中阐发的《春秋》大一统原理，为汉武帝文治武功开边拓疆提供了理论根据；发明的天命受命说、阳尊阴卑说，力证汉朝立国的合法性和合理性；论更化习俗的必然性和必要性，揭露社会经济上的贫富不均，以及编纂《春秋》决狱案例，等等；都是针对社会政治问题而发的。这表明了两汉经济的时代性和实践性。

第三，两汉经学的学者重视自创家法，在发展过程中家法株生。汉武帝立五经博士，这是官学，是国家学术，是御制钦定的标准教案，是为专制主义服务的。事实上，在经学发展过程中，“虽曰承师，亦别名家”，“更为章句，则别为一家之学”，即自创家法者亦不少。称家者，私家也。而所谓家法者，即一家之学，私人或私家学说、学派，史称汉“儒有一家之学，故称家法”。创一家之学，也就是司马迁所说的“成一家之言”，自创学派。所谓家法株生，就是新家法、新家派不断产生，像树干上生株，株上又生株一样。两汉经学是在家法株生的运动中发展的。“经有数家，家有数说”，途分流别，专门并兴。学者重视自创家法，追求摆脱、突破套在经学头上的官学框架的束缚，因此，也表现出了积极进取的学术精神，重视发挥个性和创造性。日本学者本田成之在他的《中国经学史》中曾说，学者“各发挥其个性，而立一家之学，那就成为一种家法”。这就是两汉经学在方法论上的价值。

第四，两汉经学不是停滞的、封闭性的，而是进行多学科、跨学科的研究。两汉许多著名经学大师都“不守章句”“不守文法”，而是“博通经传及百家言”，兼治经外学。例如，经今文大师董仲舒的思想就吸取揉融了阴阳家等百家言。经古文学大师马融也著有《老子注》二卷。这种“不守章句”，兼治经外学的学者在前后《汉书》的儒林传及各本传中比比皆是。若就经学内容来说，它本是通儒之学。六经按今天的学科门类划分，则《春秋》主要是历史学，《诗》主要是文学，《乐》为音乐、艺术学，《礼》为政治学、民俗学，《书》为政治学、史学，其中又有哲学、历史地理学，《易》为哲学，其中又有数学（有人认为现代计算机的基本原理和方法二进位制即起源《易》卦）。汉儒治经讲“博通”，这也是我们今天所说的多学科、跨学科的研究。

第五，实事求是的学术精神是两汉经学的优秀传统。两汉经学家派系繁密，两分之，则有今文学和古文学两大派。经今文学以孔子为政治家，素王立法，偏重微言大义，发挥孔子六艺之学的基本原理。经古文学则以孔子为史学家，认为六经不过是他整理的古代史料之书，故偏重于名物训诂，方法论上的特征是考证。考证的方法即重证据、重客观的方法，亦即实事求是。史称经学收藏家、文献学家河间献王刘德，其学风就是“修学好古，实事求是”，从历史研究方法的角度来说，就是还历史及文献的本来面目。“实事求是”四字，最早即见于《汉书·河间献王传》。

第六，朝廷的学术政策是“悉延百学”“博存众家”。朝廷允许国家太常府学术官员博士在国家学术与教育机关太学中各以家法讲授，以家法试生员。这就是承认、允许以致提倡不同学派存在。这是两汉经学在朝廷学术文化政策上折射出来的优良传统。

基于以上几点认识，研究两汉经学的价值是不容否定的。

（参考罗义俊《略论两汉经学的价值》，载《光明日报》1986 年 2 月 19 日《史学》）

三、 两汉经学的发展

（一）两汉经学发展概况

经学在汉代上升成为统治思想是从汉武帝时期开始的。从汉武帝建元五年（前 136）置五经博士起，到东汉末年，经学的发展可以划分为五个阶段。第一阶段是武帝时期，第二阶段是宣帝时期（召开石渠阁会议），第三阶段是王莽时期，第四阶段是章帝时期（召开白虎观会议）。如果说武帝时期是把经学建立为统治思想的开始，章帝时期的白虎观会议则标志着建立的完成。在这二百多年间，经学逐渐形成了一套与先秦儒学大不相同而与汉代政治密切关联的完整的思想体系。中国思想史上所说的经学统治时期，严格说来，就是指这一历史阶段。白虎观会议以后，社会危机加深，王权削弱，作为统治思想的经学也随之没落。所以，白虎观会议是两汉经学由盛而衰的一个转折点，所以第五阶段是东汉末期，经学衰落时期。

第一阶段，武帝建元五年，置五经博士。这是企图用儒家来取代百家、用经学来统一思想。但当时经学墨守训诂，拘泥古义，不能适应政治需要。比如申公治《诗》。汉武帝把他请来询问治国方针，申公回答说："为治者不在多言，顾力行何如耳。"（《汉书·儒林传》）这当然不能满足汉武帝的需要。直到元光元年（前134），武帝即位的第七年，才从治《春秋公羊传》的董仲舒所回答的三道策问中找到合意的思想。当时解释《春秋》的，除了公羊派外，还有穀梁派。为了比较两派的优劣，武帝曾叫治《春秋穀梁传》的瑕丘江公和董仲舒辩论。江公辨不过董仲舒，于是公羊派得到重视，而穀梁派受到贬抑。所以，武帝时期，作为统治思想的并不是包括各种派别的广义的经学，而只是以董仲舒为代表的《春秋公羊传》学。虽然如此，武帝为了表彰六经，独尊儒术，对广义的经学还是作出一种普遍推崇的姿态。

第二阶段，从汉武帝到宣帝的九十多年里，用儒家取代百家的目的是达到了，但是用经学来统一思想还做得不大成功。经学内部的矛盾多种多样。当时五经博士所用的都是今文。学者们多半专治一经，师生相承，解释各异，各经之下又分成许多流派。各派都把经学研究作为取得利禄的手段，师生之间结成一种知识性的封建行帮，在严守师法的统治下把各种歧异的解释变成固定的模式，党同伐异，争论不休，因而尽管各家各派的经学兴旺发达，却不能形成一种贯通五经大义的统一经学。

汉宣帝作为统治阶级的最高代表，他不像经师们那样抱有狭隘的门户之见，而是凌驾于经学各派之上，希望团结各家各派，建立统一的经学来为封建统治服务。宣帝于甘露三年（前51）在石渠阁召集会议，令各派代表人物讲论五经同异。会议围绕着五经中的一些疑难问题展开讨论，由肖望之等人负责整理记录各种分歧的论点，然后由宣帝亲自作结论。石渠阁会议是经学史上的一次盛会。这次会议形成了一些共同的结论，为建立统一的经学铺平了道路，同时也加深了各家各派之间的分歧，除了保留原有的博士之外，又增立了梁丘贺《易》、大夏侯胜《尚书》、小夏侯建《尚书》和《春秋穀梁传》四家博士。这样就形成了西汉今文十四博士：

《诗》三家：鲁（申培）、齐（辕固生）、韩（韩婴）。

《书》三家：欧阳（生）、大夏侯（胜）、小夏侯（建）。

《礼》二家：大戴（德）、小戴（圣）。［注：庆氏（普）礼本今文学，据

《后汉书·儒林列传》，未立为学官，所以不在十四博士之内；但亦有人据《汉书·艺文志》，去《易》的京氏而代以庆氏《礼》的。]

《易》四家：施（雠）、孟（喜）、梁丘（贺）、京（房）。

《春秋公羊传》二家：严（彭祖）、颜（安乐）。（注：宣帝甘露间始立为《春秋穀梁传》博士，不在十四博士之内。《春秋穀梁传》是今文，古代没有异说，但近人有认为是古文学的，详可参考崔适《春秋复始》卷一。）

第三阶段，王莽时期。西汉哀、平之际，汉朝统治发生了危机，思想界兴起了两股势力，一个是谶纬神学，一个是古文经学。王莽企图把它们和原有的今文经学的势力交织在一起，为自己复古改制的政治服务。

谶纬神学实际上是从经学中以董仲舒的《春秋公羊传》学为代表的义理派发展而来，只是表现形式更为怪诞荒唐，理论形态更为粗俗简陋（关于谶纬神学详下）。

古文经学是哀帝时刘歆在秘府里校书时发现《春秋左氏传》《毛诗》《仪礼》《古文尚书》四部古文经典，并移书责让太常博士，争立四部古文经典博士于学官，从此引起今文经学与古文经学之争（详后）。王莽时期，经学有三大派别，一是今文经学，一是古文经学，一是谶纬神学。王莽对这三大派别采取了兼收并蓄、分别利用的政策。王莽之夺取政权，从思想条件的酝酿准备来说，和古文经学关系很少，而是充分利用了今文经学。但是王莽的复古改制却不能从今文经学中找到什么根据，而是充分利用了古文经学。三个学派对王莽都很有利，因而也都受到王莽的扶植。原有的今文博士全部保留，又增立了《周官》《春秋左氏传》《毛诗》《逸礼》《古文尚书》五家古文博士，同时又广求懂得图谶的人。这样，三派都获得发展的机会。但是，经学学派的两个根本缺点也暴露得更加明显。第一是义理越来越分歧，你说你的，我说我的，没有一个规范的、统一的说法；第二是训诂越来越烦琐，“分文析字，烦言碎辞，学者罢老且不能究其一义”（刘歆语）。王莽虽然对经学中的各派兼收并蓄，但还是想建立一门统一的经学以便更好地为自己的政治服务。但这个目的还没有达到，王莽就垮台了。

第四阶段，东汉前期。光武帝、明帝、章帝对经学中的三大派也是普遍扶植，分别利用。据《后汉书·儒林列传》，在汉光武帝召集到京师的七个著名的经学大师中，经今文学者有三个（治梁丘《易》的范升、治施氏《易》的刘昆、治欧阳《尚书》的桓荣），经古文学者有四个（治《左传》的陈元和郑兴、治《古文尚书》的杜林、治《毛诗》的卫宏），这个情况说明光武帝对两派同样重视。但是，光武帝立的十四博士却完全是今文经学，古文经学一个也没有。因而引起古文经学派的激烈反对。光武帝为了在两派之间维持平衡，决定增立《左传》为博士。但在今文经学家的群起反对之下，又很快废除了。虽然如此，统治阶级还是一直扶植古文经学，汉章帝曾下诏说：“其令群儒选高才生，受学《左氏》《穀梁春秋》《古文尚书》《毛诗》，以扶微学，广异义焉。”（《后汉书·章帝纪》）光武帝之登上皇帝宝座，就精神支柱来说，完全依靠谶纬神学。因此，光武帝本人特别信奉谶纬，即位以后，“宣布图谶于天下”。所以，东汉初年时谶纬神学成了风靡一时的学问。

东汉初年思想界的形势是相当复杂的。经学的三派都从各自的角度为封建统治服务；但他们之间又不断地进行斗争，互相制约，无法建立一门统一的经学。要建立一个统一的经学，关键是要找到一个共同的思想基础。章帝建初四年（79）为了“讲议五经同异”，在白虎观召开了会议。从宣帝的石渠阁会议到章帝的白虎观会议，经学的发展经历了一百三十多年，对于五经同异的认识，无论深度和广度，都大不相同了。因此白虎观会议产生了一部贯通五经大义的《白虎通》。

虽然《白虎通》的基本思想实质上和董仲舒的一样，以“君臣之正义”“父子之纪纲”等封建伦常为核心，以阴阳五常为骨架。但是它不只是公羊学派的一家之言，而是概括了各家经学的成果，把董仲舒的思想向前推进了一步。从武帝到章帝的二百年间，经学是一个时代思潮。如果说董仲舒是这个思潮的起点，《白虎通》则是这个思潮的顶峰。《白虎通》是今文经学、古文经学、谶纬神学由分歧斗争走向统一融合的产物，适应了东汉时期加强君父统治的需要，标志着统一经学建立的完成。

第五个阶段，东汉末年。白虎观会议以后，经学的发展表现出两个方面的特点。一方面是作为统治思想的谶纬神学盛极而衰，开始走向没落。谶纬神学的基本职能在于为王权服务，它既用神学来论证王权的神圣性，也用神学来调节王权中的各种矛盾，维持王权的稳定。东汉后期，接二连三的外戚、宦官、党锢之祸，使得王朝的统治出现了深刻的危机，上层建筑出现了严重的故障，为王权服务的神学经学往往处在不能自圆其说的境地，它的没落就成为必然的趋势。

另一方面，作为一般学术的经学，他的基本职能在于用文字训诂和阐发义理的方法对儒家经典作出全面的、符合实际的解释。这种学术性的经学在东汉末年不是走向没落，而是发展得空前繁荣。经过几百年来的积累、准备，它在这个时期逐渐摆脱了按照师法、家法专治一经的传统学风，酝酿出了一个学术大融合的局面，涌现出了许慎、马融、何休、郑玄这样一批集大成的、总结性的经学大师。这种景象是经学史上前所未有的（详下）。之所以出现这种学术性经学的繁荣，是由于当时政治极端腐败，一大批知识分子产生了严重的失望心理，他们隐居教授，闭门著述，专门从事学术性的经学活动，不像过去那样把经学当作干禄求进的手段。《后汉书·儒林列传》记述了很多这类事例。这种学术性的经学的繁荣正好从反面说明谶纬神学的没落。

以上是两汉经学发展的大概情况。

（二）经今古文学之争

经今古文名称的对立，从西汉末年时候才产生的。据经古文学家的说法，自从秦始皇焚书坑儒以后，孔子所编纂的六经开始残缺、散佚，而当时民间都颇有将书籍偷藏在墙壁间的行为（这些话，经今文学家是不相信的）。汉兴，设立五经博士官，博士们所用的经书本子是用汉时流行的隶书写的，所以叫作“今文”，即用现代文字书写的意思。到了后来，那散在民间、藏在墙壁间的古书逐渐被发现。这些书是用汉以前的文字——即所谓“古籍文字”写的，所以叫作“古文”，即用古代文字书写的意思。照这样说，经今古文不过是书籍钞本的不同而已。其实不然。它们的不同，不仅在于所书写的字，还在于字句有不同、篇章有不同、书籍有不同，书籍中的意义有大不同。因之，学统不同，宗派不同，对于古代制度以及人物批评各有不同；且对于经书的中心人物孔子各持完全不同的观念。如果把经今古文的异同详细叙述，可以成数百万言的专著。现只略以六经的次序为例，加以说明。

六经的次序，对于一般人来说，总以为是无大关系的。但对经今古文学家来说，却是一个大问题。今文家的次序是：①《诗》，②《书》，③《礼》，④《乐》，⑤《易》，⑥《春秋》。古文家的次序是：①《易》，②《书》，③《诗》，④《礼》，⑤《乐》，⑥《春秋》。

今古文家对于六经次序的排列是有意义的。即：古文家的排列次序是按六经产生时代的早晚，今文家却是按六经的内容程度的浅深。古文家以《易经》的八卦是伏羲画的，所以《易》列在第一；《书》中最早的篇章是《尧典》，较伏羲为晚，所以列在第二；《诗》经中最早的是《商颂》，较尧、舜为晚，所以列在第三；《礼》《乐》，他们以为是周公制作的，在商之后，所以列在第四、第五；《春秋》是鲁史，经过孔子的修改，所以列在末尾。古文家为什么以时代的早晚来排列呢？这就不能不说到他们对于孔子的观念了。他们以为六经都是前代的史料——所谓六经皆史说——孔子是“述而不作，信而好古”的圣人，他不过是将前代史料加以整理以传授给后人而已。简言之，就是他们认为孔子是史学家。

今文家反对这种说法。他们以为孔子绝不仅仅是一位史学家，不仅仅是一位古代文化保存者，而是一位“素王”（有王道而无王位）。认为六经大部分是孔子作的，这里面固然有前代的史料，但这是孔子“托古改制”的手段。六经的文字只是躯壳，他的微言大义是别有所在的；认为对于六经应该注重其义，不能过于重视事与文。所以今文家认为孔子是政治家、哲学家、教育家，他们对于六经的排列，含有教育家排列课程的意味。他们以为《诗》《书》《礼》《乐》是普通教育或初级教育的课程；而《易》《春秋》是孔子的哲学、政治学和社会学的思想所在，非高材不能领悟，所以列在最后。可以说，他们认为六经是孔子的专门教育或高级教育的课程，所以排列的次序应该是《诗》《书》《礼》《乐》《易》《春秋》，完全按照程度的深浅而定。

仅六经次序一事，今古文学就有如此不同，其余可想而知。现将今古文学同异择要列于下：

今文学	古文学
（1）崇奉孔子	（1）崇奉周公
（2）尊孔子为“受命”的“素王”	（2）尊孔子为先师
（3）认孔子是哲学家、政治家、教育家	（3）认孔子是史学家
（4）以孔子为“托古改制”	（4）以孔子为“信而好古，述而不作”
（5）以六经为孔子作	（5）以六经为古代史料
（6）以《春秋公羊传》为主	（6）以《周礼》为主
（7）为经学派	（7）为史学派
（8）经的传授多可考	（8）经的传授不大可考
（9）西汉多立于学官	（9）西汉多行于民间
（10）盛行于西汉	（10）盛行于东汉
（11）斥古文经传是刘歆伪造之作	（11）斥今文经传是秦火残缺之余
（12）今存《仪礼》《公羊春秋传》《穀梁春秋传》《小戴礼记》《大戴礼记》和《韩诗外传》	（12）今存《毛诗》《周礼》《春秋左氏传》
（13）信纬书，以为孔子微言大义间有所存	（13）斥纬书为诬妄

由于两派依据的材料以及立场、观点不同，因而对古代制度的看法多有不同，择要列表于下：

制度	今文说	古文说
封建	（1）分五服，个五百里，合方五千里 （2）分三等：公侯方百里，伯方七十里，子男方五十里 （3）王畿内封国 （4）天子五年一巡狩	（1）地分九服，亦各五百里，并王畿千里，合方万里 （2）分五等：公方五百里，侯方四百里，伯方三百里，子方二百里，男方一百里 （3）王畿内不封国 （4）天子十二年一巡狩
官制	（1）天子立三公：司徒、司马、司空，以及九卿，二十七大夫，八十一元士，凡百二十 （2）无世卿，有选举	（1）天子立三公：太师、太傅、太保，无官属。又立三少为之副：少师、少傅、少保，谓之三孤。又立六卿：冢宰、司徒、宗伯、司马、司寇、司空。六卿之属大夫士庶人在官者凡万二千 （2）有世卿，无选举
宗庙祭祀	（1）社稷所奉享皆天神 （2）天子有太庙，无明堂 （3）七庙皆时祭 （4）禘为时祭，有祫祭	（1）社稷所奉享皆人鬼 （2）天子无太庙，有明堂 （3）七庙祭有日月时之分 （4）禘大于郊，无祫祭
税制	（1）远近皆取十一 （2）山泽无禁 （3）十井出一车	（1）以远近分等差 （2）山泽皆入官 （3）一甸出一车
其他	（1）天子不下聘，有亲迎 （2）刑余不为阍人 （3）主薄葬	（1）天子下聘，不亲迎 （2）刑余为阍人 （3）立厚葬

此外，两派对经书中某个问题或某一篇章的看法或解释也有不同。例如：

（1）《尚书》有《微子》一篇，《史记·宋世家》本之："微子度纣终不可谏，欲死之，及去，未能自决，乃问太师、少师。"崔适《史记探源》卷五谓《史记》系今文说，所谓太师、少师即《周本纪》之太师疵、少师彊，乃乐官名，即抱乐器之奔周者。此说与古文学以箕子为太师、比干为少师之说不同。

（2）《史记·殷本纪》："帝盘庚崩，弟小辛立，是为帝小辛。帝小辛立，殷复衰。百姓思盘庚，乃作《盘庚》三篇。"《史记》以《盘庚》三篇为小辛时作，系今文说。而古文学家则认为盘庚迁殷，民不欲徙，因作《盘庚》三篇以告谕之。

（3）《史记·燕世家》："成王既幼，周公摄政，当国践祚，召公疑之，作《君奭》。"又《尚书·序》："召公为保，周公为师，相成王为左右。召公不悦，周公作《君奭》。"这两说不同，《史记》以《君奭》为周公摄政时作，系今文说；《书序》以《君奭》为周公还政为师时所作，系古文说。

（4）《史记·鲁世家》："伯禽即位之后，有管蔡等反也，淮夷、徐戎亦并兴反，于是伯禽率师伐之于肸，作《肸誓》。"《肸誓》即《费誓》。《史记》以《费誓》系周公未死，伯禽初之国时所作，系今文说。古文学派则以《费誓》系周公死后，伯禽伐徐夷时所作。

（5）《史记·鲁世家》："周公卒后，秋未获，暴风雷雨，禾尽偃，大木尽拔，周国大恐。成王与大夫朝服以开金縢书……"《史记》以《金縢》在周公死后，系今文说。古文学派则谓周公避流言居东，成王开金縢而迎归之，作《金縢》。

（6）《史记·晋世家》："天子使王子虎命晋侯为伯……晋侯三辞，然后稽首受之。周作《晋文侯命》。"《史记》谓《尚书·文侯之命》系周襄王命晋文公重耳之语，系今文说。古文学派则谓《文侯之命》系周平王命晋文侯仇之语。

（7）《鲁诗》以《诗经·关雎》为周康王时之刺诗，谓康王晏朝，诗人赋《关雎》以刺之，此为今文说，《史记》亦本之；《毛传》《郑笺》以为《关雎》为周文王时之诗，系古文说。

（8）《史记·宋世家》："襄公之时，修行仁义，欲为盟主。其大夫正考父美之，故追道契、汤、高宗，殷所以兴，作《商颂》。"《史记》以正考父作《商颂》，实本《鲁诗》，系今文说。而《毛诗·序》则谓"微子至于戴公，其间礼乐废坏，有正考甫者，得《商颂》十二篇于周之太师，以《那》为首"。《郑诗谱》亦谓"至戴公时，当宣王，大夫正考父者较商之名颂十二篇于周太师，以《那》为首"。毛、郑以正考父得《商颂》于周太师，系古文说。

（9）《诗经·大雅·生民》："厥初生民，时维姜源。生民如何，克禋克祀，以弗无子。履帝武敏，歆、攸介攸止，载震载夙，载生载育，时维后稷。"齐、鲁、韩三家诗以为后稷无父感天而生，系今文说；而《毛诗》则以为后稷乃帝喾之子，反对感生说，此为古文说。

总之，两汉时代今古文学两大派的斗争是十分激烈的。根据史籍的记载，终两汉时代，最重要的争论，大约有四次：第一次是在西汉，刘歆（古文）和太常博士们（今文）争立《古文尚书》《逸礼》《春秋左氏传》于学官。第二次是在东汉，韩歆、陈元（古文）和范升（今文）争立费氏《易》及《春秋左氏传》。第三次是贾逵（古文）和李育（今文）。第四次是郑玄（古文）和何休（今文）争论《春秋公羊传》及《春秋左氏传》的优劣。现依次叙述于后。

第一次争论　汉哀帝建平元寿年间（前6—前1），刘歆向哀帝建议，立《古文尚书》《逸礼》《春秋左氏传》《毛诗》于学官，哀帝叫他与今文经学家辩论。刘歆为什么要求建立古文经传于学官？现代经今古文学家的推论不同。古文学家认为，刘歆因为古籍残缺，所以网罗散佚，使儒家的经传逐渐完备，实在是孔学的功臣。章炳麟《检论·订孔上》说：“孔子没，名实足以抗者，汉之刘歆。”居然将孔、刘并称。而今文学家则认为刘歆伪造群经，思篡孔统，使经学成为新莽篡汉夺权的工具，实是孔学的罪魁。康有为称古文经是伪经，称古文学是新学（新莽之学），作《新学伪经考》。

成帝河平中，刘歆“受诏与父向校领秘书”，据说看见了许多古文经传；到了哀帝建平时，“歆亲近，欲建立《左氏春秋》及《毛诗》《逸礼》《古文尚书》，皆立于学官”。他一方面攻击今文经传残缺不全，而残缺的原因是秦始皇焚书和禁挟书的缘故。另一方面又竭力宣传古文经传的可靠性。认为它或者可以添补现有经传的残缺，如《古文尚书》较伏生所传的《今文尚书》二十八篇多得十六篇，《逸礼》较高堂生所传的《礼经》（即《仪礼》）十七篇多得三十九篇；或者可以校补现有经传的脱简，如用古文《易》校施、孟、梁丘的今文《易》，知脱去“无咎”“悔亡”；用《古文尚书》校欧阳、大小夏侯的《今文尚书》，知《酒诰》脱简一，《召诰》脱简二；或者较现有经传为可信，如左丘明的《春秋左氏传》是为防孔子的口授的意旨因弟子异言而作，与《春秋公羊传》《春秋穀梁传》相比，经孔子弟子再三传授而后记录的，“信而有征”。当时“哀帝令歆与五经博士讲论其义，诸博士或不肯置对”，“歆于是数见丞相孔光，为言《左氏》以求助，光卒不肯”，“歆因移书太常博士，责让之”。博士们的意见，在史籍上不能详细考见；但根据刘歆的上书，我们可以推知当时博士们一定是一方面竭力说今文经传是完备的，另一方面竭力攻击古文经传是伪托的。刘歆这封信措辞很激烈（《汉书·刘歆传》《文选》）：“诸儒皆怨恨。名儒光禄大夫龚胜以歆移书，上疏深自罪责，乞骸骨罢。及儒者师丹为大司空，亦大怒，奏歆改乱旧章，非毁先帝所立。歆惧诛，求出补吏。”这次争论终以古文经传不得立于学官而告终。

直到王莽时，刘歆帮助王莽篡汉，得位“国师”，托古改制，以《周礼》为改革的依据。于是古文经学得到王莽的支持，立了五个博士，与今文学博士对抗。

第二次争论　东汉光武帝建武时期“尚书令韩歆上疏，欲为《费氏易》《左氏春秋》立博士，诏下其议。四年正月，朝公卿大夫博士见于云台，帝曰：‘范博士（升）可前平说。’升起对曰：‘《左氏》不祖孔子而出于丘明，师徒相传又无其人，且非先帝所存，无因得立。’遂与韩歆及太中大夫许淑等互相辩难，日中乃罢。升退而奏曰：‘……近有司请置《京氏易》博士，群下执事莫能据正。京氏既立，费氏怨望，《左氏春秋》复以比类亦希置之。京、费已行，次复高氏。《春秋》之家，又有驺、夹。如令左氏、费氏得置博士，高氏、驺、夹《五经》奇异，并复求立，各有所执，乖戾分争。从之则失道，不从则失人。……今费、左二学无有本师而多反异……谨奏《左氏》之失凡十四事。'时难者以《太史公》多引《左氏》，升又上《太史公》违戾《五经》、谬孔子言及《左氏春秋》不可录三十一事。诏以下博士”。“（陈）元闻之，乃诣阙上疏。……书奏，下其议。范升复与元相辩难，凡十余上。帝卒立《左氏》学。太常选博士四人，元为第一。帝以元新忿争，乃用其次司隶从事李封。于是诸儒以《左氏》之立，论议喧哗，自公卿以下数廷争之。会封病卒，《左氏》复废。”此次争论的结果是《春秋左氏传》立为博士，但很快又被废除。这次争论说明相信古文学的人渐渐增多，而皇帝渐渐倾向古文。

第三次争论 章帝建初元年，诏贾逵入讲。“帝善逵说，使发出《左氏传》大义长于二传（指《公羊》《穀梁》）者，逵于是具条奏之（奏文用图谶附会《左氏》，谄媚时主，颇浅鄙）……逵数为帝言《古文尚书》……同异，逵集为三卷；帝善之，复令撰齐、鲁、韩《诗》与毛氏异同；并作《周官解故》。”同时今文家李育习《春秋公羊传》，“颇涉猎古学，尝读《左氏传》，虽乐文采，然谓不得圣人深意……而多引图谶，不据理体，于是作《难左氏义》四十一事……（建初）四年，诏与诸儒论《五经》于白虎观。育以《公羊》义难贾逵，往返皆有理。”这次争论的中心对象是《春秋左氏传》和《春秋公羊传》。

第四次争论 东汉桓帝、灵帝时期。今文学家何休作《春秋公羊解诂》，“与其师博士羊弼追述李育意，以难二《传》，作《公羊墨守》《左氏膏肓》《穀梁废疾》”。当时郑玄乃作《发墨守》《针膏肓》《起废疾》。向休见而叹曰：“康成入吾室，操吾矛，以伐我乎。”

在东汉时代，古文学压倒了今文学。《后汉书》里记载的今文学家，著名者寥寥可数；而古文学家如郑玄、杜林、桓谭、贾逵、马融等则声名显赫。

今文经学之所以衰落，一方面由于古文经学势力的日益强大，另一方面又有其自身的原因。

第一，东汉时做官已不再通过今文经的途径而是通过征辟的途径，于是士人对今文经已不再那么热心了。

第二，今文太烦琐。据桓谭《新论》载：“秦近君能说《尧典》篇目两字之谊，至十余万言；但说‘曰若稽古’，三万言。”这样一来，一部经书的章句多至一百万字，少的也有几十万字，其中绝大部分是废话。所以《汉书·艺文志》说“幼童而守一艺，白首而后能言”，这是今文学的弊病。

第三，今文经学从西汉讲灾异发展到讲谶纬，以迷信去附会经义，从而使今文经学本身失去了发展的生命力。

古文经学家为了压倒今文经学而取得优势，一方面斥责今文经学讲“谶纬”

的妖妄。另一方面又针对今文经学的狂妄，强调研究文字训诂对治经的重要性。他们认为：训诂不明，经义不彰，应该树立语言文字学在经学上的崇高地位。当然，古文经学家强调文字训诂，其目的并不限于文字训诂本身，而是从文字训诂入手，去阐明经义，发扬“五经之道”，为当时的政治服务。所以许慎在《说文解字·叙》里说：“文字者，经义之本，王政之始。”古文经学虽然有为当时统治阶级服务的一面，同时也有发展语言文字科学的一面。他们为了准确地解释群经，对文字、音读、训诂作了相当科学的研究，作出了巨大贡献。刘歆提出的“六书”是汉字造字的根本法则；扬雄写了《輶轩使者绝代语释别国方言》，是汉语方言学创始的专著；许慎的《说文解字》则是一部研究汉民族语言文字的系统专著。古文经学家的这些成就，对于后人研究语言文字学、文献学和整理文化遗产是不可缺少的阶梯。

（三）经今古文学的合流

经今古文之争，几达二百年之久，到东汉末年才平息下来，主要是因为郑玄（康成）和魏晋时的王肃。

两汉的经今古文学家的信仰各持一端，他们都非常注重“家法”。今文学家守今文学家的门户，攻击古文学家为“颠倒五经，变乱师法”。古文学家守古文学家的门户，攻击今文学家为“专己守残，党同妒真”。我们只要看看杜林、郑众、贾达、马融等注《左传》《周礼》不用今文说，何休注《春秋公羊传》不用《周礼》说，许慎撰《五经异义》，分今文说、古文说，便可以了然。

但是，到了东汉末年的郑玄，他混乱一切今古文的家法，而自创一家之言。《后汉书·郑玄传》：“玄师事京兆第五元先，始通《京氏易》（今）、《公羊春秋》（今）、《三统历》、《九章算术》，又从东郡张恭祖受《周官》（古）、《礼记》（今）、《左氏春秋》（古）、《韩诗》（今）、《古文尚书》（古）。”可见郑玄择师，已有“博学饫闻”之意，不拘于家法。据本传说，“玄所注《周易》《尚书》《毛诗》《仪礼》《礼记》《论语》《孝经》《尚书大传》《中候》《乾象历》，又著《天文七政论》《鲁礼禘祫义》《六艺论》《毛诗谱》《驳许慎五经异义》《答临孝存周礼难》，凡百余万言”。可见他学成以后开始编注群经。他的著作种类之多，在两汉首屈一指。郑玄注群经，兼采今古文。如笺《诗》，用毛本为主，但又时违毛义，兼采三家；于是郑《诗笺》行而今文齐、鲁、韩三家《诗》废。注《尚书》用古文，但又和马融不同，或马从古而郑从今，或马从今而郑从古；于是郑《书注》行而今文欧阳、大小夏侯《尚书》废。注《仪礼》，也兼用今古文，从今文而注内亦有古文，从古文而注内亦有今文，于是郑《礼注》行而今文大小戴《礼》废。在郑玄看来，今古文相攻击如仇雠，是经学的不幸；为息事宁人计，于是自恃博学，参互各说，以成一家之言。所以，郑玄站在古文学的立场兼采今文学。而当时学者，一则苦于今古文家法的烦琐，一则震于郑玄经术的渊博，所以都信仰郑学。郑学盛行，而今古文的家法完全混乱。本传论曰："郑玄括囊大典，网罗众家，删裁繁诬，刊改漏失，自是学者略知所归。""及传授生徒，并专以郑氏家法。"

在郑学盛行以后数十年内，曾发生过反郑学运动。这种运动的开始者是王肃。王肃，三国时魏人，曾习今文经，据说是伏生的十七传弟子；又从马融学古文，所以他兼通今、古文经。他反对郑学，完全出于个人的好恶，或用今文说驳郑玄的古文说，或用古文说驳郑的今文说，而且伪造《孔子家语》（假托孔安国撰）《孔丛子》（假托孔鲋撰）二书，假托孔子之言以攻击郑玄。后来王肃之学依靠外孙晋武帝司马炎（肃女嫁司马昭），将他的《尚书》《诗》《论语》《三礼》《左氏解》和其父王朗的《易传》立于学官，使郑学受到打击。从此，今古文家法更无人过问，而当时儒者只晓得郑、王之争。

（参考周予同原著、朱维铮编校《群经通论》，上海人民出版社 2012 年版）

四、谶纬产生和盛行的原因及汉代经今古文学家与谶纬的关系

（一）谶纬产生和盛行的原因

谶纬作为一种社会思潮，兴起于西汉哀平之际，而盛行于东汉。它是两汉时期神学经学的一个重要组成部分。谶纬这种社会思潮是两汉之际的社会政治危机的产物，反映了统治阶级企图挽救危机的努力。

谶是"诡为隐语，预决吉凶"的宗教预言。这是一种古老的迷信，历史上早就产生了。最早的谶和儒家的经义没有关系。纬对经而言，是用神学来解释经义并且把这种解释托之于孔子的书。纬在儒家经典被奉为神圣以后才能出现，比谶要晚得多。《汉书·李寻传》："五经六纬，尊术显士。"纬最先见于史籍者不早于成帝年间。所以，谶、纬一开始并非一类。但是，当谶纬发展成为一种社会思潮时，二者就完全合流，根本无法分开了。

谶纬比正统神学经学更为自由简便，可以不受经典的约束，能够起到正统的神学经学所不能起的作用，因而风靡一时，迅速发展成为思想领域里的一股强大的势力。但是当社会危机过去，巩固封建统治秩序的要求提上日程时，谶纬就变成了一种不安定的破坏因素，所以它始终不能取代正统的神学经学的地位而上升为长期的统治思想。

下面分析一下谶纬产生的原因。

第一，西汉末年哀平之际，社会政治危机加深，许多人背离正统的神学经

学，转而造作谶纬。这种演变的痕迹，在李寻身上表现得十分明显。

据《汉书·李寻传》，李寻本是一位治《尚书》的学者，但他不满足于“师法教授”的章句训诂之学，而偏好与政治联系比较密切的《洪范》灾异。哀帝即位，下诏问灾异，他发表了一篇批评朝政的洋洋洒洒的政论。这篇政论根据正统的神学经学对当时的社会政治危机做了全面的揭露。但是，由于李寻以个人的名义来解释灾异，缺乏应有的权威性，起不到蛊惑人心的作用，因而并没有被哀帝采纳。于是李寻就去寻找另外的出路，背离正统的神学经学，转而利用成帝时齐人甘忠可诈造的《天官历·包元太平经》。甘忠可扬言：“汉家逢天地之大终，当更受命于天，天帝使真人赤精子，下教我此道。”甘忠可以“假鬼神罔上惑众”的罪名被处死。但他的学生夏贺良仍私下传授。李寻把夏贺良介绍给哀帝，向哀帝陈说“汉历中衰，当更受命”。这次哀帝却相信了，立刻改号为“陈圣刘太平皇帝”。我们从李寻从正统神学经学走向谶纬的演变，不难窥探谶纬作为一种社会思潮兴起的原因。

第二，西汉末年持续不断的社会政治危机使统治集团以外的下层人士以及被压迫的农民群众看不到任何出路，各个阶层都骚动不安，纷纷进行造神活动，利用宗教迷信来表达自己的情绪和愿望。这是谶纬风靡一时的广阔的历史背景。

纬书中许多言论是贬斥政局的，说当时的政治“人主自恣”“后党擅权”“女谒乱公”“佞臣持位”。纬书全面地揭露社会危机，并预言危机过后必然是国亡主丧，天下大乱。通过纬书的宣传鼓动，“汉历中衰”的思想已经深入人心，人们对汉家政权普遍失去了信心，迫切希望有一个变动。王莽正是利用这种社会思潮夺权篡汉。王莽正式上台之后，利用手中权力制造符命，对谶纬的发展起了推波助澜的作用。王莽正式承认谶纬并使其处于和今文经学、古文经学并立的地位。始建国元年（9），“遣五威将王奇等十二人班《符命》四十二篇于天下。……其文尔雅依托，皆为作说，大归言莽当代汉有天下云”。

第三，各种人利用谶纬编造符命来达到自己的目的，既然王莽可以编造符命来篡夺刘家政权，那么其他怀有政治野心的人也可以如法炮制编造符命，来为自己捞取一官半职。所以当时符命泛滥成灾，谁都可以编造，弄得人心惶惶，莫衷一是。比如王莽自居为土德，土德的符瑞是黄龙，这是王莽根据政治需要编造出来的。反对王莽的人也可以同样根据政治需要编造一个黄龙堕死的灾异，或者编造一个火德的符命，来否定王莽的土德。《汉书·王莽传》载，天凤二年（15），“讹言黄龙堕死黄山宫中，百姓奔走往观者有万数。莽恶之，捕系问语所从起，不能得”。当时今古文经学，都受到很大的摧残，而谶纬的势力却得到恶性膨胀。《后汉书·儒林列传》描述当时的情况说：“昔王莽、更始之际，天下散乱，礼乐分崩，典文残落。……四方学士多怀协图书，遁逃林薮。”

第四，东汉时皇帝提倡谶纬。光武帝即位，“宣布图谶于天下”，经过明、章二帝继续提倡，谶纬发展到极盛。《后汉书·张衡传》说："初，光武善谶，及显宗、肃宗因祖述焉。自中兴之后，儒者争学图纬、兼复附以妖言。"比如光武曾命令尹敏校定图谶。桓谭反对谶纬，光武怒骂他"非圣无法"，要把他斩首。明帝曾诏东平王王苍正五经章句，皆命从谶。章帝曾根据《河图会昌符》的说法命令曹褒撰次礼典，杂以五经、谶记之文。

第五，两汉时代儒生和方士的混合，也是谶纬盛行的原因。许多方士既是经学家，又是谶纬学家。如廖扶"绝志世外，专精经典，尤明天文，谶纬、风角、推步之术"；樊英"少受业三辅，习京氏《易》，兼明五经，又善风角、星算、河洛七纬、推步灾异"；公沙穆"习《韩诗》《公羊春秋》，尤锐思河洛、推步之术"。（均见《后汉书·方术列传》）经学家与方士都以谶纬教学生，导致谶纬的盛行。

阮元《七纬叙》据汉人碑碣谓："姚浚尤明图纬秘奥，姜肱兼明星纬，郭泰探综图纬，李休又精群纬，袁良亲执经纬，杨震明河洛纬度，祝睦该洞七典，唐扶综纬河洛，刘熊敦五经之纬图，杨著穷七衜之奥，曹全甄极毖纬，蔡湛少耽七典，武梁兼通河洛，张表该览群纬，丁鲂兼究秘纬，李翊通经综纬。"大有不治纬即不能通经之概。

（二）汉代今文经学派与谶纬的关系

西汉董仲舒《春秋公羊传》学关于历代受命的符瑞、灾异变化的原因以及天人感应的道理等，为谶纬学开了风气。此后其他各家各派群起仿效，这就在经学中逐渐酿成了一股冒用孔子名义伪造微言大义的风气，这就出现一股天人感应、灾异符瑞的思潮。谶纬就是在这种思潮下产生的。所以说，今文经学的天人相与、阴阳灾异是谶纬的"前身"或"变相"。今文经学派对谶纬的关系，可以下列材料为证。

《四库全书总目》说伏生《尚书大传》、董仲舒《春秋阴阳》是具有主名的纬书；又说孟喜所得的"《易》家侯阴阳灾变书"也是纬书之类。那么，孟氏《易》、今文《尚书》《公羊春秋》都和谶纬有关系。

陈乔枞《诗纬集证》叙说："《齐诗》之学，宗旨有三：一曰四始，明五行之运也；二曰五际，稽三期之变也；三曰六情，著十二律之本也。夫顺阴阳以承天道，原性情以正人伦；经明其义，纬陈其数；经穷其理，纬究其象；纬之于经，相得益彰。"又说："齐学湮而《诗》纬存，则《齐诗》虽亡而犹未尽泯也；《诗》纬亡，而《齐诗》遂为绝学矣。"则几乎有《诗》纬而复有《齐诗》学。

《后汉书·儒林列传》云："景鸾……能理《齐诗》，施氏《易》，兼受河洛图纬。作《易说》及《诗解》，文句兼取河洛，以类相从，名曰《交集》。"又"薛汉……世习《韩诗》……尤善说灾异谶纬"。则治施氏《易》与《韩诗》者也每每兼治纬。

皮锡瑞《经学历史》说："汉有一种天人之学，而齐学尤盛。……《易》有象数占验，《礼》有明堂阴阳，不尽齐学，而其旨略同。"则今之《易》、今文《礼》间与齐学相同，也就是间与纬学相通。

（三）汉代古文经学派与谶纬的关系

古文经学家以六经为史料，专研声音训诂之学，本可自脱于诬妄的谶纬。按《隋书·经籍志》说："言五经者，皆凭谶为说；惟孔安国、毛公、王璜、贾逵之徒非之，相承以为祆妄，乱中庸之典。故因汉鲁恭王、河间献王所得古文，参而考之，以成其义，谓之古学。当世之儒又非毁之。"则古文经学在学统上本与谶纬立于相反的地位。但汉代古文经学者，或阿俗学，或投主好，或别具深心，所学也多与谶纬有关。以下材料可证。

《汉书·刘歆传》云："初歆以建平元年改名秀，字颖叔云。"应劭注曰："《河图赤伏符》云：刘秀发兵捕不道，四夷云集龙斗野，四七之际火为主。故改名几以趣也。"《王莽传》云："卫将军王涉素养道士西门君惠。君惠好天文谶记，为涉言星孛扫宫室，刘氏当复兴，国师公（指刘歆）姓名是也。涉信其言。……歆因为言天文人事，东方必成。"

(2)《后汉书·贾逵传》："臣以永平中，上言《左氏》与图谶合者。"又云："五经家皆无以证图谶明刘氏为尧后者，而《左氏》独有明文。五经家皆言颛顼代黄帝而尧不得为火德。《左氏》以为少昊代黄帝，即图谶所谓帝宣也。如令尧不得为火，则汉不得为赤。其所发明，补益实多。"

刘歆是古文经学的开创者，贾逵是古文经学大师，二人尚信赖谶纬，其他古文学者便可想而知。即使混淆今古文学家法的郑玄，对于谶纬不仅不排摈，而且为之作释。

《后汉书·郑玄传》云："会（马）融集诸生考论图纬，闻玄善算，乃召见于楼上。玄因从质诸疑义。"是郑玄曾从马融受图纬之学。本传又云："凡玄所注《周易》《尚书》《毛诗》《仪礼》《礼记》《论语》《孝经》《尚书大传》《中候》《乾象历》。"按《中候》即谶纬之书。又《隋书·经籍志》论纬，说："宋均、郑玄并为之注。"新旧《唐书·艺文志》，尚存郑玄《书》纬三卷、《诗》纬三卷。即现存《易》纬八种，除《乾坤凿度》外，其余七种，也以为是郑玄注的。

五、 博士制度与秦汉政治

（一）博士官的设置及其演变

1. 秦代博士官的设置

春秋战国时，士的名目繁多，其中之一即称“博士”，亦称“通士”或“达士”。《说文》：“博，大通也。”“通，达也。”博、通、达同义，故博士、达士是一词异称。

《史记·循吏列传》云：“公仪休者，鲁博士也。”《战国策·赵策》云：“郑同北见赵王，赵王曰：子，南方之博士也，何以教之?”褚少孙补《史记·龟策列传》云宋元王“召博士卫平告以梦龟状”。公仪休、郑同、卫平三人都是战国时号称为“博士”者。不过，这些博士都是所谓“博学”之士，是一种对学者的泛称，还不是官名。

最晚到战国末年，齐、魏、秦三国都设置了博士官，此后，“博”便由泛称变为官职名称。明董说《七国考》引许慎《五经异义》云：“战国时，齐置博士之官。”《汉书·贾山传》载，贾山“祖祛，故魏王时博士弟子也”（沈钦韩《汉书疏证》以为“弟子”二字是衍文），说明魏有博士官。秦始皇二十六年（前221），初并天下，命群臣议帝号，博士参与其事，说明秦统一前也有博士官。

秦统一中国，中央集权加强，各类官职增多，博士官亦被保存下来。《汉书·百官公卿表》云：“博士，秦官，掌通古今，秩比六百石。”秦始皇时有博士七十人，秦二世时有博士诸生三十余人。秦朝博士官有姓名可考者十二人，其中见于《史记》《汉书》者有周青臣、淳于越、伏胜、叔孙通、羊子、黄疵、正先七人；散见诸书者有桂贞、李克、卢敖、圈公、沈遂五人。上列十二博士官，淳于越、伏胜、叔孙通、羊子、李克、圈公六名都是儒家，占二分之一。黄疵为名家，卢敖为神仙家，其余四名不知学派。这说明秦置博士是诸家并立，但以儒家为主。

2. 汉初诸子专书博士与儒家的专经博士

汉承秦制，仍置博士官。汉高祖二年（前205），“拜叔孙通为博士”。惠帝时，“（孔）鲋弟子襄，年五十七，尝为孝惠皇帝博士”（《史记·孔子世家》）。关于高祖、惠帝时可考的博士，现存史料只有这些。到文帝时，博士较多，据《汉官仪》记载，“文帝博士七十余人”。

从文帝到景帝时期，所立博士有几点值得注意。

第一，设立儒家专经博士。《后汉书·翟酺传》：“孝文皇帝始置一经博士。”“一经博士”即专治一经的博士。如张生、晁错为《书》博士，申公（培）、辕固生、韩婴为《诗》博士，即齐、鲁、韩三家，胡毋生、董仲舒为《春秋》博士。可见武帝以前，经学博士已置《诗》《书》《春秋》三经。

第二，除儒家专经博士外，还设置诸子专书博士。《汉书·楚元王传》载，刘歆在移让太常博士书中说：至孝文皇帝，“天下众书往往颇出，皆诸子传说，犹广立于学官，为置博士”。“为置博士”是指具有一书之专长者就有可能被任为博士官。博士们所专之书为“诸子传说”，说明当时博士诸子并立，百家争鸣。洛阳少年贾谊，就是以“颇通诸子百家之言”而任职博士的。儒家以外的诸子博士，史书仅见五行家公孙臣一人（《史记·文帝本纪》），但不能认为汉初诸子博士仅有儒家与五行家，其他家都可能有博士。所以清人姚振宗推测说：“意文景时亦尝有法家、名家、道家博士也。”至于何以不见于史，那是因为“史但著其大者及久远者，故于《武纪》书置五经博士，其前所立非定制，故略之也”（《汉书艺文志条理》，见《二十五史补编》）。后来由于儒家垄断了博士职，故诸子博士没而不显。

3. 五经博士的设置及其演变

汉武帝时设置五经博士，儒家垄断了博士职位。五经即《诗》《书》《易》《礼》《春秋》。《诗》有齐、鲁、韩三家，《书》《易》《礼》《春秋》各一家，即武帝时设五经七家博士，七家各设博士官一员，缺后补上，正常情况应是七员博士。

汉宣帝时，经学繁衍出许多新的学派。甘露三年（前51），诏诸儒于石渠阁讲五经同异，“乃立梁丘《易》、大小夏侯《尚书》、《穀梁春秋》博士”（《汉书·宣帝纪》）。石渠阁会议增加四家博士。在石渠阁会议前，《易》已分出施、孟二家。这样，宣帝时，共设五经十二家博士：《诗》齐、鲁、韩，《书》欧阳、大小夏侯，《易》施、孟、梁丘，《礼》后氏，《春秋》公羊、穀梁。十二家各设博士一人，共十二博士，这与《汉书·百官公卿表》是一致的。

汉元帝时，又增加京房《易》一家，为五经十三博士。

汉平帝、新莽时，经学博士的设置达到顶峰。《汉书·王莽传》载，平帝元始四年（4）“立《乐经》，益博士员，经各五人”，共计六经三十博士。《春秋左氏传》《毛诗》《逸礼》《古文尚书》《周官》等古文经都立了博士。原有的、新增的、今文的、古文的，凡有些影响的经学家都包罗在三十博士之中。

东汉时，经学博士的设置又有所变化。据《后汉书·儒林列传》，“光武中兴……立五经博士，各以家法教授，《易》有施、孟、梁丘、京氏，《尚书》有欧阳、大小夏侯，《诗》齐、鲁、韩，《礼》大小戴，《春秋》严、颜，凡十四博士”。《汉官仪》《后汉书·百官志》本注与引文完全一致。光武所建立的五经十四博士制，一直延续下来，除建武四年（28）曾一度增置过为时甚短的《春秋左氏传》博士外，至汉末再未改变。

（二）博士官的职掌

博士官大体有议政、制礼、藏书、教授、试策、出使六项职能。议政、出使是其政治职能，制礼是其礼官职能，教授、试策是其学官职能，藏书一项则与这三个职能相联系。

1．议政

议政是博士最早的职掌。《汉书·百官公卿表》云："博士，秦官，掌通古今。""掌通古今"指的就是议政和备顾问。秦朝博士议分封、议陈胜起义是主要事例。到了汉代，博士这一职掌得到充分发展。两汉博士议政共四十三例。议政内容非常广泛，包括了内外政策、刑法、教育等内容，也包括了处罚大臣、废立诸侯王以至废立皇帝等大事。博士参与这些重大的朝政决策，反映了汉代统治者对博士的重视和博士政治地位的重要。可以说，汉代的博士是政治决策的理论家。

2．制礼

博士制礼始于秦朝。这一职掌使博士具有了礼官的属性。秦博士制礼的主要事例是议帝号与议封禅。观叔孙通精通秦朝仪可知秦朝仪为博士所制。两汉承袭此职，自叔孙通为汉制礼仪后，博士在各个时期都负有制定、修改礼仪的职责。上述两汉博士议政四十三例，其中十二例是议宗庙礼仪之事。汉代有关礼的重大讨论和活动必有博士参加。

3．藏书

博士藏书之职亦始于秦。李斯所谓"非博士官所职"，不许藏《诗》、《书》、百家语，说明秦博士有掌文化典籍之职。汉代的博士仍分掌国家部分藏书，刘歆曰："外则有太常、太史、博士之藏，内则有延阁、广内、秘室之府。"（《汉书·艺文志》注引《七略》）又曰："孝成皇帝闵学残文缺，稍离其真，乃陈发秘藏，校理旧文，得此三事，以考学官所传，经或脱简，传或间编。"（《汉书·楚元王传》）所谓"秘藏"，指宫内藏书，所谓"学官所传"，指博士藏书。

博士不但专职部分国家藏书，到了东汉安帝永初年间，又深入宫中参与整理秘藏，即所谓"东观校书"，其任务是"校定东观五经，诸子传记、百家艺术，整理脱误，是正文字"（《后汉书·安帝纪》《后汉书·文苑列传》《后汉书·宦者列传》）。

4．教授

自汉武帝置博士弟子始，博士又增加了教授与策试弟子的职掌。这一职掌使博士具有了学官属性。由于博士是经学大师，而皇帝、太子亦需懂经，所以博士亦往往进宫教授皇帝或太子。如韦贤以《诗》教授昭帝（《汉书·韦贤传》），郑宽中、张禹同时分别以《尚书》和《论语》教授太子（成帝）（《汉书·张禹传》)，桓荣以《尚书》教授太子（明帝）(《后汉书·桓荣传》)。

5. 试策

自武帝创立新的选官制度以来，地方察举到中央的各科人才通常要经过试策而后始能任职。试策内容主要是经学，所以这个任务自然就落到了博士身上。班固《两都赋》云："总礼官之甲科，群百郡之廉孝。"李贤注曰："礼官，奉常也。有博士掌试策，考其优劣，为甲乙之科，即《前书》曰'太常以公孙弘为下第'是也。"(《后汉书·班固传》)。试策分甲乙之科，由博士主持，试策结果由太常决定，结果呈报皇帝。有时皇帝亲自出题、阅卷，考生答卷被称为"对策"。对策也要先由博士、太常提出初审意见，再呈皇帝裁决。试策合格者，任予官职，高第可直接任博士、议郎，其次可任郎中等职。

6. 出使

出使也是博士职责之一。据统计，武帝时有五例，元帝时三例，成帝时四例，共十二例。出使方式大致有二：一是专事出使，如公孙弘建元间出使匈奴、元光间出使西南夷(《史记·平津侯主父列传》)。二是一般出使，一般出使往往与其他官员分期分批分方向巡行天下，内容大体是察风俗、举贤良、平冤狱、存问孤苦、赈贷流民、察视灾情、检举不法等。

以上博士的六项职能，政职是主要的、最早的职能，秦朝增加了礼官职能，汉武帝时又增加了学官职能，但政职仍是主要的。到东汉和帝以后，政职削弱，学官职能逐渐取得了主要地位。

（三）博士制度与秦汉政治

博士制度是秦汉政治制度中的一项重要制度，它给予秦汉各个时期的政治以深刻的影响。

1. 秦朝博士与秦朝政治的矛盾

秦朝实行的是法治，以吏为师，以法为教。而博士则是百家并立的议政官，既是议政官，必以自家学说干预政治，所以出现了诸家博士非难秦朝法家政治的情况，造成了"焚书坑儒"事件。被坑者是否有博士，目前尚无可靠的直接证据。《论衡·死伪》说："秦始皇用李斯之议，燔烧《诗》《书》，后又坑儒。博士之怨，不下申生；坑儒之恶，痛于改葬。"从这段话看，博士也有被坑的。博士对秦朝政治的非议，或许有其正确之处。如果秦朝能从这些非议中吸收合理的部分，施行仁政，则秦未必速亡。但秦朝统治者不分青红皂白，对博士的意见一概斥之为"妖言"，焚书坑儒，加速了自己的灭亡。

2. 汉初的博士制度促使儒学取得统治地位

秦朝法家政治导致了秦的短命，汉初统治者鉴于亡秦的教训，采取了主张"无为"的黄老学说作为统治思想。从汉初的黄老政治到汉武帝"独尊儒术"，这几十年中，儒家博士为取得儒家的统治地位进行了艰难曲折的斗争。在这个过程中，博士做了如下几项工作。

第一，争取皇帝对儒学的了解和支持。在君主专制时代，要想使自己的学说站得住脚，必须争得至高无上的皇权的支持。起初高祖讨厌儒生，儒家就必须扭转高祖这种态度。所以，汉五年（前202），博士叔孙通对高祖说："夫儒者难与进取，可与守成。"（《史记·刘敬叔孙通列传》）《汉书·陆贾传》说："贾时时前说称《诗》《书》。高帝骂之曰：'乃公居马上得之，安事《诗》《书》！'贾曰：'马上得之，宁可以马上治乎？且汤武逆取而以顺守之，文武并用，长久之术也。'"叔孙通、陆贾的意思很明确，夺天下靠武士，治天下靠儒者。他们对高帝的争取工作收到了一定的效果。当叔孙通根据儒家经典制定朝仪，大臣们以君臣之礼相见于朝廷时，高祖高兴地说：现在才知道做皇帝的尊贵。高帝十二年还朝拜了孔子。儒家这种争取皇帝的努力，到董仲舒作对策时登峰造极，终于使武帝罢黜百家，独尊儒术。

第二，改造儒学以适应封建统治的需要。叔孙通制定朝仪改造了旧儒学的礼仪内容，使礼仪成为汉朝的上层建筑，但儒生对基础理论的改造却需要一个过程。汉初的儒家，在与诸子争鸣中糅合诸子百家，贾谊以儒学为主，"颇通诸子百家之言"，晁错则杂以刑名，而董仲舒更广泛吸取了道、名、法、阴阳、五行诸家思想，终于使儒学成为"霸王道杂之"，合乎汉朝政治需要的思想学说。

第三，收徒讲学，发展儒家势力和扩大儒学影响。汉初儒家博士收徒讲学，弟子动辄数十百人。大量培养弟子，输送进政府机构，大大强化了儒家的政治力量。同时，儒家博士注重讲学，也使博士本身逐渐学官化，由私学改为官学，至此儒学的正统地位才彻底确立起来。

第四，利用职权，积极树立儒学，贬黜诸子百家。例如博士申培的弟子赵绾与王藏。建元元年（前140），赵、王二人建议武帝立明堂，并派使者以安车蒲轮、束帛加璧把自己的老师、故博士申培接到京师。建元二年，他们为搬掉儒家夺取正统地位的绊脚石窦太后，奏请勿奏事东宫。赵绾、王藏因此事下狱自杀，说明他们为了树立儒学正统地位而不惜生命。

通过儒家博士的种种努力，儒学日益受到统治者的重视。武帝时，儒学取得统治地位，结束了诸子争鸣的局面，统一了思想，这对维护国家统一、加强中央集权起了积极作用。但也使得儒学本身逐步僵化，这又是其消极一面。

3. 博士制度对汉代统治政策起了指导和监督作用

自从儒学取得统治地位之后，博士官遂为儒家所垄断，经学成为官学。这样，博士制度与汉代政治便融为一体了。在汉代政治生活中，经学是制度统治政策的指导思想和理论基础。博士制度对汉代统治政策起了指导和监督作用，这种作用主要表现于源源不断地向中央和地方的各级官僚机构输送各种通经人才，参与制定、执行和监督统治阶级的各项政策。

博士制度给封建官僚机构提供的通经人员主要有三类。

第一类是博士。博士是经学权威，博士不仅可以在朝廷上参与讨论国家的重大政治决策，而且还经常接受执政者的朝外询访。如武帝时，董仲舒已退休，“朝廷如有大议，使使者及廷尉张汤就其家而问之”（《汉书·董仲舒传》）；光武时，范升任博士，也是朝廷“每有大议，辄见访问”（《后汉书·范升传》）。不仅如此，博士得宠，还可加官“给事中”，可以自由出入宫禁，顾问应对。这就密切了其与皇帝的关系，加深了对皇帝的影响。至于身为“帝师”的博士，皇帝更是对其言听计从。博士不仅从议政、备顾问的职掌上起到以经学指导、监督汉代政策的作用，其他各项职掌也对汉代政治具有重要作用，如通过制礼来整修社会的上层建筑，通过试策来选拔国家人才，通过教授来为国家培养官吏。这些职掌都体现了博士在汉代政治中的重要性。

第二类是博士迁官者。汉代的博士迁官可考者共九十五人。迁职地方者四十人，主要是刺史州牧、郡国守相与诸侯王傅。迁职中央者五十五人，主要是公卿，其中晁错、薛广德、贡禹、彭宣、师丹、何武六人都官至御史大夫，公孙弘、蔡义、韦贤、张禹、匡衡、平当、孔光、翟方进等八人官至丞相，伏恭、刘弘官至司空，鲁恭官至司徒。博士无论内迁中央还是出任地方都是身居要职，具有左右政治的直接权力。

第三类是弟子除吏者。这是一支人数较多的队伍，虽然大部分的地位不一定很高，但也出过一些著名的政治家、经学家。兒宽、肖望之官至御史大夫，伏湛官至大司徒，他们都是博士弟子出身。

这些博士制度直接提供给封建国家的通经人员，是在政治上贯彻儒家学说的中坚力量。他们按照儒学涂抹汉代的社会历史面貌。当时，无论是皇帝下诏还是大臣上奏，无论是立议还是驳议，大多引用经学语录。以经学指导政治，叫“通经致用”。通经致用，就是经学指导和监督政策。作为经学权威的博士，只要能拿出经典依据，即使其所为不合法律，法律也无可奈何；要治罪，也必须找到经典依据。可见经学在汉代政治生活中的强大威力。博士既然是经学权威，其在政治上的作用就可想而知了。

4. 博士制度与教育

博士制度促进了教育的发展。自武帝开始给五经博士设置弟子之后，士人都力图挤进太学，因为太学是官吏的摇篮，是“利禄之路”，士人可以利用博士弟子为阶梯去获取高官厚禄。如博士夏侯胜就经常督励弟子说：“士病不明经术，经术苟明，其取青紫如俯拾地芥耳。”（《汉书·两夏侯传》），随着历史的发展，太学的意义也就越来越大。博士弟子逐渐增加，武帝初置弟子时仅五十人，到桓帝时已有诸生三万余人，二百多年间，增长了六百余倍。

在太学的带动下，郡国学和私学也空前兴盛。因为只要通经就不愁没有官做。汉代察举中专有明经一料，就是给一般士人开放的仕宦入口。正是由于通经容易仕宦，所以很多人把通经看得比金银财宝还重要。《汉书·韦贤传》载当时邹鲁一带有句谚语："遗子黄金满籯，不如一经。"在通经仕宦的刺激下，地主家庭普遍重视子弟教育。要通经，必须从小学入手，所以经学教授的兴盛又必然刺激小学教育的发展。

在博士制度的影响下，太学、郡国学带动私学，经学带动小学，官学私学并举，促成了汉代儒学的兴盛和文化教育的发展。这是博士制度的积极一面。但因此亦导致经学泛滥成灾，家法章句日趋严密烦琐，严重地束缚人们的智慧，摧残人才，这是其消极一面。

博士制度促成了儒学的兴盛和文化教育的发展，这使博士的学官职能更加突出了；同时，儒学的兴盛又导致了封建国家官僚，尤其是中央官员的儒家化。这样，博士作为议政官也就逐渐完成了它的历史使命，东汉以后，官学职能上升为主要地位。博士的政治职能削弱了，剩下的主要职能就是教授弟子。弟子读了书没有出路，只好闹学潮。这就是东汉末年发生的几次太学生反宦官运动的主要原因。

六、 经学各派的阶级基础

两汉经学的出现不是偶然，"统治阶级的思想在每一时代都是占统治地位的思想。这就是说，一个阶级是社会上占统治地位的物质力量，同时也是社会上占统治地位的精神力量。"（《马克思恩格斯选集》第一卷，第52页）西汉时期经学的出现恰好说明，取得社会统治地位的地主阶级要把儒家经典作为理论教条、作为精神力量，用来统治社会、统治被压迫的阶级。

儒家经典是相对稳定的。但是对儒家经典的解释和发挥却不是一成不变的。这有两个基本的原因：一是封建地主阶级在不断发展变化，因此，对儒家经典的解释和发挥也不断变化；二是地主阶级内部确实存在着阶层的分野，对儒家经典的解释和发挥随着地主阶层不同而不同。这样，同是经学、同是地主阶级的意识形态，在不同时期就具有不同的表现形态。

盛行于西汉的今文经学，有如下特点：第一，宣扬"天人合一"的政治哲学；第二，宣扬中央集权的"大一统"主张；第三，主张任人唯贤，发展地方教育；第四，主张"塞兼并之路"。从这些主张可以看出，汉初今文经学是新兴地主阶级的学说，它主要反映了广大的中小地主的利益，体现了新兴地主阶级比较激进的性格。

兴起于西汉后期而盛行于东汉的古文经学则主要反映了保守性很强的世家豪族的要求。西汉后期世家豪族的发展，为了保护本阶层的既得利益，其政治代表决定冲破今文经学的框框，转而发展古文经学。王莽政权的建立即古文经学的胜利。王莽复古改制，是在古文经学理论指导下的第一次政治大实践。虽然王莽不久之后就垮台了，但古文经学并没有因为新莽政权的垮台而销声匿迹。相反，它竟以更大的势头在社会上到处流传。究其原因，一是因为世家豪族仍有很大的社会势力；二是因为古文经学在其产生和发展过程中，已经吸收了今文经学中一些对地主阶级各阶层普遍有用的东西；三是古文经学把“经”还原为“史”，寓政治主张于历史叙述之中，也增强了自身的生命力。

东汉时期出现的今古经文的混合，有人称之为“综合学派”。它是以古文经学为基础，通过进一步的综合改造而发展起来的，以郑玄为代表。它有下列特点：一是混淆家法，二是突出礼教，三是详于训诂。这个综合学派，则反映了地主阶级内部各种势力的折中与调和。

综上所述，今文经学—古文经学—今古文经学的综合是两汉经学发展的大势。马克思说，理论家们“在理论上得出的任务和作出的决定，也就是他们的物质利益和社会地位在实际生活上引导他们得出的任务和作出的决定”（《马克斯恩格斯选集》第八卷），又指出，思想家的“个性是受非常具体的阶级关系所制约和决定的”（《德意志意识形态》）。所以，两汉经学各派的产生不是偶然的，各派各自受着十分具体的物质利益和社会地位的制约。

（参考章权才《论两汉经学的流变》，载《学术研究》1984 年第 2 期）

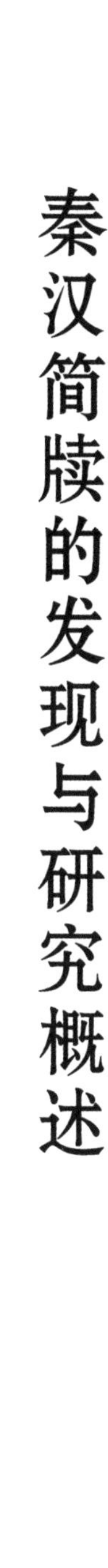

秦汉简牍的发现与研究概述

讲授提纲

一、秦汉简牍的发现与研究概述
二、简牍发现的历史
三、秦汉各种简牍文书举例

一、 秦汉简牍的发现与研究概述

简牍指的是中国古代遗留下来的写有文字的竹简和木牍。我们至今发现的简牍从战国至魏晋时期的都有，尤其是秦汉时期的发现最多，大抵纸被广泛使用之前，人们是用竹简木牍作为主要书写材料的。从字面上看，简是竹质，许慎《说文解字》说："简，从竹间声。"只有写在竹片上的才能成为简。牍则是木质的。《说文解字》说："牍，书版也，从片。"为何要"从片"？原来篆文的"木"字写作"𣎳"，而"𣎳"字的一半就是"片"。"片"是剖开的木，所以说"判木为片"（《说文解字》"片"）。可见，写在木片上的应当叫"牍"。今天我们见到的简牍，确实既有木质的也有竹质的。因此，我们把研究简牍的这门学问称为"简牍学"是比较确切的。当然，这并不是说凡写在木板上的书就必须称"牍"，或者说"木简"这个词就不能用。实际上，早在汉代，许慎就已将简、牍二字混用了。因此在具体称谓上，还应照顾以往的习惯。如在居延出土的汉代简牍，实际上多为木质，但我们仍称之为"居延汉简"，而不称"居延汉牍"。王充《论衡·量知》云："竹生于山，木长于林……截竹为简，破以为牒，加笔墨之迹乃成文字。……断木为椠，析之为版，刀加刮削乃成奏牍。"这里很好地概括了制作竹简木牍的过程。

用简牍书写文字究竟始于何时？现尚未能确定。在商代铜器中，屡见有"册父乙""册父丁"的铭文。《说文解字》中，"册"作"卌"，是一个象形字，像竹简编缀形式，可知商代已有简册。《礼记·中庸》云："文武之政，布在方策。"一块木板叫作"版"，写了字就叫"牍"，一尺见方的牍就叫"方"；一根竹片叫"简"，把许多简编连在一起叫作"策"。"策"即"册"字，二字可互用。所谓"方策（册）"，就是用竹木材料写成的文字记载。虽然商代可能已开始使用简牍，但未发现实物。目前所发现的简牍，主要是从战国到魏晋的。可见中国使用简牍的历史长达千余年之久。

在古代，从皇帝的诏令到普通人的书信、账簿，都记载在这些竹片、木板上。由于各种原因流传下来的古代简牍是研究当时历史的珍贵资料。简牍上保存的资料，是任何一种已有的文献所不能代替的，因为它没有经过后人的辗转抄写，保持着书写时较原始的状态；它的记载，多为现有的古书所未载，尤其是有关具体的制度、一般底层人民的日常生活，以及社会经济状况，简牍所提供的远比文献资料丰富得多。所以，研究古代史，特别是研究战国秦汉史，绝不能忽视对简牍的研究。

简牍资料虽然很重要，但要了解和掌握它却有很多困难。首先，由于时代久远，留至今天的简牍多系断简残编，文字漫灭残泐，又加之其中有些文句、内容为古代文献中所不见，这就使简牍资料较一般古书难懂得多。要弄懂它们，不仅需要有古文字学的基础，而且必须具备古代史、考古学，尤其是古代典章制度和古典文献方面的知识。下面我们主要介绍一些研读简牍所必备的基本知识，循序渐进，由浅入深，希望能引导大家入门。

（一）简牍的形式

秦汉时代的简牍一般都是长 23 厘米、宽 1 厘米、厚 0.2 至 0.3 厘米，以木或竹质的材料制成。23 厘米大约相当于秦汉时代一尺，也就是说：一般的简在当时约有一尺长、五分宽、一分厚，所以，我们今天仍把书信称为“尺牍”，就来源于此。

一般的简牍一支可写三四十字。如果需要写的内容超过这么多数字，可以将简牍的宽度加大，这种形式的简，在当时称为“两行”。这一称谓，不见于文献记载，但出现在简牍资料中。也可以增加简的长度，有的长度增加一倍，即长至二尺者，称之为“檄”，故《说文解字》释“檄”为“二尺书”。军中命令一般都写在“檄”上，称为“飞檄”。有的简长达三尺，按东汉人刘熙《释名》一书的解释：“版长三尺谓之椠。”《说文解字》释“椠”为“牍朴也”。“朴”有未经雕饰的意思，如“朴素”，玉未雕者称为“璞”，人无地位也称为“仆”。“牍朴”是未经写字的牍。

普通的文书均用一尺之简牍。皇帝的诏书则用一尺一寸，也称为“尺一之诏”。《史记·匈奴列传》记载，汉文帝时曾给匈奴单于一件长一尺一寸的诏书，上书“敬问匈奴大单于无恙”，而投降于匈奴的汉人中行说教单于用一尺二寸之牍给汉文帝回信以表示“倨傲”。书写儒家经典的简牍，有的超过一尺，达到二尺四寸。东汉的周磐死时，曾遗言要在其棺材前放上二尺四寸的六经。可见六经是用二尺四寸的简牍写的。1959 年在甘肃武威县的磨咀子 6 号东汉墓中，出土有《仪礼》简册，甲本简长 55.5—56 厘米，宽 0.75 厘米。丙本长 56.5 厘米，宽 0.9 厘米。汉尺的二尺四寸，约合 55.92 厘米。恰好与上述记载相符。用以记载法律的简牍可能更长。《盐铁论·贵圣》有“二尺四寸之律”句。《史记·酷吏列传》有“三尺法”之记载，《汉书·朱博传》有“三尺律令”之记载。《居延汉简篇甲编》第 2551 号简，长达 67.8 厘米，下半段还有残缺，文中所记乃律令目条，故可以相信“三尺律”之说是有根据的。

把几支简用一条绳拴在一起，就是册（或策）（顾彪认为简、策之别在于长短，短者为简，长者为策）。“册”字形象地写为“卌”，用绳子把册缚在一起，称为“册书”，册书的实物已有发现。长沙马王堆1号汉墓中，发现一卷册书，其内容是记载陪葬物的“遣策”。早在1930年，内蒙古额济纳河出土的居延汉简中也发现成册的册书。

把册放在台上称为“典”。“典”在金文中形象地写为“𠔘”，《说文》释为“从册在丌上”，即把册放到台子上，故称为“大册”。《尚书·多士》有“惟殷先人，有册有典”之句。将若干册连在一起就成“编”，“编”字的形象就是用绳子将数册连在一起的样子。而古人计书数常以编（即篇）来计算，而不是以册来计算。

一般用麻线将简牍拴在一起，高贵一些的用青丝或没有染过色的素丝，也有用皮的。据说孔子读《易经》，常常翻阅，致使“韦编三绝”。“韦”就是熟皮子。在出土的秦、汉简牍中，可以见到编起来的简的形式，如甘肃武威出土的《仪礼》简，每一支简下面有编号，相当于今天的书籍页码，一卷背面的中间写有书名。

以上乃是一般的简牍形式。还有一些更小的简，如六寸简，长仅六寸，它只用来作为筭筹或传符。更小的竹、木片叫作“笺”，乃是读书时随手注释，系在相应的简上以备参考的。后人称注释为笺，就起源于此。

除上述正反两面的板状简牍外，还有多面的简牍。如果将一根木头削成三面或四面的角状或柱状，那么其几个平面均可写字。陆机《文赋》中说：“或操觚以率尔，或含毫而邈然。”李善注“觚”曰：“木之方者，古人用之以书，犹今之简也。”可见，这是一种能四面写字的材料。“觚”又作“篇”“籙“笘”，它们又可称为“方”。《博雅》云：“笘、籙，篇也，一曰竹简，小儿所书，一曰方也。”当然，这种多面写字的“方”并不普遍，只是在某些特殊场合才使用。

古时的竹简在书写前还必须“杀青”。所谓杀青，从前有两种解释。

一种解释是明代姚福在《青溪暇笔》中说：“古者著书以竹，初稿书于汗青，汗青者，竹皮浮滑如汗，以其易于改抹，既正则杀青于竹素，杀（音赛）削也，言去青皮而书竹白，不可改易也。”这里讲的“杀青”就是去掉竹皮外面的青皮，后来谓定稿为杀青即来源于此。但目前出土的竹简，多将字写在竹的内面，而不须削去青皮，可见《青溪暇笔》的解释并不一定正确。

另一种解释是《后汉书·吴祐传》所说：“祐父恢欲杀青简以写经书。”注曰：“以火炙简令汗，取其青易书，不蠹，谓之杀青，亦谓汗简。”这种意见认为，杀青就是将竹片内的水分烤干，因为新竹有水分，易朽、易生虫，不易保存，所以制竹简时必须用火烤干竹内之水气，使竹由青而黄，所以谓之杀青。看来这种解释较为合理。

（二）简牍的名称

简、牍只是一般的名称，实际上在古代的日常生活中，由于用处不同简牍的具体名称各异。常见的有以下几种。

1. 检

检是文书信件表面上的一片简、牍。《说文解字》云：“书署也。”徐铉注曰：“书函之盖三刻其上绳缄之，然后填以泥，题书其上而印之也。”在检上面写下收件人的地址、姓名，同时还有防止旁人看到文书信件内容的意思。刘熙《释名》认为“检”的作用主要在此，所以检具有禁止的意义。总之，检的作用类似今日的信封。

从现今发现的实物可知，检就是覆盖在本文上的一片简、牍，用绳拴住这片检，再写上收信人姓名、地址。这片简、牍要比一般的宽一些。

秦汉时的文书是通过传、驿、邮、亭一站一站传递的。邮、亭之间的距离和要走的时间都有规定，而每次递送的情况均需在简（检）上记录下来。下面举一检说明。

该检共有上、中、下三段文字，上段：

北书三封合檄板檄各一

“北书”即向北传送，“合檄”是机密文件，“板檄”即公开的文件，相当于后来的露布。这是记载所传递的文书去向、数量和种类。

中段文字写的是发信者和收信者的地址：

其三封板檄张掖太守诣府
合檄牛骏印诣张掖太守牛掾在所

简牍中检上所写的“诣”何处，即送往何处，“合檄牛骏印”是说在合檄上盖有“牛骏”的封泥。

最下面一段是递送情况的记录：

九月庚午下铺十分，临木卒副受卅井卒弘，鸡鸣时当□卒昌付收降卒福，界中九十五里，定行八时三分□行一时二分

“九月庚午”是日期，“下铺”“鸡鸣”是时称，“分”是每个时辰以下的时

间划分单位。西汉以前每日分为十八个时辰：①夜半，②夜大半，③鸡鸣，④辰时，⑤平旦，⑥日出，⑦蚤时，⑧食时，⑨东中，⑩日中，⑪西中，⑫铺时，⑬下铺，⑭日入，⑮昏时，⑯夜时，⑰人定，⑱夜少半。

到东汉时民间将十八个时辰简化为十二个时辰，与十二地支相配合。这十二个时辰为：①子夜半，②丑鸡鸣，③寅平旦，④卯日出，⑤辰食时，⑥巳禺中，⑦午日中，⑧未日昳，⑨申铺时，⑩酉日入，⑪戌昏时，⑫亥人定。

“临木”“州井”“收降”是邮书传递的站名，这些邮站多是亭燧，因此也是亭燧名。了解了上述一些称谓，这段文字就不难理解了，即：某一亭燧的某卒，在何时收到该公文，何时送给某亭燧某人，用多长时间，规定需多长时间等等。这是本公文的传递记录。

有的检上还指定递送方法，如“行者走”即指定送文书者走路，“吏马驰行”即指定骑马以迅速传递，“以邮行”“以亭行”即指定通过邮、亭传递，等等。

检这一类简牍对研究历史具有重要作用，通过它不仅能了解当时邮传制度的情况，而且可以考证出古代地名和位置，对研究秦汉边防烽燧制度具有重要作用。

2. 楬

楬，相当于今日称之为标签之类的东西。《周礼·秋官·职金》云：“辨其物之微恶与其数量楬而玺之。”郑玄注云：“既楬书楠其数量，又以印封之……有所表识谓之楬橥。”楬用来书写某种物品的数量、名称、放置于该物品之上，类似于今日铁路运输中所用的货签。大部分楬用于随葬品上，将它缚在随葬物上，标明该物名称。如马王堆1号墓就出土了许多楬。

有的楬是由两块合在一起的简组成，其头部画以网状纹，楬文内容有的记燧名和账簿封面等。总之，楬是作为标志的一种简牍。

3. 符

通过关口需要用“符”。《说文解字》说符比一般简短，是凭证的意思：“符，信也，汉制以竹，长六寸分而相合。”其制作方法是将一符分为二，分别保存，以为凭信。两方对在一起曰“符合”，考其最初之符，大概用竹制成，因为竹有节，易判真伪。汉代有竹符，也有木制的符，发兵时则有铜虎符。

木制的符也称为“券”。《说文解字》解释券乃“契也”，“以木牍为要约之书，以刀剖之”，即在一块木牍上刻下标记，并分剖为二，使两方标记起竹节作用，双方相合则为符合。其实这种木券和竹符并无明确的区别，常常笼统称之为“券符”或“符券”。

由于木券上契刻有标记才起到凭信作用，因此符券又可称为“契”。“券”“契”“符”三者作用是相同的。

4．柿

柿（音费），是一种从木牍上削去的木片，也称为“削衣”。《颜氏家训》云：“柿，古者书误则削之。”如果在简牍上写错了字，可用小刀削去，其削去之片，谓之柿。普通皆称为“札屑”。因此，刀和笔是书写中不可少的文具，汉代下级官吏称为“刀笔吏”的原因即在于此。

以上所述简牍的形式与名称只是大略情况，实际上不同用途还有各种不同的名称，不必过分拘泥。

二、简牍发现的历史

（一）19世纪末以前简牍发现的概况

古代简牍埋藏于地下，被后人发现才得以流传下来。在中国古代，不断有简牍被发现的记载，但并非有计划的发掘，而是偶然的发现，实物目前皆已不存在，人们只能从记载中得知其大略。

据《汉书·艺文志》《尚书正义序》及杜预《春秋经传集解后序》记载，汉武帝末年，鲁共王坏孔子宅、欲广其宫，在孔宅壁中发现用古文写的战国竹简。这批竹简是历史上最早发现的简牍。后经孔子的后人、汉代著名学者孔安国的辨别、整理，得知这批竹简中有《尚书》《礼记》《论语》《孝经》等数十种古代书籍。孔安国就是最早研究简牍的一位学者。

晋武帝司马炎太康二年（281）汲郡（河南汲县）有一名叫不准的人盗掘战国时代魏襄王（或说安釐王）墓，从中掘得带字的竹简数十车。由于盗墓者在盗宝时烧竹简照明，使许多简策断残。经过整理，从中得到古书七十五篇。这批竹简出自汲冢，后来被称为《汲冢书》。《汲冢书》在隋唐间尚有流传，但后来就逐渐散失，传至现在的只有《穆天子传》一书。目前还有一本《竹书纪年》，但王国维断定它不是《汲冢书》中的原本，乃元明时期的汇集，这个本子被称为《今本竹书纪年》。清代朱右曾辑佚《汲冢纪年存真》，王国维在此基础上，重新编辑了《古本竹书纪年辑校》，这就是常说的《古本竹书纪年》，它比《今本竹书纪年》具有更高的史料价值。新中国成立后范祥雍先生编有《古本竹书纪年辑校订补》。最近有方诗铭、王修龄合编的《古本竹书纪年辑证》出版。

晋元康年间，有人在嵩高山下（河南省北部）得到一枚竹简，是“蝌蚪书”。经尚书郎束皙识别，认为是汉明帝显节陵中的策文。这是最早发现的汉简。

北周开始发现居延汉简。据唐人李德裕著的《玄经录》载，北周静帝宇文衍时，居延部落的勃都骨氏在一间古屋的遗址中，发掘出带字的竹简，字已磨灭不可识。这是居延简出土的最早记录。

北宋崇宁年间在天都（今甘肃固原西北）发现有东汉章帝“章和”年号的汉简。北宋政和年间在陕西发现东汉安帝永初二年（108）的讨羌檄文。这些都具有重要的研究价值。

（二）19世纪末20世纪初以后简牍发现的概况

1. 秦简

1975年底至1976年初，湖北省云梦县睡虎地发现并发掘了12座战国末年至秦代的墓葬。其中的11号墓出土了一批秦代竹简，经整理拼复，共有1155支，另有88残片。这是新中国成立后第一次发现秦简。这些竹简藏在墓主人的棺内。墓主人名喜，生于秦昭王四十五年（前262），秦始皇时做过安陆御史、安陆令史、鄢令史和鄢的狱吏等官职。

这批秦简包括《编年记》、《语书》、《秦律十八种》、《效律》、《秦律杂抄》、《法律答问》、《封诊式》、《为吏之道》、《日书》（甲种）、《日书》（乙种）等十部分。其中《语书》、《效律》、《封诊式》、《日书》（乙种）四题见于秦简，其他诸题为整理者根据内容所拟。（《语书》《封诊式》两书书题都写在末一支简简背。简背出土时覆有一层物质，经过长期浸泡除去后才得以发现。这两书过去曾由整理小组拟题为《南郡守腾文书》和《治狱程式》发表，现依原题改正。）

《编年记》是按年代编写的大事记，起于秦昭王元年（前306），终于秦始皇三十年（前217）。秦庄王三年（前247）以前，着重记载秦对六国的战事。秦始皇元年（前246）以后，主要记载喜和他的家族的情况，有些像后世的年谱。虽然全书字数不多，但可订补《史记》的地方不少。如《编年记》说：“今元年，喜傅。”“今元年”指秦始皇元年。《汉书·高帝纪》颜师古注：“傅，著也。言著名籍，给公家徭役也。”秦始皇元年，根据国家规定，喜已成年，登记在簿，开始向国家服事徭役。喜生于秦昭王四十五年（前262），喜傅籍时为十七岁。从这里可以了解秦代傅籍的年龄规定。在秦简出现以前，人们根据汉代的规定，把傅籍年龄确定在二十岁或二十三岁，《编年记》以确凿的证据推翻了传统的看法。将《编年记》的史事与《史记》等书校对可以发现，二者很多记载是一致的。例如：简文记秦昭王“四年，攻封陵”，《史记·六国年表》同年载“秦拔我（魏）蒲坂、晋阳、封陵”；简文记载昭王“五年，归蒲反（坂）”，《史记·六国年表》同年载“与秦会临晋，复归我（魏）蒲坂”。二者记述的历史事件与时间都相符合。于此可见秦简史料价值之高。

《语书》是南郡的郡守腾在秦王政（始皇）二十年（前227）四月初二日颁发给本郡各县、道的一篇文告。文告的内容反映了当时政治、军事斗争的情况。

《为吏之道》内容多为官吏常用的词语，推测是供学习做吏的人使用的识字课本。四字一句，和秦代的字书《仓颉篇》《爰历篇》《博学篇》相似。书中很多文句是封建统治阶级的处世哲学，像“中不方，名不章；外不圆，祸之门”等。末尾还附抄了两条魏国法律，是非常珍贵的史料。

《日书》两种是卜筮书，剔除其迷信内容，便是很有用的历法史料。例如《日书》乙种有这样一条：

> 鸡鸣丑，平旦寅，日出卯，食时辰，莫（暮）食巳，日中午，綦未，下市申，舂日酉，牛羊入戌，黄昏亥，人定子。

这不仅是迄今为止关于十二时最早的记载，同时又是以子、丑等十二辰表示十二时的最早记载。

秦简其他五部分都是有关法律的文书。《秦律十八种》每一种大约都不是该律的全文。抄写人只是按其需要摘录了十八种秦律的一部分。《秦律十八种》内容相当广泛。其中《田律》《厩苑律》是关于农田水利、山林保护、牛马饲养方面的法律。《仓律》《金布律》对国家粮食的贮存保管和发放、货币流通、市场交易等作了规定。《徭律》《司空律》是关于徭役征发、工程兴建、刑徒监管的法律。余下的《置吏律》《军爵律》《效》《内史杂律》等是关于官吏任免、军爵赏赐以及官吏职务方面的法律。总之，从农业到手工业、从徭赋到交换、从经济到政治等，多方面的制度在《秦律十八种》中均有反映。

《效律》详细规定了核验县和都官物资账目的一系列制度。对在军事上有重要意义的物品如兵器、铠甲和皮革等规定尤为详尽，对度量衡器规定特别严格。《秦律十八种》中的《效》，只是摘录了《效律》的中间部分。

《秦律杂抄》内容比较庞杂，有的有律名，有的没有律名。它大约是根据应用需要从秦律中摘录的一部分律文，有一些条可能在摘录时有删节，有盗衣物、逃亡、逃避徭役以及杀伤等方面的内容。值得注意的是，在所收案例中还有两例是关于惩罚奴隶的。在案例中还有提到奴隶买卖的情况，以及“群盗”条所反映的农民的武装反抗。这对于进一步研究封建社会早期的阶级关系和阶级斗争都有重要价值。

这五种法律文书是秦简的主要部分。它作为秦代的史料，不但内容丰富，而且有一定的系统性，它在秦史研究中的重要性是不言而喻的。

1978 年文物出版社出版了《睡虎地秦墓竹简》一书（平装），有释文、注释、今译，书后附有索引，便于阅读和使用（但没有收入《日书》两种），另有线装图版本。1981 年文物出版社缩印了 11 号墓出土的全部竹简并将其出版。

研究秦简的论文散见于各报刊。河南人民出版社出版的高敏的《云梦秦简初探（增订本）》和中华书局出版的《云梦秦简研究》，则是两本有代表性的论文集。

2. 汉简

从19世纪末20世纪初以来，我国西北甘肃、新疆地区，相当于汉代河西四郡和西域一带，不断出土汉代简牍。从出土地点看，分以下几个地区。

（1）敦煌汉简（或称疏勒河流域出土汉简）

20世纪初，英国考古学家斯坦因（Mark Aurel Stein）前往中亚地区进行三次考察。其中第二、三次在甘肃西部疏勒河流域调查并发掘了汉代长城遗址，先后获得汉简一千余件。其报告《塞林提亚：中亚和中国西域考古记》详述了1906—1908年第二次中亚考察及发现汉简的情况；《亚洲腹地：中亚，甘肃和伊朗东部考古记》介绍了1913—1915年第三次中亚考察及出土汉简的情况。这两次考察所获汉简委托法国汉学家沙畹（Édouard Charannes）进行研究。

1913年，沙畹发表斯坦因第二次中亚考察所获汉文文书的考释和研究，题为《斯坦因东土耳其斯坦沙漠发现的汉文文书》。这本著作的出版引起了国内外学术界的注目。当时正亡命于日本的中国学者罗振玉、王国维对该书所附有的原简照片的部分简牍作了释文和考证，于1914年在日本出版了《流沙坠简》一书。这是运用清代考据学的方法研究汉简的成果。罗、王二位学者在中国古籍及考据方法上造诣极深，所以《流沙坠简》具有很大价值。不过，因为《流沙坠简》所根据的材料只是沙畹教授公布的533支简牍的照片，资料有一定的局限性，所以后人不断地对此书进行补充和纠正。[①]

1917年，沙畹去世，斯坦因第三次中亚考察所获汉文文书的研究，改由沙畹的高足马伯乐（Henri Maspero，或译“马伯禄”）继续进行。这次研究从1920年开始，至1936年才完成，共用了十五年的时间。但这批材料迟至1953年才正式由大英博物馆公开发表，题为《斯坦因第三次中亚考察所获汉文文书》。在此之前，中国学者张凤旅法留学时，从马伯乐处得到第三次中亚考察出土简牍的照片和出土地点编号。1931年，他将上述材料同沙畹书后所附第二次考察出土简牍的图版在国内刊布，并对文字作了考释，成书《汉晋西陲木简汇编》，其中收录了不少后来马伯乐书中没有的原简照片。

1944年春，当时的中央博物院、中央研究院、北京大学文科研究所共同组织了西北科学考察团，沿着斯坦因走过的玉门关、阳关以及汉代防线遗址再调查，参加学者有向达、夏鼐、阎文儒等，在敦煌小方盘城以东部分汉代边塞遗址发掘了48枚汉简。夏鼐于1948年发表了《新获之敦煌汉简》一文（载《语言历史研究所集刊》第十九本），公布了释文、考证和照片。（该文后被收入夏鼐《考古学论文集》）阎文儒撰写了《河西考古杂记》（《文物参考资料》1953年第12期），介绍了遗址考古及出土汉简情况。

① 参见陈直：《敦煌汉简评议》及《居延汉简解校》。

以上三批汉简，人们习惯上称之为“敦煌汉简”。人们又常称斯坦因在酒泉发现的汉简为“酒泉汉简”。

上述报告和文字考释，虽然包括了研究这三批汉简的全部资料，但是由于多人经手，辗转抄录，汉简的编号与出土地点编号屡有错乱。而且沙畹和马伯乐两书既不像《流沙坠简》那样分类排列，也没有完全按出土地点编排，眉目不很清楚，给研究者带来许多不便。张凤发表的资料固然较全，但出土地点错乱较多，给研究工作带来不必要的混乱。

1984年，林梅村、李均明对上述三批汉简重新进行校订，在校订的过程中，参考、吸收了前人的成果，把各家刊布的简文顺序号与原报告出土号逐一进行核对，制成对照表，并按汉简出土地点由西向东，每一地点依出土号由小到大排出新的顺序号，编成《疏勒河流域出土汉简》一书，由文物出版社出版。这是目前最好的版本，而且便于使用。

最近几年在敦煌又出土了几批汉简，计有：

1979年10月对位于敦煌西北95公里的马圈湾汉代烽燧遗址进行发掘，出土简牍1217枚。这是相当重要的收获。（只发表了简报）

1981年在敦煌酥油土汉代烽燧遗址出土汉简76枚。

1977年在酒泉玉门花海汉代烽燧遗址出土汉简91枚。

以上三批汉简材料见甘肃省文物工作队、甘肃省博物馆编的《汉简研究文集》（甘肃人民出版社1984年出版）。

吴礽骧、李永良、马建华释校的《敦煌汉简释文》（甘肃人民出版社1991年版）收集了所有敦煌简内容，分为：

一、新中国建立后出土的汉简
二、新中国建立前出土的汉简
三、沙畹：斯坦因第二次中亚考察所获汉简
四、马伯禄：斯坦因第三次中亚考察所获汉简
五、夏鼐：1944年前西北科学考察团所获汉简

（2）居延汉简

1930—1931年中国和瑞典合组西北科学考察团，在今内蒙古额济纳旗掘得汉简11000余支，这是新中国成立前出土最多的一次。在额济纳河下游，有一名叫黑城的废墟，是西夏时代（公元11—13世纪）的都市，马可波罗游记曾记述这个被称为“额济纳”的地方。在此废墟的东南方有汉代遗址，推测此地就是汉代张掖郡的居延县城，所以将沿额济纳河广大地区出土的简牍统称为“居延汉简”。

当时在考察团中的瑞典考古学家贝格曼（Folke Bergman）在 1930 年 4 月 20 日发现了第一枚简，不久又发现大批简牍。在居延地区共发掘 60 区，其中有 21 区出土文物甚多，计 586 包（一云 342 包）。

这部分居延汉简于 1931 年 5 月末运至北京，由北京大学的马衡、刘复等参加释读，向达、贺昌群、余逊、劳榦诸学者均参加整理工作。1937 年抗日战争全面爆发后，整理工作一度中断。是年秋，在上海的简牍照片原版被毁于战火，劳榦先生将留下的照片副本带到四川南溪继续单独研究。1943 年在四川出版了石印本的《居延汉简考释》释文之部（共四册），1945 年又出版了《居延汉简考释》考证之部（共二册）。受制于当时的印刷条件，这些书只印了不到百部。1949 年 11 月，商务印书馆出版了用活版印刷的《居延汉简考释》释文之部（二册），此种版本在国内较为易见。

1957 年劳榦在台湾出版《居延汉简》图版之部，对图版的考释，则于 1960 年才出版。

中国科学院考古研究所根据留在大陆的简牍照片，编成《居延汉简甲编》，其中包括 2555 支简牍的照片、释文和索引，于 1959 年出版。1980 年，中国社会科学院考古研究所编成《居延汉简甲乙编》出版，这是目前最完整的一部资料书。谢桂华等以《居延汉简甲乙编》释文为底本，吸收了各方面的研究成果，编成《居延汉简释文合校》上下册（文物出版社 1987 年版）。

关于居延汉简发掘的报告书，贝格曼死后，其发掘成果由索马斯特勒姆（B. Sommarström）继续研究。1956 年和 1958 年，索马斯特勒姆在瑞典出版了《内蒙古额济纳河流域考古报告》（*Archaeological Reserches in the Edsen – gol Region Inner Mongolia*）上下两册。

居延汉简的原物在抗日战争前夕由北京运出，先在香港辗转逃避战火，后曾在美国国会图书馆保存，现存台北的南港“中央”研究院历史语言研究所。1977 年，台湾再版居延汉简，劳榦在美国写了序言。

1973—1974 年，甘肃省博物馆在额济纳河以南原来曾出土过汉简的遗址一带又继续调查，发现了 19000 多枚简牍。这是新中国成立后我国最大的一批出土简牍。

新居延汉简出土地点主要是以下三个遗址。

其一，破城子。这里在 1930—1931 年西北科学考察团调查时被贝格曼定为 A8 地点。根据出土遗物研究的结果，证明此地为汉代张掖郡居延都尉所属之甲渠候官所在地。这次在这里出土了 6865 支木简。贝格曼曾在这里发现 5200 支以上木简。那么，这里共发现了 12000 支以上木简。

其二，破城子南 3 公里的烽燧（小烽火台），贝格曼曾将其定为 P1 地点，当时曾在这里发现木简一枚。这次调查确认为甲渠候第四燧。

其三，金塔县天仓北25公里的额济纳河东岸的城堡遗址，贝格曼将其确定为A32地点。现在调查得知，这里是张掖郡肩水都尉府所属的肩水金关关城。这次出土11577支简牍。1930年曾在此出土850支以上简牍。两者相加，这里共出土12427支简牍。这次还发现“棨信”，棨信是21×16厘米的红色织物，上写“张掖都尉棨信”，据李学勤先生鉴定，其文字为鸟虫书。

居延新出的简牍总计19637枚，在数量上是空前的，其年代上起元鼎元年（前128），下迄建武八年（23），以昭、宣、元、成、新莽、光武时期较多，内容相当丰富。

经过初步整理，在这批简牍中有以下重要资料：

《甘露二年丞相御史律令》
《建武六年甲渠部吏毋作使属国秦胡卢水士民》共3枚
《大司农罪人入钱赎品》
《盐铁令品》
《建武初期残册》20枚
成帝时期的《诏书辑录》残册
成帝永始三年《诏书》16枚
王莽的《诏书辑录》残册
建武初期《居延都尉吏奉谷秩别令》
甲渠候官《言府书》5种
建武初年《军情简》
《塞上烽火品约》17枚
建武五年《居延令移甲渠迁补牒》
《候史广德坐罪行罚》檄1枚
河平三年《斥免收军行塞所举燧长》简
《验问候史无追逐器》简
天凤三年甲渠《米糒少薄》
建武五年《候长王褒劾状》
建武三年《侯粟君所责寇恩事册》共36枚

除上述文书外，还有书册简，如：

《相利善剑刀》，共有6枚简，其内容为鉴别刀剑优劣之书
《算术书》
《九九术》
《仓颉篇》
《急就篇》
《论语》

等等

此外还有《干支表》《历书》和《纪年简》等。

新出土的居延汉简较新中国成立前出土的具有更高的科学价值，因为它的数量多、内容丰富，而且出土场所、层位关系的记载都十分清楚。因此，复原、整理都很容易，有的简牍出土时还系着绳子，有纪年的简牍共1222支。复原的70种册书对研究古代简册制度具有很重要的意义。

新简的发掘简报见《文物》1978年第1期。近几年不断有研究成果在各刊物上发表。

《居延新简》（文物出版社1990年版）收录了这批汉简。

（3）楼兰、尼雅出土文书

英国考察队的斯坦因于1901在尼雅遗址的发掘和同年3月瑞典考察队的斯文赫定（Sven Hedin）在楼兰遗址的发掘，使一个深埋于流沙之下一千六百余年的古代王国——鄯善的面目呈现出来。

此后，1905年至1928年之间，上述两人又不断来到楼兰、尼雅两地。美国的亨廷顿（Huntington）、日本的橘瑞超、瑞典的贝格曼也纷纷前来考察、探宝。经过他们的考察，尤其是斯坦因较为系统的调查发掘，揭示了鄯善王国境内一系列城池、官署、烽燧、寺院、住宅、作坊、种植园和墓地。出土了大量文物，并发现了大批汉文、佉卢文（Kharosthi）、粟特文（Sogdian）、婆罗迷文（Brūhmī）的木简和残纸。这座荟萃东西方文化艺术的沙漠宝库的发现，在当时国际东方学、考古学和语言学界引起了极大轰动。它足以和意大利因火山爆发而淹没的古罗马遗址——庞贝城相媲美，因而被誉为“中亚庞贝”。

在楼兰、尼雅遗址中发现的汉文文书，计有：斯文赫定第二次中亚考察在楼兰发现的277件，斯坦因三次中亚考察在尼雅发现的58件、在楼兰发现的349件，以及大谷考察队第二次中亚考察在楼兰发现的44件，共728件。

这些文书的发掘情况和文字考释，先后经由六个国家的学者，历时半个多世纪，才得以全部著录发表。

斯文赫定将在楼兰获得的汉文文书委托德国学者希姆莱（Karl Himly）进行研究，后因希姆莱谢世，研究工作由另一位德国学者孔好古（August Conrady）完成。后者于1920年发表《斯文赫定在楼兰发现的汉文写本及零星物品》一书，将这批文书公之于世。

斯坦因三次考察所获汉文文书则委托法国学者沙畹研究。沙畹根据对第一次中亚考察在尼雅等地所获文书进行的考释，写成《丹丹乌里克、尼雅、安迪尔发现的汉文文书》一文，附在斯坦因的考察报告《古代和阗》一书中，于1907年出版。1913年沙畹发表第二次中亚考察所获汉文文书的考释《斯坦因在土耳其斯坦沙漠发现的汉文文书》，此书包括斯坦因重访尼雅发掘楼兰获得的文书。

1917 年沙畹去世，第三次中亚考察所获汉文文书的研究改由他的学生马伯乐继续进行。马伯乐的成果迟至 1953 年才得以发表，题为《斯坦因第三次中亚考察所获汉文文书》，其中有斯坦因重访楼兰发现的文书。

1912 年，大谷考察队的橘瑞超发表《中亚探险》，介绍他发现"李柏文书"的情况。1915 年，大谷光瑞发表《西域考古图谱》，刊布了大谷考察队发掘楼兰所获汉文文书的图版及部分释文。但是，在他们的著作中，"李柏文书"的发现地点是不确切的。1959 年日本学者森鹿三在《龙谷史檀》杂志上撰文《李柏文书的出土地点》加以澄清。

关于这批文书，外国学者虽然做过一些考释和研究，但作出最重大贡献的应推我国学者罗振玉和王国维。他们于 1914 年合著的《流沙坠简》是一部划时代的著作。但他们未能见到孔好古和马伯乐整理的那部分文书（约占全部材料的二分之一），因此，我们不能从《流沙坠简》中获知上述文书的全貌。

我国另一位学者张凤于 1931 年编著了《汉晋西垂木简汇编》，刊布了沙畹和马伯乐整理的文书，还发表了一些后来马伯乐书中没有的原简照片。他也为这部分文书的著录和介绍作出了贡献。

林梅村将上述各书的汉文文书集中进行整理，编成《楼兰尼雅出土文书》（文物出版社 1985 年版）一书。该书所录文书，均出土于东汉至十六国时期鄯善国境内的楼兰地区和尼雅河流域。绝大部分为魏晋时期的遗物。

1930 年与 1934 年，西北科学考察团团员、中国考古学家黄文弼在新疆罗布淖尔北岸掘获 71 简（《罗布淖尔考古记》）。据陈宗器所说，出土地点应为默得沙尔，但据简文似为居卢訾仓所在，属于西域都护。陈梦家认为，称之为"西域汉简"，较胜于"楼兰汉简"。

以上三类汉简，都出自边塞，或在官署出土，或在烽燧出土，皆为屯戍遗物。大多数属于官方各种文书簿籍，也有一些吏卒私人的遗物。对探索汉代西北边塞的农业生产、屯田制、水利状况、行政机构、军事组织、防御体系、烽燧制度，以及地理、交通、民族情况等是十分珍贵的第一手材料。西北边塞的政治、经济、军事、法律、文化虽然有其某些独特的内容，但与内地颇多相同之处。因此，边塞汉简也是研究整个汉代历史的重要史料。

1980 年中华书局出版了陈梦家《汉简缀述》一书，该书是利用汉简研究汉代西北边塞历史状况的专著。王国维、劳榦在研究汉简上都取得较大成绩，但他们的贡献都偏重于以汉简证史这一方面；《汉简缀述》填补了王、劳两氏的不足之处，他着重研究了汉简本身的问题。陈梦家先生是专治甲骨、金文的，他将考释甲骨、金文的方法运用到研究汉简上，如同以文献史料证甲骨、金文一样，主要是以文献史料证汉简，而不是汉简证文献史料。这是该书的特点，也是优点。

该书的文章可分为五类。

第一，论述汉代边塞制度的，如《汉简考述》《汉简所见居延边塞与防御组织》《汉代烽燧制度》等。

第二，论述汉代郡太守、郡都尉制度的，如《汉简所见太守、都尉二府属吏》《西汉都尉考》等。

第三，论述汉代西北历史地理的，如《河西四郡的建置年代》《玉门关与玉门县》《汉居延考》等。

第四，论述汉代年历问题的，如《汉简年历表叙》。

第五，论述汉代简册制度的，如《由实物所见汉代简册制度》。

这五类中，贡献最大的是第一类和第四类，全书创见不少。

1984 年甘肃人民出版社出版了《汉简研究文集》。从 1959 年到 1981 年，甘肃武威、甘谷、居延、酒泉玉门、敦煌等地先后发现了六批汉简，总计 21080 枚。该书辑录了居延、敦煌马圈湾两地汉代烽燧遗址的发掘简报，发表了《额济纳河下游汉代烽燧遗址调查报告》，首次发表和考释了《武威汉简》、《甘谷汉简》、《酒泉汉简》、敦煌《酥油土汉简》等 226 枚，发表的专题论文有初师宾的《汉代边塞守御器备考略》《居延烽火考述》，吴礽禳的《汉代蓬火制度探索》，徐乐尧的《居延汉简所见的边亭》、薛英群的《汉代官文书考略》，任步云的《甲渠候官汉简年号朔闰表》、黎泉的《汉简书体浅析》、何双全的《敦煌汉简释文补正》等。据编者后记所说，该书所载只是近年来甘肃汉简研究新成果的一部分，但已很可观。它代表了甘肃汉简的发掘、整理和研究的新水平。

（4）墓葬出土的汉简

20 世纪下半世纪以来，汉代墓葬中也多次发现汉简，与汉史研究关系密切的有以下几种。

1）长沙汉简

1972 年长沙马王堆西汉 1 号墓，也就是轪侯利苍夫人墓，出土竹简 412 枚，木牍 49 枚。竹简就是陪葬品的清单，即文献中的“遣策”；木牍则是装陪葬品竹箱上的楬，简影见《长沙马王堆一号汉墓》。1973 年马王堆西汉 3 号墓，即轪侯利苍儿子的墓葬，出土的 403 枚竹简是遣策，有 190 枚竹简和 10 支木简是医书。（见发掘简报）

2）武威汉简

1959 年，甘肃武威磨咀子 18 号东汉墓出土木简 10 枚，其内容是墓主人因年高，被皇帝赐予杖的文书，史学界称为“王杖十简”（《甘肃武威磨咀子汉墓发掘》，载《考古》1960 年第 9 期）。1981 年，武威县新华公社缠山大队社员袁德礼又交出一份近来在磨咀子汉墓出土的“王杖诏书令”木简 26 枚。这是继“王杖十简”以后又一次王杖简册的发现。这对研究汉代尊老、养老制度提供了十分重要的实物资料（《武威新出土杖诏令册》，载《汉简研究文集》）。

1959 年，甘肃武威磨咀子 6 号东汉墓出土竹、木简共 504 支。其内容是儒家经典《仪礼》的原文，已整理成《武威汉简》一书出版。

1972 年，武威旱滩坡东汉墓葬出土木简 92 枚，其内容与医药有关，1975 年撰成《武威汉代医简》公布。

3）山东临沂汉简

1972 年，在山东临沂县银雀山 2 号西汉墓出土竹简 32 支。其内容是元光元年（前 134）的历谱。

4）江陵汉简

1973 年至 1975 年，湖北江陵凤凰山发掘了 8、9、10、167、168 号西汉墓，其中出土汉简情况是：8 号墓出竹简 175 支；9 号墓出竹简 80 支，木简 3 支；10 号墓出竹简 170 支，木简 6 支；167 号墓出竹简 74 支；168 号墓出竹简 67 支，还出土保存完好的、名为“婴遂”的男尸。8、9、167 号墓的简牍内容是遣策；10 号墓的简牍，则记载了西汉初期赋税、徭役、借贷、商业等方面的情况，是西汉时期重要的经济史料。

5）青海大通县上孙家寨汉简

1978 年，上孙家寨的一座西汉晚期墓葬发现约 400 支汉简，这是青海地区首次发现汉简。其内容可分为五类：第一类是关于军事方面的律令文书；第二、第三类关于军队编制、阵法和标志；第四类是和《孙子》有关的兵书；第五类是其他。这批汉简对研究我国军事史、西汉的军事制度，以及当时中央政权在今青海地区屯戍情况，均有重要价值。

关于简牍学，1984 年陕西人民出版社出版了林剑鸣编译的《简牍概述》一书。该书是按日本学者大庭修的《木简》一书的编排方法编写的，是一本关于简牍学的入门书，可以参考。

（参考高敏《简牍研究入门》，广西人民出版社 1989 年版）

（三）其他考古资料

除简牍外，其他考古资料有金石、瓦当、封泥、印玺等。

1. 关于石刻

我国现存最早研究石刻文字的专书是北宋欧阳修的《集古录》，十卷，收采遗佚，撮其大要，各有跋尾，共四百余篇，所以又称《集古录跋尾》。继之而作的是赵明诚《金石录》，三十卷，前十卷是目录，共收二千目，后二十卷为考辨，共跋尾五百零二篇。这两本书奠定了石刻跋尾体裁。今上海书画出版社出版《中国书学丛书》，其中《金石录校证》（1985 年版）是目前《金石录》最好的本子。

南宋洪适《隶释》《隶续》。《隶释》，二十卷，前十九卷荟萃汉魏碑碣 189

种，每篇依据隶字笔画以楷书写定，继而进行考释，其中包括对史实的介绍、碑碣石刻的说明、汉隶文字的考证等等。二十卷之后附录《水经注》中的汉魏碑目、欧阳修《集古录》、欧阳棐《集古录目》、赵明诚《金石录》、无名氏《天下碑目》中汉魏部分作为参证。

《隶续》，二十一卷，是《隶释》的续编，辑录续得诸碑，依前例释之。原刻散佚，尔后又逐渐集佚成书。今本并非完帙，其体例亦不甚统一。

《隶释》《隶续》为最早集录汉魏石刻的文字专书，是今天研究汉字流变、石刻碑拓、汉魏历史的重要文献和珍贵资料。

该书在体例上有重大的突破，它既载原文，又有跋尾。以后各代研究石刻的著作基本是沿着这两种体例进行的。诚如《四库全书总目》所言："古今金石之书其备载全文者，在宋惟洪适之《隶释》《隶续》，在明惟陶宗仪之《古刻丛钞》，朱珪之《名迹录》，都穆之《金薤琳琅》，在国朝惟顾炎武之《求古录》，陈奕禧之《金石遗文录》，叶万之《续金石录》。其余不过题跋而已。"

1985年中华书局将两书合在一起影印出版，使用最方便。

清乾隆时王昶撰《金石萃编》，一百六十卷，以著录历代石刻为主，著录石刻达1500余种，按时代编次，摹录原文，并附欧、赵以来诸家考证及按语。其自序云："凡题跋见于金石诸书及文集所载，删其繁复。益以鄙见，各为按语。"陆增祥《金石续编》说："王氏《萃编》一书，实为宇宙之巨观，古今之杰构。故其自序云：欲论金石，取足于此，不烦他索焉。"按王氏此著搜集整理之功是不可没的，但编校出于众手，舛错时有。如果仅就其体例而言，实亦不外原文加上诸家跋尾，仍是洪氏《隶释》体例的扩大。

近人高文著《汉碑集释》（河南大学出版社1985版），此书收录汉代碑刻、摩崖及个别墓记，共59通，有碑的介绍，碑文及注释考证，方便初学。

马衡《汉石经集存》（考古学专刊乙种第3号），科学出版社1957年出版，一函二册，文59页，图版87页。

赵万里《汉魏南北朝墓志集释》（考古学专刊乙种第2号），科学出版社1956年出版，一函六册，文119页，图版612页。

施蛰存《水经注碑录》（天津古籍出版社1987年版），收录碑文278通，均有考证、说明，其中有不少汉碑。

2. 关于封泥

封泥，亦名泥封，是印章按于泥上作为门户和包裹封口的凭记。

魏晋之前，纸张未为社会广泛使用，文字多写于简牍上。在成捆包扎好的简牍外表，"缄之以绳，封之以泥，抑之以印"，经过这些手续的往来文书可以防止私拆，起到保密的作用。这种方法与后世用火漆密封文件，随后盖上印章极为相似。秦汉时期印章的功能之一就是以印封泥，"以检奸萌"。印文多为阴文，阴文钤于泥呈阳文，宜于辨识。隋唐以后纸张盛行，以印色钤印替代了封泥的方法，封泥遂丧失它的社会功能而被淘汰。因此，今天见到的出土或传世的封泥，多数是汉代以前及汉代的古物。

封泥的名称，最早的记载见于《续汉书·百官志》。由于封泥脱离社会实用的时日久远，以至后人竟相见而不相识，不知其名，莫明其用。清代道光初年，沉埋于地下的封泥实物日渐出现，吴荣光、赴之谦等学者印人均误称它为“印范”，即把印章按在紫泥上的印痕，反误以为是铸造印章的母范，完全本末倒置了。至光绪戊戌年（1898），刘鹗方始纠其缪讹，正名为封泥。嗣后，王国维著《简牍检署考》一书，其以宏才卓识，仅据有限的资料证简牍之制、论检署之法，才将封泥之谜基本解开。

封泥具有很高的学术价值和艺术价值。王国维说：“封泥之物、与古玺相表里，而官印之种类，较古玺印为尤夥，其足以考正古代官制、地理者，为用至大。”确实，许多学者据封泥的出土地域及其印文对比史料详加考订，在学术上取得了不小的成果。

集辑封泥是近百年的事。1898 年秋，以吴式芬、陈介祺旧藏辑成《封泥考略》十卷，此为封泥印谱之滥觞。嗣后有：

陈宝琛：《澂秋馆封泥考存》

罗振玉：《齐鲁封泥集存》

周明泰：《续封泥考略》《再续封泥考略》

马衡：《封泥存真》

王献唐：《临淄封泥文字》

吴幼潜：《封泥汇偏》（成书于 1931 年，基本上依据正、续、再续《封泥考略》三编，去其印文重复者，印面过于损坏者，删去原书的考释文字，共得周、秦两汉封泥 1115 枚，为古来封泥汇录之冠，既多且精。1984 年上海古籍出版社重版精印）

陈直：《汉封泥考略》

3. 关于陶文、瓦当

袁仲一：《秦代陶文》，三秦出版社 1987 年版。

陕西省考古研究所编：《秦汉瓦当新编》，三秦出版社 1987 年版。

罗振玉：《秦汉瓦当文字》。

陈直：《秦汉瓦当概述》。《关中秦汉陶录提要》。[以上两书收入《摹庐丛著七种》（齐鲁书社 1981 年版）中]

4. 关于金文、印章、铜镜、货币

容庚：《秦金文录》《汉金文录》。

刘体智：《小校经阁金文》。

阮元：《积古斋钟鼎彝器款识》。

罗振玉：《古镜图录》。

罗福颐：《汉印文字征》。

汪启淑：《汉铜印丛》。

姚觐元：《汉印偶存》。

陈介祺：《十钟山房印举》。

商承祚等：《古陶轩秦汉印存》。

李佐贤：《古泉汇》。

李佐贤、鲍康：《续泉汇》。

容媛：《金石书录目》。

黄立猷：《金石书目》。（以上二书是翻检金石书目的工具书）

5．综合性参考书

中国科学院考古研究所编著：《新中国的考古收获》，文物出版社 1961 年版。

文物编辑委员会编：《文物考古工作三十年》，文物出版社 1979 年版。

中国社会科学院考古研究所编：《新中国的考古发现和研究》，文物出版社 1984 年版。（以上三本书的秦汉部分，综合了秦汉考古的主要材料，是我们研究秦汉史必须参考的资料。）

张传玺、胡志宏、陈柯云、刘华祝合编：《战国秦汉史论文索引（1900—1980）》，北京大学出版社 1983 年版。［这本索引从国内的 1240 多种中文报刊（包括台湾和香港的中文报刊）中收录文章一万余篇。这是到 1980 年为止的研究这一段历史的最全面的资料索引。1980 年以后的资料索引可参阅《中国历史学年鉴》（每年一本）。］

三、 秦汉各种简牍文书举例

（一）简牍中的法律文书

1．秦汉时代法制发展概况

中国古代最早的、比较完整的成文法当是战国早期魏文侯时期李悝作的《法经》。法经包括《盗》《贼》《囚》《捕》《杂》《具》六篇。此后，秦孝公时代，商鞅变法，改“法”为“律”，实行法家统治。关于秦统一前后的法律情况，以前文献无记载。1975 年 12 月，湖北云梦睡虎地第 11 号秦墓出土 1000 余支秦简，其中，除《编年纪》和《日书》两种以外均系法律文书，这是秦代法律文书空前的发现。汉王朝建立后，萧何在秦的六律以外，又加《兴》《户》《厩》三律，作九章律。今天见到的最完整的法典就是《唐律疏议》，而唐以前的法典全部佚失。清代沈家本的《历代刑法考》收有《汉律摭遗》二十二卷，收集汉律的材料进行考辨，而且多引汉人说法以解释汉律。经过沈家本的整理，汉律面目大致可观。稍后问世的程树德《九朝律考》中的《汉律考》也是对汉律研究的总结性的著作。

2. 云梦秦简中的法律文书

(1)《语书》

《语书》书题为原简上写的，这是南郡的郡守腾于秦王政二十年（前227）四月初二颁发给本郡各县、道的一篇文告。南郡地区原来属于楚国，秦昭王二十八年（前279）被秦所占，在所占领的楚北部地区设置南郡。《语书》这种法律形式是地方官根据秦朝统一的法令，针对本地区的具体情况颁发的文告，适用于本地区。至于秦代地方政府发布的公告是否皆称为“语书”？待考。

《语书》最初以《南郡守腾文书》为题发表，这是秦简整理小组根据简文内容拟定的。后发现原简背面有《语书》二字，才改定今题。

《语书》发现于墓主腹下部，在右手的下面，全文共有14支简，文字分为前后两段。这14支简简长和笔体一致，但后段的6支简简首绳痕比前8支简位置略低，似乎原来是分开编的。后段有“发书，移书曹”等语，文意与前段呼应，可能是前段的附件。

这是一篇珍贵史料，现将释文录下：

> 廿年四月丙戌朔丁亥，南郡守腾谓县、道啬夫：古者，民各有乡俗，其所利及好恶不同，或不便于民，害于邦。是以圣王作为法度，以矫端民心，去其邪避（僻），除其恶俗。法律未足，民多诈巧，故后有间令下者。凡法律令者，以教道（导）民，去其淫避（僻），除其恶俗，而使之之于为善殹（也）。今法律令已具矣，而吏民莫用，乡俗淫失（泆）之民不止，是即法（废）主之明法殹（也），而长邪避（僻）淫失（泆）之民，甚害于邦，不便于民。故腾为是而脩法律令、田令及为间私方而下之，令吏明布，令吏民皆明智（知）之，毋巨（歫）于罪。今法律令已布，闻吏民犯法为间私者不止，私好、乡俗之心不变，自从令、丞以下智（知）而弗举论，是即明避主之明法殹（也），而养匿邪避（僻）之民。如此，则为人臣亦不忠矣。若弗智（知），是即不胜任、不智殹（也）；智（知）而弗敢论，是即不廉殹（也）。此皆大罪殹（也），而令、丞弗明智（知），甚不便。今且令人案行之，举劾不从令者，致以律，论及令、丞。有（又）且课县官，独多犯令而令、丞弗得者，以令、丞闻。以次传；别书江陵布，以邮行。
>
> 凡良吏明法律令，事无不能殹（也）；有（又）廉絜（洁）敦悫而好佐

上；以一曹事不足独治殹（也），故有公心；有（又）能自端殹（也），而恶与人辨治，是以不争书。恶吏不明法律令，不智（知）事，不廉絜（洁），毋（无）以佐上，緰（偷）随（惰）疾事，易口舌，不羞辱，轻恶言而易病人，毋（无）公端之心，而有冒柢（抵）之治，是以善斥（诉）事，喜争书。争书，因恙（佯）瞋目扼捾（腕）以视（示）力，訏询疾言以视（示）治，誈讠丑言麃斫以视（示）险，阬阆强肮（伉）以视（示）强，而上犹智之殹（也）。故如此者不可不为罚。发书，移书曹，曹莫受，以告府，府令曹画之。其画最多者，当居曹奏令、丞，令、丞以为不直，志千里使有籍书之，以为恶吏。

语书

（2）《秦律十八种》

《秦律十八种》发现于墓主躯体右侧，共201支简。律文的每条末尾都记有律名或律名的简称。原简已经散乱。《秦律十八种》的每一种大约都不是该律的全文，抄写人只是按其需要摘录了十八种秦律的一部分。从这些摘录看，秦律的内容是相当广泛的。

《田律》《厩苑律》是关于农田水利、山林保护、牛马饲养方面的法律。

《仓律》《金布律》对国家粮草的贮存保管和发放、货币流通、市场交易等作了规定。

《工律》《工人程》《均工》是三种关于手工业管理的法律，对新工训练、劳动力折算及器物生产的标准化有详尽的规定。

《徭律》《司空律》是关于徭役征发、工程兴建、刑徒监管的法律。

《置吏律》《军爵律》《效》是关于官吏任免、军爵赏赐以及官吏职务方面的法律。

《关市》是关于关市职务的法律。

《传食律》是关于驿传供给饭食的法律。

《行书》是关于传送文书的法律。

《内史杂律》是关于掌治京师的内史职务的各种法律。

《尉杂》是关于廷尉职务的各种法律。

《属邦》是关于管理少数民族的职务的法律。

下列几段是较为典型者。

雨为湗，〈澍〉，及诱（秀）粟，辄以书言湗〈澍〉稼、诱（秀）粟及豤（垦）田暘毋（无）稼者顷数。稼已生后而雨，亦辄言雨少多，所利顷数。早〈旱〉及暴风雨、水潦、夆（螽）蚰、群它物伤稼者，亦辄言其顷数。近县令轻足行其书，远县令邮行之，尽八月□□之。

田律

以四月、七月、十月、正月肤田牛。卒岁，以正月大课之，最，赐田啬夫壶酉（酒）束脯，为旱〈皂〉者除一更，赐牛长日三旬；殿者，谇田啬夫，罚冗皂者二月。其以牛田，牛减絜，治（笞）主者寸十。有（又）里课之，最者，赐田典日旬；殿，治（笞）卅。

厩苑律

(3)《效律》

《效律》共有60支简，和《语书》《秦律杂抄》《为吏之道》一起发现于人骨腹下。

《效律》第一支简的背面写有“效”字标题，看来应为一篇首尾完具的律文。《秦律十八种》中也有《效》，互相对照，可知《秦律十八种》中的《效》只是摘录了《效律》的中间部分。

《效律》的主要内容是规定核验县和都官物资账目的一系列制度。对于在军事上有重要意义的物品如兵器、铠甲、皮革等和度量衡的误差限度，规定得尤为详尽。日本学者大庭修认为“效”者“校”也，效律即考核官吏的律令。

例如：

为都官及县效律：其有赢、不备，物直（值）之，以其贾（价）多者罪之，勿羸（累）。

官啬夫、冗吏皆共赏（偿）不备之货而入赢。

衡石不正，十六两以上，赀官啬夫一甲；不盈十六两到八两，赀一盾。甬（桶）不正，二升以上，赀一甲；不盈二升到一升，赀一盾。

斗不正，半升以上，赀一甲；不盈半升到少半升，赀一盾。半石不正，八两以上；钧不正，四两以上；斤不正，三朱（铢）以上；半斗不正，少半升以上；参不正，六分升一以上；升不正，廿分升一以上；黄金衡羸（累）不正，半朱（铢）[以]上，赀各一盾。

(4)《秦律杂抄》

《秦律杂抄》共42支简，也是从秦律中摘录的部分律文，律名计有《除吏律》《游士律》《除弟子律》《中劳律》《藏律》《公车司马猎律》《牛羊课》《傅律》《敦（屯）表律》《捕盗律》《戍律》等十一种。其中除了《除吏律》与《秦律十八种》中之《置吏律》相似外，其他并无重复。说明秦律种类非常繁多。这部律令的简文有的有律名，有的无律名，而且律名小标题多连写在律文之末，与《秦律十八种》的律文和标题间留有一定空位不同。这部分内容也相当庞杂，因此整理小组将其命名为《秦律杂抄》，许多律文可能是删节或原文的简括，因而较难理解。

（5）《法律答问》

计简210支，内容共187条，多采用问答形式对秦律某些条文、术语以及律文的意图作出明确解释。这种解释绝不是私人的解释，而是政府官吏对法律的解释，因而同样具有法律效力。

《法律答问》解释的范围与李悝《法经》六篇《盗》《贼》《囚》《捕》《杂》《具》（商鞅制订秦法以此六篇为蓝本）大体相符。另外还有关于诉讼程序的说明。

例如：

人臣甲谋遣人妾乙盗主牛，买（卖），把钱偕邦亡，出徼，得，论各可（何）殹（也）？当城旦黥之，各畀主。

或盗采人桑叶，臧（赃）不盈一钱，可（何）论？赀繇（徭）三旬。

（6）《封诊式》

共98支简。《封诊式》全书的标题在最后一支简的反面。简文共分二十五节，每节第一支简简首写有小标题。二十五个小标题，分别是：治狱、讯狱、有鞫、封守、覆、盗自告、□捕、□□、盗马、争牛、群盗、夺首、□□、告臣、黥妾、迁子、告子、疠、贼死、经死、穴盗、出子、毒言、奸、亡自出。在未发现《封诊式》题名之前，曾以《治狱程式》为题发表。这部分法律文书的内容是对官吏审理案件的要求和法律文书的程序，即所谓“爰书”，包括司法案件的供词、记录、报告书等。这里收入部分治狱案例，内容很广泛，是研究秦代社会情况的珍贵资料。

例如：

治狱　治狱，能以书从迹其言，毋治（笞）谅（掠）而得人请（情）为上；治（笞）谅（掠）为下；有恐为败。

告子　爰书：某里士五（伍）甲告曰：“甲亲子同里士五（伍）丙不孝，谒杀，敢告。”即令令史己往执。令史己爰书：与牢隶臣某执丙，得某室。丞某讯丙，辞曰：“甲亲子，诚不孝甲所，毋（无）它坐罪。”

（7）《为吏之道》

共51支简，内容为官吏常用的词语，可能是供学习为吏的人使用的识字课本。例如：

> ·凡为吏之道，必精絜（洁）正直，慎谨坚固，审悉毋（无）私，微密韱（纤）察，安静毋苛，审当赏罚。严刚毋暴，廉而毋刖，毋复期胜，毋以忿怒夬（决）。

还有一些类似封建统治阶级处世哲学之类的词句，如“中不方，名不章；外不圆，祸之门”等等。

在这组竹简的末尾，还附抄了魏国的两条律文，一条是《魏户律》，一条是《魏奔命律》。魏律何以抄写于此，有待进一步研究。

3. 汉简中的法律文书

在汉简中，过去很少发现汉律的资料。1978 年青海省博物馆考古工作队在大通县上孙家寨一座西汉晚期墓中发现一批珍贵木简，内容大部分是军事方面的。经过整理，这批木简可以分为五类。

第一类是有关军事方面的律令文书，例如有如下律令：

> 斩捕首虏二级，拜爵各一级；斩捕五级，拜爵各二级；斩捕八级，拜爵各三级；不满数，赐钱级千。斩首捕虏，毋过人三级，拜爵皆毋过五大夫，必颇有主以验不从法状。（《大通上孙家寨汉简释文》，载《文物》1981 年第 2 期）

这一律令与《韩非子·定法》所记之“商君之法曰：斩一首者爵一级，欲为官者，为五十石之官。斩二首者爵二级，欲为官者，为百石之官”的资料是一致的。

1983 年底至 1984 年初，湖北江陵张家山 M247、M249、M258 三座西汉前期墓葬发现大量竹简，其中 M247 出简最多，有 1000 多支，大部分原贮竹筒内，保存尚好，字迹明晰可辨。各篇多有书题，初步分析包括以下内容：①汉律，②《奏谳书》，③《盖庐》，④《脉书》，⑤《引书》，⑥《算数书》，⑦《日书》，⑧历谱，⑨遣册。睡虎地简以秦律为主，张家山简以汉律为主，这是继睡虎地秦简之后的又一重大发现。

汉律出于 M247 者，计有 500 余支。已发现有书题《二年律令》，同时又有《律令二十种》《津关令》等篇题。睡虎地简秦律律名一般注在每条律文之末，这次发现的汉律则不同，律名各标在一支简上，不与律名相连，已清理出的、与睡虎地简秦律相同的律名，有金布律、徭律、置吏律、效律、传食律、行书律等；不相同的，有杂律、市律、均输律、史律、告律、钱律、赐律等等。此外，简文内还见有奴婢律、变（蛮）夷律等律名。

《奏谳书》约200支简，也是出自M247，也是有关法律的重要文献。“灋”即“谳”字，《说文解字》云：“议罪也。”刑狱之事有疑上报称为“谳”，所以此字又训为“请”或“疑”。汉朝规定，“县道官狱疑者，各谳所属二千石官，二千石官以其罪名当报之。所不能决者，皆移廷尉，廷尉亦当报之。廷尉所不能决，谨具为奏，傅所当比律令以闻”（《汉书·刑法志》）。竹简《奏谳书》正是这种议罪案例的汇集。

睡虎地秦简有《封诊式》，书的内容是对官吏审理案件的要求和案件审理程序的文书格式的若干案例。《奏谳书》案例的内容一般比《封诊式》更为重大。如有的案子涉及的人物“爵皆大庶长”，大庶长是当时二十等爵的第十八等；有的案子中人“皆关内侯”，更系显贵的高爵。

《封诊式》出土时，曾有报道指出“它不是单纯的案件记录，其性质可能类似汉代的‘比’，即后代供狱吏处理案件参考的案例”（季勋：《云梦睡虎地秦简概述》，载《文物》1976年第5期）。但该简的主要作用还是作为文书格式。《汉书·刑法志》注云：“比，以例相比况也。”前人考证，汉代有决事比，死罪决事比、辞讼比等项。“比”的体例和《奏谳书》有相近之处，可视《奏谳书》为“比”的滥觞。

1974年，居延甲渠候官遗址第22号房内发现《候粟君所责寇恩事》一册，共36枚简，1700余字。是当时边郡一件民事诉讼案的原始宗卷，详细记述了案件始末和验问判决过程，对补充、研究汉代法律和司法程序等，具有重要价值。现将释文全录如下。

建武三年十二月癸丑朔乙卯，都乡啬夫宫以廷所移甲渠候书召恩诣乡，先以证财物故不　　（一）

以实，臧五百以上，辞已定，满三日而不更言请者，以辞所出入，罪反罪之律辨告，乃　　（二）

爰书验问。恩辞曰：颍川昆阳市南里，年六十六岁，姓寇氏。去年十二月中，甲渠令史　　（三）

华商、尉史周育当为候粟君载鱼之觻得卖。商、育不能行。商即出牛一头，黄、特、齿　　（四）

八岁，平贾直六十石，与它谷十五石，为［谷］七十五石，育出牛一头，黑、特、齿五岁，平贾直六十石，与它　　（五）

谷卌石，凡为谷百石，皆予粟君，以当载鱼就直。时，粟君借恩为就，载鱼五千头　　（六）

到觻得，贾直，牛一头，谷廿七石，约为粟君卖鱼沽出时行钱卌万。

时，粟君以所得商牛黄 （七）

特，齿八岁，以谷廿七石予恩顾就直。后二、三［日］当发，粟君谓恩曰：黄特微庾，所得 （八）

育牛黑特虽小，肥，贾直俱等耳，择可用者持行。恩即取黑牛去，留黄牛，非从 （九）

粟君借牺牛。恩到觻得卖鱼尽，钱少，因卖黑牛，并以钱卅二万付粟君妻业 （十）

少八岁（应为“万”）。恩以大车半栅轴一，直万钱。羊韦一枚为橐，直三千，大笥一合，直千，一石 （十一）

去卢一，直六百，辨索二枚，直千，皆置业车上。与业俱来还，到第三置， （十二）

恩籴大麦二石付业，直六千，又到北部，为业卖（应为“买”）肉十斤，直谷一石，石三千，凡并 （十三）

为钱二万四千六百，皆在粟居所。恩以负粟君钱，故不从取器物。又恩子男钦 （十四）

以去年十二月廿日为粟君捕鱼，尽今［年］正月、闰月、二月，积作三月十日，不得贾直。时， （十五）

市庸平贾大男日二斗，为谷廿石。恩居觻得付业钱时，市谷决石四千。以钦作 （十六）

贾谷十三石八斗五升，直觻得钱五万五千四，凡为钱八万，用偿所负钱 （十七）

毕。恩当得钦作贾余谷六石一斗五升付。恩从觻得自食为业将车到居延， （十八）

［积］行道廿余日，不计贾直。时，商、育皆平牛直六十石与粟君，粟君因以其 （十九）

贾予恩已决，恩不当予粟君牛，不相当谷廿石。皆证也，如爰书。 （二十）

建武三年十二月癸丑朔戊辰，都乡啬夫宫以廷所移甲渠候书召恩诣乡。先以证财物故不以实，臧五百以上，辞以定，满三日

而不更言请者，以辞所出入，罪反罪之律辨告，乃爰书验问。恩辞曰：颍川昆阳市南里，年六十六岁，姓寇氏，去年十二月 （二十一）

中，甲渠令史华商、尉史周育当为候粟君载鱼之觻得卖。商育不能行。商即出牛一头，黄、特、齿八岁，平贾直六十石，与它谷卌石，凡为谷百石，皆予粟君， （二十二）

以当载鱼就直。时，粟君借恩为就载鱼五千头到觻得，贾直：牛一头、

谷廿七石，［约］为粟君卖鱼沽出时行钱卌万。时，粟君以所得商牛黄、特、齿八岁，谷廿七石予恩顾就直。后二、三日当发，粟君谓恩曰：黄牛　（二十三）

微瘦，所将（应为“得”）育牛黑特虽小，肥，贾直俱等耳，择可用者持行。恩即取黑牛去，留黄牛，非从粟君借牛。恩到

觻得卖鱼尽，钱少，因卖黑牛，并以钱卅二万付粟君妻业，少八万。恩以大车半櫓轴一，直万钱，羊韦一枚为橐　（二十四）

直三千，大笥一合，直千，一石去卢一，直六百，𨌲索二枚，直千，皆在业车上。与业俱来还，到北部，为业买肉十斤，

直谷一石，到弟（第）三置，为业籴大麦二石。凡为谷三石，钱万五千六百，皆在业所。恩与业俱来到居延后，恩　（二十五）

欲取轴、器物去，粟君谓恩：汝负我钱八万，欲持器物？怒。恩不取器物去。又恩子男钦，以去年十二月廿日

为粟君捕鱼，尽今年正月、闰月、二月，积作三月十日，不得贾直。时，市庸平贾大男日二斗，为谷廿石。恩居　（二十六）

觻得付业钱时，市谷决石四千。并以钦作贾谷，当所负粟君钱毕。恩又从觻得自食为业将车，

莝斩来到居延，积行道廿余日，不计贾直。时，商、育皆平牛直六十石与粟君，因以其贾与恩，牛已　（二十七）

决，不当予粟君牛，不相当谷廿石。皆证也，如爰书。　（二十八）

建武三年十二月癸丑朔辛未，都乡啬夫宫敢言之。廷移甲渠候书曰：去年十二月中，取客民寇恩为

就，载鱼五千头到觻得，就贾用牛一头，谷廿七石，恩愿沽出时行钱卌万，以得卅二万。又借牛一头　（二十九）

以为𢇛，因卖，不肯归以所得就直牛，偿不相当廿石。书到。验问。治决言。前言解廷邮书曰：恩辞

不与候书相应，疑非实。今候奏记府，愿诣乡爰书是正。府录：令明处　（三十）

更详验问、治决言。谨验问，恩辞，不当与粟君牛，不相当谷廿石，又以在粟君所器物直钱万五千六百，又为粟君买肉、籴三石，又子男钦为粟君作贾直廿石，皆［尽］［偿］［所］［负］　（三十一）

粟君钱毕。粟君用恩器物币（敝）败，今欲归恩，不肯受。爰书自证。写移爰书，叩头死罪死罪敢言之。　（三十二）

·右爰书　（三十三）

十二月己卯，居延令　守丞胜移甲渠候官。候［所］责男子冠恩

[事]，乡□辞，爰书自证。写移书 [到]
□□□□□辞，爰书自证。 (三十四)
须以政不直者法亟极。如律令。
掾党、守令史赏。 (三十五)
建武三年十二月候
粟君所责寇恩事 (三十六)
(74. E. P. F22：1—36)

(二) 简牍中的书籍

中国自古就有以书籍作为陪葬品的风俗。在古代文献中可以看到不少这样的例子。《后汉书·周磐传》记载：

> ……命终之日……编二尺四寸简，写《尧典》一篇，并刀笔各一，以置棺前，示不忘圣道。

所以在古墓中常发现有简牍书籍。这种简牍中的书籍，其重要意义有二：一是不少佚失多年的古书重新问世；二是可以据此对传世的古籍进行校勘、研究。下面摘要介绍新中国成立后出土的简牍中的书籍。

1. 武威汉简中的《仪礼》

1959 年，甘肃武威县磨咀子第 6 号墓出土了写在竹简、木牍上的《仪礼》，总共 469 枚，文字约 27298 字。该墓为夫妇合葬，估计为王莽时代的墓葬。在这批汉简发现以前，在简牍中发现的书籍以晋太康二年（公元 281）汲冢出土的竹书为大宗，这批汉简中的《仪礼》出土，是我国历史上第二次大量经书的发现。

《仪礼》是集中国古代的宗教、政治的仪礼的儒家重要经典之一，它与《周礼》《礼记》合称“三礼”，一般认为成书于战国末年。

先秦典籍，经秦焚书坑儒之后，散亡很多。今存《仪礼》十七篇，系东汉郑玄所注，唐贾公彦疏本。武威出土的《仪礼》共九篇，约等于半部传世《仪礼》。这九篇中有三种本。

甲本七篇 398 枚，为平均长 55. 5—56 厘米、宽 0. 75 厘米、厚 0. 28 厘米的木简。内容包括《士相见之礼第三》16 枚、《服传第八》55 枚、《特性第十》49 枚、《少牢第十一》45 枚、《有司第十二》73 枚、《燕礼第十三》39 枚、《泰射第十四》101 枚。

乙本只有《服传第八》一篇，共 37 枚，为长约 50. 5 厘米，宽约 0. 5 厘米之木简，较甲本短、狭。

丙本是竹简。只有《服丧》一篇，共34枚，长约56.5厘米，宽0.9厘米。

据记载，今文《仪礼》共分大小戴（即戴德、戴圣）和庆氏（庆普，汉宣帝时人）三家。经考订，武威出土的《仪礼》与两戴本的编次不同，字句也有歧异处，由此推定可能是失传了的庆氏本。这批《仪礼》在经学研究和校勘学、版本学上具有重要价值。

武威《仪礼》简还具体揭示了古代简册制度，使我们看到汉代“书籍”的具体形式。陈梦家先生在整理这批汉简时写了《由实物所见汉代简册制度》一章，收入于《武威汉简》一书（后又收入于《汉简缀述》）。对简册的材料、长度、刮治、编联、缮写、容字、题记、削改、收卷、错简、标号等都有所论述。

2. 安徽阜阳出土的《诗经》

安徽阜阳双古堆1977年7—8月间发现西汉第二代汝阴侯夏侯灶的墓葬，出土了大批竹简，经整理有《仓颉篇》（约300字）、《诗经》、《刑德》等古籍。

阜阳汉简《诗经》残存长短不一的简片170余条。与今本《毛诗》对照，知有《国风》《小雅》两种。《国风》有《周召》《南召》《邶》《鄘》《卫》《王》《郑》《齐》《魏》《唐》《秦》《陈》《曹》《幽》等残片，只有《桧风》未见，共有残诗（有的仅存篇名）六十五首。《小雅》则仅存《鹿鸣之什》中四首诗的残句。

关于《诗经》，《汉书·艺文志》云：

> 孔子纯取周诗，上采殷，下取鲁，凡三百五篇。遭秦而全者，以其讽诵，不独在竹帛故也。汉兴，鲁申公为《诗》训故，而齐辕固、燕韩生皆为之传。……三家皆列于学官。又有毛公之学，自谓子夏所传，而河间献王好之，未得立。

这段文字简单地叙述了《诗经》的源流及其在汉初的传播。经历两千年漫长的岁月之后，三家《诗》皆已佚亡，流传下来的只有《毛诗》。那么阜阳发现的《诗经》（或称《阜诗》）属于哪一家呢？整理者把《阜诗》与《毛诗》进行比较，发现两者有许多异文，可以断定其绝非《毛诗》系统。那么，它是否属于已经佚亡了的鲁、齐、韩三家《诗》中的某一家呢？经整理者研究，看来也不是。看来《汉书·艺文志》并没有将汉初治《诗经》的各家全囊括。《阜诗》既不属于鲁、齐、韩、毛四家，我们只好推想它可能是未被《汉志》著录而流传于民间的另外一家。

（参考《阜阳双古堆西汉汝阴侯墓发掘简报》，载《文物》1978年第8期；《阜阳汉简简介》，载《文物》1983年第2期；《阜阳汉简〈诗经〉》，载《文物》1984年第8期）

3. 山东临沂、青海上孙家寨、湖北江陵张家山出土的兵书

1972 年 4 月，在山东临沂银雀山发掘了两座西汉墓葬，1 号墓出土 4942 支竹简，经过整理，大致可以分为现今还有传本的书籍和古佚书两大类，其中佚书占的数量较大。现有传本的书籍包括：《孙子兵法》以及四篇佚文，《六韬》十四组，《尉缭子》五篇，《晏子》十六章。佚书类包括：《孙膑兵法》十六篇，《守法守令十三篇》十篇，《论证论兵之类》五十篇，《阴阳时令占侯之类》十二篇，《其他之类》十三篇。2 号墓仅出土 32 支竹简，是汉武帝《元光元年历谱》。

银雀山汉简《孙子兵法》与《孙膑兵法》的出土是我国文化史上的一件大事。《史记·孙子吴起列传》云："孙子武者，齐人也，以兵法见于吴王阖庐，阖庐曰：子之十三篇吾尽观之矣。"又云："孙武既死，后百余岁有孙膑。膑生阿鄄之间，膑亦武之后世之子孙也。……世传其兵法。"可知孙武仕吴，孙膑仕齐，两人相距百余年，并各有兵法传世。《汉书·艺文志》著录"《吴孙子兵法》八十二篇，图九卷"，另著录有"《齐孙子》八十九篇，图四卷"。但到了《隋书·经籍志》，《齐孙子》不见著录。《吴孙子》就是流传至今的《孙子兵法》（孙武著），《齐孙子》（孙膑著）失传了。

历代对孙武和孙膑及其著作都有不少的讨论。例如叶适《习学记言》云："左氏无孙武。"陈振孙《直斋书录解题》云："孙武事吴阖庐，而不见于左氏传，未知其果何时人也。"都以《左传》不载孙武而疑其人及其兵法。齐思和《孙子著作时代考》云："余详研其书，遍考之于先秦群籍，然后知孙武实未必有其人，十三篇乃战国之书，而叶氏（按即叶适）之说为不可易也。"日人斋藤拙堂认为历史上没有孙武其人，他在《孙子辨》中说："（孙武和孙膑）同是一人，武其名，而膑是其绰号。"日人武内义雄《孙子十三篇之作者》一文，更进一步认为"今之孙子一书，是孙膑所著"。

银雀山汉墓同出《孙子兵法》和《孙膑兵法》，结束了这一场长期的争议，证明孙武和孙膑确为二人，《史记》的记载是正确的。同时，汉简 0233 简文"吴王问孙子曰……"此简系《吴问》篇首简。汉简 0108 简文"齐威王问用兵孙子曰……"此简系《威王问》篇首简。这两则简文正与《史记》关于孙武、孙膑的记述相符合，吴王所问孙武，齐威王所问孙膑。孙武、孙膑各有兵法传世。

其他兵书，如《六韬》，《汉书·艺文志》中不见此书名，而《隋书·经籍志》中则有此书名，撰写者为吕尚。但《汉书·艺文志》中"儒家类"有《周史·六弢》的书名，多数学者不同意《六弢》就是《六韬》，有人指出《六弢》出于秦汉人之手，绝非吕尚所作。明人宋濂在《诸子辨》、胡应麟在《四部正伪》、清人姚际恒在《古今伪书考》中都认为《六韬》是伪作，因为其文字内容俚鄙、浅薄，根本不相信它是先秦人的著作。《尉缭子》一书，过去也有很大争议。《汉书·艺文志》中“兵形势家”类有《尉缭十三篇》。过去大部分学者均不相信《尉缭子》是先秦的著作。经过对出土的《六韬》和《尉缭子》的研究，人们发现它们同现行本基本上是一致的，而竹简中的内容就是现行本中的一部分。说明以上诸家的怀疑和论断是缺乏根据的。

1978 年，青海大通县上孙家寨一座西汉晚期墓出土了一批木简，其中也发现了一部分与《孙子》有关的兵书，这部分兵书简牍中，有许多不见于文献，也不见于银雀山竹简的重要佚文。如：

> 《合战令》，孙子曰：战贵齐成，以□□
>
> 子曰：军患阵不坚，阵不坚则前破，而□（《大通上孙家寨汉简释文》，载《文物》1981 年第 2 期）

在这批木简中，尚有大批关于军队编制、阵法和部队标志问题的文字。

1983 年底至 1984 年初，湖北江陵张家山西汉前期 M247 出土大批竹简，其中有《盖庐》佚书一篇。“盖庐”是人名，即《春秋左氏传》所见吴王阖庐，有些古书作“阖闾”。“盖”“阖”两字均从“盍”声，故相通假。竹简《盖庐》记阖庐与申胥问答，申胥就是伍子胥。据《国语·吴语》注，伍子胥奔吴，吴与之申地，所以称之为“申胥”。

《盖庐》系一篇兵家著作，篇中阖庐只是提问，主要内容都是申胥的话，因此，实际上是记述申胥的军事思想。

4. 医书的发现

1972 年 11 月，甘肃武威县旱滩坡东汉初期的墓葬出土 92 支木简，这是出土最早的、较完整的医书。1975 年 10 月出版的《武威汉代医简》把这批简分为三类。医书简牍的书写均有一定规则：开始写药方名称，次写病名及症状，然后写药物名、分量和治疗方法、服药方法、服药时禁止事项及反应等。总共有内科方十四、外科方十一、妇科方一、耳鼻喉科方二、针灸科方一、其他方二，使用药物近百种。其内容以实用医疗方法为主，病理理论的记述很少。

1973 年，长沙马王堆 3 号汉墓也出土 10 支木简和 200 支竹简。这些简也分为两类，其中一类是用篆书写的，开始部分是 52 个病方的目录，书内总计有 270 余例的治疗法。在同墓中出土的帛书中，也有《十一脉灸法》《阴阳脉死候》《五十二病方》等医书。

1983 年底至 1984 年初，湖北江陵张家山 M247 出土有《脉书》《引书》竹简，也是两部医书。《脉书》的内容相当于马王堆帛书的《阴阳十一脉灸经》《脉法》《阴阳脉死候》三种。《脉书》比帛书还多一些文字，最重要的是有很多病名，依由头到足的次第叙述，其间也有属于全身的疾病。《引书》与马王堆帛书《导引图》有一定关系。《导引图》绘有生动的人物形象44个，原来都有题记，不幸半数残缺。《引书》是用文字讲述导引的专门著作，书中详细描述了导引的各种单个动作，以及治疗诸疾病的导引方法，对动作的解说相当细致。《引书》还有一部分探讨疾病的原因。

5. 河北定县40号汉墓出土的古籍

1973年，河北定县八角廊40号汉墓中出土大批竹简，经过整理有八种古籍。据《文物》1981年第8期刊载《定县40号汉墓出土竹简简介》，将这八种古籍列出。

《论语》，简文约有传本《论语》的一半。

《儒家者言》，整理出《明主者有三惧》《孔子之周》《汤见祝网者》和佚文二十七章。上述商汤和周文的仁德，下记乐正子春的言行，其中以孔子及其门弟子的言行为最多。所记多为对忠、孝、礼、信等道德的阐发，这部书的绝大部分内容，散见于先秦和西汉时期的一些著作中，特别在《说苑》和《孔子家语》之内。

《哀公问五义》，此书见于《荀子》《大戴礼记》《孔子家语》。

《保傅传》，这部分残简内容分别见于贾谊《新书》和《大戴礼记》。

《太公》，共发现篇题十三个，有《治国之道第六》《以礼义为国第十》《国有八禁第卅》等。

《文子》，已整理出与今本相同的文字六章，部分或系佚文。《汉书·艺文志》有《文字九篇》，自注曰："老子弟子，与孔子并时，而称周平王问，似依托者也。"该书的出土证明《文子》本非伪本，但今本《文子》实经后人窜乱。

《六安王朝五凤二年正月起居记》，记载汉宣帝五凤二年（前56）六安国缪王刘定到长安入朝的途中生活和入朝过程中各项活动。详细地记述沿途所经过的地名、相距里数，是研究古代地理的极好资料。入朝中的朝谒庆赏等活动，对于了解封建贵族的仪礼生活都有着极大的意义。

《日书·占卜》等残简。

6.《日书》

在最近十多年出土的战国、秦汉简牍中，发现大批《日书》。据公布的材料，迄今已在如下五批简牍中发现了《日书》。

河北定县40号汉墓出土的《日书》，但大多残破散乱，不能通读。

湖北云梦秦简有《日书》420余枚，占全部秦简的三分之一，而且保存完整，字迹清楚，是迄今发现的最有价值的《日书》资料。

安徽阜阳双古堆汉墓中也发现《日书》汉简，但内容多残损不全。

湖北江陵张家山汉墓也出土《日书》。

甘肃天水汉墓中也出土《日书》汉简。

以上五批简牍《日书》除去尚未发表或残损而无法卒读的外，当前最有学术价值的乃是云梦秦简中的《日书》。近年来国内外发表的研究秦简《日书》的论著大体可分为三类。一是研究《日书》中的天文、历法问题。二是研究《日书》中反映出的文化和社会生活的内容。三是从命理学（即算命）的观点出发研究《日书》，这类的学者以日本“命理学会”会长清水康教（又名高木乘）先生为主。日本的“命理学会”虽以算命之学为研究对象，但其宗旨有“从现代科学的主场出发研究哲学、伦理学、心理学、天文学、医学、社会学”（《命理学会会则》）的方法和目的。因此，在其命理学的研究中，常常涉及不少科学问题。

（三）简牍中的遣策

1. 什么叫“遣策”?

“遣策”就是坟墓内随葬品的清单或目录。《仪礼·既夕礼》说：

> 书赗于方，若九，若七，若五，书遣于策。

这段话的意思是说：送给死者的物品“赗”，写在“方”上，可以写九行、七行或五行。因为“赗”是送给离开人世的死者的，所以又被称为“遣”，而将书写“赗”的方，连成一册，就成为“遣策”。《仪礼·宾礼》中说：

> 百名以上者书于策，百名以下者书于方。

这里“百名”的“名”字是“字”的意思，即超过百字写在“策”上，不足百字的写在“方”上。

2. 马王堆 1、3 号墓的遣策

新中国成立后，汉墓出土的遣策很多。一般来说，一枚简写一种或一类物品，然后把它们编成册，即策。当然，在出土时编策书的索绳已残朽，仅能从书写的字体和内容来判断其为一册。

例如马王堆 1 号汉墓出土竹简 312 枚，简上文字为墨书隶体，墨迹清晰，字体秀美。每简字数，少者 2 字，多者至 25 字，总字数 2000 有余。文字多可辨识，系一册随葬器物清单，即遣策。其书写形式分为两类：一类直接记载器物名称、大小、数量，如“土金二千斤，二笥”，“莞席二，其一青掾（缘），一锦掾（缘）”，“小扇一，锦缘”，“髹画枋（钫）一，有盖，盛米酒”，“髹画食般（盘）径一尺二寸，廿枚”，等等。另一类在竹简顶端画一条粗墨道，其下开头二字均为“右方”，如“右方土珠，金钱”，“右方席七，其四莞”，“右方履二两

姦（袜）一两”，“右方髹画卮十五”，“右方烝煎二笥”，“右方盐酱四资”，“右方白羹七鼎”等，这是清单上物品种类的小计。

将简文所载与出土物对照可发现大多数是相符合的，如一简文为“九子曾检（缯奁）一合”，出土器物中果然有一件内装九个小盒的圆形漆奁盒。有的不尽符合，如一简文为“木五彩画屏风一，长五尺，高三尺”，而出土实物则是个屏风模型，长72厘米，高62厘米，尺寸也不符合。还有见于简文而出土实物不见者，如“土羊百”“土鸡五十”等。有些器物，如衣物和木俑，则为简文所未载。

马王堆3号汉墓出土的遣策中，还有记载明童、车骑的三块木牍：

> 右方男子明童，凡六百七十六人，其中十五人吏，九人宦者，二人偶人，四人击鼓，铙、铎，百九十六人从，三百人卒，百五十人婢。

> 右方女子明童，凡百八十人，其八十人美人、廿人才人、八十人婢。

> 右方车十乘，马五十四匹，副马二匹，骑九十八匹，辎车一两，牛车十两，牛十一，竖（僮仆）十一人。

“明童”就是俑。在3号墓中出土的俑是101个，并不符合上述数目。有人认为上述数目包括墓中出土帛画中所绘人物车马，也有人说这纯是一个随葬计划，以后并未按此执行。

3．江陵凤凰山汉墓遣策

在湖北江陵凤凰山汉墓群中，第8、9、10、167、168号墓都有简牍出土。第168号墓还出土了一具男尸，10号墓出土文书类木简。

其中8号墓出土竹简175枚，9号墓出土80枚，167号墓出土木简74枚，168号墓出土竹简66枚，都是遣策。9号墓出土的遣策文字不甚清晰。《文物》1976年6期和7期发表了对8号墓和167号墓遣策的研究及释文。167号墓的遣策保存得特别好，文字清晰，出土时仍保持着策的原状，简上还残留着麻绳编的痕迹，简的顺序仍保持着原来的形状。随葬品的位置几乎毫无移动，完全可以和遣策的记载查对。

该遣策记载的顺序是：轺车（小型乘车）、婢、奴、漆器（盛食物用）、陶器（灶、囷、釜等以及明器），财物（装有粮食的口袋、香料、金、缯等）盛果物、卵的笼子等。在财物类中记载有“薄土”一项，这就是用一张绢包上一块土，表示对土地的占有。在8号墓中也出土写有“溥土”的遣策。

4．广西贵县罗泊湾汉墓出土《从器志》

1976年，广西贵县罗泊湾1号汉墓出土木牍5件，保存墨书文字的仅3件。

其中一件长 38 厘米、宽 5.7 厘米、中部厚 0.7 厘米、两端厚 0.2 厘米，墨书文字，清晰秀丽，自题为《从器志》。正、背两面都有字，正面在书写之前用刀削横划出大致相等的 5 栏，每栏自右至左书写 8 行至 11 行，每行字数不等，多者 14 字，少者仅 2 字。背面 3 栏，无刀削横划痕迹，相当于正面第 3、5 栏无字，第 1、4 栏各 8 行，第 2 栏仅 4 行。全牍共 372 字、19 个符号。字体为秦汉之际通行的略带篆书笔意的隶书。内容包括衣、食、用、玩、兵器等项、品类 70 余种。牍文摘录如下。

［正面第一栏］
·从器志
衣袍五十领二笥：皆缯缘 P
有卅二小统一：笥缯缘
冠十金歙一：笥缯缘
比餘二√一笥缯缘

“：”这是重文号，“笥：”即“笥笥”，“一：”即“一一”。“P”是清点器物的记号。“√”是勾识，是秦代书写停顿分隔的句读符号。

将记载随葬物的清单自命为“从器志”是首次发现，也不见于文献记载。

5．遣策所附的文书——告地策

马王堆 3 号汉墓出土的一件木牍，上写以下文字：

十二年二月乙己朔戊辰、家丞奋，移主赟郎中，移赟物一编，书到先撰，具奏主赟君。

这木牍应名为“告地策”。这是轪侯家丞奋，送给地下的“主赟郎中”的文书，“十二年”即汉文帝十二年（前 168），“戊辰”是二月二十四日。“赟”同“藏”，可作库藏解，见《汉书·食货志》“府藏不实，百姓俞病”。“主赟君”“主赟郎中”并非实有其官，而是当时人们想象中的、在阴间地府管理物品的官吏。这一文书同遣策的性质不同：遣策是生者给死者所赠的物品目录；而这一文书乃是死者的家丞呈送给阴间负责财务的主赟官的。

在凤凰山 168 号墓也出土过同类性质的竹牍，其形制是将竹削成五面，在上写有这样的内容：

十三年五月庚辰，江陵丞敢告地下丞，市阳五夫夫（大夫）隧自言，与大奴良等廿八人、大婢益等十八人，轺车二乘，牛车一两，驺马四匹，駠马二匹，骑马四匹可行，吏以从事，敢告主。

文书的大意是：文帝十三年五月十三日，江陵县丞通知地下丞，把随同死者陪葬的侍从、车骑移交给他。告地策所载的内容与同墓出土的遣策所记“凡车三乘，马十匹，人四十六，船一艘”基本相符，也和同墓出土的明器车三、马十、船一和圆雕木俑四十六一致。这恰表明，告地策同遣策有密切关系。

告地策的性质和作用，与通行证、介绍信相似，它是地上官吏将死者的葬物遣策移交于地下官吏的东西。所以，这种告地策一般的应附于遣策之后，或者同遣策为同一木牍。这种文书的格式也模仿地上文书“过所”的写法，如汉代人民向政府申请过所，首先由个人提出，再由县丞批办。上述告地策也是由隧“自言”（自己提出），“江陵县丞”批办，又如“敢告主”，也是秦汉时政府公文中常用的词。

（四）简牍中的诏书

秦统一以前，各类文书似无定制，及秦并天下，凡以皇帝名义下达之文书，“命为制，令为诏”（《史记·秦始皇本纪》）。所谓“制”“诏”，蔡邕认为：“制书，帝者制度之命也，其文曰制。诏，诏书。诏，告也。”（《史记·秦始皇本纪》集解注引）如淳也说：“诏，告也，自秦汉以下，唯天子独称之。”（《汉书·高帝纪》注解）自秦汉以后，“天子之言，一曰制书，二曰诏书。制书者，谓为制度之命也”（《汉书·高帝纪》师古注）。诏书者，告白天下之令也，两者名称不同，用法略异。

我们读历史文献，其中所引用之诏书、制书，多数难窥其全貌，如《史记》《汉书》均删其全文的首尾，仅录其主要内容，这就使我们不易了解当时中央文书的完整格式和其下达程序。在居延、敦煌出土的汉简中有诏书不少，研究这些诏书，可使我们了解汉代诏书的全貌。诏书一般由三部分内容构成。第一部分称为“奏”，书奏报下诏的部门及主要官吏姓名。诏书下达时奏文同时下达，以明其原委。第二部分为诏书本文，也就是该诏书的主要内容，一般史书仅摘录这一部分。第三部分是诏书下行于内外官署之例文，或曰下行文书（下行辞）。现举1973年夏出土于金关烽台南侧之堡屋的《永始三年诏书》为例。这册诏书，共16简，简书2行，出土时由于偏绳朽断，简已散乱，目前其次第有多种排列，今取一种，按原简书写格式释文于后：

丞相方进御史臣光昧死言

明诏哀安元：臣方进御史臣光往秋郡被霜冬无

大雷不利宿麦恐民☐

调有余结不足不民所疾苦也可以便安百姓省问
计长吏守丞峰☐
臣光奉职无状顿：首：死：罪：臣方进臣光前
对问上计弘农太守丞立☐
郡国九谷最少可豫稍为调给立辅既言民所疾苦
可以便安☐
弘农太守丞立山阳行太守事湖陵□□上□☐
令堪对曰富民多畜田出贷□☐□□移□☐
治民之道宜务与本广农桑□☐
耒出贷或取以贾贩愚者苛□☐
耒去城部流亡离本逐末浮食者□☐
与县官并税以成家致富开并兼之路□☐
言既可许臣请除贷钱它物律诏书到县道官得取□☐
县官还息与贷者它不可许它别奏臣方进臣光愚戆顿：首：死：罪：☐
制可
永始三年七月戊申朔戊辰□☐
下当用者
七月庚午丞相方进下小府卫将：军：二：千：石：部刺史郡大守诸☐
下当用者书到言
八月戊戌丞相方进重令长安男子李参索辅等自言占租贷☐
又闻三辅豪黠吏民变出贷受重质不止疑郡国亦然书到□☐
赏得自责毋息毋令民□□相残贼务禁绝息贷☐令
十月己亥张掖太守谭守郡司马宗行长史☐
书从事下当用者明篇叩亭显处会吏民皆知之如诏书
十一月己酉张掖肩水都尉谭丞平下官下当用者如诏
十一月辛亥肩水候宪下行尉事谓关啬夫吏丞书
从事明扁亭隧□☐
处如诏书　　　　士吏猛
☐……☐
☐……☐

（74. E. J. F16：1—16）

一般诏书只有三部分，从本诏书来说，即从“丞相方进御史臣光昧死言”到“顿：首：死：罪：☑”为第一部分，即“奏”。从“制可”到“永始三年七月戊申朔戊辰□☑”为第二部分，即“诏书本文”。从“下当用者”到“下当用者书到言”为第三部分，即“下行文书”。本诏书比一般诏书多出两部分，即“八月戊戌”，由于“长安男子自言”等情，遍及各郡国，于是决定“重令”，扩大下达范围。从“八月戊戌”到“令”这是第四部分。从“十月己亥”到最后是扩大下达范围的“下行文书”，即第五部分。

以上《永始三年诏书》是出土时比较完整的汉简，但大部分出土汉简都是七零八落的，每简之间的联系需要做深入的研究。日本大庭修从地湾出土的紊乱的汉简中，找出8支简，其编号分别为：10・27、5・10、332・26、10・33、10・30、10・32、10・29、10・31。大庭修找到这8支简的内在联系，认为这是一份诏书，8支简作如下排列：

（一）御史大夫吉昧死言，丞相相上大常昌书言，大史丞定言，元康五年五月二日壬子夏至，宜寝兵，大官抒井，更水火，进鸣鸡，谒移以闻，布当用者，・臣谨案比原宗御者，水衡抒大官御井，中二：千：石：令官各抒，别火（10・27）

（二）官先夏至一日，以除隧取火，授中二＝千＝石＝官在长安云阳者，其民皆受以日至易故火，庚戌寝兵，不听事尽甲寅五日，臣请布，臣昧死以闻。(5・10)

（三）制曰可。(332・26)

（四）元康五年二月癸丑朔癸亥，御史大夫吉下丞相，丞书从事下当用者，如诏书。(10・33)

（五）二月丁卯，丞相相下车骑将＝军＝中二＝千＝石＝、郡太守、诸侯相，丞书从事下当用者，如诏书。少史庆、令史宜王、始长。(10・30)

（六）三月丙午，张掖长史延行太守事，肩水仓长汤兼行丞事，下属国、农、部都尉、小府、县官，丞书从事下当用者，如诏书。/守属宗、助府佐定。(10・32)

（七）闰月丁巳，张掖肩水城尉谊以近次兼行都尉事，下候，城尉，承书从事下当用者，如诏书。/守卒史义。(10・29)

（八）闰月庚申，肩水士吏横以私印行候事、下尉、候长，承书从事下当用者，如诏书。/令史得。(10・31)

在这里（一）（二）简是诏书的“奏”，御史大夫的吉是指丙吉，丞相的相是指魏相，太常的昌是指苏昌。（一）（二）简是御史大夫丙吉向皇帝的奏文。

前半部分，即“·”符号以前的部分，是大史丞定首先发议、经过太常苏昌和丞相魏相向丙吉提出的呈报书的内容，陈述了呈报的意图：元康五年（前61）五月二日壬子，正值夏至，照例实行兵士休息、改变水火等活动，向有关的各官吏公布。“·”符号以后的后半部分，是丙吉起草向各有关官吏公布夏至前五日（从庚戌到甲寅）兵士休息、改变水火的具体的奏文。

（三）简是皇帝批准丙吉的奏文，即诏书本文。从（四）至（八）各简，是上述诏书从上级官府到下级官府，按顺序下达的执行命令书。

（四）简是元康五年二月癸亥（十一日）这一天御史大夫丙吉通知丞相执行诏书的通知书。所谓“承书从事下当用者，如诏书”，就是“命令接受通知书的下级有关官吏，按诏书去做”的意思。以下各简共同采取这个表达方式，这就是所谓命令下级有关官吏执行命令的通知书，这是汉代下达公文的习惯用语。而且奏文通过御史大夫呈奏给皇帝，变成皇帝的命令后，又首先由御史大夫传达下来，从这里足以看出作为皇帝秘书的御史大夫的性质。

（五）简接（四）简，这是二月丁卯（十五日）丞相魏相向所管辖的各官下达的通知书。因为丞相是行政最高负责人，所以他可以下命令给一切官府的长官，从这里看有车骑将军、将军、中二千石、二千石、郡太守、诸侯相。张掖郡太守是接受丞相下达命令的对象之一，不用说，这一简就是张掖郡太守接到的通知书。

（六）简接（五）简，这是三月丙午（二十四日）张掖郡太守向郡内各官下达的通知书。

（七）简接（六）简，这是闰月丁巳（闰三月六日）部都尉之一的肩水都尉给所属官署下达的通知书。

（八）简接（七）简，这是闰月庚申（闰三月九日）肩水候即肩水候官之长给所辖的尉和候长下达的通知书。

元康五年诏书的简，到（八）简就完了。诏书从御史大夫到丞相，从丞相到张掖太守，从张掖太守到肩水都尉，从肩水都尉到肩水候，从肩水候到肩水候长，一级一级下达，在下达过程中，诏书一简一简地写。这些简都在地湾即肩水候官遗址被发现，而且八简都是同一笔迹，全部是肩水候官的令史得所书写，由候官掌管并保存下来。

这样，皇帝的诏书，就从中央传达到地方最底层组织。

我们从诏书中可以研究汉代边郡的统治组织。

（五）简牍中政府下达的文书

除诏书外，在简牍中还可以看到中央政府和各级组织对下发布的一些文书。这类文书的内容很多，而发文机关或官吏也不同：有中央朝廷以丞相名义发布的文件，也有地方政府以太守、都尉等名义发布的。现举《甘露二年御史书》为例，全册共3枚木牍，牍长23厘米，宽度不等，计写12行，内容完整。出土于金关遗址探方一。这是新中国成立后出土的居延汉简中比较完整的一简，是宣帝甘露二年（前52）以丞相、御史的名义发给有关地方政府的一道律令。律令的内容是追捕一个逃亡的人，性质相当于通缉令。这是一篇典型的文件，读懂它可以了解一般的下达文书格式，并可以起到举一反三的作用。

《甘露二年御史书》录文如下（开头括号内的数字是原牍中的段次）。

（一）甘露二年五月己丑朔甲辰朔（朔字衍），丞相少史充、御史守少史仁以请：诏有逐验大逆无道故广陵王胥御者惠、同

（二）产弟故长公主弟卿大婢外人，移郡太守，逐得试知。外人者，故长公主大奴千秋等曰，外人，一名丽戎，字中夫，前太子守观

（三）奴婴齐妻。前死，丽戎从母捐之字子文，私男弟偃，居主马市里。弟，捐之姊（姊）子，故安道候奴，材取不审县里男子字游为丽戎

（四）聟（婿），以牛车就（僦）载籍田仓为事。始元二年中，主女孙为河间王后，与捐之偕之国。后，丽戎、游从居主杌棻弟养男孙丁子沱。元凤元年

（五）中，主死，绝户，奴婢没入诣官，丽戎、游俱亡。丽戎脱籍，疑变更名字，匿绝迹，更为人妻妾，介罪民间，若死母从知。丽戎此

（六）时年可廿三、四岁，至今年可六十所。为人：中状、黄色、小头、黑发、隋面、枸颐，常戚额朐频状，身小长、诈廆少言。书到，二千石遣毋害都吏（以上第一牍）

（七）严教属（嘱）县官令以下啬夫、吏正、三老，杂验问乡里吏民，赏（倘）娶婢及免婢以为妻，年五十以上，刑（形）状类丽戎者，问父母昆弟：本谁生子？务

（八）得请实。发生从（踪）迹，毋督聚烦扰民。大逆同产当坐。重事。推迹未穷，毋令居部界中不觉！得者书言白报，以邮亭行诣长安

（九）传舍。重事，当奏闻，必谨密之，毋留，如律令。

（十）六月，张掖太守毋适、丞勋，敢告部都尉卒人，谓县，写移书到，趣报，如御史书律令。敢告卒人/掾佷、守卒史禹、置佐财。（以上为第二牍）

（十一）七月壬辰，张掖肩水司马阳，以秩次兼行都尉事，谓候、城尉，写移书到，搜索部界中、毋有，以书言，会月廿日。如律令/掾遂、守属况。

（十二）七月乙未，肩水候福谓候长广宗写到，写移书到，搜索部界

中，毋有，以书言，会月十五日，须报府，毋□□，如律令/令史□。（以上第三牍）

（74. E. J. T1：1—3）

（六）简牍中上呈的文书

简牍中发现的上呈文书，包括向皇帝、中央和各级政府呈报的公文、书信等。如：

肩水候官令史觻得敬老里，公乘粪土臣熹，昧死再拜，上言〼变事书。（387·12、562·17《居延汉简甲乙合编》）

这是一件上皇帝的文书，从“粪土臣”一词就可证明。汉代一般的只有向皇帝上书才自称“粪土臣”，如东汉蔡邕被收时，上书自称“议郎粪土臣蔡邕顿首，再拜上书皇帝陛下”（严可均辑《后汉文》卷七十二）。至南北朝时仍沿用不改。

又例如：

永光二年三月壬戌朔己卯，甲渠士吏疆，以私印行候事，敢言之，候长郑赦父望之不幸死，癸巳予赦宁，敢言之。（57·1A《居延汉简释文合校》）

这一文书原系三简编为一册，出土时仍保持原册的形式。这是代理甲渠候官上呈的文书。“宁”者，居家持丧服，《汉书·哀帝纪》云：“博士弟子父母丧，予宁三年。”“敢言之”，为下禀上之语，只有自下呈上的文书中，才用此辞。

又例如：

五凤三年十月，甲辰朔甲辰，居延都尉德，丞延寿，敢言之，甲渠候汉疆书言，候长贤日迹积

三百廿一日，以令赐贤劳百六十日半日，谨移赐劳名籍一编，敢言之。（159·14《居延汉简释文合校》）

这是汉宣帝五凤三年（前55）居延都尉及丞联名向上写的一份报告，报告内容为呈报候长贤的“日迹”，所谓“日迹”即出勤的日数，这里说他共出勤“三百廿一日”。“以令赐贤劳百六十日半日”的意思是：根据规定还要“赐”给贤一百六十日另半日。随本简送上的还有“名籍”一编。

按汉代制度，每年年末对各级官吏进行考察平定，以作为升、降的根据。而

当时以十月为岁首，九月为一年中最后一月。上简恰是十月发出，乃是呈报去年考勤的情况。

（七）简牍中同级间互通的文书

同级间，即郡与郡、县与县以及候官与候长间互相传递或共同签订的文书，在简牍中也可以找到一些。在这类文书中，品约发现得较多，在旧居延简和敦煌简中都有，但多残缺不全，使人很难窥见品约这种文书的内容和形式的全貌。1974 年新出土的居延汉简中有《塞上蓬火品约》一册，是迄今所见到的同类文书中最完整的一件。

《塞上蓬火品约》出土于破城子的甲渠候官遗址。木简长 38. 5 厘米、宽 1. 5 厘米，共 17 枚，编为一册。内容是居延都尉下属的殄北、甲渠、三十井三个鄣（即塞）共同订立的临敌报警燔举烽火的联防公约。品约就是公约的意思。《塞上蓬火品约》内容如下。

·匈人奴昼入殄北塞，举二烽，烦烽一，燔一积薪。夜入，燔一积薪，举堠上离合苣火，毋绝至明。甲渠、三十井塞上和如品。

·匈人奴昼［入］甲渠河北塞，举二烽，燔一积薪，夜入，燔一积薪，举堠上二苣火，毋绝至明。殄北、三十井塞上和如品。

·匈奴人昼入甲渠河南道上塞，举二烽，坞上大表一，燔一积薪。夜入，燔一积薪，举堠上二苣火，毋绝至明。殄北、三十井塞上和如品。

·匈奴人昼入三十井降虏隧以东，举一烽，燔一积薪。夜入，燔一积薪，举堠上一苣火，毋绝至明。甲渠、殄北塞上和如品。

·匈奴人昼入三十井候远隧以东，举一烽，燔一积薪，堠上烟一。夜入，燔一积薪，举堠上一苣火，毋绝至明。甲渠、殄北塞上和如品。

·匈奴人渡三十井县索关门外道上隧，天田失亡，举一烽，坞上大表一，燔二积薪。不失亡，毋燔薪，它如约。

·匈奴人入三十井诚勢北隧，县索关以内，举烽燔薪如故。三十井县索关，诚勢北隧以南，举烽如故，毋燔薪。

·匈奴人入殄北塞，举三烽；后复入甲渠部，累举旁□烽；后复入三十井以内部，累举堠上直上烽。

·塞上亭隧见匈奴人在塞外，各举部烽如品，毋燔薪。其误，亟下烽灭火，候、尉史以檄驰言府。

·夜即闻匈奴人及马声，若日且入时见匈奴人在塞外，各举部烽，次亭晦不和。夜入，举一苣火毋绝，昼□夜灭火。

·匈奴人入塞千骑以上，举烽，燔二积薪。其攻亭障坞壁田舍，举烽，燔三积薪，和如品。

·匈奴人入塞，承（乘）塞中亭燧，举烽燔薪□□□□烽火品约，官□□□举□□烽，毋燔薪。

·匈奴人入塞，候、尉史亟以檄言匈奴人入，烽火传都尉府，毋绝如品。

·匈奴人入塞，守亭障不得下燔薪者，旁亭为举烽燔薪，以次和如品。

·匈奴人入塞，天大风，风及降雨不具烽火者，亟传檄告，人走马驰以急疾为故□。

·县田官吏令、长、丞、尉见烽火起，亟令吏民□诚埶北燧部界中，民田畜牧者□□……为令。

·右塞上烽火品约。

（74. E. P. F16：1—17）

（八）简牍中的通行证和身份证

在汉代，无论是官吏还是一般人民，要往来于各地就必须持有政府发给的证件，否则就无法通过设置在各交通要道上的关卡。这些证件的名称有符、传、棨等，现分别举例如下。

1. 符

《说文解字》云："符，信也。汉制以竹长六寸分而相合，从竹付声。"六寸之付，与"金关为出入六寸符"（《居延汉简甲编》第110页）正相合。

初元二年正月骍北亭戍卒符。[73. Ej（1）T27：48]

永光四年正月己酉橐佗吞胡燧长张彭祖符。[（六四）29·2《居延汉简考释》]

橐佗勇士队长井临，建平元年家属符。[73. Ej（1）T6：42]

永光四年正月己酉，橐佗延寿燧长孙时符。（218《居延汉简甲编》）

橐佗野马燧吏妻子与金关闭门出入符。[73. Ej（1）T21：136]

符的使用对象和范围只限于与军事有关的人和事。凡军事系统人员受遣（包括其亲属）出入关道河津须用符，持符者一般受到较高的优待。符作为军事系统的通行证，它自然有自己颁发的系统、部门和程序，以汉简次序，应为燧—燧长、部—候长、塞—塞尉、候官—候、都尉府—都尉。

2. 传

《说文解字》云：“传，遽也，从人专声。”“传遽”者，乘传奔走之信使也。传就是证明自己身份的凭证。传的形式，崔豹《古今注·问答释义》曰：“凡传皆以木为之，长五寸，书符信于上，又以一板封之，皆封以御史印章，所以为信也。”居延所出土的传形无定制，大小不一，亦未发现“封以御史印章”，看来，多为就地取材，其内容绝大部分属普通吏民行止凭证。例如：

元康二年正月辛未朔癸酉，都乡啬夫□当以令取传。[（三七）313·44《居延汉简考释》]

□充光谨案户籍在官者弟年五十九，毋官狱征事，愿以令取传乘所占用马八月癸酉居延丞奉光移过所河津金关毋苛留止如律令/掾承□（218. 2《居延汉简释文合校》）

元始三年十二月吏民出入关传副卷 [73. Ej（1）T35：2]

传的签发关乎庶民行止，一般先申请于乡啬夫，证明申请人无讼狱、欠税事，然后再上报县令（长），待批准后，由掾、令史具传各关律放行。按规定一个完整的传，一般都包括四部分内容，例如：

永始五年闰月己巳朔丙子，北乡啬夫忠敢言之，义成里崔自当自言为家私市居延。谨案自当毋官狱征事，当得取传，谒移肩水金关、居延县索关，敢言之。闰月丙子觻得丞彭移肩水金关、居延县索关，书到如律令。掾晏、令史建。（15·19《居延汉简释文合校》）

“崔自当自言为家私市居延”句以前为“爰书”，也就是抄录乡啬夫转呈的原申请文书。“谨案自当毋官狱征事，当得取传”为批准书。“谒移”以下为下移文书。最后是承办填发者署名。

传的签发，也有不经县令、丞者，由各系统自行办理，如：

建平三年闰月辛亥朔丙寅，禄福仓丞敞，移肩水金关居延坞长王戎，所乘用马各如牒，书到出如律令（15·18《居延汉简释文合校》）

该传与上述“永始五年”传有一个重要不同，即签发传之官乃仓而非县丞。边郡有诸仓，属中央太仓管。边郡诸仓同时也受制于郡太守，各县令、丞无权过问，说明仓丞也有权签发传，其名称为“牒”，具有传的性质。

如因公受遣，临时出入关道河津，则另具官文书。例如：

> 元延二年七月乙酉，居延令尚、丞忠移过所县道河津关，遣亭长王丰，以诏书买骑马酒泉、敦煌、张掖郡中，当舍传舍，从者如律令/守令史诩、佐褒，七月丁亥出。（170・3A《居延汉简释文合校》）

> 居延令印，七月丁亥出。（170・3B《居延汉简释文合校》）

由于因公受遣，所以要求“当舍传舍，从者如律令”，以解决食、宿、行问题。

由此可知，传用于一般吏民之行止。此外还有特殊的牒书、官文书，亦有传的性质，并且可得到传舍更多的照顾。

由于《汉书》注解者注释的错误和混乱，符与传的区别历来争论不休。根据对近几十年出土汉简进行研究的成果，薛英群认为符、传的实质性区别在于符的使用只限于与军事有关的人和事，而传则用于无军籍的吏和民。

3. 棨

1973年，居延肩水金关发现一件“张掖都尉棨信”，红色织物，上方缀系，墨笔篆书。显然与李奇、颜师古等人所说不同，既非“刻木合符”，也不是“两行书缯帛，分持其一”。关于棨、棨信、棨戟，今人对其的解释不是将其截然分开，就是混为一谈。其实，它们之间既有共性，也有区别，存在一个先后发展过程。棨信既是通行证，又具有高级官吏仪仗性质，也就是说最早是作为高级官吏出入的凭证，而后来就徒具形式，逐渐变成出入的仪仗了。

《说文解字》云：“棨，传信也。”但它与符不同，并非“隶军籍”者之凭证，但与传也有区别，因它仅限于高级官吏使用。

4. 过所

汉简中常出现“过所”一词。《释名》云：“过所至关津以示之也。”《古今注》曰：“凡传皆以木为之……如今之过所也。”《周礼・地官・司关》贾公彦疏云：“过所文书，当载人年几及物多少，至关至门，皆别写一通，入关家门家，乃案勘而过，其自内出者，义亦然。”《汉书・文帝纪》师古注曰：“传，若今过所也。”似乎传就是过所。实际上，汉代用传之时，并无过所。或认为汉初已有过所与传并行，这是出于对过所一词的误解。汉简中过所一词并非作为通行证的过所，理由如下。

第一，汉简中所见过所一词，多属传上之用语，即“传”上的词。它既是传，当然不可能同时又叫过所。如："当以令取传，谒移过所县道□"，"当得取传，谒移过所县河津关"，"愿以令取传……移过所津关，毋苛留"，"封传移过所，毋苛留"，等等。这里，"过所"一词即"所过""所经过的"之意。《汉书·匈奴传下》载："汉遣车骑都尉韩昌迎发过所七郡，郡二千骑，为陈道上。"司马光《资治通鉴》中改写为"所过"二字。所以在这里过所之意，就是所经过的"县道河津关，毋苛留"的意思。

第二，"移""谒移"均为下移之意，是汉代上级向下级发文的官方习惯用语。"谒"者，《说文解字》曰："白也"。上级向下级告白的意思。"谒移"一词之下，紧接着便是"过所关道河津"，这个意思是十分清楚的。"过所"在这里显然不是名词。

第三，如果说上引之简都是作为通行证的"过所"，那么，在同一简中又出现"传"，又出现"过所"是没有必要的。

因此，汉初并无"过所"。颜师古说："若今过所也。""今"指唐代。"过所"究竟出现于何时，虽一时还难确定，但最早也不会早于昭宣时期，这一点大概可以肯定的。

（九）简牍中其他种类的文书

在简牍中，还有其他种类的文书，如账簿、报表、名册、档案、契约和私人信件等。

1. 账簿

出土简牍中的账簿大多零散不成册。这些账簿根据内容不同有各种名称，如兵器簿、钱财物出入簿，守御器簿、谷出入簿、茹出入簿等。这种账簿最完整的是 1930 年至 1931 年发现于张掖郡肩水都尉府的广地候官遗址中的被称为《永元兵物簿》的一册木简，共 77 枚，出土时不仅次序未乱，而且编绳残迹犹存。

《永元兵物簿》的内容是东汉和帝时代永元年间广地候官下属的候长向候官的报表。(128.1《居延汉简释文合校》)

在新出土的居延汉简中，有守御器簿，如《橐他箕当隧始建国二年五月守御器簿》：

始建国二年五月丙寅朔丙寅，橐他守候义敢言之，谨移箕当隧守御器簿一编，敢言之。(A) 令史恭 (B)

橐他箕当隧始建国二年五月守御器簿

惊米一石，深目六，大积薪三，芮纬三，糒九升，转射十一，小积薪三。

惊糒三石，草烽一，没器二。马矢橐一，布表一，储水罂二，芀橐一，布烽三，坞户上、下级各一，弩长臂二。

羊头石五百，坞户关二，狗二。长枡二，枪卅，狗笼二，连梃四，芮新二石☐，长棓四、木薪二石，小苣一百。

长椎四、马矢二百，程苣火☐。长斧四，沙二石，瓦帚二。茹十斤，鼓一，木椎二。烽火窅板一，烟造一，壶一。

木面衣二，破釜一，铁戊二。皮窅、草莫各一，瓦枡二。承累四，瓦箕二，烽干二，楼樸四。

☐二具☐

·橐他箕当隧始建国二年五月守御器簿

（74. E. J. T37：1537—1558）

2. 名册

居延汉简中还有大量名册。各类人员的名册，汉简中统称为“名籍”，如奉名籍、告劾副名籍、廪名籍、吏卒名籍、戍卒☐死衣物名籍、赐劳名籍、赐车父名籍、鄣卒名籍等。

1974年，居延破城子遗址第22号房出土《建武三年居延都尉吏奉册》，全册计木简10枚，完整无损。建武初年，窦融领有河西，称河西郡大将军，此册即大将军府颁发的官吏奉禄例文书：

居延都尉	奉谷月六十石	（一）
居延都尉丞	奉谷月卅石	（二）
居延令	奉谷月卅石	（三）
居延丞	奉谷月十五石	（四）
居延左右尉	奉谷月十五石	（五）

·右以祖脱谷给，岁竟壹移计　（六）

居延城司马、千人、候、仓长、丞、塞尉　（七）

·右职间都尉以便宜予，从史令田　（八）

建武三年四月丁巳朔辛巳，领河西五郡大将军、张掖属国都尉融，移张掖、居延都尉，今为都尉以下奉各如差，司马、千人、候、仓长、丞、塞尉职间，都尉以便宜财予，从史田吏，如律令　（九）

六月壬申，守张掖居延都尉旷、丞崇，告司马、千人官，谓官县写移书到，如大将军莫府书律令掾阳、守属恭、书佐丰　（十）

已雠

（74. E. P. F22：70—79）

3. 契约

简牍中的契约有多种，有买卖、租赁、借贷、雇佣等等，如：

张掖居延库卒弘农郡陆浑河阳里大夫成更，年廿四庸同县阳里大夫赵勋，年廿九，贾二万九千。（170.2《居延汉简释文合校》）

建昭二年闰月丙戌，甲渠令史董子方买鄣卒欧威裘一领，直七百五十，约至春钱毕已，旁人杜君隽。（187《居延汉简甲乙编》）

4. 私人书信

见于汉简的私人书信不少，现举两例：

宣伏地再拜请

幼孙少妇足下甚苦塞上暑时愿幼孙少妇足衣强食慎塞上宣幸得幼孙力过行边毋它急幼都以闰月七日与长史君俱之居延言丈人毋它急发卒不审得见幼孙不它不足数来（10.16A《居延汉简甲乙编》）

记宣以十一日对候官未决谨因使奉书伏地再拜幼孙少妇足下朱幼季书愿高掾幸为到临渠燧长对幼孙治所·书即日起候官行兵使者幸未到愿豫自辩毋为诸部殿（10.16B《居延汉简甲乙编》）

5.《候史广德坐不循行部檄》

本简实为觚，发现于破城子遗址第57号探方之内，全长为88．2厘米，基本完整。全部檄文分写于觚的两面，字迹清晰，文意完整。内容如下：

候史广德坐不循行部、涂亭趣具诸当所具者，各如府都吏所举，部糒不毕，又省官檄不会会日，督五十

（A面）

候史广德

·第十三	亭不涂	毋马牛矢	表幣
燧长蓓	毋非常屋	毋沙	□□□
	毋深目	毋芮薪	毋□□□□
	蓬少二	毋□□	毋□□□□

·第十四燧长光　亭不涂　马牛矢少十石
县索缓　毋非常屋　狗笼少一
积薪皆卑　羊头石少二百　表幣
　毋深目　积薪皆卑少

·第十五　·亭不马牛矢涂　狗笼少一
燧长𥨐　蓬少一　积薪皆卑
天田不画县索缓　毋深目　天田不画县索缓
羊头石少二百　笼竃少一
　马牛矢少五石

·第十六　亭不涂　毋深目
燧长𥨐　回门坏　毋马牛矢，少十五石
　毋非常屋　积薪皆卑
　坞毋转□　天田不画，县索缓
　羊头石少二百

·第十七　亭不涂　芮薪少三石　柃柱计不坚
燧长常有　毋非常屋　沙竃少一　县索缓
　羊头石少二百　表小幣
　　毋深目　积薪皆卑
　毋马牛矢　天田不画
　狗桀矢箸

·第十八　亭不涂　毋狗桀　天田不画
燧长充国　毋非常屋　毋芮薪　县索缓
　蓬少一　沙竃少一　柃柱二十不坚
　回　回　回
　蓬三幣　表小幣　积薪六皆卑
　毋深目　竃𥨐少一　小积薪少二
　毋马牛矢

（B面）

（74. E. P. T57：108）

《史记》导读

教学大纲

一、 教学目的

本课程是历史学系三、四年级的选修课。

《史记》是我国古代一部史学名著，是大学生必读的典籍。

司马迁是我国古代伟大的历史学家、文学家、思想家，是一位在中国乃至世界文化史上光照千秋的人物，被列为世界文化名人，永久纪念。他所撰写的我国第一部纪传体通史——《史记》，不但是一部体系完整、规模恢宏、气势磅礴、见识超群的百科全书式的历史巨著，而且是一部文字优美、语言质朴、人物形象生动的传记文学的典范，被鲁迅誉为“史家之绝唱，无韵之离骚”。司马迁和《史记》是中华民族的光荣和骄傲，是一份最珍贵的历史文化遗产。我们继承这份优秀遗产，研究《史记》，了解《史记》所记载的汉武帝以前的中国古代历史的轮廓，学习司马迁笔下的古代许多英雄人物的事迹和他们的高贵品质，学习司马迁的创造精神，对于提高人们的文化素质、陶冶人们的优秀气质、培养人们的高尚情操、铸造人们的性格、提高人们的民族自信心和民族自豪感、鼓励人们进行社会主义物质文明和精神文明建设都有重要意义。

本课程通过讲授司马迁的生平事迹，介绍体例完备的《史记》的史学成就，阐述历代研究《史记》的概况，选讲《史记》五种体裁中有代表性的若干篇章，使学生对《史记》有一个总体认识，提高大学生的史学素养，为进一步学习《史记》、研究《史记》打下基础，同时使学生悟出治史的方法以及治史的乐趣。

二、 教学内容

第一章　司马迁的生平事迹

第二章　《史记》的史学成就

第三章　历代《史记》研究概述

第四章　《史记》选读（仅保留篇目，内容略）

“《史记》选读”的13篇篇目是：《项羽本纪》《六国年表序》《河渠书》《留侯世家》《商君列传》《范雎蔡泽列传》《淮阴侯列传》《张释之冯唐列传》《魏其武安侯列传》《李将军列传》《游侠列传》《货殖列传》《太史公自序》（附《报任安书》，摘自《汉书·司马迁传》）。

三、 教学方法

采用讲授、学生自己阅读、课堂讨论、写读史札记四种形式相结合的方法，以图达到教学目的。

四、 主要参考书

（一）主要参考书目录

1.《史记》，中华书局点校本（共十册）。
2.［日］泷川资言考证、［日］水泽利忠校补：《史记会注考证附校补》，上海古籍出版社 1986 年版（上下两册）。
3. 杨燕起、陈可青、赖长扬编：《历代名家评史记》，北京师范大学出版社 1986 年版。
4. 韩兆琦：《史记通论》，广西师范大学出版社 1996 年版。
5. 杨燕起：《〈史记〉的学术成就》，北京师范大学出版社 1996 年版。
6. 朱东润：《史记考索（外二种）》，华东师范大学出版社 1996 年版。
7. 徐朔方：《史汉论稿》，江苏古籍出版社 1984 年版。
8.［韩］朴宰雨：《〈史记〉〈汉书〉比较研究》，中国文学出版社 1994 年版。
9. 张大可：《司马迁评传》，南京大学出版社 1994 年版。
10. 施丁：《司马迁行年新考》，陕西人民教育出版社 1995 年版。
11. 郑之洪：《史记文献研究》，巴蜀书社 1997 年版。
12. 赵生群：《〈史记〉文献学丛稿》，江苏古籍出版社 2000 年版。
13. 王子今：《史记的文化发掘》，湖北人民出版社 1997 年版。
14. 张玉春：《史记版本研究》，商务印书馆 2001 年版。

（二）主要参考书介绍

1.《史记》中华书局点校本

一百三十卷，十册。1959 年初版，现已多次重印。每次重印都订正一些错误。点校本以金陵书局张文虎校本为底本，对《史记》原文及三家注作了全新的断句、标点和分段整理，是最便阅读的版本。此本有两大特点，一是分段精善。一般是每事一段。但为了避免琐碎，凡事情简单、文章短小者，数事合为一段。反之，一个大事件，文字很多，则按事件发展的情况分成若干段。如《项羽本纪》中的鸿门宴的故事，就分为四段。分段精善，使史事内容条理清晰，线索分明。二是技术处理合理。为了使段落之间眉目清楚，根据段与段之间的不同联系做了不同的技术处理。凡大段之间空一行。二人以上合传，关系密切的叙完一人事迹接续另一人事迹时空一行；关系不密切的，人物之间空两行；附传人物为一组，之间不空行。正文中有大段引文的如《秦始皇本纪》载各地所立石刻的刻辞、《陈涉世家》引《过秦论》，以及后人增补的文字如《张丞相列传》《郦生陆贾列传》所附增窜文字，均另起行、低二格以示标帜。年表部分在书眉上标注了公元纪年，阅读和考证都十分方便。点校者对于已断定的增删文字也作了有标帜的技术处理。删去的字用圆括小号字排，增添的字用方括号标帜，以避免武断。三家注则用小号字分条排列于各段正文之后，标注号码照应。例如：

《五帝本纪》：

帝挚立不善崩。

校点本：

帝挚立，不善（崩）。

《高祖本纪》：

与杠里秦军夹壁，破魏二军。

校点本：

与杠里秦军夹壁，破（魏）[秦] 二军。

《史记》经过这样的整理以后，具有很高的学术价值，不仅给广大读者提供了精善的读本，也给专门研究者提供了完善的引证本。

上面提到的所谓《史记》三家注是怎么回事呢？

《史记》问世之后，从魏晋到隋唐给它作注解的人很多，见于《隋书》及两《唐书》（即《旧唐书》《新唐书》）等三书史志记载的有十五家。列目如下：

《史记音义》十二卷，南朝宋徐广撰

《史记集解》八十卷，南朝宋裴骃撰

《史记音义》三卷，南朝梁邹诞生撰

《史记注》一百三十卷，唐许子儒撰

《史记音》三卷，唐许子儒撰
《史记音义》二十卷，唐刘伯庄撰
《史记注》一百三十卷，唐李镇撰
《史记义林》二十卷，唐李镇撰
《史记地名》二十卷，唐刘伯庄撰
《史记注》一百三十卷，唐王元感撰
《史记注》一百三十卷，唐陈伯宣撰
《史记注》一百三十卷，唐徐坚撰
《史记纂训》二十卷，唐裴安时撰
《史记索隐》三十卷，唐司马贞撰
《史记正义》三十卷，唐张守节撰

以上十五家注疏，流传下来的只有三家，即刘宋裴骃《史记集解》（简称《集解》）、唐司马贞《史记索隐》（简称《索隐》）、唐张守节《史记正义》（简称《正义》），世称三家注。三家注是晋唐时期《史记》研究的集大成之作，具有重要的学术价值，至今仍有重要的学术地位，是研究《史记》的必读参考书。今分别介绍如下。

裴骃《史记集解》　裴骃，刘宋河东闻喜人（河东郡时属北魏。裴骃祖籍河东闻喜县，今属山西省），字龙驹，官至南中郎参军。裴骃是刘宋著名史家《三国志注》作者裴松之之子，有着深厚的家学渊源。裴骃以晋宋之间徐广的《史记音义》为基础，博采九经、诸子、诸史和汉晋人的《史记》注说成果作集注，号“集解”。裴注详于先秦而略于汉，是汉史只有服虔、应劭等少数几家《汉书》注可供取用的缘故。裴氏引用前人旧注，一律标名，一丝不苟。裴氏集解一般谨守汉儒“注不破经”的旧例，对原文有疑，往往客观引证他说，自己不下断语。但对于文字异同，裴氏又作了考辨，能下判断的，亦写出己意，并用“骃案”作标识。裴氏校正《史记》文字，写成定本，奠定了今本《史记》行文基础，是一特大贡献。三家注均据裴氏定本。

司马贞《史记索隐》　司马贞，唐开元中为润州别驾，曾为国子博士，官至弘文馆学士。他的《史记索隐》既注《史记》原文，又注裴骃《史记集解》，并打破汉儒“注不破经，疏不破注”的旧例，辨正原文，攻驳《史记集解》许多错误。例如《儒林列传》载孔子“干七十余君无所遇”，《史记索隐》据实注云：“按《家语》等说，云孔子历聘诸国莫能用，谓周、郑、齐、宋、曹、卫、陈、楚、杞、莒、匡等，纵历小国，亦无七十余国也。”对于《集解》的驳正，更是比比皆是。司马贞又于篇末撰《索隐述赞》，四字为句，押以韵脚，复述篇旨内容，表现了他的博学多才。今录《秦始皇本纪》的《索隐述赞》于下，可见一斑：

六国陵替，二周沦亡。并一天下，号为始皇。阿房云构，金狄成行。南游勒石，东瞰浮梁。滈池见遗，沙丘告丧。二世矫制，赵高是与。诈因指鹿，灾生噬虎。子婴见推，恩报君父。下乏中佐，上乃庸主。欲振颓纲，云谁克补。

张守节《史记正义》　张守节亦唐开元间人，稍晚于司马贞，曾当过诸王侍读、宣义郎、守右清道率府长史。张守节积三十余年之精力撰作《史记正义》，体例仿《史记索隐》，既为《史记》原文作注，亦为《史记集解》作疏证，并疏证《史记索隐》。《史记正义》尤详于历史地理，凡《史记集解》《史记索隐》未注，或错注，或注而不详的地名，都一一补注或辨正。由于《史记正义》疏解《史记索隐》没有明显标志，前人有争论。也就是说《史记正义》与《史记索隐》两者之间是怎样的关系？钱大昕《廿二史考异》卷一说："按守节撰《正义》，成于开元二十四年。小司马（即司马贞）《索隐》则《唐书·艺文志》注云：贞，开元润州别驾。是两人生于同时，而其书不相称引。"这就完全否定了两书的关系，即《史记正义》不可能疏解《史记索隐》。但是，邵晋涵《南江文抄》卷三《史记正义提要》说：守节"能通裴骃之训辞，折司马贞之同异"。这与钱大昕的见解又完全不同。钱、邵两人所见，谁是谁非，这也是研治《史记》的重要问题。1962 年，程金造先生发表《〈史记正义〉〈 索隐〉关系证》（《文史哲》1962 年第 6 期）一文，从两个方面论证张守节在作《史记正义》时确曾阅读过司马贞的《史记索隐》：

第一，司马贞、张守节二人，两《唐书》都无传。二人之生平事迹，虽不得其详，但二人的生平与生活环境，尚可考见一二。据程先生考证，到开元二十四年（736）时，张守节年约五十岁；而此时司马贞如在世，当是七十以上近八十岁的人了，早于张守节二十多年。如果从二人生活环境与《史记》的传授来看，张守节之得见《史记索隐》更是自然的事。据《唐六典》，贞观五年（631）在门下省置弘文馆，东宫立崇贤馆，各有学士校书郎等员。崇贤馆后因避沛王贤名，改称崇文馆（见《文献通考·职官》）。而唐代《史记》之传授与研究，多出自弘文、崇文两馆，两馆可说是《史记》传授与研究之中心点。可是，司马贞为弘文馆学士，其《史记》之学，却是受自崇文馆学士张嘉会。而张守节《史记正义序》，题为"诸王侍读宣议郎守右清道率府长史"。按，诸王侍读之官从元朝至唐代均属于东宫，据《唐六典》卷二十六，右清道率府长史也是东宫属官。张守节既官于东宫，自然可以接近弘文馆、崇文馆人士。而且，司马贞和张守节二人都曾留居长安，又都官于《史记》传授研究之地。张守节作《史记正义》时，如其广求异本，多事参证，则得读司马贞《史记索隐》之书是可能的。因为它是其前辈之著作，必然要参考。

第二，程先生举出十例证明《史记正义》解释《史记索隐》。这里我仅举一例以说明之。

《五帝本纪》有："有土德之瑞故号黄帝"。裴氏《史记集解》于此无注。《史记索隐》曰：

> 炎帝火，黄帝土代之，即"黄龙地螾见"是也。螾，土精，大五六围，长十余丈。螾，音引。

《史记正义》曰：

> 螾，以刃反。

按，"螾"字《史记》正文所无，裴氏又无注。则《史记正义》此音之所以注《史记索隐》"螾"字之音，是因为张守节见《史记正义》有字例、音例，而司马贞虽已音"螾"为"引"，但还是认为尚不切当，故注明切音。

程金造先生解决《史记正义》与《史记索隐》的关系问题，对于考证司马迁行年和评价、使用三家注的价值都有重要意义。

综观三家注，内容非常广泛，从文字考校、注音、释义，到注释人物、地理、史事、天文历法、山川草木、鸟兽虫鱼、典章制度等等，无不具备。三家注以疏解文字为其重点，从多种角度解析《史记》文字以及句、段，对读者帮助极大。至于对史事的补遗，三家注亦有其特色。三家注各有所长，大致说，《史记集解》以广征博引、订定文字为胜，《史记索隐》以探幽发微、解说详密为著，《史记正义》则长于地理。三书依次相注，关系紧密，最初原各自单行，至北宋始合刻，并分散在《史记》原文之下，为一百三十卷。现存最早的三家注合刻本，是南宋宁宗庆元年间黄善夫本，收入商务印书馆影印的"百衲本二十四史"《史记》中。三家注与《史记》合刻最便阅读和翻查，所以自南宋以来七百多年一直出版不绝。中华书局的点校本《史记》也把三家注与《史记》合排。

上面提到"点校本以金陵书局张文虎校本为底本"是怎么回事呢？张文虎校本《史记集解索隐正义》一百三十卷，清同治九年（1870）金陵书局刊，清唐仁寿、张文虎校。此本唐、张二氏博取宋、元、明诸善本汇校汇考，又采择梁玉绳《史记志疑》、王念孙《读书杂志》、钱大昕《史记考异》等书成果，详为校勘，考其异同，精审采择，世称善本。故中华书局点校本《史记》以此作底本。

阅读该书时，建议先看"出版说明"（第一册）和"《史记》点校后记"（第十册）。

2.［日］泷川资言考证、［日］水泽利忠校补：《史记会注考证附校补》，上海古籍出版社 1986 年版（上下两册）

《史记会注考证》（简称《考证》）于 1934 年由日本东方文化学院排印，是继三家注之后的一次集大成的整理。《考证》以金陵书局《史记》为底本，引录三家注以来有关研治《史记》资料及注家 120 余种典籍，上起盛唐，下迄近代，囊括中日名著（其中中国典籍百余种，日人著作二十余种），选择缀辑于注文中，时加审辨说明，荟萃一千二百年来诸家之说于一编，与《史记》原文、三家注合排，为研究者提供了极大的方便。《考证》资料丰富，辑录了《正义》佚文 1200 余条补入注中；对于《史记》所采旧典，凡能考据者，一一注出，方便研究者溯本求源，比勘研究。《考证》对史实、文字、词语进行的考辨，颇多精语。对于地名，往往注以今地名，便于披阅。《考证》所辑《正义》佚文，受到我国学术界的极大重视。徐文珊先生说过："今检日本《史记会注考证》本，知彼据唐写本《史记正义》幻云钞、桃源钞二种补出《正义》文一千余条，大是快事。"我国文学古籍刊行社 1955 年影印出版《史记会注考证》时，在出版说明中说："从北宋以后刊行的《史记》三家注本，把注释部分删去了不少。流传在日本的旧钞本《史记》卷子，许多还保存着北宋以前的《史记》和三家注的真面目。1934 年泷川资言据日本所藏《史记》旧钞本并搜辑三家注以后研究《史记》的有关资料，编成《史记会注考证》一书，其中仅就《正义》而言，即超出宋以来刻本约有千条之多。这是一部可贵的参考资料。"虽然有些佚文是否出自张氏尚有可疑，但正如贺次君先生在《史记书录》中所说："三家旧注于《史》文疑难处阙解甚多，此所补虽非全属张守节原注，而音义、诠释亦颇精当，于读《史》尚属有裨。"但是，《史记会注考证》也有严重的缺点：一是"所采《正义》佚文，皆不注明其所依"，使我国学人颇有疑之者；二是对资料的搜集遗漏较多，大约只吸收了唐以来《史记》研究三分之一的成果，黄震、鲍彪、吴师道、张鹏一、雷学淇等人的成果都未罗致。对于金石文字和近人论著的采摘尤为疏略。此外在摘引资料和训诂方面也有不少疏失。为了补正《史记会注考证》，日人水泽利忠在 20 世纪 50 年代撰《史记会注考证校补》（简称《校补》）印行于世。《校补》尤重校勘，广罗众书，而且补辑《考证》所未辑的《正义》佚文 200 余条，与《考证》相辅相成。1986 年，上海古籍出版社将两书重新影印，题名《史记会注考证附校补》（上下两册），以便翻阅。水泽利忠校补附于《史记会注考证》每卷之后。

1981 年王利器先生在北京大学历史系讲授《史记》，以泷川本为讲义。王先生十分重视泷川本所辑《正义》佚文的学术价值，希望能将其纂为一本辑佚专书。北大历史系老师张衍田根据王利器先生的提议，在同学帮助下，辑录泷川本《正义》佚文 1418 条，《校补》227 条，总共 1645 条。编成《史记正义佚文辑校》一书，北京大学出版社1985年出版。

《考证》一书问世之后，中国学者鲁实先撰《史记会注考证驳议》（《文史杂志》1942年第5、6期）一文，以后扩展成一书出版，该书分七节对《考证》逐一驳议：体例未精、校刊未善、采辑未备、无所发明、立说疵谬、多所剽窃、去取不明。当时海内外学者无不服其精博，泷川资言也复信给鲁实先说写得好，“誉为秀才”。郭沫若填词《满江红·奉赞〈史记会注考证驳议〉》：

> 国族将兴，有多少奇才异质。纵风雨飘摇不定，文华怒茁。洹水遗龟河洛文，流沙坠简《春秋》笔。看绯熙日日迈孙（诒让）章（炳麟），前无匹。泷川注，夸劳绩。《鹏鸟赋》，难分析。赖发蒙千载，庚辰元历。衡岳精灵撑突兀，潇湘风韵扬清激。料方壶定感一声雷，震遐逖。

郭沫若署“民国十九年七月廿四日郭沫若拜题”。《新民报》同年七月二十九日载此词，有改动，作“看辑熙日日迈乾嘉”，当是郭沫若的改定稿。

鲁实先系湖南宁乡人，生于1913年。他自幼聪颖过人，在长沙读中学时，因不满校规被学校当局勒令退学，后由其父聘师教导。其父去杭州做官，命他随同前往，并从几位国学大师学经史，又于文澜阁观《四库全书》，潜心研读中国古史，心得良多。杨树达先生叹其精博，推荐予上海复旦大学中文系主任陈子展教授，鲁因入该校任教授被该校师生称为“娃娃教授”。新中国成立后先后去香港、台湾的大学任教。1977年病逝于台湾。

《史记会注考证驳议》一书于1940年由湖南长沙湘芬书局印行，1986年岳麓书社以“旧籍新刊”加以重印，并分段、校点、加相应的标题，便于使用。

3. 杨燕起、陈可青、赖长扬编：《历代名家评史记》，北京师范大学出版社1986年版

该书辑录了从古到1949年400余种著作中有关《史记》评论的文字，共60万字，给研究《史记》提供了非常有用的材料。该书分上、下两编。上编为总论，分通论、论作者生平、论学术思想、论编纂体例、论取材、论叙事、论缺补增改、论马班异同、论流传和影响、论其他。下编为分篇评论，逐篇分析《史记》130篇。该书选录标准以有无学术价值为准，便于参考。

4. 韩兆琦：《史记通论》，广西师范大学出版社1996年版

韩兆琦为北京师范大学中文系教授，研究《史记》几十年，在中国大陆和台湾出版过有关《史记》的论著有《史记选注汇评》《史记选注集评》等数种。这本《史记通论》是1992年版的增订本。分关于司马迁其人、关于《史记》其书、关于司马迁的思想、关于《史记》的艺术性、《史记》的继往与开来、《史记》精品题评（共50篇）六个部分。这本书的框架结构与他在台湾文津出版社出版的《史记博议》大致相似，但内容增删较多。

5. 杨燕起：《〈史记〉的学术成就》，北京师范大学出版社 1996 年版

杨燕起教授研究《史记》是从做基础工作开始的，其间与朋友们先后整理出版了《历代名家评史记》《史记研究资料索引和论文专著提要》《史记精华导读》三种著述，还主编《白话史记》。在这个基础上，他将教学和研究的有关心得体会写出来，形成《〈史记〉的学术成就》一书，并对某些理论问题提出自己的看法。该书可与上述三种著作形成一个系列，对我们研究和阅读《史记》都有参考价值。该书分七章，探讨了《史记》的时代特色、司马迁的文献整理、《史记》的体例、司马迁的哲学、政治、历史、经济思想等，最后附《史记》研究史述略。

6. 朱东润：《史记考索（外二种）》，华东师范大学出版社 1996 年版

朱东润抗战时期在四川乐山武汉大学中文系讲授《史记》，写成论文 18 篇，总名《史记考索》，1940 年由开明书局印行。后来写成《汉书考索》《后汉书考索》两种，没有公开出版。20 世纪 90 年代，华东师范大学出版社编辑出版“二十世纪国学丛书”，收入《史记考索》。这次出版将《汉书考索》《后汉书考索》附在《史记考索》之后，方便读者。朱东润历任武汉大学、复旦大学教授，是著名的文学史专家，著有《张居正大传》《陆游传》《梅尧臣传》《杜甫叙论》《陈子龙及其时代》等传记作品及《中国文学论集》《诗三百篇探故》《陆游研究》《左传选》《梅尧臣集编年校注》等古典文学论著。

7. 徐朔方：《史汉论稿》，江苏古籍出版社 1984 年版

作者在《自序》中说：“《史记》详近略远，秦及西汉初近百年历史是它的独特成就。一个半世纪之后，班固完成《汉书》。两者可以分别作为纪传体通史和断代史之祖而各得其所。令人惊异的是汉初部分，后者在多数情况下是前者原文的抄录。除个别篇章，文字出入很少。这个事实曾引起不少学者注意。在李杜优劣论之前，早就存在班马异同论。评论者往往凭主观印象，恣意褒贬。”或褒司马迁而贬班固，或褒班固而贬司马迁。“本书无意进行这样一类评比。不是自以为比前人高明，而是比前人平实。本书把《史记》《汉书》内容重迭或其他宜于对比的部分，一无遗漏地分析探究他们的异同所在及其由来。不以个别篇章代替全体，以避免取样有偏而引起差错；不凭记忆、感想，而是从全部事实出发。这样就不难发现：《史记》在文学之美和历史之真不能兼顾时，往往舍真而求美，然后采用年表等手段以弥补真实性之不足，《汉书》与此相反；二书相同部分有关年代或数字等需要计算查对才能辨别正误之处，《汉书》往往以《史记》之讹而传讹，但是《史记》所缺部分则《汉书》的真实性往往提高。这样就自然而然地、有事实根据地得出结论：从文学的角度看，《汉书》不及《史记》；从史学的角度看，《汉书》曾对《史记》作出有益的校正和补充。在这个意义上不妨给《汉书》加上后来居上的好评。”“没有对比，很难对两者的成就和不足作出如实的评价。本书的用意在此，而不在两者之间简单地一分高下。”该书分上编、下编，上编是论文性质，下编则是《史记》《汉书》相同部分的对比，完全是平实的考证和分析。在研究《史记》《汉书》时，该书是非常有用的参考书。

8.［韩］朴宰雨：《〈史记〉〈汉书〉比较研究》，中国文学出版社1994年版

该书为中国文学出版社出版的“中外学者学术丛书”中的一种。作者朴宰雨是韩国学者，韩国外国语大学教授。原是台湾大学毕业的博士生，多年来一直从事中国古典文学方面的研究。多次访问中国，与北京师范大学交往较多。北京师范大学韩兆琦教授为该书写了一篇较长的序言，给予了较高的评价，认为“朴先生的这本书首先分析总结了历代研究‘史汉异同’的状况，涉猎赅博，条理清晰，使人一览之下，顿时将这一部分学术史了然于心。接着这本书便从‘史汉总体’‘史汉传记文的编纂体例、形式、人物’与‘史汉传记文的写作技巧’三方面将《史记》《汉书》的相关部分条分缕析地一一进行了详细勘比。其用功之勤，其思虑之细，其所表达的观点之准确明晰，都是很令人叹服的。”“朴先生的这本著作中既汇集了古今中外许多学者的研究成果，又独自下苦功进行了许多勘核统计，其材料之丰富、其数据之翔实，都是少有其比的。中国从晋代开始便有人对《史记》《汉书》进行比较研究，以后便代不乏人，近十几年来相继又出过一些这方面的论文与专著，总的数量应该说是不少了。由于各自研究的目的方法不同，所以各有各的成绩，也各有各的不足。但是像朴宰雨先生这样既有宏观，又有微观；既有理论概括，又有具体材料的偏重于文学方面的研究著作，似乎还没有见过。朴先生的这本书定将给以后的《史记》研究、《汉书》研究，以及《史记》《汉书》的比较研究提供一种新的巨大的方便。”该书的第五章“结论”总结出《史》《汉》的十四条异同，相当明确，书后附《参考文献目录》也方便读者阅读。

9. 张大可：《司马迁评传》，南京大学出版社1994年版

该书是原南京大学校长匡亚明主编的“中国思想家评传丛书”中的一种。张大可教授是研究《史记》的专家，长期从事中国历史文献、秦汉三国史的研究，在这两个领域都有所建树。出版过数种有关《史记》的著作：《史记研究》（论文集）、《史记论赞辑释》、《史记全本新注》，主编《史记选注讲》等。

该书着重从中国思想文化发展史的角度，深入分析了《史记》赖以产生的历史、社会、家世、师承及个人经历等主客观条件；具体评述了司马迁在其“究天人之际，通古今之变，成一家之言”的治学纲领下所形成的哲学、史学和文学成就，进而分析了这些成就所体现的哲学、政治、经济、历史、战争、民族、道术、人才等思想；结合《史记》传播的历史，阐明“史记学”的形成和发展。

最后附录《司马迁创作系年》和《主要参考书目》。该书在司马迁传记方面是较有分量的一本。

10. 施丁：《司马迁行年新考》，陕西人民教育出版社1995年版

该书是陕西省司马迁研究会组织编写的“司马迁与华夏文化丛书”的一种。这套丛书共28本，包罗天、地、人、物系统知识，从《史记》百科全书这一广阔领域内揭示出司马迁与中华文化的密切关系。这个研究会还编成大型工程《史记研究集成》。

司马迁行年问题，不仅对司马迁与《史记》的全面评价有着直接关系，而且也关系到对汉代史学乃至历史与文化的认识和衡量。所以，古今中外的学者都关注此问题。清代学者对这个问题已提出了一些看法，但尚未深入。近代自王国维以来，许多大家如郭沫若、李长之等对此问题都进行过深入的研究，推动了这个问题研究的深入和发展。

施丁就这个问题写过几篇考辨的论文，此书是在这个基础上写成的。其结论是司马迁生于景帝中元五年（前145），卒于汉武帝太始元年末（前96年或前95年初），享年50年。书后附录《司马迁行年新考论著索引》及十篇有代表性的观点的文章或节录。

11. 郑之洪：《史记文献研究》，巴蜀书社1997年版

陕西省司马迁研究会主持两项大工程，一是《史记会校会注会评》（“史记三会本”）集训论文大成；二是张大可主持的《史记研究集成》，总结两千年来古今中外“史记学”研究成果精义于一编。该书是这一工程的阶段性成果。该书探索了《史记》的文献内容与价值，既总结司马迁其人其书，又总结两千年来“史记学”的研究成果，由三个部分组成。正文八章是全书重点，首尾完备，基本勾勒了“史记学”的文献轮廓，以及前人的研究精义。作者心得以按语出之，由郑之洪编纂。序论由张大可执笔，总结20世纪的“史记学”成就，置于书首体现时代性。附录有精言妙语选释与论文论著索引两项内容，前者是《史记》文献的补充，后者以备实用。

该书具有大量信息资料，开卷有益。

12. 赵生群：《〈史记〉文献学丛稿》，江苏古籍出版社2000年版

作者在南京师范大学文学院长期担任古文献专业的“史记导读”“史记研究”等课程的教学工作。该书选收他的十八篇论文，可说篇篇有创见。此前作者曾出版过《太史公书研究》《史记编纂学导论》（“司马迁与华夏文化丛书”之一）两书。

13. 王子今：《史记的文化发掘》，湖北人民出版社1997年版

该书是叶舒宪、萧兵、王建辉等主编的“中国文化的人类学破译”系列丛书之七。《史记》研究者，代有其人，但多从传统史学和传统文学的角度出发，研究视野有所局限。《史记》若干深刻的文化底蕴没能得到充分的认识。如果能从更广阔的视野看《史记》，还会有更丰富的文化发现。该书借用近世文化人类学的原理和方法发掘《史记》内在精神基柱的文化遗存，重视跨文化的比较分析，将《史记》及其有关的社会文化现象放置在人类文化的总格局中加以探讨，从而由新的角度理解司马迁的文化观和历史观，从而发现了中国早期史学若干文化人类学的基因。这是从文化人类学的角度研究《史记》的一本新著，可供参考。从它的章目中可以看出它的新视角：序章“‘究天人之际’：早期史家的历史责任和文化责任”，第一章“历史的传说时代和传说的历史基因”，第二章“秦史与秦文化”，第三章“日神和海神”，第四章“天文与人文的映合”，第五章“封禅典礼的文化内涵”，第六章“鬼神的世界”，第七章“巫风与蛊道”，第八章“朱雁与白麟”，第九章“礼俗迷信与社会生活”，第十章“历史与人生”。

14. 张玉春：《史记版本研究》，商务印书馆2001年版

该书是著者在博士学位论文的基础上修改补充而成的。《史记》版本研究是《史记》研究的基础，也是《史记》研究的薄弱环节。作者以历代史志及公私书目为线索，以现存写本、刻本为依据，在考察各本文本形态的基础上，根据校核各本所得异文对《史记》版本系统展开研究，首次构筑了《史记》版本系统的框架。作者通过对唐及唐以前《史记》写本状况的考察，“得出在魏晋时期《史记》就已产生了众多异本，虽未形成系统，但已做了一定的整理工作。唐代沿承其绪，是为《史记》的写本阶段。至宋代，对《史记》写本进行了综合校理，由写本过渡到刻本，论证了刻本对写本的继承是整体上的继承，写本与刻本间无不同系统的区别。在此基础上，重点论述了北宋、南宋诸本的成因及演变轨迹，亦探讨了元、明主要刊本的版本承传系统”。经过此书的论证，澄清了前人对《史记》版本源流的某些模糊认识，匡正了以往版本学界对《史记》版本的种种错误论断，客观地揭示了《史记》版本的承传系统。

作者的导师安平秋在为该书写的序言中说明其学术价值，“一是由于作者对中日两国现存的《史记》主要抄本、刻本作了通观目验、重点比勘和通盘比较，并据此梳理出历代《史记》版本的承传关系与发展轨迹，因而使这部论著成为扎实可信的、超越前人的力作。张玉春博士通晓日语，他在九十年代后几年，在日本遍访日本所藏各种《史记》版本，尤其对日本大阪杏雨书屋所藏两种宋刻本与他所搜集到的其他宋刻本的复印件作了逐字逐句的比勘，并吸收了八十年代以来中日两国研究《史记》版本的成果，而使他的这部论著成为……对一百年来《史记》版本研究的总结之作。二是作者在论著中有创获、有新见，纠正了前人研究的疏误。如书中首次论证了日本杏雨书屋所藏北宋本为北宋原刻本，而北京国家图书馆藏本为其覆刻本；首次提出了南宋三家注黄善夫本是在二家注蔡梦弼本基础上，合以‘正义’注文而成；首次论析了元代彭寅翁本三家注注文脱落，是因所据底本注文残缺，并不是有意的大幅删削，纠正了贺次君先生和我过去论断的失误。仅此上述两点，即可看出《史记版本研究》于《史记》研究的贡献，也同时奠定了张玉春博士在《史记》研究领域中是具有真才实学的学者的无可置疑的学术地位”。

第一章 司马迁的生平事迹

一、 生卒年与家世

司马迁，字子长，汉左冯翊夏阳（今陕西韩城）人。他的生卒年，由于《太史公自序》失载，于是成为古今疑案。

关于生年，学术界共有六种说法，而影响最大并有依据的是王国维和郭沫若两家的考证。其余四家，大多出自臆断，无多大价值。

王国维、郭沫若两家都是依据《太史公自序》的三家注推得，两说相差正好整十年。

司马迁的父亲司马谈卒于元封元年（前110）。《太史公自序》云："卒三岁而迁为太史令。"司马贞《索隐》在这一句下注云：

> 《博物志》：太史令茂陵显武里大夫司马［迁］，年二十八，三年六月乙卯除六百石。

元封三年（前108），司马迁年二十八，郭沫若据此推算其生于汉武帝建元六年，即公元前135年。学术界称此说为"司马迁生于建元六年说"，即"前135年说"。

司马迁当了五年太史令，汉武帝改元太初，颁布新历。张守节的《正义》就在"五年而当太初元年"下加按语说：

> 案：迁年四十二岁。

太初元年是公元前104年，司马迁年四十二岁，王国维据此推算其当生于汉景帝中元五年，即公元前145年。学术界称此说为"司马迁生于景帝中元五年说"，或"前145年说"。

王国维是考证司马迁生卒年的第一人。其说见其《太史公系年考略》与《太史公行年考》两文中。郭沫若所主张的"建元六年说"，创说者为日本学者桑原骘藏。桑原文《关于司马迁生年之一新说》于1922年刊于《东洋文明史论丛》。中国学者中系统阐发"建元六年说"者为李长之。李文《司马迁生年为建元六年辨》载于《司马迁之人格与风格》（开明书店 1948 年版）一书中，“举证十条以立其说”，但未引起学术界的重视。1955 年郭沫若在《历史研究》第 6 期发表《“太史公行年考”有问题》一文，引起了学术界的重视，使不少学者信从“建元六年说”。

郭、王两家的考证分别依据《索隐》和《正义》。《索隐》作者司马贞和《正义》作者张守节都是唐代人，对于司马迁年岁的说法，他们所依据的材料应是同源的，即晋人张华所撰的《博物志》。因此，司马迁生年的十年之差，不是依据的材料有问题，而是数字在传抄流传中发生了讹误。这是王国维立论的基石。

在汉唐时期，汉字数字中十以上的写法是：“二十”作“廿”，“三十”作“卅”，“四十”作“卌”。这几个数字的竖笔只是一笔之差，容易致误。《史记》《汉书》均有记载人物生年十年之差的例证。日本人水泽利忠《史记会注考证校补》校录了日南化本《史记》的《索隐》文，正作“年三十八”，这一证据给王国维说提供了极有价值的版本依据。日南化本是日本人所藏中国《史记》善本南宋黄善夫汇刻的三家注本，具有很高的学术价值。

郭沫若否定了王国维主张的数字讹误这一立论基石，而认为《索隐》《正义》两个年龄数字并存是各有所系，即《索隐》的“年二十八”指司马迁元封三年二十八岁，《正义》的“迁年四十二岁”是指司马迁一生的年岁。但这只是一个假说，论证的证据是不足的。

司马迁生年问题，自 1916 年王国维提出到 20 世纪 80 年代中，经过中外学者几代人的努力，尤其是 50 年代和 80 年代两次全国性大规模的学术讨论，可以说基本上廓清了问题，已有定论。《索隐》“年二十八”是“年三十八”之误。张守节的“案：迁年四十二岁”是依据《索隐》“年三十八”之文以推断司马迁太初元年时四十二岁。以《索隐》“年三十八”与《正义》“年四十二”推断司马迁生年为汉景帝中元五年，即公元前 145 年。

卒年则比生年更难考定，因为更加缺乏直接的史料。学术界推定司马迁的卒年共有七种说法，没有一种说法具有足够的证据。如果没有新的史料发现，司马迁卒年之谜就永远不能揭开。

学术界推论司马迁的卒年，主要是以下两个方法。

第一，用《史记》记事的下限来估算，这是王国维的方法。他确信贰师将军李广利降匈奴为司马迁最晚之记事，时在征和三年（前 90）。三年后汉武帝辞世。王国维假定司马迁享年六十岁，故估定司马迁死于昭帝之初的始元元年（前 86），但并无可靠依据，只是认为司马迁最晚记事已至征和三年，临近汉武帝卒年，所以提出了一个情理上的假说。王国维的结论是：

> 案：史公卒年，绝不可考。……然视为与武帝相终始，当无大误也。

第二，《集解》根据《太史公自序》，引卫宏《汉旧仪》（即《汉书旧仪注》），即司马迁有怨言，下狱致死，以《报任安书》的写作之年来定司马迁的卒年，这是郭沫若等人的方法。清人成瓘首发此论，他在《篛园日札》卷五《史记》“为两汉人所乱非由褚先生”条认为，征和二年任安坐戾太子事下狱死，“而太史竟坐是以死，死固在武帝前”。郭沫若力主此说。由于对《报任安书》写作年代有不同看法，用此推定司马迁的卒年就有四说：太始元年（前96）说、太始四年（前93）说、征和二年（前91）说、征和三年（前90）说。按此说所据卫宏的原文为《汉旧仪》。

> 司马迁作《景帝本纪》极言其短及武帝过，武帝怒而削去之，后坐举李陵，李陵降匈奴，故下迁蚕室，有怨言，下狱死。

按此说，即司马迁死于汉武帝的文字狱，是汉武帝杀了司马迁。但在两汉名人的言论著作中，除卫宏外，并无汉武帝杀司马迁的记载，倒有对汉武帝不杀司马迁表示不满的话。《三国志·董卓传》裴松之注引谢承《后汉书》记载王允的话说：“昔孝武不杀司马迁，使作谤书，流于后世。”又《三国志·韦曜传》载，孙皓凤凰二年（273），左国史曜（昭）下狱，右国史华覈上疏救曜。华覈云：

> 昔李陵为汉将，军败不还而降匈奴，司马迁不加疾恶，为陵游说，汉武帝以迁有良史之才，欲使毕成所撰，忍不加诛，书卒成立，垂之无穷。今曜在吴，亦汉之史迁也。

按华覈上疏，司马迁之所以能够用腐刑代死是因为汉武帝惜其才，让其毕成《史记》一书。王允切齿汉武帝不杀司马迁。这些皆言之凿凿。可见以《报任安书》写作之年来定司马迁卒年是不能成立的。

张大可在《司马迁评传》（南京大学出版社 1994 年版）中，推论“司马迁当卒于昭帝之初”，列举六条例证。

其一，《太史公自序》云：“凡百三十篇，五十二万六千五百字，为《太史公书》。”可见《史记》有字数统计。《报任安书》说：“仆诚已著此书，藏之名山，传之其人通邑大都，则仆偿前辱之责，虽万被戮，岂有悔哉！”只透露基本完成的信息，并没有字数统计。司马迁写《报任安书》后依然活着并还在修订《史记》，这是一个确定的事实。王国维考定司马迁最后记事就是从这一事实出发的。

其二，褚少孙在《史记》卷二十一《建元以来侯者年表》补说：“太史公记事尽于孝武之事。”这是司马迁在太初以后修订《史记》以及死于武帝之后的有力证据。褚少孙，颍川人，寓居于沛，大儒王式弟子。褚生于汉宣帝本始三年（前71），五凤四年（前54）十八岁应博士弟子选，甘露元年（前53）以高第为郎，出入宫禁十余年，元成间为博士。褚少孙入宫，距司马迁之死只有三十余年，他在宫中读《太史公书》，访故旧逸闻，续补《太史公书》。他为博士后，曾与张夫子，即博士张老先生讨论《史记》义理。褚少孙的说法是具权威性的。

其三，把《史记》太初以后记事进行全面统计与内容分析可以发现，太初以后，从天汉元年（前100）至后元二年（前87）十四年中的记事内容有十六个篇目，涉及二十二人，字数仅1 554字，集中在巫蛊案、李陵案两件大事上，这是司马迁的附记，出自司马迁的手笔。武帝之后的记事有十一篇，史事涉及昭、宣、元、成诸朝，字数达4 997字，与上述司马迁附记有明显区别，绝非司马迁手笔，当为后人所增窜。

其四，在今本《史记》中有十二篇记载太初以前史事而有“武帝”字样，不似后人窜乱文字，而是司马迁在武帝死后仍在修订《史记》的痕迹。

其五，《屈原贾生列传》末云：“贾嘉最好学，与余通书。至孝昭时，列为九卿。”崔适认为末二句是褚少孙所补，以往信其说。细审行文，应为司马迁之文。

其六，昭帝始元六年（前81）召开盐铁会议，桑弘羊在论战中多次引用《货殖列传》为自己辩护，称“司马子言”（《盐铁论》卷四《毁学》）。桑弘羊以御史大夫之尊称六百石秩的司马迁为“司马子”，先秦、两汉时代，称人为“子”是一种尊称，可见司马迁不会是下狱死，而是在昭帝始元六年之前善终。

综上所述，司马迁的绝对卒年尚不可知，但他死于武帝身后而在昭帝始元六年之前却是一个事实。

关于司马迁的家世。《史记·太史公自序》是作者的传略，又是《史记》的总序。《史记》原题为《太史公书》，故总序称为《太史公自序》。《自序》追述司马氏世系，源远流长：

> 昔在颛顼，命南正重以司天，北正黎以司地。唐虞之际，绍重黎之后，使复典之，至于夏商，故重黎氏世序天地。其在周，程伯休甫其后也。当周宣王时，失其守而为司马氏。司马氏世典周史。惠襄之间，司马氏去周适晋。晋中军随会奔秦，而司马氏入少梁。

这里司马迁追溯至颛顼之世，重、黎为二人。重为南正，黎为北正。正，就是长官之意。南正，古代天官，观星象，定历法。北正，古代地官，执掌农事。先秦典籍《尚书·吕刑》《左传》《国语》等书都记载有关重、黎二人在颛顼之时分司天地的传说。但《史记·楚世家》中，重黎氏合为一人：

楚之先祖出自帝颛顼高阳。高阳者，黄帝之孙，昌意之子也。高阳生称，称生卷章，卷章生重黎。重黎为帝喾高辛居火正，甚有功，能光融天下，帝喾命曰祝融。共工氏作乱，帝喾使重黎诛之不尽。帝乃以庚寅日诛重黎，而以其弟吴回为重黎后，复居火正为祝融。

据此，司马氏的世系如下：

黄帝—昌意—颛顼—称—卷章┬重黎……司马氏
（高阳）└吴回……楚（屈原）

司马迁对其远祖的追溯，既区别重、黎为二人，又合重、黎为一人，说明这是一种传说，不可能考实。

但司马迁对其远祖的追述寓有一层深意，即强调司马氏为史官世家。到周代，司马氏祖先程伯休甫因军功显赫而姓司马，但司马氏仍世典周史。春秋战国时社会大变动，“惠、襄之间，司马氏去周适晋”，惠襄两王是东周第五、六两代国君。去周适晋的司马氏，随着时代的变动而东西分散，各奔前程。《自序》说：

自司马氏去周适晋，分散，或在卫，或在赵，或在秦。其在卫者相中山。在赵者、以传剑论显，蒯聩其后也。在秦者名错，与张仪争论，于是惠王使错将伐蜀，遂拔，因而守之。错孙靳，事武安君白起。而少梁更名曰夏阳。靳与武安君坑赵长平军，还而与之俱赐死杜邮，葬于华池。靳孙昌，昌为秦主铁官，当始皇之时。蒯聩玄孙卬为武信君将而徇朝歌。诸侯之相王，王卬于殷。汉之代楚，卬归汉，以其地为河内郡。昌生无泽，无泽为汉市长。无泽生喜，喜为五大夫，卒，皆葬高门。喜生谈，谈为太史公。

据此，司马迁属于入秦的一支司马氏。司马错显赫于秦，这是司马迁祖上有确切世系可考的始祖，其承传世系：

司马错（秦蜀郡守）—□—靳（事白起）—□—昌（秦铁官）—无泽（汉市长）—喜（五大夫）—谈（太史令）—司马迁

上述各支司马氏，皆与史职无缘。也就是说，世典周史的司马氏，自春秋中叶去周适晋以来，已中断史官家学四百余年。在这风云变化的时代，司马氏家族从事政治、军事、剑客、经济的活动，在多个领域产生了司马氏家族的显赫人物，有名将司马错，经济官司马昌、司马无泽。到了司马迁之父司马谈，做了太史令，他决心重振远古家学，发愤修史。

二、 司马迁之父司马谈

司马谈对《史记》的发凡起例及对司马迁的精心培养奠定了他的历史地位，所以研究司马迁不能不谈及司马谈。

（一）师承

《太史公自序》说："喜生谈，谈为太史公。"太史公仕于建元元封之间，卒于元封元年（前110）。对于他的生年、表字、确切出仕之年，以及怎样出仕，《自序》均失载，文献无征，很难考定。但对他的师承关系，《自序》说得很清楚：

> 太史公学天官于唐都，受《易》于杨何，习道论于黄子。

"学天官于唐都"。天官，即天文学。古代人们认为天上的列星与人间君臣相对应，亦有尊卑等级，"若人之官曹列位，故曰天官"（司马贞《史记索隐·天官书》）。中国古代天文学有两个分支：一为星占家，观测恒星流慧的隐现，用于占验，《周礼》中保章氏传其学；一为历家，推步日月五星之行度，用于制历法，《周礼》中冯相氏传其学。古代天文学与迷信混杂，星占家讲天人感应，历家讲禁忌。但天象观测和历法推步又都是实学。《史记·天官书》总结了星占学，《历书》总结了历法推步，把古代天文学科学知识大大向前推进了一步。司马谈之学渊源于唐都，唐都是西汉著名的天文学家，对于星占和历法两个方面的学问都十分精通。《天官书》说："夫汉之为天数者，星则唐都，气则王朔，占岁则魏鲜。"《历书序》云："至今上即位，招致方士唐都，分其天部。"《集解》引《汉书音义》曰："谓分部二十八宿为距度。"即测定二十八宿的距离和角度，说明唐都是一位重实测的天文学家。司马谈与唐都属同僚，唐都在太初元年（前104）与司马迁一起制订太初历，说明其年岁至多与司马谈同辈或稍晚。唐都对于司马迁来说是长辈，既为其父之师，自亦当为司马迁之师。唐都之学对司马氏父子天文学的影响很大。

"受《易》于杨何"。杨何，字叔元，淄川（今山东昌乐县西北）人。他是汉武帝时的《易》学大师。《汉书·儒林传》载，杨何传《易》，"元光元年征，官至中大夫"。《史记》《汉书》两书的儒林传记载《易》学师承为：孔子—商瞿—桥庇—馯臂—周丑—孙虞—田何—王同—杨何。

田何为秦末汉初人，他因是田齐苗裔而被汉高祖从山东齐地徒往关中杜陵，号杜田生。学《易》的人多在汉朝做高官。《汉书·艺文志》载《易》学之书有周氏、服氏、丁氏、杨氏四家今文学。由此可见在汉武帝时代，《易》为显学。《史记·儒林列传》说："然要言《易》者本于杨何之家。"《易》长于变通，太史公"通古今之变"，受益于《易》学匪浅。

"习道论于黄子"。黄子，又称黄生，子与生皆尊称，史失其名。黄子为景帝时博士，是司马谈的前辈。关于黄子的事迹，《史记·儒林列传》载他与辕固生辩论的故事：

> 清河王太傅辕固生者，齐人也。以治《诗》，孝景时为博士。与黄生争论景帝前。黄生曰："汤武非受命，乃弑也。"辕固生曰："不然。夫桀纣虐乱，天下之心皆归汤武，汤武与天下之心而诛桀纣，桀纣之民不为之使而归汤武，汤武不得已而立，非受命为何?"黄生曰："冠虽敝，必加于首；履虽新，必关于足。何者，上下之分也。今桀纣虽失道，然君上也；汤武虽圣，臣下也。夫主有失行，臣下不能正言匡过以尊天子，反因过而诛之，代立践南面，非弑而何也。"辕固生曰："必若所云，是高帝代秦即天子之位，非邪?"于是景帝曰："食肉不食马肝，不为不知味；言学者无言汤武受命，不为愚。"遂罢。是后学者莫敢明受命放杀者。

这个故事说明：①黄生乃善辩之才；②汉景帝站在黄生一边，命令以后"言学者无言汤武受命"之说。这个辩论实际上是汉景帝时道、儒之争。文景时崇尚黄老之学，黄子作为道学权威，有很高的地位。司马谈"习道论于黄子"，得道家之精义，而且青出于蓝而胜于蓝，是两汉第一流的道学家。

（二）《论六家要指》

《太史公自序》说：司马谈"愍（忧患担心）学者之不达其意而师悖（惑），乃论六家之要指"。《论六家要指》（简称《要指》）乃司马谈的一篇历史哲学论文。《要指》总括百家学说为六家：阴阳、儒、墨、名、法、道。司马谈是站在道家的立场上来总结其他家，主张用道家的学说统一思想，行"无为"之道，使国家长治久安；认为"道家使人精神专一"，"与时迁移，应物变化，立俗施事，无所不宜，指约而易操，事少而功多"，其他五家各有长短。阴阳家言凶吉禨祥，"未必然也"，"然其序四时之大顺，不可失也"。儒家以六艺为教条，多繁文缛节，"博而寡要，劳而少功"，但是"列君臣父子之礼，序夫妇长幼之别，虽百家弗能易也"。墨家言俭朴，过分吝啬，"尊卑无别"，"俭而难遵"，但言"强本节用，则人给家足之道"，"虽百家弗能废也"。法家"不别亲疏，不殊贵贱，一断于法"，"严而少恩"，但言"尊主卑臣，明分职不得相逾越，虽百家弗能改也"。名家主张烦琐考察，"使人俭而善失真"，但是主张循名责实，综合各方面进行是非、好坏的分析，“此不可不察也”。司马谈的这些评论把独尊的儒术和罢黜的百家等列，论长道短又独尊道家，在正统思想家看来简直是离经叛道，所以受到东汉班彪、班固父子的强烈批评。

《论六家要指》的学术价值，表现在以下几个方面。

第一，把诸子百家分为六家，“分类之精，以此为最”（梁启超语）。

把学术分家分派并非始自司马谈。《荀子·非十二子篇》《庄子·天下》已开学术分派分家之例。在司马谈之后，刘歆《七略》、班固《汉书·艺文志》，分先秦学术为九派：儒、道、阴阳、法、名、墨、纵横、杂、农。即在司马谈所论六家之上加上纵横、杂、农三家。梁启超在《论中国学术思想变迁之大势》一文中说：

> 吾于刘、班之言，亦所不取。《庄子》所论，推重儒、墨、老三家，颇能挈当时学派之大纲，然犹有漏略者。太史公司马谈之论，则所列六家，五雀六燕，轻重适当，皆分雄于当时学界中，旗鼓相当者也。分类之精，以此为最。

第二，反映了司马谈的朴素唯物主义思想，这表现在其对阴阳家的评论上。阴阳家的众多忌讳是束缚人们思想的糟粕，是不可取的。但阴阳家所讲的春夏秋冬四时的顺序乃是自然规律，并不是神秘的东西。司马谈又认为神形离则死，反映了他的无神论思想。但他又认为神形是两个东西，神是根本，形是器具，这是二元论的观点。可见他并没有把唯物主义坚持到底。

第三，在方法论上表现了朴素的辩证法思想。从上面司马谈对五家的评论就可以看出一分为二的“两点论”。这对司马迁的影响很大，司马迁论述历史人物、历史事件，一般不作全盘肯定或全盘否定，坚持“两点论”。

关于司马谈的其他著作，《隋书·经籍志》“五行”载“太史公《万岁历》一卷”，其书已佚。严可均辑《全上古三代秦汉六朝文》收有《祠后土议》《立太畤坛议》《论六家要旨》三文。

（三）制定封禅礼仪

《史记·封禅书》洋洋万余言，它记载了从上古到汉武帝三千年间帝王祭祀天地山川百神的活动。梁玉绳《史记志疑》卷十六曰：“三代以前无封禅，乃燕、齐方士所伪造，昉于秦始，侈于汉武。”并认为《封禅书》大旨在于讽刺秦始皇、汉武帝而已。其实不尽然，它是一篇实录。从封禅历史来看，祭祀典礼是上古国家的大政，并非燕、齐方士所伪造。凡天子祭祀天地山川鬼神，都可称为封禅，只是上泰山封禅始于秦始皇，成于汉武帝罢了。在泰山顶上祭天称为封，在泰山下小梁父山祭地叫禅。所以封禅礼又称“封泰山，禅梁父”。而秦始皇、汉武帝之上泰山封禅正是从古代天子祭祀天地名山大川百神的典礼发展而来的。古人认为，从虞舜开始，夏、商、周三代开国之君无不礼神，则其国泰民安。秦之先公，一代接一代敬礼上帝，传至始皇，终于统一了天下；汉高祖敬礼黑帝，立北畤，后四岁一统天下；三代末主，淫乱废祀，导致破家亡国。所以司马迁在《封禅书序》中说：“传曰：‘三年不为礼，礼必废；三年不为乐，乐必坏。’每世之隆，则封禅答焉，及衰而息。”又在《封禅书》中引管仲的话说：“皆受命然后得封禅。”所以说，封禅是治世和大一统的象征，是治国大典。司马谈、司马迁是极力主张封禅的。司马谈直接参与了封禅典礼的制定工作，并以不得从巡泰山封禅而“发愤且卒”。司马迁从巡封禅，参与改历，十分激动。

上泰山封禅是秦始皇的首创。那么，为什么要封禅？什么人可以封禅？《史记·封禅书》说：

> 自古受命帝王，曷尝不封禅？盖有无其应而用事者矣。未有睹符瑞见而不臻乎泰山者也。虽受命而功不至，至梁父矣而德不洽，洽矣而日有不暇给，是以即事用希。……每世之隆，则封禅答焉。

既然是受天命的帝王，必会有符瑞出现，能去泰山封禅必是天意所予的神道之君。那么这一仪式为何要用“封”和“禅”的形式呢？《史记正义·封禅书》云：“此泰山上筑土为坛以祭天，报天之功，故曰封。此泰山下小山上除地，报地之功，故曰禅。”可见封禅是上祭天、下祀地的一种祭祀仪式。天以高为尊，地以厚为德。封禅的理论基础就是战国时代邹衍的“五德终始说”、古代天神崇拜与地后社祀、天降符瑞与天人感应观念融为一体而构成的理论。

秦始皇把这种理论付诸实践。《史记·封禅书》说：

> 邹子之徒论著终始五德之运，及秦帝而齐人奏之，故始皇采用之。

又载：

> 秦始皇帝既并天下而帝，或曰：“黄帝得土德，黄龙地螾见。夏得木德，青龙止于郊，草木畅茂。殷得金德，银自山溢。周得火德，有赤乌之符。今秦变周，水德之时。昔秦文公出猎，获黑龙，此其水德之瑞。”于是秦更命河曰“德水”，以冬十月为年首，色上黑，度以六为名，音上大吕，事统上法。

秦始皇自以为秦得水德之运，一切典章制度均按水德之运的标准作了一番改制，以向天下展示秦朝之兴是顺应五德演化规律的，理当代周统治中国，为封禅泰山奠定了舆论基础。终于始皇二十八年（前219），登封泰山。《史记·封禅书》载：

即帝位三年，东巡郡县，祠驺峄山，颂秦功业。于是征从齐鲁之儒生博士七十人，至乎泰山下。诸儒生或议曰："古者封禅为蒲车，恶伤山之土石草木；埽地而祭，席用菹秸，言其易遵也。"始皇闻此议各乖异，难施用，由此绌儒生。而遂除车道，自上泰山阳至颠，立石颂秦始皇帝德，明其得封也。从阴道下，禅于梁父。其礼颇采太祝之祀雍上帝所用，而封藏皆秘之，世不得而记也。

由于秦始皇的封禅礼"封藏皆秘之，世不得而记也"，所以汉代的封禅，前无师承。从汉文帝以来就开始集诸儒讨论，诸生迂阔，意见分歧，始终不得要领。汉武帝时由太史令司马谈与祠官（掌管祭祀祠庙的官）宽舒等讨论，制定封禅仪式。《礼书序》说："太史公曰：余至大行礼官，观三代损益，乃知缘人情而制礼，依人性而作仪，其所由来尚矣。"这里的太史公即司马谈。大行，秦官名曲客，九卿之一，景帝改名大行令，掌归义蛮夷九宾之仪。司马谈为太史令，因与祠官宽舒制封禅礼仪，而兼掌礼仪之官是一件很荣耀的事。

元鼎四年（前113）司马谈与祠官宽舒奉命制定后土祠典礼。《史记·封禅书》曰：

其明年冬，天子郊雍，议曰："今上帝朕亲郊，而后土毋祀，则礼不答也。"有司与太史公（司马谈）、祠官宽舒等议："天地牲角茧栗。今陛下亲祀后土，后土宜于泽中圜丘为五坛，坛一黄犊太牢具，已祠尽瘗，而从祠衣上黄。"于是天子遂东，始立后土祠汾阴脽上，如宽舒等议。上亲望拜，如上帝礼。

祠祭后土的第二年元鼎五年十一月辛巳朔旦，在甘泉宫祭祀太乙（一）神，太乙是天神中最尊贵的神。立太（泰）畤坛也是由司马谈与祠官宽舒制仪并主持祭祀。《史记·封禅书》说：

十一月辛巳朔旦冬至，昧爽，天子始郊拜太一。朝朝日，夕夕月，则揖；而见太一如雍郊礼。其赞飨曰："天始以宝鼎神策授皇帝，朔而又朔，终而复始，皇帝敬拜见焉。"而衣上黄。其祠列火满坛，坛旁亨炊具。有司云："祠上有光焉。"公卿言"皇帝始郊见太一云阳，有司奉瑄玉嘉牲荐飨。

> 是夜有美光，及昼，黄气上属天。”太史公、祠官宽舒等曰：“神灵之休，祐福兆祥，宜因此地光域立太畤坛以明应。”令太祝领，秋及腊间祠。三岁天子一郊见。

祭祀太乙神，就是祭祀上帝，这典礼比祠后土更隆重。所以立太畤是重大事件。

祠后土，祭太乙，拉开了上泰山封禅的序幕。又过了两年，也就是元鼎七年（前110），夏四月封禅后改元元封。元封元年，汉武帝正式下令上泰山封禅。先登嵩山祭祀中岳神，听见空中有三呼“万岁”的声响。武帝十分高兴，下令不得樵采嵩山的草木，以山下三百户为太室祠奉邑。从嵩山下来，司马谈因病留在洛阳，汉武帝一行东巡海上。夏四月正式上泰山封禅，司马迁奉使巴蜀以南，千里迢迢赶回来扈从封禅。他在洛阳见了父亲后，即赶去参加封禅典礼。司马谈以其未能从巡上泰山，“发愤且卒”，但是，他参与了制定封禅礼仪。

（四）对《史记》创作的影响

司马谈作史，唐人已有明确论述。司马贞在《史记索隐序》中说：“《史记》者，得太史司马迁父子之所述也。”刘知几的《史通·左今正史》和《隋书·经籍志》都明确指出司马谈发凡起例，未就而卒，司马迁承其遗志，勤成一史。这些论述，充分肯定了司马谈作史的功绩。司马谈对《史记》创作的影响，主要表现在以下几方面：

第一，提出《史记》的写作宗旨。

《史记》原题“太史公书”，表示为太史公所作之书，至东汉桓、灵之际才演变为《史记》之名。司马谈任太史令，最崇高的理想就是继孔子、效《春秋》，完成一代大典，写一部贯通古今的通史，颂扬汉家一统的威德。关于司马谈的写作宗旨，《太史公自序》做了明确的交代：

> 是岁天子始建汉家之封，而太史公留滞周南，不得与从事，故发愤且卒。而子迁适使反，见父于河洛之间。太史公执迁手而泣曰：“……夫天下称诵周公，言其能论歌文、武之德，宣周、邵之风，达太王、王季之思虑、爰及公刘，以尊后稷也。幽、厉之后，王道缺，礼乐衰，孔子修旧起废，论《诗》《书》，作《春秋》，则学者至今则之。自获麟以来四百有余岁，而诸侯相兼，史记放绝。今汉兴，海内一统，明主贤君忠臣死义之士，余为太史而弗论载，废天下之史文，余甚惧焉，汝其念哉。”

从上述司马谈的遗言看，他修史的宗旨有三点。一曰效周公“歌文武之得”。二曰继孔子效《春秋》“修旧起废”，为后王立法，为人伦立准则。三曰颂汉兴一统，论载“明主贤君忠臣死义之士”，而且明确指出，作史是太史令的崇高职责，“余为太史而弗论载，废天下之史文，余甚惧焉”。这一指导思想，为《史记》以人物为中心，帝王将相为主干，歌颂一统之威德奠定了基础；加上《论六家要指》，倡导融合百家思想为一体，自成一家之言。这些都是《史记》的主题。

第二，司马谈作《史记》若干篇章的考论。

《史记》中哪些篇章为司马谈所作，近现代许多学者做过考论。清代方苞《望溪先生文集》有《书史记十表后》《又书太史公自序后》两文，是最早考论司马谈作史的文字，近人王国维《太史公行年考》亦有论及。专论有顾颉刚的《司马谈作史》（《史林杂识初编》）和李长之的《司马迁之人格与风格》一书中第六章第二节“《史记》中可能出自司马谈手笔者”。20 世纪 80 年代以来，有赖长扬的《司马谈作史补证》（《史学史研究》1981 年第 2 期）、赵生群的《司马谈作史考》（《南京师大学报》1982 年第 2 期）。根据各家考论，可以分为六条鉴别标准。

其一，从交游上立论，《太史公书》中所称交游凡年齿与司马迁不相及者，为司马谈作。顾颉刚据此断定《赵世家》《刺客列传》《樊郦滕灌列传》《郦生陆贾列传》《张释之冯唐列传》《游侠列传》等篇为司马谈作。王国维则认为《刺客列传》《樊郦滕灌列传》《郦生陆贾列传》三传为史公“或追记父谈语也”。

其二，从时代上立论，叙事至文景时止者为司马谈作。李长之、赖长扬、赵生群等断定《文帝纪》《律书》《封禅书》《老庄申韩传》为谈作。方苞亦曰：“秦灭汉兴，文景以前，凡所论述皆其父所次旧闻。”

其三，从思想旨趣上立论，《论六家要旨》为一“试金石”，凡具有道家色彩的篇章为司马谈所作。李长之、赖长扬、赵生群等以此断定《文帝纪》《景帝纪》《律书》《历书》《天官书》《老庄申韩传》《日者传》等篇为司马谈作。

其四，从文字用语上立论，方苞以言“著”者归司马谈，言“作”者归司马迁，断定十二本纪为司马谈作。李长之从讳与不讳立论，凡当讳而不讳者如《晋世家》《李斯列传》不避“谈”字讳，为司马谈作；而《赵世家》《平原君列传》避“谈”字讳，为司马迁作。

其五，从称谓上立论，方苞以“太史公读”为司马谈，“余读”为司马迁，断定《十二诸侯年表》《六国年表》《秦楚之际月表》《惠景间侯者年表》等四篇表为司马谈所作。赵生群以“余读”断定为司马谈作，因司马迁既言“余读”，自然在“司马迁作《史记》以前，就应当存在”。计有殷、周、秦、始皇等四篇本纪，陈杞、宋微子、齐太公、鲁周公、管蔡、卫康叔等六篇世家为司马谈作。

其六，从两个断限上立论，顾颉刚认为《太史公自序》为司马谈原作，司马迁所续。

综上所述，各家有各家的理由，但不能说都是有足够证据的结论。这个问题还可以继续研究。但有一点可以肯定，顾颉刚等人的考论，提供了司马谈作史痕迹的史影。司马谈重振了司马氏史官世家绝学，是一位自觉的历史学家。正如顾颉刚所说："而《史记》之作，迁遂不得专美，凡言吾国之大史学家与大文学家者，必更增一人焉曰司马谈。"

第三，遗命司马迁。

《太史公自序》记载了司马谈的临终遗言：

> 是岁（元封元年即前110年）天子始建汉家之封，而太史公留滞周南（今洛阳），不得与从事，故发愤而卒。而子迁适使反，见父于河洛之间。太史公执迁手而泣曰："余先周室之太史也。自上世尝显功名于虞夏，典天官事。后世中衰，绝于予乎？汝复为太史，则续吾祖矣。今天子接千岁之统，封泰山，而余不得从行，是命也夫，命也夫。余死，汝必为太史；为太史，无忘吾所欲论著矣。且夫孝始于事亲，中于事君，终于立身。扬名于后世，以显父母，此孝之大者。……"迁俯首流涕曰："小子不敏，请悉论先人所次旧闻，弗敢阙。"

司马谈说完了遗嘱，听完了儿子的誓言，含笑辞世了。司马迁牢记父亲的遗言，完成父亲的重托，完成了《史记》。

三、 游历中华大地

略。

四、 受李陵之祸与发愤著书

《太史公自序》说："卒三岁而迁为太史令，䌷（阅读、缀集、编纂）史记石室金匮之书。"就是说司马谈死后三年，即元封三年（前108）司马迁继任太史令，开始继承父亲的伟大著述。到太始四年（前93）作《报任安书》，《史记》基本完稿，共用十六年时间。这是司马迁呕心沥血的、最不平凡的十六年。

（一）继任太史令潜心修史

元封元年（前110）司马谈卒，司马迁从巡武帝封禅泰山后守丧致仕。元封三年，守丧期满，复仕为太史令。《史记索隐·太史公自序》引《博物志》云：

“太史令茂陵显武里大夫司马迁，年二十八，三年六月乙卯除，六百石。”“年二十八”为“年三十八”之误。“三年六月乙卯除”，即元封三年六月初二日，司马迁为太史令。

司马迁初做太史令时正是汉武帝事业处于顶峰的时期，他要为汉武帝、为大汉王朝干一番事业。他“绝宾客之知，忘室家之业。日夜思竭其不肖之材力，务一心营职，以求亲媚于主上”(《报任安书》)，可以说是把全部精力都投进去了。他在《于挚伯陵书》(载于皇甫谧《高士传》中，挚伯陵，名峻，字伯陵，京兆长安人)中说：“迁闻君子所贵乎道者三，太上立德，其次立言，其次立功。伏惟伯陵材能绝人，高尚其志以善厥身，冰清玉洁，不以细行荷累其名，固已贵矣。然未尽太上之所由也，愿先生少致意焉。”这封信表明了中青年司马迁的立德、立言、立功的进取精神。他全身心投入，潜心修史，《太史公自序》作了郑重的记载，“细史记石室金匮之书”，汉兴“百年之间，天下遗文古事靡不毕集太史公。太史公仍父子相续纂其职”。这些话说明了司马迁正式做了太史令后，在皇家图书馆里翻阅石室金匮之书、整理秘籍和历史资料，从事伟大的撰述工作。

(二) 制定太初历

太初元年(前104)，司马迁四十二岁，他倡导并参与制定的太初历得以完成颁行。这既是一件国家大事，也是司马迁人生旅程中值得纪念的一个里程碑。

在古代中国，制历是国家的大政。古代帝王掌握制历权，也就掌握了一种控制社会的具有实际意义的措施。西周只有天子才有制历权。春秋时，王纲坠地，但周天子仍掌握制历权，诸行各国都要行周历。战国时各国称王，自行制历，周天子的共主地位不复存在。

在古代，改历定正朔象征天命攸归，它不仅是国家大政，而且是圣君贤王的标志，不是一般君主所能轻易施行的政治。司马迁在《史记·历书序》中说：“王者易姓受命，必慎始初，改正朔，易服色，推本天元，顺承厥意。”《五帝本纪》记载，黄帝、尧、舜都十分重视历法工作，并把它作为国家政权的象征。汉朝建立，对于要不要制定新历，朝廷上层进行了长期的争论。按五德终始，关于汉应何德，先后有三种说法。汉高祖自认为是赤帝子，色尚赤，以十月为岁首。文帝时丞相张苍主张汉为水德，色尚黑，仍以十月为岁首。文帝十二年(前168)鲁人公孙臣主张汉应是土德，色尚黄，应改正朔，易服色。而早在文帝初年，贾谊就上书提出封禅、改历等一整套调整国家大政的问题，因事关重大，一直迁延没有进行。汉武帝外伐四夷，内兴功作，获得了巨大的成功，要以封禅、改历来象征西汉的极盛。司马迁适逢其时，不仅参与了封禅礼仪，而且亲自发起并参与改历，这是个千载难逢的机遇。《太史公自序》说：

> 五年而当太初元年，十一月甲子朔旦冬至，天历始改，建于明堂，诸神受纪。

据《汉书·武帝纪》载，太初历的颁布，在太初元年五月：

> 夏五月，正历，以正月为岁首，色上黄，数用五，定官名，协音律。

《汉书·律历志》详细记载了制历经过。汉武帝元封七年（改元封七年为太初元年），太史令司马迁与太中大夫公孙卿、壶遂等上书，“言历纪坏废，宜改正朔”，汉武帝征求了御史大夫兒宽和博士们的意见后，诏令司马迁等“议造汉历”。《史记·韩长孺列传赞》太史公曰：“余与壶遂定律历。”说明太初历是司马迁为首发起并受诏组织制定的。汉武帝对这次制历极为重视，征召全国著名的天文学家参与。共制定十余部历法，经过严格筛选，决定采用治历专家制定的邓平历。汉武帝在明堂举行了盛大的颁历典礼，并改年号元封七年为太初元年，故称新历为太初历。颁历之后，对政治制度典章礼仪和官制进行了调整，这就是汉武帝的太初改制。

太初历是我国古代第一部比较完整的历法，这次制历也是我国历法史上一次重大的历法改革。汉以前的古历有黄帝、颛顼、夏、殷、周、鲁等六历。六种古历的岁余都为四分之一日，故称四分历。太初历将一日分为八十一分，故又称八十一分律历。

汉初承袭秦制，使用古历颛顼历。太初历比颛顼历有重大进步。第一，测定更加精密，故《汉书·律历志》称太初历“晦朔弦望皆最密，日月如合璧，五星如连珠”。第二，太初历以正月为岁首，更科学地反映农业季节，因此后世改历一直沿用。第三，太初历第一次把二十四节令纳入历法，并以没有中气的月份为闰月，使历书与农时季节更适应。第四，太初历推出了一百三十五个月有二十三次交食周期的规律。

但是太初历也有不足。其八十一分律的数字来源于黄钟律管九寸长这一数据“九”的自乘，以音律起历是缺乏科学根据的。

（三）修改《史记》断限

关于《史记》断限，《太史公自序》的记载是有矛盾的。一曰：“于是卒述陶唐（帝尧）以来，至于麟止（汉武帝获麟），自黄帝始。”再则曰：“余述历黄帝以来至太初而讫，百三十篇。”这两段话是自相矛盾的，因为上限和下限都各有两个断限。于是引起后世学者的争论，尤其是下限的争论更多，因为它涉及很大一部分《史记》内容的真伪问题。

有的学者认为《太史公自序》所载有两个计划。起于陶唐，至于麟止，是司马谈的计划；起于黄帝，至于太初，是司马迁修正《史记》断限扩大的计划。

关于上限，《五帝本纪》的赞（即太史公曰）做了明确的交代：

> 太史公曰：学者多称五帝，尚矣。然《尚书》独载尧以来；而百家言黄帝，其文不雅驯，荐绅先生难言之。孔子所传《宰予问五帝德》及《帝系姓》，儒者或不传。余尝西到空峒，北过涿鹿，东渐于海，南浮江、淮矣，至长老皆各往往称黄帝、尧、舜之处，风教固殊焉，总之不离古文者近是。……《书》缺有间矣，其轶乃时时见于他说。非好学深思，心知其意，固难为浅见寡闻道也。余并论次，择其言尤雅者，故著为本纪书首。

司马迁延伸上限，打破了《尚书》载尧以来的局限，而从黄帝开始记载，五帝就是黄帝（轩辕）、颛顼（高阳）、帝喾（高辛）、唐尧（放勋）、虞舜（重华）。我们中华民族皆黄帝子孙这一观念，是从《史记》开始的。

关于下限，共有四说。

其一，讫于麟止说。西汉扬雄、东汉班彪、三国长晏等人主此说，依据的是《太史公自序》"于是卒述陶唐以来，至于麟止"。近人梁启超、崔适等亦主此说，认为元狩以后记事皆非司马迁手笔。崔适《史记探源》断言《史记》二十九篇为后人所补续。"麟止"，《史记集解》云："张晏曰：'武帝获麟，迁以为述事之端，上纪黄帝，下至麟止，犹《春秋》止于获麟也。'"《史记索隐》云："服虔云，武帝至雍获白麟，而铸金作麟足形，故云麟止，迁作《史记》止于此，犹《春秋》终于获麟然也。"汉武帝因获白麟，改号为元狩，所以崔适认为元狩元年（前122）冬十月以后纪事皆后人所窜入。

其二，讫于太初说。荀悦、刘知几、梁玉绳、泷川资言等人主此说，依据《太史公自序》结句："余述历黄帝以来至太初而讫，百三十篇。"近人朱东润在《史记考索》中首次具体谓"讫于太初前一年，即元封六年"；王国维谓"讫于太初四年"，而最后记事则讫于征和三年（前90）。

其三，讫于天汉说。首发此说者为东汉班固，见《汉书·司马迁传》。《史记》三家注作者均赞成此说，裴骃说见《史记集解·将相表》，司马贞说见《史记索隐后序》，张守节说见《史记正义序》。

其四，讫于武帝之末说。褚少孙曰："太史公纪事尽于孝武之事。"（《建元以来侯者年表》褚补）。范文澜在《正史考略·史记条》中说："太初以后事，则犹《左氏》之有续传也。"

以上四说，哪一说较接近事实呢？我以为考证《史记》记事下限，应以《史记》本证为据，"讫于太初说"更合理。第一，《太史公自序》结句"至太初而讫，百三十篇"，这是最有说服力的证据。至于为什么《太史公自序》有"至于麟止"（元狩元年）的记载，顾颉刚认为这是父子两人的不同计划，这个说法使人茅塞顿开，解除了迷惑。顾颉刚《史林杂识初编》中有《司马谈作史》一篇，云"获麟，《春秋》之所终也，帝尧，《尚书》之所始也。谈既欲继孔子而述作，故曰'卒述陶唐以来至于麟止。'"第二，司马迁自述《史记》字数五十二万六千五百字是一个标尺。讫于太初，合于此；讫于麟止（元狩），大不相合。第三，《史记》其他篇的记载和《汉兴以来诸侯王年表序》中"臣迁谨记高祖以来至太初诸侯，谱其下益损之时，令后世得览"明言"至太初"，《高祖功臣侯者年表序》中"至太初百年之间，见侯五"，这些话都指出《史记》下限在太初。第四，以《史记》实际断限来验证。《历书》序事至元封七年（前104），即太初元年；《历术甲子篇》以太初元年起排列年名；《天官书》述汉兴以来天人感应之变，"百年之中"至太初"兵征大宛"而讫；《封禅书》记事至太初三年（前102）；《河渠书》序事至元封二年（前109），武帝亲临瓠子塞河止；《平准书》序事至元封元年（前110）；年表叙事和《汉兴以来诸侯王年表》《高祖功臣侯者年表》《惠景间侯者年表》《建元以来侯者年表》《建元已来王子侯者年表》，均讫于太初四年（前101）。

综上所述，《史记》下限"至太初而讫"是正确的，这是一个时代的断限。若取绝对年代，当从年表，以太初四年为正。

（四）答壶遂问阐述作《史记》宗旨

为什么要作《史记》?《太史公自序》中说：

> 先人（司马谈）有言："自周公卒五百岁而有孔子。孔子卒后至于今五百岁，有能绍明世，正《易传》，继《春秋》，本《诗》《书》《礼》《乐》之际?"意在斯乎！意在斯乎！小子何敢让焉。

先人即司马谈。司马谈认为周公卒后五百岁而有孔子，孔子卒后至于今又五百年了，应该有人继承孔子的事业：宣扬清明盛世的教化，验证《易经》所阐述的变化之理，效法《春秋》述史，据《诗》《书》《礼》《乐》来衡量一切。但司马谈没有完成这一事业就与世长辞了，如今这副担子就落在自己的肩上，一定要实现父亲的遗愿而不敢推辞。司马迁把自己的想法告诉了一同制作太初历的好朋友壶遂。于是壶遂向司马迁提出了一个深刻的问题："昔孔子何为而作《春秋》哉?"也就是为什么要作史？壶遂两次提问，司马迁两次作答，议论恢宏，皆见于《太史公自序》中。把史学是什么、史学的功能如何，阐述得淋漓尽致。这也就是他作《史记》的目的。

第一，《史记》效《春秋》，通过对人、事的褒、贬起“刺讥”作用，为后王立法，为人伦立准则。

> 太史公曰：“余闻董生曰：‘周道衰废，孔子为鲁司寇，诸侯害之，大夫壅之。孔子知言之不用，道之不行也，是非二百四十二年之中，以为天下仪表，贬天子，退诸侯，讨大夫，以达王事而已矣。’子曰：‘我欲载之空言，不如见之于行事之深切著明也。’夫《春秋》，上明三王之道，下辨人事之纪，别嫌疑，明是非，定犹豫，善善恶恶，贤贤贱不肖，存亡国，继绝世，补弊起废，王道之大者也。……”

这一段话，借董仲舒之口，把《春秋》褒、贬作用说得很清楚。司马迁直抒己见，认为“《春秋》上明三王之道，下辨人事之纪”。上，即执政者，应以《春秋》所阐明的夏、商、周三王之道以作借鉴；下，指广大臣民，应以《春秋》分辨人们行事的伦理纲纪为标准而加以遵循。此乃“王道之大者也”。怎样才能做到这样呢？司马迁认为六经皆治国之书，六经从不同的角度教化人民，陶冶性情，达到治国的目的。

同时，司马迁认为，《春秋》拨乱反正，是礼义之大宗，没有比《春秋》更适合治理乱世、使社会走上正轨的了。《春秋》这部书，虽然只有几万字，事例却有好几千，万事万物的分散或聚合的道理，都包括在《春秋》里面了。《春秋》记载着三十六起弑君事件和五十二个亡国事例，奔走逃亡、不能保有国家的诸侯简直无法统计。考察原因，都是失掉了礼仪这个根本，以至于君不君，臣不臣，父不父，子不子。如果人人都熟读《春秋》，懂得君、臣、父、子这四行的道德，就可防患于未然，使社会和谐。很明显，司马迁把史学的功能提高到治国平天下的高度。

第二，《史记》以人物为中心述史，颂扬大汉威德。

壶遂听了司马迁关于史学“刺讥”的作用之后，又发出意味深长的提问：

> 孔子之时，上无明君，下不得任用，故作《春秋》，垂空文以断礼义，当一王之法。今夫子上遇明天子，下得守职，万事既具，咸各序其宜，夫子所论，欲以何明？

壶遂的意思是说，孔子之时朝堂上无贤明天子，下面的人得不到任用，所以孔子才作《春秋》拨乱反正。如今，先生上遇圣明的天子，臣民得以尽职，万事俱备，都各得其所，先生的论著想要阐明些什么呢？

司马迁回答说，史学不只是“刺讥”，起礼义的法制作用，而且还有“颂扬”的意义，宣扬某种理想境界，净化人们的思想。“《春秋》采善贬恶，推三代之德，褒周室，非独刺讥而已也。”司马迁下面的一段话，把《史记》颂扬汉家威德的主题说得最清楚：

> 汉兴以来，至明天子，获符瑞，封禅，改正朔，易服色，受命于穆清，泽流罔极，海外殊俗，重译款塞，请来献见者，不可胜道。臣下百官力诵圣德，犹不能宣尽其意。且士贤能而不用，有国者之耻；主上明圣，而德不布闻，有司之过也。且余尝掌其官，废明圣盛德不载，灭功臣世家贤大夫之业不述，堕先人所言，罪莫大焉。余所谓述故事，整齐其世传，非所谓作也。

综上所述，司马迁答壶遂问，实质是具体地阐明了司马谈发凡起例的《史记》本始主题，即效《春秋》述史，采善贬恶，为后王立法，为人伦立准则；以人物为中心述史，颂扬大汉威德。这里，司马迁还没有表现出他的“异端思想”。因为，司马迁的异端思想是受祸以后的事。

（五）受李陵之祸

天汉三年（前98），司马迁四十八岁。在他正埋头撰写《史记》的时候，突然飞来了横祸：受李陵案的株连，被下狱受腐刑。这场灾祸使司马迁蒙受了人间的奇耻大辱而导致思想发生重大的转变，直接影响到《史记》的写作。

关于司马迁受李陵之祸的始末，《汉书·李陵传》（李陵事附《汉书》卷五十四《李广传》中）和司马迁《报任安书》（见《汉书》卷六十二《司马迁传》中）都有详细的载述。

李陵是名将李广的孙子，骑射技术有李广之风，谦虚下士，甚得战士心。天汉二年（前99）五月，汉武帝下达了出击匈奴的动员令，派贰师将军李广利为主力，李陵为策应偏师。李广利是一个庸才，因为他是汉武帝宠姬李夫人的哥哥，所以汉武帝把重兵交给他。贰师本是大宛的都城，太初年间，李广利兵征大宛，拜为贰师将军，封西海侯。天汉二年，李广利为出征率主力三万骑兵，未遇匈奴主力，却损兵折将大败而归。李陵率五千步卒作为策应偏师，而匈奴骑兵三万，后增加到八万，倾力穷追李陵。李陵终因寡不敌众、粮尽矢绝而全军覆没，投降于匈奴。

这件事大扫汉武帝的尊颜，食不甘味，听朝不怡。阿谀逢迎之徒猜中了汉武帝的心事，不言贰师之败，全委过于李陵。李陵败降，朝臣们落井下石而“媒蘖其短”。同是败军之将，李陵十恶不赦，贰师却若无其事。司马迁认为这是不正当的风气，公道、良心、正义到哪里去了？他对汉武帝坦率地说了他的看法。据《报任安书》，司马迁说（大意）：李陵事亲孝，与士信，一向怀着报国之心。他只领了五千步兵，吸引了匈奴全国的力量，杀敌一万多，虽然战败降敌，其功可以抵过，我看李陵并非真心降敌，他是活下来想找机会回报汉朝的。

起初，汉武帝接受了司马迁的意见，领悟到上了老将路博德的当，没有派兵救援李陵，于是“遣使劳陵余军得脱者”，还派因杅将军公孙敖深入匈奴迎李陵。公孙敖在边境候望李陵一年多，没有建功，借捕获的俘虏之口谎报“李陵教单于兵以备汉”。武帝大怒，族灭了李陵一家。实际教练匈奴兵的是另一个降将李绪，而不是李陵。李陵家被族，李陵成了叛徒，李氏一门蒙受恶名，司马迁受株连被判“诬罔”罪而蒙受腐刑。

按汉律，“诬罔”罪是“大不敬”的欺君之罪，量刑是大辟死罪。在一般情况下，可以有两种办法免死。一是入钱五十万赎死。二是汉景帝时所颁法令：“死罪欲腐者许之。”（《汉书》卷二十三《刑法志》）司马迁因为“家贫，货赂不足以自赎”，于是只有在死与腐刑之间做选择。腐刑，即宫刑，起源很早，传说夏商时代就有了。《汉书·刑法志》载，西周有“宫罪五百”，颜师古注：“宫，淫刑也，男子割腐，妇人幽禁。”所以，封建士大夫对于被处腐刑在感情上是极其痛苦的。司马迁在生与死、荣与辱的抉择中悟出了人生的真正价值，提出了震撼千古的至理名言：“人固有一死，或重于泰山，或轻于鸿毛，用之所趣异也。”人的一生若不能对社会作出贡献待后人评说，而仅仅以一死来对黑暗进行抗争，岂不是“若九牛亡一毛，与蝼蚁何异！”他在《太史公自序》中记载了父亲司马谈的临终遗言：“且夫孝，始于事亲，中于事君，终于立身，扬名于后世，以显父母，此孝之大者也。”立身扬名为孝道的最高准则，这是司马迁借父亲之口提出的新见解。这见解标志着司马迁在生与死的抉择中形成了以立名为核心的荣辱观。《史记》未完成，名还未立，因此，他的生命是属于《史记》的，也是属于他的父亲和自己的理想的，他必须活下来。就这样，司马迁做出以腐刑代死的抉择。

（六）发愤著书

所谓“发愤”，就是指一个人身处逆境而其志不屈，更加激扬奋发从而有所作为。

司马迁受腐刑在天汉三年十二月，出狱大约在天汉四年二三月。受腐刑后需要在蚕室静养一百日。《盐铁论·周秦》云：“今无行之人……一日下蚕室，创未瘳，宿卫人主，出入宫殿，由得受奉禄，食太官享赐，身以尊荣，妻子获其饶。”这情况与司马迁相似。这年司马迁四十九岁，出狱后被用为中书令。

中书令本由宦官充任，此职为皇帝身边机要秘书长官，侍从左右，出纳章奏，位卑而权重，被朝野目为尊宠任职。司马迁因受腐刑而得此官，他认为这是人生极大的耻辱。从身体上说，“大质（身体）已亏”，失去了人的尊严；从心态上说，与宦官为伍，被视为无行之人；而且在传统的孝悌伦理观念中，还要辱及祖宗。《孝经》开宗明义，第一章孔子语曾子曰：“身体发肤，受之父母，不敢毁伤，孝之始也。”《孟子·离娄上》曰：“不孝有三，无后为大。”所以古人把髡刑剃发也视为耻辱之刑，更何况腐刑乃不育之刑，它比杀头更折磨人的心灵。所以，司马迁视之为奇耻，不仅“重为乡党戮笑”，“而污辱先人，亦何面目复上父母之丘墓乎?”他在《报任安书》中痛苦地列出了十种耻辱：

> 太上不辱先，其次不辱身，其次不辱理色，其次不辱辞令，其次诎体受辱，其次易服受辱，其次关木索被棰楚受辱，其次剔毛发婴金铁受辱，其次毁肌肤断肢体受辱，最下腐刑极矣。

这十种耻辱中，“最下腐刑极矣”，这使司马迁陷入了欲生不得欲死不能的痛苦境地，“是以肠一日而九回，居则忽忽若有所亡，出则不知所如往。每念斯耻，汗未尝不发背沾衣也”。在这种心境下，给予司马迁以生的力量的唯有那未竟的事业，即《史记》尚未完成。因此，司马迁说：“所以隐忍苟活，幽于粪土之中而不辞者，恨私心有所不尽，鄙陋没世而文采不表于后也。”

司马迁的痛苦使他对国事、世事非常冷漠。太始四年（前93），司马迁已五十三岁，任中书令已五年，他除了埋头撰述《史记》外，在政治上没有什么作为。这时，司马迁的好友益州刺史任安（少卿）写了一封信鼓励他，教以“慎于接物，推贤进士”。任安的信，好似一石激起千层浪，它把司马迁积滞在心中的郁闷引发出来，爆发在回信《报任安书》中。在这封信中，司马迁把他对世情的感慨、对人生的悲愤、对专制君王的认识、对理想事业的追求，尽情地倾吐出来，如泣如诉，慷慨悲凉，理正而辞严，具有很强的感染力，成为两千多年来脍炙人口的名篇。据《汉书·艺文志》载，司马迁有赋八篇，今仅存《全汉文》辑有的《悲士不遇赋》一篇，从内容看，这篇赋也是司马迁受刑以后悲叹生不逢时的作品，可与《报任安书》相互补充。

司马迁在忍辱与生死的痛苦抉择中懂得了人生的意义，他从沉痛中奋起，坚强地活下来，决心以最大的毅力来完成《史记》。他引古人自况，认为只有那些能够经受得起艰难环境磨炼的人才能做出一番事业来。他说：

> 夫《诗》《书》隐约者，欲遂其志之思也。昔西伯拘羑里，演《周易》；孔子厄陈、蔡，作《春秋》；屈原放逐，著《离骚》；左丘失明，厥有《国语》；孙子膑脚，而论兵法；不韦迁蜀，世传《吕览》；韩非囚秦，《说难》《孤愤》；《诗》三百篇，大抵贤圣发愤之所为作也。此人皆意有所郁结，不得通其道也，故述往事，思来者。于是卒述陶唐以来，至于麟止，自黄帝

始。（《太史公自序》）

司马迁终于从个人的悲怨中解脱出来，忍辱著书，留下了宝贵的实录作品。司马迁的人格是崇高的，是值得我们敬仰的。司马迁的这种精神，正是伟大的中华民族的脊梁。

作业：读《报任安书》后写一篇文章。

（参考张大可《司马迁评传》，南京大学出版社 1994 年版）

第二章 《史记》的史学成就

撰写历史著作必须要有充分的史料，它不同于文学作品，也不同于哲学著作。它应当做到言有所据，事有所托，字字句句均有来历。司马迁为了编写《史记》，广泛地搜求史料，利用史料整理成历史著作，发挥史学的功能，使《史记》成为一部体大思精的史学名著。司马迁和《史记》都足以成为后代的典范。

一、整理历史文献的成就

（一）《史记》的史料来源

1. 古今典籍

这是最基本的部分。西汉自汉高祖开始已经了解到文治的重要。惠帝时已废除秦代的“挟书令”，文帝时广开献书之路，到武帝时则主动“建藏书之策，置写书之官”，大力搜集、复制古代典籍。另一方面，自陆贾著《新语》起，就出现了“萧何次律令，韩信申军法，张仓为章程，叔孙通定礼仪，则文学彬彬稍进，《诗》《书》往往间出矣”的景象，学术思想也活跃起来，到汉武帝时期就形成了“百年之间，天下遗文古事靡不毕集太史公”的局面。这使司马迁具有十分优越的编撰《史记》的有利条件。据统计，《史记》有三十五个篇目涉及司马迁所见图书，序赞涉及有二十余篇。统计载于《史记》中的司马迁所见书共一百零三种，其中六经及训解书二十四种，诸子百家书五十二种，历史地理书、文学书等二十多种。这仅仅是司马迁因事论及的一部分，还不是他所见书的全部。（张大可：《司马迁评传》，第197－198页）

司马迁常在赞论中说明他的史料来源。就古今典籍而言，他说过“予观《春秋》《国语》，其发明《五帝德》《帝系姓》章矣……其所表见皆不虚”（《五帝本纪》），“余以《颂》次契之事，自成汤以来，采于《书》《诗》”（《殷本纪》），“余读世家言”（《卫康叔世家》），“余读管氏《牧民》《山高》《乘马》《轻重》《九府》，详哉言之也”（《管晏列传》），“余读《司马兵法》，闳廓深远”（《司马穰苴列传》），“世俗所称师旅，皆道《孙子》十三篇，吴起《兵法》”（《孙子吴起列传》），“世之传郦生书……余读陆生《新语》书十二篇”（《郦生陆贾列传》），等等。司马迁据他当时所能接触到的某方面的史料来撰写其相关的历史和人物传记。可见古今典籍是撰写《史记》的主要史料来源。

2. 秦代图书律令

《史记·萧相国世家》载，刘邦攻入咸阳时，“何独先入收秦丞相御史律令图书藏之。沛公为汉王，以何为丞相……汉王所以具知天下厄塞，户口多少，强弱之处，民所疾苦者，以何具得秦图书也”。这里的“图书”，是指地图和官方文书。

日人泷川资言解释了《秦本纪》和《秦始皇本纪》为什么能够写得这么详尽。《秦本纪》详尽，是因为与吴、齐、鲁、晋诸世家相比，除依据《国语》《国策》之外，主要依据专叙秦史之书《秦记》，而六国史记已在秦始皇焚书时化为灰烬，无所凭借。《秦始皇本纪》详尽，则是因为“始皇之时，史职不废，萧何所收图籍，史公或及观之，故此纪特详”。可见正是这些律令图书构成了撰写秦王朝历史的资料基础。秦代律令图书的内容应包括郡县分布及各地形势图、户籍、制诏律令、盟约条例、军事活动及朝议、巡游封禅之记录、各种制度的文本等，为秦史的撰写提供了准确的资料。所以，班固详《史记》叙事时说，“其言秦汉，详矣”。可见司马迁写《史记》得力于秦代图书律令。

3. 汉代档案

《史记》以能写当代史而著称。要写当代史，不能不利用当代的档案资料。最能说明《史记》利用档案的是其所叙汉将战功数字的明确和具体。《曹相国世家》载，“参功：凡下二国，县一百二十二；得王二人，相三人，将军六人，大莫敖、郡守、司马、侯、御史各一人”。《樊哙传》中言随其成功，各计斩、虏、降、定的敌军人数及郡县数，最后相加总数为：“从，斩首百七十六级，虏二百八十八人。别破军七，下城五，定郡六，县五十二，得丞相一人，将军十二人，二千石已下至三百石十一人”。郦商降与刘邦从攻取胜外，“凡别破军三，降定郡六，县七十三，得丞相、守相、大将各一人，小将二人，二千石已下至六百石十九人”。

汉室是有计功档案的。《汉兴以来诸侯王年表序》言：“汉兴，序二等。高祖末年，非刘氏而王者，若无功上所不置而侯者，天下共诛之。高祖子弟同姓为王者九国，唯独长沙异姓，而功臣侯者百有余人。”《高祖功臣侯者年表序》说：“余读高祖侯功臣。”就是其作表依据的计功档案。表记功臣兼外戚、王子共一百四十三人，在“侯功”栏均说明受封之侯其受封的缘由，及其后迄武帝后元二年（前87）间的变化，“侯第”栏标表功劳大小之次第，所据档案材料清晰明确。《惠景间侯者年表序》说“太史公读列侯至便侯”，以及《建元已来王子侯者年表序》称该表系据“制诏御史：‘诸侯王或欲推私恩分子弟邑者，令各条上，朕且临定其号名’”而制作此表。这些都说明其运用了档案资料。

除记战功、侯功的记功簿之外，《史记》所据档案还有以下四种。

诏令及有司文书。如《平准书》有关“天子曰”“诏曰”“有司言”“公卿言”等的记载。

奏议文本。如《平津侯主父偃列传》所录主父偃、徐乐、严安的上书。

上计年册。章炳麟在《章氏丛书续编·春秋左氏疑义答问一》中说：“汉时天下上计皆集太史公，是故司马迁父子所录郡国之事，亦不待遍窥方志，此王者之制然也。”司马迁有效地利用了这样的方便条件。

朝廷议事记录。

4．实地考察访古问故

略。

5．亲身见闻

《郦生陆贾列传》中，太史公说郦食其、陆贾两人的故事世上广为流传，但有很多失实的地方。“至平原君子与余善，是以得具论之。”平原君朱建与陆贾是好朋友，所以平原君的儿子知道真实情况。司马迁与平原君的儿子友善，故得以把真实情况记录下来。《樊郦滕灌列传》中，太史公说他到汉初风云人物刘邦、萧何、曹参、樊哙等人的故乡调查考察，“余与他广通，为言高祖功臣之兴时若此云”。樊他广是樊哙之孙，曾被汉文帝封为舞阳侯，为汉宫廷权势人物，他提供了真实的情况。《淮阴侯列传》太史公曰：“余视其母冢，良然。”

（二）取舍材料的标准

上述搜求史料的五种途径说明了司马迁取材的宏博。那么，对于这些丰富而博杂的材料，司马迁是怎样抉择和选录的呢？我们大致可以分为六条义例，或曰六条标准。

1．“考信于六艺，折中于夫子”

以六经和孔子的言论作为评判史事和人物的标准。

孟子在《离娄下》中说：“予未得为孔子徒也，予私淑诸人也。”孟子自许为孔子的私淑弟子。司马迁说：“余读孔氏书，想见其为人。”司马迁为孔子作传，许多“至圣”（《孔子世家·赞》）。司马迁以恢宏的气魄，吸收孔子学说和六艺经传的精华，效法孔子精神，继《春秋》作《史记》。司马迁是继孟子之后，又一个取得重大成就的孔子私淑弟子，发扬光大孔子的“春秋历史学”，这使司马迁在史学方面成为许多人所不能企及的伟人。

司马迁北涉汶泗，访问孔子故居；讲业齐鲁之都，细审学术源流；探寻孔子所走过的足迹，访查孔子的生平事迹，研究孔子的学说言论，为孔子作传，命名为《孔子世家》。诸侯立世家，表示“开国承家，世代相续”（《史通》卷二《世家》）。孔子为布衣，其学为世人所言，代代相传，故称其传记为世家，以示推崇。《太史公自序》中说：“周室既衰，诸侯恣行。仲尼悼礼废乐崩，追修经术，以达王道，匡乱世反之于正，见其文辞，为天下制仪法，垂六艺之统纪于后。作《孔子世家》第十七。”孔子的思想学说能够拨乱反正，为后世立法，这就是司马迁作世家的原因。

司马迁对孔子的推尊，不是抽象的，而是十分具体的，即“考信于六艺，折中于夫子”。“考信于六艺”，语见《伯夷列传》。司马迁说：“夫学者载籍极博，犹考信于六艺。”六艺，即六经。司马迁述史，考信于六艺，内容有两个方面。

一是以六经为史料，述史取材于六经。明王守仁在《传习录》卷一中提出“《春秋》亦经，五经亦史”的论断，未引起人们的注意。后来清人顾炎武、章学诚提出“六经皆史”的论断，受到思想界、史学界的高度重视。其实早在西汉，司马迁就以六经为史料撰写《史记》。《殷本纪》赞曰：“余以《颂》次契之事，自成汤以来，采于《书》《诗》。”五帝、夏、殷、周诸本纪，三代、十二诸侯两年表，齐、鲁、燕、晋、宋、卫、孔子诸世家，以及仲尼弟子列传等篇，主要以六艺经传为史料。《太史公自序》云：“厥协六经异传。”十分鲜明地指出，要把六经异传综合起来，吸收到《史记》中去。

二是验证，即以六经作为评判历史价值与取舍的尺度。在《史记》中经常引《诗》《书》作为评判的标准。例如：

> 《大雅》言王公大人而德逮黎庶，《小雅》讥小己之得失，其流及上，所以言虽外殊，其合德一也。相如虽多虚辞滥说，然其要归，引之节俭，此与《诗》之风谏何异？（《司马相如列传》）

> 《诗》之所谓“戎狄是膺，荆舒是惩”，信哉是言也。……夫荆楚剽勇轻悍，好作乱，乃自古记之矣。（《淮南衡山列传》）

> “不偏不党，王道荡荡，不党不偏，王道便便”，张季、冯公近之矣。（《张释之冯唐列传》引《书》）

> 夫神农以前，吾不知已，至若《诗》《书》所述，虞夏以来，耳目欲极声色之好，口欲穷刍豢之味，身安逸乐，而心夸矜势能之荣，使俗之渐民久矣。（《货殖列传》）

此外，《礼书》赞美美礼之用，“宰制万物，役使群众”为“洋洋美德”。《乐书》说“治定功成，礼乐乃兴”，又说“凡作乐者，所以节乐”。对于《易》，司马迁说：“盖孔子晚而喜《易》，《易》之为术，幽明远矣。”“《春秋》推见至隐，幽明远矣。”《外戚世家》综合依据六经讲人伦的夫妇关系。司马迁说：“《易》基乾坤，《诗》始《关雎》，《书》美厘降，《春秋》讥不亲迎，夫妇之际，人道之大伦也，《礼》之用，唯婚姻为兢兢；夫乐调而四时和，阴阳之变，万物之统也，可不慎与?”总之，孔子不但整理六经，为保存中华优秀文化作出重要贡献，而且以六经作为评判历史价值的标准。这些在《史记》中随处可见。

“折中于夫子”是说司马迁征引孔子言论来评判史事和人物，这点贯穿了《史记》全书。《殷本纪》赞曰：“殷路车为善，而色尚白。”《封禅书》曰：“或问缔之说，孔子曰：‘不知；知缔之说，其于天下也，视其掌。’”《鲁周公世家》赞云：“余闻孔子称曰：‘甚矣鲁道之衰也，洙泗之间，龂龂如也。’”引孔子之言评论、印证史事。《孝文本纪》赞云：“孔子言‘必世然后仁，善人之治国百年，亦可以胜残去杀。’诚哉是言!”引孔子之言起兴，用以评论孝文帝为仁德之君。《吴太伯世家》赞云：“孔子言吴太伯可谓至德矣：三以天下让，民无得而称焉。”《宋微子世家》赞云：“孔子称‘微子去之，箕子为之奴，比干谏而死，殷有三仁焉。’”直接引孔子之言以评论历史人物。《留侯世家》《万石张叔列传》《田叔列传》都以孔子之言为权威性的脚注，用以印证自己的评论。

《伯夷列传》云：“子曰：‘道不同，不相为谋’，亦各从其志也。故曰‘富贵如可求，虽执鞭之士，吾亦为之，如不可求，从吾所好’，‘岁寒，然后知松柏之后凋’，举世混浊，清士乃见。岂以其重若彼，其轻若此哉!”《儒林列传》云：“孔子闵王路废而邪道兴，于是论次《诗》《书》，修起《礼》《乐》。适齐闻韶，三月不知肉味。‘自卫返鲁，然后乐正，《雅》《颂》各得其所。’世以混浊莫能用，是以仲尼干七十余君无所遇，曰‘苟有用我者，期月而已矣’。西狩获麟，曰‘吾道穷矣’。故因史记作《春秋》，以当王法，其辞微而指博，后世学者多录焉。”这是把孔子的言论、《论语》的成句直接熔铸在自己的文章中。

司马迁说：“自天子王侯，中国言六艺者，折中于夫子。”司马迁写《史记》，其取舍材料的标准以孔子的言论为准绳。

2.“择其言尤雅者，总之不离古文者近是”

这说明司马迁以雅正的古文献作为述史依据。《五帝本纪》赞、《三代世表》序、《仲尼弟子列传》赞等都作了交代。《五帝本纪》就是一篇以古文记载为主要依据而“择其言尤雅者”的典型例证。司马迁运用古文的基本功夫从问故于孔安国开始就打下了扎实的基础。

孔安国是孔子的第十二代孙。西汉武帝时的大经学家，兼通今古文学。孔安国的古文经学承受家学，他的今文经学基础是向申公学《诗》、向兒宽学《今文尚书》。兒宽是伏胜的再传弟子、欧阳生的学生。申公、欧阳生都是西汉著名的今文经学大师。汉武帝元朔二年（前127），孔安国为博士，元狩五年（前118）官至谏大夫，元狩六年出为临淮郡太守，不久就死在任上。司马迁向孔安国问故，发生在二十壮游归来京师之时，应在元朔末至元狩末，即司马迁二十二三岁至二十七八岁之间。

《汉书·儒林传》载：

> 孔氏有古文《尚书》，孔安国以今文读之，因以起其家逸《书》，得十余篇，盖《尚书》兹多于是矣。遭巫蛊，未立于学官。安国为谏大夫，授都尉朝，而司马迁亦从安国问故。迁书载《尧典》《禹贡》《洪范》《微子》《金縢》诸篇，多古文说。

这段记载说明司马迁曾师事孔安国，问故《古文尚书》，至为明白。结合《史记》考察，司马迁问故，不限于《古文尚书》，但重点是《古文尚书》。

西汉经学有今古文之争。用战国时古文写的经书称古文经，用汉代简化的隶书写的经书称今文经。《今文尚书》是伏胜口授、晁错记录整理的。孔安国传《古文尚书》，“以今文字读之”，也就是转写成今文。所谓今古文之争，是指两种不同的解说。古文家训诂简明，不凭空臆说，排斥迷信，有高深的学术修养，被称为朴学。古文经学政治倾向保守，道德尧舜，不适应变革的秦汉大一统政治。董仲舒是治公羊春秋学的大儒，他融会道法、折中孟荀，把经学阴阳五行化，整齐百家之学于儒学，宣扬大一统，以天人合一理论推行阴阳灾异，主张更化改革，从而创立了今文经学。今文经学，解说经义依政治需要推衍，烦琐、迷信、穿凿附会，很少有学术价值。到东汉，今文学与谶纬学结合，走入了死胡同。东汉末，古文经学兴起。而随着汉家政治的结束，古文经学取代今文经学获得了正统地位。

今文经学是西汉时期的官方哲学。太学中，五经博士共十四家，全为今文经学。地方学校当然也以今文授学。士人读书做官，走博士弟子应试是正途。因此，西汉儒学大兴，也就是今文经学大兴。司马迁出仕，立身处世，以今文经学为准则，这是毫无疑义的。正因为如此，司马迁问故《古文尚书》，引古文说述史，所以班固才在《儒林传》中做了特别的记载。

《尚书》为秦火所焚，伏胜口传《今文尚书》只有二十九篇。孔安国所传《古文尚书》是孔氏壁藏的古本，较为完整。孔安国以今文字校读，多出十六篇。孔安国死后，其家才献于朝廷。时值巫蛊案发，朝廷混乱，未立于学官。这说明孔安国私传《古文尚书》，司马迁是孔安国的私淑弟子。“司马迁亦从安国问故”是问古文家大义，即“古文说”说，即解说。因《古文尚书》多出的篇目也只有孔安国私传。

孔安国兼通今古文学，“问故”不应当限于《古文尚书》，《儒林传》讲的是《古文尚书》师承，自然只记载司马迁学《古文尚书》。实际上“问故”的范围是包括《古文尚书》在内的广义古文学。《史记》中列举的古文就有《春秋》

《国语》《尚书》《论语》《五帝德》《帝系姓》《牒记》等等。古文典籍是指原始资料记录，或早期的可靠文献。一切传说，百家言，都要用古文来作验证，“总之不离古文者近是”（《五帝本纪》赞）。例如《牒记》自载黄帝以来，皆有年数，司马迁用《尚书》按核，认为不可信，所以不取，只作《三代世表》，而不作年表；而《五帝德》《帝系姓》用《春秋》《国语》按核，认为可信，于是引为依据写黄帝、颛顼、帝喾事迹。但司马迁又摒除了其中许多不经的神话。《山海经》也是古文，但司马迁说：“《山海经》所言怪物，余不敢言之也。”如《山海经》载黄帝与蚩尤战，“蚩尤请风伯雨师，纵大风雨；黄帝乃下天女曰魃，雨止，遂杀蚩尤”。《五帝本纪》载黄帝与蚩尤战，只说“黄帝乃征师诸侯，与蚩尤战于涿鹿之野，遂禽杀蚩尤”。由此可见，司马迁述史十分严谨，对古文资料别择去取极有章法，这也是古文经学的标准。孔安国训诂《古文尚书》，对古文的去取自然是十分精通的。

《五帝本纪》是司马迁运用古文资料创作的精彩篇章之一。他不满《尚书》“独载尧以来”，又不满“百家言黄帝，其文不雅驯”。于是他广泛地调查、采民间传说、广征“儒者或不传”的文献，进行融会贯通、去粗取精，写成《五帝本纪》，以黄帝为首。这篇本纪，在文献方面至今犹能按核的典籍就有十余种：①古今文《尚书》，②《大载礼》中《五帝德》《帝系姓》等篇，③《国语》，④《左传》，⑤《世本》，⑥《庄子》，⑦《孟子》，⑧《韩非子》，⑨《战国策》，⑩《吕氏春秋》，⑪《礼记》，⑫《淮南子》。司马迁采摭众多文献，鉴别古文资料，融会贯通，都是古文经学的重要内容。

综上所述，司马迁向孔安国问故，是学习古文经学的故训，以及别择古文资料的古文经学，掌握考信历史的方法，用今天的话来说，是学习古典文献学，以及古代历史学。《古文尚书》则是整个古文经学的核心，司马迁写上古三代史做了大量的引用。孔安国是司马迁的历史文献学导师。

司马迁在引用《尚书》时不单采用古文，而是兼采今古文和逸篇。有学者统计过《史记》所引《尚书》篇目（陈桐生《史记与今古文经学》）。

《尚书》因其文句古奥，佶屈聱牙，至汉代已很难读懂。司马迁写《史记》，有的地方将其译为汉代语言，有的仅著其篇目。《史记》中所翻译的《尚书》和所记载的篇目凡五十八篇。如果加上从《尧典》中分出来的《舜典》和《皋陶谟》中分出的《益稷》，共六十篇。这些《尚书》篇章，大致可分为三种情形。

其一，《尧典》《皋陶谟》《禹贡》《甘誓》《汤誓》《盘庚》《高宗肜日》《西伯戡黎》《微子》《太誓》《牧誓》《洪范》《大诰》《金縢》《康诰》《酒诰》《梓材》《召诰》《洛诰》《多士》《无逸》《君奭》《多方》《立政》《顾命》《费誓》《甫刑》《文侯之命》《秦誓》二十九篇为伏生所传的《今文尚书》篇目。

其二，据孔颖达《尚书正义》引郑玄注，《五子之歌》《胤征》《汤诰》《咸有一德》《典宝》《伊训》《肆命》《原命》《武成》《冏命》十篇，是孔壁所出的《古文尚书》中的篇目。

其三，剩下十九篇不见于伏生《今文尚书》，和孔壁《古文尚书》。它的情况比较复杂，姑且称为逸篇。估计司马迁在今文和孔壁古文之外，可能见到其他的古文《尚书》版本。今文经学家只承认《史记》中二十九篇《今文尚书》篇目出于司马迁之手，而对剩下的《尚书》篇目，则认为是刘歆等人伪造了《书序》，随后又将这些《书序》中的篇目窜入《史记》的。崔适在《史记探源》中，将《史记》中二十九篇今文以外的《尚书》篇目全部删去。这样做过于武断，在没有确凿证据的情况下，我们不能随意删改古籍。

要想准确地指出《史记》所载《尚书》哪些为古文哪些为今文，实是极大的难题。因为它不但与两千多年来的今古文经学纠缠在一起，而且还因为司马迁时代今古文《尚书》已难以窥见原貌，所以《史记》中的《尚书》今古说，已经成为《史记》研究中最棘手的问题之一。但清人的考据作出了杰出的贡献。臧琳以《尧典》为例，一条一条地证明《史记》所引《尚书》为今文而非古文。他的结论是“《史记》载《尚书》，今文为多，间存古文义”（《经义杂记》“五帝本纪书说”条，载《皇清经解》卷二〇二）。段玉裁对《尚书》今古文作了全面检核，写成《古文尚书探异》一书，（《皇清经解》卷五六七）。段氏在序中称：“马班之书皆用欧阳、夏侯字句，马氏偶有古文说而已。”如果我们把《史记》中摘引的《尚书》资料与今古文对照可以发现，司马迁更多的是依据今文。陈寿祺、陈乔枞父子进一步考证司马迁引据的《尚书》为欧阳生所传《今文尚书》，其中亦杂有古文。当时博士所传《今文尚书》只有欧阳生一家被定为官方定本，《史记》引文据此，顺理成章。陈氏父子致力于经今古文说的辨析。陈寿祺《左海经辨》中有“今文尚书中有古文”“史记用今文尚书”“史记采尚书兼古文”等条（《左海经辨》，载《皇清经解》卷一二五一）。陈寿祺认为《史记》兼采今古文《尚书》。如“《鲁周公世家》载《金縢》，其前周公奔楚事乃古文家说，其后成王改葬周公事为今文说，此其明证矣”。

司马迁不仅兼采今古文说，有时还并存今古文说。《殷本纪》载简狄吞玄鸟卵生契，《周本纪》载姜嫄践巨人迹生弃，此为今文说；《三代世表》却记载“高辛生契，契为殷祖”，“高辛生后稷，为周祖”，此为古文说。也就是说《史记》载殷、周始祖，一说有父，一言无父，引起人们的疑惑。褚少孙作了回答，说这是两传存疑。这也是司马迁的科学态度。

3.“纪异而说不书”，“所有怪物，余不敢言之也”

《天官书》云：“幽厉以往，尚矣。所见天变，皆国殊窟穴，家占物怪，以合时应，其文图籍禨祥不法。是以孔子论六经，纪异而说不书。”《大宛列传》赞云：“至《禹本纪》《山海经》所有怪物，余不敢言之也。”所谓“纪异而说不书”，“纪异”就是对天异灾变加以记载，而“说不书”即对天人感应的说法不做记载。司马迁在《律书》《历书》《天官书》中记载了天变以及感应的资料，而在载人事的纪传中并不加以发挥。天是天，人是人，两者在《史记》五体的分工中有明显的区别。尤其是七十列传，力求实录人事的历史变化，而对虚妄荒诞之说加以控斥和揭露。所以《禹本纪》《山海经》所有怪物、荒诞无稽之谈，非信史，司马迁一概不录。

4. “信以传信，疑以传疑，故两言之”

《三代世表序》云：“太史公曰：五帝、三代之记，尚矣。自殷以前诸侯不可得而谱，周以来乃颇可著。……故疑则传疑，盖其慎也。”《仲尼弟子列传》赞云：“疑者阙焉。”五帝三代之本纪、年表，只载世系而不记年，殷、周二纪载殷始祖契、周始祖后稷为其母吞玄鸟卵或履巨人迹而生，又云其父为帝喾，就是两存其说。“信以传信，疑以传疑”，这是一种写史慎重的态度。

又如《吴世家》记王僚“九年，公子光伐楚，拔居巢、钟离。初，楚边邑卑梁氏之处女与吴边邑之女争桑，二女家怒相灭，两国边邑长闻之，怒而相攻，灭吴之边邑。吴王怒，故遂伐楚，取两都而去”。

而《楚世家》则记为，平王十年，“初，吴之边邑卑梁与楚边邑钟离小童争桑，两家交怒相攻，灭卑梁人。卑梁大夫怒，发兵……攻楚，逐灭钟离、居巢”。

两段记载略有不同。故孙德谦在《太史公书义法·序》中评论：“吴、楚世家叙争桑事，或为处女，或为小童，而边邑之卑梁乃复忽吴忽楚，余读之而知其存两国史文之旧。倘不达此意，史公一人著述，何致自相矛盾若是?”

当时各国都有自己的历史记载，战国人所谓楚之《梼杌》、晋之《乘》，以及《宋春秋》《齐春秋》《燕春秋》《百国春秋》之类。各国都从自己的角度来记事，难免有差别。而司马迁写《史记》时，一时难以判明是非，故出现“两存”现象。

5. “厥协六经异传”，“整齐百家杂语”

“厥协”，即综合；“整齐”，即删汰选择。对于六经异传、百家杂语，司马迁并不墨守教条，而是进行一番“厥协”“整齐”的工作。其手法主要有剪裁摘要、增文补史、训释古文、熔铸改写等。比如训释古文方面，司马迁往往以训诂代原文。《史记会注考证》的按语说：“迁书载《尧典》《禹贡》《洪范》《微子》《金縢》诸篇，多古文说，是《史记》之用古文，孟坚言之凿然矣。自汉以来皆无异说，惟史迁每以训诂字易经文。”司马迁在引述先秦古文旧籍文字时，为了使汉代及以后的人避免文字的艰涩难懂，所以采取同义阐释的办法，以汉代人能够读懂的文字取代古文中的难字而又不伤害其文意。这是司马迁为了使自己写出的历史书能够适应同时代人的阅读水平，从而发挥史书的作用。宋人王观国对于《史记》中的训诂代原文的情况，做过一番研究，有一段很好的概述：

大率司马迁好异而恶与人同，观《史记》用《尚书》《战国策》《国语》《世本》《左氏传》之文，多改其正文。改绩用为功用，改厥田为其田，改肆觐为遂见，改宵中为夜中，改咨四岳为嗟四岳，改协和为合和，改方命为负命，改九载为九岁，改格奸为至奸，改慎徽为慎和，改烈风为暴风，改克从为能从，改浚川为决川，改恤哉为静哉，改四海为四方，改熙帝为美尧，改不逊为不训，改胄子为稚子，改维清为维静，改天工为天事，改底绩为致功，改降丘为下丘，改纳锡为入赐，改孔修为甚修，改夙夜为早夜，改申命为重命，改汝翼为汝辅，改敕天为陟天，改率作为率为，改宅土为居土。如此类甚多。又用《论语》文分缀为《孔子弟子传》，亦多改其文：改吾执为我执，改毋固为无固，改指诸掌为视其掌，改性与天道为天道性命，改未若为不如，改便便为辩辩，改滔滔为悠悠，如此类又多。子长但知好异，而不知反有害于义也。（《学林》卷一）

其实司马迁这样做并非“好异”“有害于义”，而是使《史记》更通俗易懂。王观国的议论反映他的思想守旧，不足为训。

总之，司马迁撰《史记》有其严格的取舍材料的标准和叙事方法，故能成一家之言。

二、 完备的五体结构

《史记》体例完备，内容丰富，囊括中外，贯通古今。上起黄帝，下迄汉武帝太初，汇总古今典籍，“网罗天下放失旧闻”，是一部百科全书式的中国通史，其从内容到形式都是划时代的创举。《史记》由五体构成：①本纪十二篇；②表十篇；③书八篇；④世家三十篇；⑤列传七十篇。凡一百三十篇、五十二万六千五百字。

（一）本纪

关于司马迁《史记·本纪》的立意，历史上有两种看法。

一种认为“天子称本纪”。《史记正义·五帝本纪》引裴松之《史目》云：“天子称本纪，诸侯曰世家。”张守节发挥说：“本者，系其本系，故曰本；纪者，理也，统理众事，系之年月，名之曰纪。”这是最早关于本纪的概括性的说法。

唐代刘知几在《史通》中的《六家》《二体》《本纪》《列传》《表列》等篇章中对本纪有过几段论述，在此不列举原文，只概括刘知几的意思：①从司马迁开始，本纪就是专记天子的。“列天子行事，以本纪名篇”是他的定义。本纪是

“惟叙天子一人”。②本纪是编年体，是要“历帝王之岁月”的。③本纪能够“包举大端”，“纲纪庶品”，网罗万物。④“系日月以成岁时，书君上以显国统。”这是刘知几对史书体例中纪传体本纪的定义。他根据这一定义来指责司马迁。他在《本纪》一篇中说，只有天子才可入本纪，而《史记》十二本纪中，《周本纪》记了周武王建周以前的历代国君，《秦本纪》整个一篇所记都是建立秦朝以前的世系、人物，都不在天子之列，不应该写入本纪。尤有甚者，认为项羽是“僭盗”，根本不能列入本纪，在《列传》一篇中，对项羽有更多的议论，说：

> 如项王宜传，而以本纪为名，非惟羽之僭盗，不可同于天子；且推其序事，皆作传言，求谓之纪，不可得也。(《史通·列传》)

刘知几认为，《项羽本纪》不合本纪体裁，除项羽为“僭盗”外，还因为此纪在写作方法上，不像一篇本纪而倒像是一篇列传。“《项纪》则上下同载，君臣交杂，纪名传体，所以成嗤。”(《史通·列传》)

与刘知几持有相同观点的还有司马贞。他作《史记索隐》，解释本纪时说：“纪者，记也。本其事而记之。故曰本纪。又纪，理也，丝缕有纪。而帝王书称纪者，言为后代纲纪也。”(《史记索隐·五帝本纪》)这里特别强调本纪是“帝王书”，并要求使之成“为后代纲纪”。以此为准则，《史记索隐》还分别就几篇有争议的本纪提出了看法。如：

> 项羽崛起，争雄一朝，假号西楚，竟未践天子之位，而身首别离。斯亦不可称“本纪”，宜降为“世家”。

张守节的《史记正义》、裴骃的《史记集解》都有同样的看法。

宋代的程颐、程颢也说：“纪只是有天下方可作。”(《二程外书》卷十)

清代赵翼给《史记》以很高的评价，认为其体例是“史家之极则”，但对于本纪，也认为是“本纪以序帝王”。

这类看法还有很多，时人亦不乏其人，不一一列举。

另一种看法，认为以时势主宰者的含义来解释《史记》的本纪可以更完整确切地分析十二本纪的内容。

张照《殿本史记考证》说：

> 马迁之意，并非以本纪非天子不可用也。特以天下之权之所在，则其人系天下之本，即谓之本纪。若《秦本纪》，言秦未得天下之先，天下之势已

在秦也；《吕后本纪》，吕后固亦未若武氏之篡也，而天下之势固在吕后，则亦曰本纪也。后世史官以君为本纪，臣为列传，固亦无可议者。但是宗马迁之史法而小变之，固不得转据后以议前也。《索隐》之说谬矣。

提出应视实际的权、势而立本纪，不以是否为天子而议本纪，辨析了《秦本纪》《吕太后本纪》之宜立纪的合理性。其“不得据后以议前”的观点，从认识方法上批评了《史记索隐》关于《项羽本纪》说之不当。

魏元旷《史记达旨》说：

《史记》之例，非以本纪当天子，世家当诸侯。以本纪当天子，无论项羽不当立本纪，其舍惠帝而立吕后，尤不可也。……盖本纪者，本以纪事也。秦汉之际，天下之势莫强于项羽，则本项羽以纪；吕后之世，天下之事属之吕后，则本吕后以纪。……《汉书》本纪例属天子，名义一定，遂不可干，以视《史记》，盖有同而不同者也。

这里提出了不能以《汉书》正统义例范围《史记》，揭示了许多人误解《史记》本纪的症结。其议《史记》之本纪，就是依据事势纪事的意思。

刘咸炘在《史学述林》中的《史体论》《唐史记序跋》两文中，提出不论其人是否王、伯、帝、后，只要他一时掌握了天下形势就可以立纪；纪同时有使世代年时不缺断的作用；有时本纪为“传体”，但不损其有“纲”的价值。刘咸炘的论述较为全面，他几乎辨析了刘知几涉及的诸多方面。

朱东润在《史记考索·史记纪表书世家传说例》中对司马迁本纪的立意、刘知几和司马贞认为《史记》有争议的三篇本纪的论述甚为有力。针对“大抵论者多本《汉书》帝纪之例，以论《史记》，故往往见其未合”的情况，就这三篇本纪进行辩论，认为之所以立《秦本纪》，是通过记述秦之先世以明秦及其帝业之所由来，然后才有始皇的成功，突出了“王迹所兴”的事势发展；之所以立《项羽本纪》，是因为秦亡之后，项羽为诸侯之长，以见政由羽出；不为惠帝立纪而立《吕太后本纪》，是因为自惠帝元年始，吕后就是实际的“纲纪天下者”。这三纪都符合司马迁确定的立纪宗旨，并不是以天子为立纪宗旨标准。

吕思勉在《史通评·本纪第四》中提出项羽之所以宜立本纪，是因为他掌握了当时的“号令天下之权”。蒋伯潜在《诸子通考》的《诸子人物考·孔子》序言中说，为什么只将孔子列于世家而不列于本纪，因为立本纪之旨是表示“当时政治中心之所在”，而不是记帝王、天子的。

葛一之在1961年8月27日《文汇报》中发表《史记体例的分析》一文，在“论本纪”一节中说：

> 司马迁作本纪……他并不是像《史通》所说："列天子行事，以本纪名篇。"他心目中的本纪，是纲纪天下政事的意思；换句话说，就是把当时天下政治中心所重，列为本纪。所以项羽并非天子、吕后也非天子，而司马迁都把他们列入本纪。因为项羽是"五年之间，号令三嬗"的中心人物。而吕后则在汉惠帝时实际上是掌握政权的人物。

此文还指出"后来的正史，在形式上虽以司马迁为标准，而实质上往往失去了司马迁的真精神"。文中举出《汉书》《三国志》为"都失去了本纪纲纪天下政事的原意"。《后汉书》的皇后纪"则更是东施效颦，徒为形式主义的摹仿而已。《晋书》以后各正史的本纪，更没有司马迁那种把项羽入本纪的见解和魄力。而且把本纪变成了流水账的形式"。这一见解影响较大，为一些著述所接受。

综合所述，司马迁创立本纪这一体裁，不是"列天子行事，以本纪名篇"，本纪所述的是时势主宰者，是"天下政治中心之所在"。这样解释本纪的含义才能更好地理解《史记》十二篇本纪的内容。就它的特点而言，《史记》本纪既纪帝王、天子，又不局限于帝王、天子；既有编年，又不全为编年的记述形式所局限；既是叙述历史的大事，又是写英雄人物的传记；既阐述"王迹所兴"，又寄托着自己的理想。总之，它并不是着意写帝王书，而是着意在一种辩证的思考中，以时势为纲，而不以帝王为纲。《史记》本纪不为正统观念所束缚，力求真实地说明历史的发展的过程。

（二）表

1. 对《史记》中"表"的重要作用的认识

司马贞在《史记索隐·三代世表》中说："《礼》有《表记》，而郑玄云：'表，明也。'谓事微而不著，须表明也，故言表也。"赵翼在《廿二史札记》卷一中说："《史记》作十表，仿于周之谱牒，与纪传相为出入，凡列侯、将、相、三公、九卿功名表著者，既为立传，此外大臣无功无过者，传之不胜传，而又不容尽没，则于表载之，作史体裁，莫大于是。"准上，此表之义为：①表隐微之事，使之鲜明；②扩大纪、传的记事范围；③与纪、传互为经纬，是联系纪、传的桥梁。但这是从组织材料上说的，而表的真正价值，还有待探讨。

清代梁玉绳花毕生精力撰成《史记志疑》一书。钱大昕称此书是可以和"三家注"相比拟的《史记》第四家注。《史记》一百三十篇，表只有十篇，但《史记志疑》全书却有三分之一是对史表的考辨。可见梁玉绳对表在《史记》中的特殊的重要性有足够的认识。梁玉绳在考析《三代世表》篇的开头说：

> 《史通·杂说篇》谓"太史公之创表，列行萦纡以相属，编字戢孴而相

排。虽燕越万里，而径寸之内犬牙可接；虽昭穆九代，而方寸之中雁行有序。使读者阅文便睹，举目可详，此其所以为快也。”《大事记》谓“《史记》十表，意义宏深。”《通志》谓“《史记》一书，功在十表。”诚哉斯语，余故参订加详焉。

梁玉绳所引刘知几、吕祖谦、郑樵对《史记》表的评述是清代以前最有代表性的意见。这些意见，将史表的意义和作用做了明确的阐述，对清人有积极的影响。

在清代，除梁玉绳对史表做了深入研究之外，在其之前已有几位学者对表做过研究，如：汪越撰、徐克范补的《读史记十表》；方苞的两篇短文《书〈史记〉十表后》《书〈史记·六国年表序〉后》；牛运震《史记评注》的“评十表”。梁玉绳之后，还有潘永季的《读〈史记〉札记》，也是评议史表的专门之作。

汪越、徐克范的著作对改变在此之前学术界忽视史表的不良倾向起了重要作用。在该书的起首，汪越征引了司马贞、张守节、郑樵、林駉、王应麟等对《史记》表的诸多评论，并作出按语，他说：

按表者纪月编年，聚而为绘图指掌，经纬纵横，有伦有脊；其书法谨严，几于《春秋》，大义数千，炳若日星矣。至所不言，尤寓褒讥，未易测识。后人欲穿凿立论，复所未安。诚会本纪、世家、列传，穷阙事理，当自得之也。

这是汪越对史表的总评价，也是他作《读史记十表》一书的指导思想。它纠正以前读表只注意表前序的文辞的倾向，而注意于“征发”史表体裁的“经纬纵横”和“书法谨严”的意义。

继汪越之后，牛运震在《史记评注》卷二中说：

史之有年表，犹《地理志》之有图经，族谱之有世系也，昔人推之，以为史家之本源冠冕。盖事繁变众，则年月必不能详；世积人多，则传载必不能备。年表者，所以较年月于列眉，画事迹于指掌而补纪传书志之所不及也。况年表既立，则列传可省……此《史记》之有年表，其命意不可及，而其立法为不可议也。

综观牛运震在书中对史表的评论，史表的价值在于：①史表能提纲挈领地“补纪传书志之所不及”；②史表“要以简要明晰为贵”；③史表自具“间架结构，经纬纵横”，诚所谓“无言之文”。

清代道光时期，潘永季的《读〈史记〉札记》也是评议史表的专门著作。他认为郑樵所说的“《史记》一书，功在十表”这句话的意义，从来没有人阐发过。《史记》一书，为什么“功在十表”呢？那是因为“十表精能之至”，“网罗古今”，“为一部《史记》之纲领”，“盖不读十表，全不得《史记》要领”。潘永季肯定十表在《史记》中的“纲领”性地位，这是关于史表重要作用的一种概括。

2. 十表反映出历史发展的阶段性

清代学者方苞在《书〈史记〉十表后》中，首先提出十表反映了司马迁的历史发展阶段性的思想。方苞将其分为春秋及其以前、战国、秦楚之际、汉代四个阶段。实际上，在十表中，司马迁依据自皇帝至汉武帝期间的发展变化，把历史分为五个阶段：春秋以前、春秋、战国、秦楚之际、汉代，并在十表序文内具体论述了各个阶段的不同历史特点。这就是司马迁的“通变”的思想。

《三代世表序》曰：

> 自殷以前诸侯不可得而谱，周以来乃颇可著。孔子因史文次《春秋》，纪元年，正时日月，盖其详哉。至于序《尚书》则略，无年月；或颇有，然多阙，不可录。故疑则传疑，盖其慎也。……于是以《五帝系牒》《尚书》集世纪黄帝以来讫共和为《世表》。

司马迁在《三代世表》中谱列出五帝、夏、殷、周厉王时期的世系传承，建立起中国历史始初阶段的发展线索。

《十二诸侯年表》起于共和之行政，即公元前841年，即中国历史有确切年代的开始。司马迁在序文中概括春秋时期的主要特点：

> 而共和行政焉。是后或力政，强乘弱，兴师不请天子。然挟王室之义，以讨伐为会盟主，政由五伯，诸侯恣行，淫侈不轨，贼臣篡子滋起矣。齐、晋、秦、楚其在成周微甚，封或百里或五十里。晋阻三河，齐负东海，楚介江淮，秦因雍州之固，四海迭兴，更为伯王。文、武所褒大封，皆威而服焉。

这讲了春秋阶段政治形势的变化。

《六国年表》记周元王元年（前475）至秦二世，凡270年。司马迁在序文中概括战国时期的特点：

是后陪臣执政，大夫世禄，六卿擅晋权，征伐会盟，威重于诸侯。及田常杀简公而相齐国，诸侯晏然弗讨，海内争于战功矣。三国终之卒分晋，田和亦灭齐而有之，六国之盛自此始。务在强兵并敌，谋诈用而从横短长之说起。矫称蜂出，誓盟不信，虽置质剖符犹不能约束也。秦始小国僻远……然卒并天下，非必险固便形势利也。盖若天所助焉。

特别需要指出的是，司马迁在序文中阐明了“法后世”的历史观，他总结秦的历史说：

秦取天下多暴，然世异变，成功大。传曰“法后王”，何也？以其近己而俗变相类，议卑而易行也。学者牵于所闻，见秦在帝位日浅，不察其终始，因举而笑之，不敢道，此与以耳食无异。悲夫。

在汉初把秦一概骂倒的否定声中，司马迁的见识犹如一声惊雷，具有醒人耳目的作用。

司马迁把秦二世元年（前 209）至汉高祖元年（前 206）划为一个历史阶段，作《秦楚之际月表》，在序文中说：

初作难，发于陈涉；虐戾灭秦，自项氏；拨乱诛暴，平定海内，卒践帝祚，成于汉家。五年之间，号令三嬗，自生民以来，未始有受命若斯之亟也。

司马迁在这里客观地、历史地评价了陈胜、项羽和刘邦的历史作用。

对于汉代的历史，司马迁制作了六个表：《汉兴以来诸侯王年表》《高祖功臣侯者年表》《惠景间侯者年表》《建元以来侯者年表》《建元已来王子侯者年表》《汉兴以来将相名臣年表》（此表没有序文）。这六个表意在说明“先王之制封建，本以安上而全下，故惟小弱，乃能奉职效忠”（方苞《书〈史记〉十表后》），这六个表都说明了中央集权与地方分权的矛盾和斗争。晁错因提出削诸侯地而丧命，但他的主张是有远见的，从“众建诸侯而少其力”到汉武帝施行推恩令，地方割据势力的问题最后被解决了。但《建元以来侯者年表》又有讥刺汉武帝借封侯来推行他好大喜功、外攘四夷政策的意义。序文中说：

况乃以中国一统，明天子在上，兼文武，席卷四海，内辑亿万之众，岂以晏然不为边境征伐哉。自是后，遂出师北讨强胡，南诛劲越，将卒以次封矣。

方苞在《书〈史记〉十表后》中谈到司马迁综述各阶段中心内容后说："此数义者，实能究天人之际，通古今之变。"尤其是十表的序文，集中体现了司马迁通古今之变的思想，历来被认为是《史记》的精华部分。十表之划分及其序文实际上就是司马迁撰写《史记》的指导思想和大纲。因此，与本纪相配合的表在《史记》中就具有纲领的作用。所以郑樵说："《史记》一书，功在十表。"

（三）书

八书是《礼书》《乐书》《律书》《历书》《天官书》《封禅书》《河渠书》《平准书》。

司马贞在《史记索隐·礼书》中说："书者，五经六籍总名也。此之八书，记国家大体。班氏谓之志，志，记也。"赵翼在《廿二史札记》卷一中说："八书乃迁所创，以纪朝章国典。"用今天的话来说，八书就是分门别类的文化制度史。《尚书》是各种体裁的公文档案汇编，司马贞以"五经六籍总名"释之最确，司马迁把分门别类记载典章制度和文化发展的八书用"书"名之也是十分恰当的。班固作《汉书》，扩大"八书"内容为"十志"，因其大题为《汉书》，故改"书"为"志"。马端临《文献通考·总序》中说：

> 然则考制度，审宪章，博闻而强识之，固通儒事也。《诗》《书》《春秋》之后，惟太史公号称良史，作为纪传书表。纪传以述理乱兴衰，八书以述典章经制，后之执笔操简牍者，卒不易其体。

所以，书体为司马迁所创造，后代不改易而加以仿效。

关于八书的作用，后代学者多有论述。叶适在《习学纪言序目》卷十九《史记》中说："八书体既立，后有国者礼乐政刑皆聚此书，虽载事各从其时，而论治不可不一。"这里强调了八书的"论治"作用。对于礼、乐的统治作用论述得具体而深刻，"此礼乐之实意，致治之精说，不可以他求也"。魏元旷在《史记达旨》中更突出"究治道"："其立八书，所以究治道也，故先之以礼乐焉。"并说"八书著立政之纲，明汉治之失，亦与贾谊痛哭流涕同一忠爱也"。所以，八书的作用就是论述典章制度在整个社会历史发展过程中的作用，因此，撰史必须有专门的论述。《史记》一百三十篇，其中十篇"有录无书"，依张晏的说法，书缺三篇：《礼》《乐》《律》（其他七篇为《景纪》《武纪》《汉兴以来将相年表》《三王世家》《日者列传》《龟策列传》《傅靳蒯成列传》）。现在所见到的这三篇正文前均有序。梁玉绳认为只有《礼书序》是《史记》的原文。近代刘咸炘则以为《乐书》和《律书》的序文也是《史记》原有的，只不过后来有所窜乱、增补。仔细探究，"书"的"治世"作用可以用"正礼乐"（《礼书》、《乐书》)、“协律历”(《律书》《历书》)、“际天人”(《天官书》《封禅书》)、“理官民”(《河渠书》《平准书》)来概括。

八书在撰写上有它独特之处。

第一，注重追溯典章制度的历史源流。马端临在《文献通考·总序》中说：“典章经制，实相因者也。殷因夏，周因殷，继周者之损益百世可知，圣人盖以预言之矣。”追溯历代阐述典章制度的源流，这种体例实始于《史记》的八书。尽管八书各篇追寻历史情况的表现形式不一，但却是都注意到了考察典制的渊源。

第二，侧重当代，注意“承弊通变”，严于指陈时弊。司马迁在《太史公自序》中谈到作八书时说：“礼乐损益，律历改易，兵权山川鬼神，天人之际，承弊通变，作八书。”强调了这种体裁“承弊通变”的功能。历代评论家对此都有所评论。例如：

林駉说：

> 尝考迁史之书矣。《封禅》一书，固述帝舜以下也，正以著当时求仙之诈。《平准》一书，固述历代也，正以讥当时征利之非。于《礼书》则载孙卿《礼论》，而不载叔孙通绵蕞者，以见野仪之失而古礼之得也。于《历书》则载古历九百四十分之法，而不载太初八十一分之法者，以见太初之疏而古历之密也。(《古今源流至论》后集卷九《史学》)

黄履翁对司马迁作八书之深意均有评论，仅摘关于《律书》《天官书》二则，以窥其旨。

> 其著《律书》也，不言律而言兵；不言兵之用，而言兵之偃。观其论文帝，如浩漫宏博，若不相类。徐而考之，则知文帝之时，偃兵息民，结和通使，民气欢洽，阴阳协和，天地之气亦随以正，其知造律之本矣。

这实际是有意讥刺武帝时“兵连而不解，天下共其劳，而干戈日滋”(《平准书》)，使阴阳失和，乃为不协于律。

> 书《天官》，则初言春秋星殒而五伯代兴，次言汉初日蚀而诸吕作乱，又次言元光，元狩蚩尤旗见而兵师四出，正以警时君修德修政之心。(以上二则见《古今源流至论·别集》卷五)

对汉武帝的好大喜功、所作所为仍寓贬斥谏说之意。

黄淳耀的意见更明确、直率：

太史公八书中，《封禅》《河渠》《平准》，乃专为讥武帝而作。然《河渠书》当另看，盖塞宣房有忧民之心焉，是其倦于神仙时也。（《史记论略·封禅书》）

第三，与其他体裁相比，更富“通博”之识。
刘知几在《史通·书志》中说：

夫刑法、礼乐、风土、山川，求诸文籍，出于《三礼》。及班、马著史，别裁书志。考其所记，多效《礼经》。且纪传之外，有所不尽，只字片文，于斯备录。语其通博，信作者之渊海也。

因为典章制度包容宏宽，渊源深远，清理繁杂，术学专门。所以，历史学家要将典制情况论述得清晰明了，没有较高的文化科学素养是难以达到的。刘知几赞叹马班书志为“信作者之渊海”，是中肯的。

（四）世家

世家在《史记》五种体裁中是比较复杂的一种。
关于世家的本义和分类，历代学者的解释有几种。
司马贞《史记索隐·吴太伯世家》说：

系家者，记诸侯本系也，言其下及子孙常有国。故孟子曰：“陈仲子，齐之系家。”又董仲舒曰：“王者封诸侯，非官之也，得以代为家也。”

张守节《史记正义》的解释，大致与司马贞相同：

世家者，志曰谓世世有禄秩之家。案累世有爵土封国。

刘知几《史通·世家》云：

案世家之为义也，岂不以开国承家，世代相续。……司马迁之记诸国也，其编次之体与本纪不殊，盖欲抑彼诸侯，异乎天子，故假以他称，名为世家。

其后赵翼《廿二史札记》卷一也说：

> 王侯开国，子孙世袭，故称世家。

根据以上几种解释，可以将定名世家之义概括为三：①记诸侯列国史；②载传代家世；③世家与本纪同体，均编年记事，因有别于天子等第而别名世家。

然而，这些解释是否符合司马迁的原意呢？我们还是看看司马迁自己的说法。他在《太史公自序》的最后说：

> 二十八宿环北辰，三十辐共一毂，运行无穷，辅拂股肱之臣配焉，忠信行道，以奉主上，作三十世家。

这里说得很明确，世家的含义是众星拱托北斗星，三十辐承卫中心毂。对此，朱东润在《史记考索》中的《史记纪表书世家传说例》（华东师范大学出版社出版，第16页）中有贴切的理解：

> 凡能拱辰共毂，为社稷之臣，效股肱辅弼之任者，则史迁入之世家；开国可也，不开国亦可也；世代相续可也，不能相续亦可也。乃至身在草野，或不旋踵而亡，亦无不可也。明乎此而后可以读《史记》。

根据这一理解，朱先生把三十篇世家分为八类。按我们的理解，分为五类即可。

第一类，从《吴太伯世家》至《田敬仲完世家》共十六篇是一类。这一类写的是贵族诸侯，即春秋时的列国诸侯吴、齐、鲁、燕、管蔡、陈（舜后）杞（禹后）、卫、宋、晋、楚、越、郑，加上战国时的田齐、韩、赵、魏。其性质是“皆周室屏藩之臣也”（朱东润语）。这一部分是编年纪事，形式上与本纪没有什么不同。其特点是传主地位相比本纪降了一等，与列传相比记事不那么详尽。这一类世家的内容主要取材于《左传》《国语》《战国策》等，因此，它是研究春秋战国史的重要史料。

第二类，《孔子世家》单为一类。关于孔子入世家，历代学者议论很多，中心的问题是孔子没有仕于周室，并不是社稷之臣，为什么要列入世家。司马迁的意思是，孔子处于春秋末年，周天子权力衰落，诸侯兴起，在世道衰微的情势下，孔子为维护天子的地位做出了自己不朽的贡献。《太史公自序》说：

> 周室既衰，诸侯恣行。仲尼悼礼废乐崩，追修经术，以达王道，匡乱世

反之于正，见其文辞，为天下制仪法，垂《六艺》之统纪于后世。作《孔子世家》第十七。

所以，《孔子世家》除记述孔子一生的思想政治主张和活动得失之外，着重记述了他的学术活动，并评论了它的内容与作用。

司马迁认为《尚书》《仪礼》是孔子编定的，他所编定的礼仪在继承夏殷二代礼制的基础上对周礼有所增损。所以《世家》说：

孔子之时，周室微而礼乐废，《诗》《书》缺。追迹三代之礼，序《书传》，上纪唐虞之际，下至秦缪，编次其事。曰："夏礼吾能言之，杞不足征也。殷礼吾能言之，宋不足征也。足，则吾能征之矣。"观殷夏所损益，曰："后虽百世可知也。以一文一质，周监二代，郁郁乎文哉，吾从周。"故《书传》《礼记》自孔氏。

司马迁认为《诗》也是孔子删定的。孔子删取诗要求符合礼义的标准，而且三百零五篇都可以弦歌，并竭力使其达到尽善尽美的政治要求，《诗》可以实施教化，"备王道"。司马迁对孔子删诗的评价是很高的，说：

古者《诗》三千余篇，及至孔子，去其重，取可施于礼义，上采契后稷，中述殷周之盛，至幽厉之缺，始于衽席，故曰"《关雎》之乱以为《风》始，《鹿鸣》为《小雅》始，《文王》为《大雅》始，《清庙》为《颂》始"。三百五篇孔子皆弦歌之，以求合《韶》《武》《雅》《颂》之音，礼乐自此可得而述，以备王道，成六艺。

司马迁还说，孔子对《易》有极大的兴趣，而且进行反复学习研究：

孔子晚而喜《易》，序《彖》《系》《象》《说卦》《文言》。读《易》，韦编三绝。曰："假我数年，若是，我于《易》则彬彬矣。"

司马迁还说，《春秋》为孔子所作，故而"《春秋》之义行，则天下乱臣贼子惧焉"。

司马迁对孔子编撰六艺的价值和作用赞扬备至：

天下君王至于贤人众矣，当时则荣，没则已焉。孔子布衣，传十余世，学者宗之。自天子王侯，中国言《六艺》者，折中于夫子，可谓至圣矣。

孔子之所以能入世家，就是因为他为中国学术文化思想的发展奠定了不朽的基石，这是任何人无法比拟的。这也说明司马迁肯定了孔子希望加强天子地位的思想，并因此肯定孔子为后代制定的一套拨乱反正、维护一个统一的局面的仪法，使得礼乐盛行、六艺显扬。儒家确立了所谓的列君臣父子之礼、序夫妇长幼之别这种百家不可改易的“王道”统纪，同时也就为汉家制度立下了大经大法。所以孔子“身系周室之岁时，而功在汉家之社稷，斯则冠于萧、曹、张、陈之首可也”（朱东润《史记考索》）。孔子入世家，正符合“拱辰共毂”的要求。

第三类，《陈涉世家》单为一类。

《太史公自序》说：

> 桀、纣失其道而汤、武作，周失其道而《春秋》作。秦失其政，而陈涉发迹，诸侯作难，风起云蒸，卒亡秦族。天下之端，自涉发难。作《陈涉世家》第十八。

《史记·秦楚之际月表》说：“初作难，发于陈涉。”《陈涉世家》末尾说：“陈胜虽已死，其所置遣侯王将相竟亡秦，由涉首事也。”这说明了陈涉的发难和秦亡的关系，而且将陈涉起义和汤伐桀、武王伐纣、孔子作《春秋》相提并论，赋以“革命”的意义。

司马迁把陈涉当作一个开创新时代的人物看待。就实质而言，陈涉主要的历史功绩，在于其真正维护和实现了国家的统一。更确切些说，从世家体裁的本义来解释，陈涉的股肱辅弼、拱辰共毂之义使他为汉家创建统一局面起了开路先锋的作用。正因为有陈涉的发难，才能有项羽的灭秦。《高祖本纪》说：“陈胜起蕲，至陈而王，号为张楚。诸郡县皆多杀其长吏，以应陈涉。”高祖刘邦即为应涉之一人，最后才有刘邦“卒践帝祚”。说到底，陈涉正是促使刘邦能成为汉家天子的首事者、奠基人。“列于世家，岂曰不宜?”（朱东润《史记考索》）

第四类，《外戚世家》《楚元王世家》《荆燕世家》《齐悼惠王世家》《梁孝王世家》《五宗世家》《三王世家》，这七篇所记都是汉家的皇后、宗亲。

《外戚世家》记吕、薄、窦、王诸太后及卫皇后和王、李二夫人等，所指均为皇家妇室，这与后世所指外戚是后族略有区别。司马迁说：“自古受命帝王，及继体守文之君，非独内德茂也，盖亦有外戚之助焉。”举出夏、商、周的兴亡与妇室关系很大。司马迁将皇太后、皇后当作王室的辅佐、忠信来看待，符合“股肱辅弼”“拱辰共毂”的世家本义，故将她们列入世家。

关于宗亲，司马迁肯定这些人物“为汉宗藩”“藩辅”“股肱”的意义。相反，吴王濞、淮南衡山王只写进列传而未入世家，就是因为他们倡乱反叛，而不能拱辰共毂。

第五类就是《萧相国世家》（萧何）、《曹相国世家》（曹参）、《留侯世家》（张良）、《陈丞相世家》（陈平附王陵）、《绛侯周勃世家》（周勃），这五人是汉初社稷之臣，辅弼股肱，入世家是最名副其实的。汉初还有许多功臣，为什么不入世家呢？朱东润《史记考索》有一种见解：

> 淮阴、黥、彭有大功于国，不为世家者，三人皆不终，不得以社稷之臣论也。张耳、吴芮不为世家者，耳、芮碌碌，因人成功名，不得预于此数也。樊、郦、滕、灌以功名终而不预者，诸人皆功狗，不得与列。曹参亦功狗，然而为汉相国，载其清静，民以宁一，无为休息，媲美萧何，故许而进之也。王陵为开国功臣，惠帝中为右丞相，高后欲王诸吕，陵持不可，此真社稷之臣而不入世家，何也？曰，此不可解也，岂特不入世家，并不入列传，徒著其名《陈丞相世家》中，又以“无意从汉以故晚封”之语诬之，考诸功臣表，往往踳驳。此必非史迁之言也。意者史迁原有《王丞相世家》，其后亡失，妄人缀拾成篇，别为三王世家，附于二十九篇之后乎？《汉书》萧、曹合传之下，张、陈、王、周合传，有皆哉！

或者有人说，世家记股肱辅弼，于周汉之间国如是，秦独无藩辅之臣乎？蒙恬、李斯不入世家而为列传何也？朱东润解释说：

> 史迁不与其为藩辅也。蒙恬戍边，不为重臣。至若李斯，虽开国之勋，不减汉之萧、曹，及始皇既死，为赵高所胁，陷扶苏而立胡亥，以亡天下，而周章怖慑，终亦不免于死，史迁薄之久矣。

（五）列传

《史记》有七十篇列传，内容绚丽多彩。关于其体例，有两个问题要探讨。

第一，“列传”的含义。

司马贞《史记索隐·伯夷列传》云：“列传者，谓叙列人臣事迹，令可传于后世，故曰列传。”

张守节《史记正义·伯夷列传》云：“其人行迹可序列，故云列传。”

刘知几《史通·列传》云：“夫纪传之兴，肇于《史》《汉》。盖纪者，编年也；传者，列事也。……列事者，录人臣之行状，犹《春秋》之传。《春秋》则传以解经，《史》《汉》则传以释纪。寻兹例草创，始自子长。”

章学诚《文史通义·繁称》云：“史迁创列传之体。列之为言，排列诸人为首尾，所以标异编年之传也。”

赵翼《廿二史札记》云：“古书凡记事立论及解经者，皆谓之传，非专记一人事迹也。其专记一人为一传者，则自迁始。”

日本学者中井积德说：“传不一而足，次第成列，故谓之列传耳。”（《史记会注考证》卷六十一《伯夷列传》引）

司马迁在《太史公自序》中，对人物立传的标准作了说明：

> 扶义俶傥，不令己失时，立功名于天下，作七十列传。

由此可知司马迁立人物传的标准是考虑了道德原则（“扶义俶傥”）、主动精神（“不令己失时”）、社会功能及其作用范围（“功名于天下”）的，可见其见识之深邃。

第二，列传排列前后是否有一定的规律。

早在唐中叶，司马贞就认为《史记》列传“编次多所未当”（汪之昌：《清学斋集》卷十四《史记列传编次先后有无义例说》）。

赵翼《廿二史札记》卷一说：“《史记》列传次序，盖成一篇即编入一篇，不待撰成全书后，重为排比。……其次第皆无意义，可知其随得随编也。”而王鸣盛《十七史商榷》、梁玉绳《史记志疑》（卷三十六）等认为，列传的排列“史公有深意”，而现在的排列，是经后人窜乱了的。朱东润先生认为：

> 曲解篇次，诚为不可，然遽谓其随得随编，亦未尽当。大要自四十九篇以上，诸篇次第皆有意义可寻，自五十篇以下，中经窜乱，始不可解。愚意史迁作传，共分五组，先秦以上一也，秦二也，楚汉之间三也，高、惠、文、景四也，今上五也。其间段落，略与诸表相当。（《史记考索》）

我们如果不从它的排列是否有“深刻寓意”去考虑，就它的形式而言，可分为五类：专传、合传、类传、附传、附见。

专传　指专门为某人立一篇传。凡立专传者均给予其人以历史上的独特地位，如商鞅、李斯、司马相如等。除记人物外，还有学者把记少数民族和域外国家的传列入专传，如《匈奴列传》《南越列传》《东越列传》《朝鲜列传》《西南夷列传》《大宛列传》等。这类列传是司马迁的一个创举，它以记国君、酋长为主，涉及世系、地域、物产、风俗及与中原交往的关系等等。这为我们研究少数民族地区及边远地区的历史提供重要资料，有很高的文献价值。

合传　二人以上同记在一篇传中，合传者常以姓名官爵在篇题上标出，如《廉颇蔺相如列传》《张耳陈余列传》等。之所以合传，有的是职位同类（如政治家、军事家：《白起王翦列传》），有的因事迹牵连（如《袁盎晁错列传》《魏其武安侯列传》——记魏其侯窦婴、武安侯田蚡），有的因前后相因（如《老子韩非列传》——记老子、庄子、申不害、韩非），有的彼此相同（如《汲郑列传》——记汲黯、郑当时），有的互相掩映（如《刘敬叔孙通列传》），等等。关于合传的人物，司马迁都有其合传的主意。

附传　将一人的事迹附于和他事迹同类或与其事相关之人的传后，既不独为设传又使其事迹可传。附传篇题不标名，但一定是为其人叙事。在结构上，附传的人物在传中有时起突出主传、勾连主传的作用，如《魏其武安侯列传》中所附之灌夫传，所以附传的人并不是在历史上不重要。司马迁有时是借立附传以发议论，如《主父偃列传》后附徐乐、严安之传，是借以议论挥伐匈奴之弊。还有以亲附传的，如《乐毅列传》同时记乐毅之子乐闲、孙乐叔的事迹，这类附传发展为后来的家谱式传记。

类传　又称杂传或汇传。同一类人物合着于一体，计有刺客、循吏、儒林、酷吏、游侠、佞幸、滑稽、日者、龟策、货殖十篇类传。类传一般前面有序，常借以表述相关事情的政治历史观点，一般也是撰写该传的指导思想，所以学习研究时要多加注意。类传的设定可以起到“事省文本”的作用，既便于包括众多人物，又可省却许多篇幅，也还可以帮助人们综合观察社会历史。类传的设置多反映那个时代特殊的政治、经济、文化风俗等社会风貌。比较诸史类传的废设分合可以看到时代的变化。类传是研究司马迁史学思想的中心资料。

附见　或称附出。即在他人事迹的叙述中，可以看出附见者其人的贤否功罪。这种形式与附传的区别在于，附传虽附但一定是为本人立传，附见则非专为本人叙事立传。如张骞的事迹，在《卫将军骠骑列传》（卫青、霍去病）中，只记寥寥数语，而其详细事迹则附见于《大宛列传》。又如《项羽本纪》《高祖本纪》皆叙纪信诳楚、脱刘邦荥阳之险事，亦为附见，而纪信之忠已见。《田单列传》于论赞之后追叙齐襄王得立之由，记述了王蠋的故事：

> 燕之初入齐，闻画邑人王蠋贤，令军中曰：“环画邑三十里无入。”以王蠋之故。已而使人谓蠋曰：“齐人多高子之义，吾以子为将，封子万家。”蠋固谢。燕人曰：“子不听，吾引三军而屠画邑。”王蠋曰：“忠臣不事二君，贞女不更二夫。齐王不听吾谏，故退而耕于野。国既破亡，吾不能存；今又劫之以兵为君将，是助桀为暴也。与其生而无义，固不如烹。”遂经其颈于树枝，自奋绝脰而死。齐亡大夫闻之，曰：“王蠋，布衣也，义不北面于燕，况在位食禄者乎。”乃相聚如莒，求诸子，立为襄王。

通过这段故事，王蠋对齐的忠心耿耿跃然纸上，这是附见（附出）的突出例证。

附见中的人物历来不被人重视，这是不对的。所以刘知几在《史通》卷十六《列传》中说：

> 事迹虽寡，名行可崇，寄在他篇……然世之求名者咸以附出为小。……窃以书名竹素，岂限详略，但问其事竟如何耳。

司马迁、班固以后，一些史书的立传人物没有美名而虚列史传，妄占篇目，其数不可胜计，他们往往比不上纪信、王蠋的影响大，可知不可小看附见。

有的研究者将《太史公自序》当作一种列传的类型，称为“自传”，究其实它还是可以包括专传之中的，它只不过是作者自己写的一篇专传。司马迁在自序中除述说家世经历、思想渊源、作史动机、体例设计等内容之外，还写了130篇的编撰提要，可以看作后世“目录”的萌芽。由此也可知古代图书形式是内容在前，目录在后，所以《太史公自序》在文献学上有一定价值。

（六）创造了“太史公曰”的史论形式

司马迁除创造了“五体”之外，还创造了“太史公曰”的史论形式。

《史记》中的“太史公曰”，习惯称为序、赞、论，即篇前的“太史公曰”为“序”，篇末之“太史公曰”为“赞”，而像《天官书》后半部分、《伯夷列传》夹叙夹议中的“太史公曰”置于篇中，为“论”。这种史论形式，简称为“论赞”。司马迁并没有把他的史论命名曰序曰赞。唐刘知几《史通》卷四《论赞》和《序例》论列“太史公曰”为序为赞后，相沿而成习惯。

统计《史记》全书，序有二十三篇：十表九序，《汉兴以来将相名臣年表》无序；八书五序，《礼》《乐》《律》《历》《封禅》五书有序；世家中有《外戚》一序；列传中有《孟荀》《循吏》《儒林》《酷吏》《游侠》《佞幸》《滑稽》《货殖》八序。赞有一百零六篇：十二本纪缺《孝武本纪》，有赞十一；八书三赞，《封禅》《河渠》《平准》三书有赞；世家二十九赞；列传六十三赞。论有五篇：《伯夷》《日者》《龟策》《太史公自序》《天官书》。凡一百三十四篇，三万多字，约占《史记》字数的百分之六。篇幅不长，但内容丰富。这里需要说明的是《秦始皇本纪》的赞直接引用汉初贾谊《过秦论》上中下三篇作为赞，这是《史记》序赞中唯一的破例。这些赞序或考证古史，如先秦诸帝纪之赞、《三代世表序》；或叙游历所得，如《河渠书》之赞；或直抒评论，如《项羽本纪》之赞、《蒙恬列传》之赞等；内容丰富，往往补篇中所未言之事。所以赞论是研究司马迁思想的重要资料。

“太史公曰”形式上是仿自先秦典籍《国语》《战国策》《左传》等的“君子曰”。先秦典籍中的“君子曰”，是表示当时有德者之言。这些“君子曰”已具史论的雏形，但他们就事论事，未具理论色彩，未形成一种体系。而《史记》

的“太史公曰”，全书浑然一体，每序每赞，无论长短，自为一体，具有浓厚的理论色彩，并不只是就事论事的评论，而是《史记》内容的需要。例如《项羽本纪》，通过对项羽力拔山、气盖世的英雄业绩的叙述，勾画出秦汉之际风起云涌的大变革形势，表彰他的灭秦之功。司马迁在赞中称颂项羽为“近古以来未尝有也”的英雄人物，同时分析他失败的原因：

> 太史公曰：吾闻之周生曰：“舜目盖重瞳子。”又闻项羽亦重瞳子。羽岂其苗裔邪？何兴之暴也！夫秦失其政，陈涉首难，豪杰蜂起，相与并争，不可胜数。然羽非有尺寸乘势，起陇亩之中，三年，遂将五诸侯灭秦，分裂天下，而封王侯，政由羽出，号为“霸王”，位虽不终，近古以来未尝有也。及羽背关怀楚，放逐义帝而自立，怨王侯叛己，难矣。自矜功伐，奋其私智而不师古，谓霸王之业，欲以力征经营天下，五年卒亡其国，身死东城，尚不觉寤而不自责，过矣。乃引“天亡我，非用兵之罪也”，岂不谬哉。

可见“论赞”是司马迁直接表达思想的形式，因而是研究司马迁思想的重要资料。

对于司马迁的“太史公曰”的史论形式，历来有不同评价。唐刘知几在《史通》卷四《论赞》中扬班抑马，推重班固之赞有“典诰之风”，而认为《史记》为例不纯，甚至批评史记论赞“淡泊无味”，是“苟炫文采”的画蛇添足。实际上，班固是模仿“太史公曰”而作，只是在辞章和形式上比“太史公曰”庄重、典雅而已，但史识义例确是无法和“太史公曰”比拟的。清人章学诚则给予了很高的评价，他在《文史通义》内篇五《史注》中说：“太史叙例之作，其自注之权舆乎！明述作之本旨，见去取之从来，已似恐后人不知其所云而特笔以标之，所谓‘不离古文’及‘考信六艺’云云者，皆百三十篇之宗旨，或殿卷末、或冠篇端，未尝不反复自明也。”可以说，在中国传统史学上，正是因为司马迁创造了史论体系，历史编纂才成为真正的史学论著，在这一点上，《史记》提供了典范。其后“班固曰赞，荀悦曰论，东观曰序，谢承曰诠，陈寿曰评，王隐曰议，何法盛曰述，扬雄曰譔，刘昞曰奏，袁宏、裴子野自显姓名，皇甫谧、葛洪列其所号”（《史通》卷四《论赞》），名称虽殊，但都是效法司马迁作史论。

三、 实录精神

（一）实录

班固在《汉书·司马迁传·赞》中评论《史记》时说：

> 自刘向、扬雄博极群书，皆称迁有良史之才，服其善序事理，辨而不华，质而不俚，其文直，其事核，不虚美，不隐恶，故谓之实录。

刘向、扬雄是汉代著名学者，“博极群书”，他们认为司马迁“有良史之才”，他的《史记》是一部“实录”。而班固对“实录”下了一个定义，包括两层意思。

第一，“善序事理，辨而不华，质而不俚”。“善序事理”是实录的总目标、总要求。任何历史著述都应包括叙事与说理两个方面，即史事记述与史事评论。叙事是一般历史著述的基础，评论是以揭示事理为主要任务，但必须以不脱离史事记述为前提。所以，历史著述的首要目标是明确清晰的叙事。《史记》作为我国第一部通史，综合地叙述了从黄帝到汉武帝时期三千年的史事，给人们勾画出一个长期的社会历史发展的总体面貌。不仅如此，历史著述还要能揭示所叙历史内容中的事理，不能做到这一点而只是单纯地罗列史事，形成流水账，最多不过是一种史料汇编的文献，而丧失了它作为历史著述的价值。只有能揭示事理，历史著述才有生命力，这也正是史著撰述者成为“良史之才”的重要因素。《史记》在记述史事与揭示事理两个方面，都做得非常好，连刘向、扬雄这样的大学问家都“服其善序事理”。

“辨而不华，质而不俚”，就是辨析而不华丽，质朴而不鄙俗。这同样包括了史事叙述和史事评论两个方面。一方面，辨析史事要求清楚明白，作出评议要求精要周全，而又不故意堆砌辞藻，矫揉造作，故弄玄虚，哗众取宠。另一方面，史事记述要注意质朴，史事评议要切合实际，而又不粗野流宕，缺乏文采，毫无新意，识见浅陋。因此，“辨而不华，质而不俚”八个字给人们指明了著述的方向。

第二，“其文直，其事核，不虚美，不隐恶”。《孟子·离娄下》有一段话说：

> 孟子曰：“王者之迹熄而《诗》亡，《诗》亡然后《春秋》作。晋之《乘》，楚之《梼杌》，鲁之《春秋》，一也；其事则齐桓、晋文，其文则史。孔子曰：‘其义则丘窃取之焉。’”［译文：孟子说：“圣王采诗的事情废止

> 了，《诗》也就没有了；《诗》没有了，孔子便创作了《春秋》。（各国都有叫作《春秋》的史书，）晋国的又叫作《乘》，楚国的又叫作《梼杌》，鲁国的仍叫作《春秋》，都是一样的：所记载的事情，不过如齐桓公、晋文公之类，所用的笔法不过一般史书的笔法。（至于孔子的《春秋》就不然，）他说：‘诗三百篇上寓褒善贬恶的大义，我在《春秋》上便借用了。’”]

这段话常被学者引用来说明古代思想中早就提出了史学著作的三个要素：事、文、义。班固评《史记》为实录，正好就是体现了这三个方面，即“其文直，其事核，不虚美，不隐恶”。

“其文直”。直就是直叙其事，不拐弯抹角，不拖泥带水，不含糊其词，使人一看就明白，也就是要真实地表现所要记述的实物。用今天的话来说，就是要尽可能客观如实地表现事物的现象与本质。近人夏炯说：“史公皆纪实事，不尚文词。”（《夏仲子集》卷三《读史记》）他举出《司马相如列传》加以说明，认为此传虽然备载《子虚》《上林》《难蜀父老》《宜春》等赋作，但司马迁并不是炫耀辞藻，而是正如论赞所说，“相如虽多虚词滥说，然其要归之节俭，此与《诗》之风谏何异”，说明引用赋作是借其申述之内容起到一种规劝的作用。夏炯所说是一方面，但还有另一方面，即汉赋是重要的文体，从表现文化成就及赋作的形式、意义上，也不可不留存。这也是“其文直”的一种表现形式。对《司马相如传》引用赋作的这种认识，同样可以适用于《史记》中有引赋的其他篇章，可知司马迁大体上不是为了追求写作的艳丽，而是为了表现一定的相关之意。

“其事核”。核，就是准确，可信。

“不虚美，不隐恶”。“不虚美”，包括两方面的意思。一是该称颂、赞扬、肯定的就一定要称颂、赞扬、肯定，但不是无端善化，毫无根据地任意夸大。《平准书》中表彰汉初七十年的一段，就是明证：

> 至今上即位数岁，汉兴七十余年之间，国家无事，非遇水旱之灾，民则人给家足，都鄙廪庾皆满，而府库余货财。京师之钱累巨万，贯朽而不可校。太仓之粟陈陈相因，充溢露积于外，至腐败不可食。众庶街巷有马，阡陌之间成群，而乘字牝者傧而不得聚会。守闾阎者食粱肉，为吏者长子孙，居官者以为姓号。故人人自爱而重犯法，先行义而后绌耻辱焉。

这段充满激情的叙述，是对历史现实的肯定、称颂和赞扬，但并不过分。

不虚美的另一方面是对于不应该赞扬的事物不无端地赞扬。司马迁认识事物有他的标准。比如他要求所记人物的行为合乎一定的尺度，不够这个尺度就不记。司马迁为正面人物立传本身就是一种肯定、赞扬。写汉代丞相，就依其功劳品德作了不同的处理，将萧何、张良、曹参、陈平、周勃、王陵等置于勋臣世家，而张苍、周昌、赵尧、任敖、申屠嘉、窦婴、公孙弘等，都有合传或附传，给田蚡立传是为了表现宫廷矛盾中的政权夺利，给石庆一家立传是为表现官僚恭谨之可怜可笑，而其他的人如陶青、刘舍、许昌、薛泽、庄青翟、赵周等都没有传，只提了一下名，原因是这些人“皆以列侯继嗣，娖娖廉谨，为丞相备员而已，无所能发明功名有著于当世者”（《史记·张丞相列传》）。司马迁为人物立传的一个标准就是有否“功名”，毫无功名者，即使是丞相也不立传。后代纪传体正史几乎都有一条不成文的规则——凡是做过宰相的人都有家传。可见司马迁“不虚美”。

“不隐恶”，即揭露社会的黑暗面，也就是刘知几《史通》卷七《直书》所说的“马迁之述汉非”。司马迁“述汉非”被东汉王允斥为“谤书”（王允语见《三国志·董卓传》裴松之注引谢承《后汉书》，又见范晔《后汉书·蔡邕传》）。章怀太子李贤注云：“凡史官之事，善恶必书。谓迁所著《史记》，但是汉家不善之事，皆为谤也，非独武帝之身。”（见《后汉书·蔡邕传》注）这说明司马迁“述汉非”的内容，不只是刺讥汉武帝，而是涉及了整个汉史。对于汉代最高统治者从刘邦到汉武帝、文质彬彬而竟荣逐利的儒生、汉武帝时代的社会矛盾，司马迁都作了深刻的“微文刺讥”“不隐恶”。例如，在司马迁笔下，刘邦的自私、刻薄、猜忌、冷酷得到了淋漓尽致的反映。清人王鸣盛，从《史记》描写中总结出刘邦的品格，说他唯利是图，顽钝无耻，“有急则使纪信代死，不顾子女，推堕下车；鸿沟既画，旋即背之；屡败屡蹙，不以为辱；失信废义，不以为愧”（《十七史商榷》卷三）。

汉代儒家的代表为叔孙通、公孙弘、董仲舒。叔孙通草具汉仪法，公孙弘倡导儒学，董仲舒治《春秋公羊传》宣扬大一统。对于这三位赫赫有名的大人物，司马迁均在平实的记述中肯定了他们的业绩，同时也揭露叔孙通之“谀”，公孙弘之“诈”，董仲舒之“迂”，将他们的个性描绘得十分形象而生动。

司马迁也深刻地揭露了汉武帝时代的社会矛盾。《平准书》集中批判横征暴敛的经济政策，《酷吏列传》集中批判残酷黑暗的官僚政治，《儒林列传》《公孙弘传》通过揭露汉儒阿贵取容的丑态批判文化政策，《封禅书》讥判汉武帝的痴妄迷信、劳民伤财。

“不虚美，不隐恶”反映了司马迁求是存真的高尚史德，不仅要善恶必书，具有两点论，而且要“明是非”“采善贬恶”。司马迁在《仲尼弟子列传》的赞中明确反对“誉者或过其实，毁者或过其真”的主观臆断。所以司马迁论载史事人物一般不作全盘肯定或全盘否定，而是原原本本讲清楚人物行事和客观事物的变化发展，依据事实给予恰如其分的评价，不虚美，不隐恶。

（二）实录举例

从文献整理和运用的角度来看，《史记》实录最主要的特点是以事实为依据记述历史。从总体上说，《史记》的记事是准确、可信的，所以令后世学者诚服，举几个例子。

其一，《史记·殷本纪》记载了殷的世系。

王国维根据出土甲骨文，写了《殷卜辞中所见先公先王考》及续考（《观堂集林》卷九）证明《殷本纪》所叙殷代世系与甲骨文字的有关记载，除个别地方需要调整（即报丁应在报乙、报丙之后）之外，基本上是一致的。有力地证明了《史记》记事的可靠性。

近年来陕西周原发现了一批甲骨文。据李学勤先生研究，周原的甲骨文不是一个时代的，最早的属于周文王时期，晚的可能到周昭王、穆王的时候。周文王是商朝的诸侯，当时商的末代王帝辛（纣）在位，所以文王时的卜辞就是商末的卜辞。据周原甲骨文，可发现《史记·周本纪》关于商周世系的记载颇为可信。（李学勤：《文物研究与历史研究》，载《中国文物报》1988年3月11日）

其二，关于《孙子兵法》和《孙膑兵法》问题。

《史记·孙子吴起列传》载：

> 孙子武者，齐人也。以兵法见于吴王阖庐。阖庐曰："子之十三篇，吾尽观之矣，可以小试勒兵乎？"对曰："可。"……孙武既死，后百余岁有孙膑。膑生阿、鄄之间，膑亦孙武之后世子孙也。孙膑尝与庞涓俱学兵法。……孙膑以此名显天下，世传其兵法。……太史公曰：世俗所称师旅，皆道孙子十三篇。

这段记载是很清楚的：第一，孙武是春秋时代齐国人，著有兵法十三篇；第二，孙膑是孙武的后世子孙，比孙武晚一百多年，即战国时代人，亦有兵法著作传世。

《汉书·艺文志·兵书略·兵权谋》载：

> 《吴孙子兵法》八十二篇，图九卷。师古曰："孙武也，臣于阖庐。"
> 《齐孙子》八十九篇，图四卷（亡）。师古曰："孙膑。"

而今本《孙子》，即《孙子兵法》一卷，十三篇，原题周齐孙武撰。

自从南宋叶适以后，学者多怀疑《史记》及《汉书·艺文志》的记载。疑点大体有二。①对孙武其人的怀疑。这又有两点，其一是以为孙武既为吴王阖闾时人，而《左传》记吴事特详，为何未提及孙武其人其事；其二是疑吴孙子（即孙武）与齐孙子（即孙膑）为一人。②对“八十二篇图九卷”的怀疑，同时怀疑“十三篇”中的若干事迹与语句为战国时乃至汉以后所作。

1972 年 4 月，山东省临沂县银雀山 1、2 号西江墓出土了大量汉简，其中有《孙子兵法》和《孙膑兵法》。清海大通县上孙家寨 115 号西汉墓出土有木牍《孙子兵法》佚文。根据这些出土材料，再对照今本《史记·孙吴列传》有关“十三篇”的记载，既可证《吴孙子兵法》八十二篇图九卷，确曾流行于世，因而班固的著录不误，亦可证“十三篇”为《孙子》本文，而其余六十九篇及图九卷为后人附益。同时也确定了孙武、孙膑确为两人，而且各有兵法之作传世。孙武的兵法为《孙子兵法》，孙膑的兵法为《孙膑兵法》。可见《史记》的记载是准确可信的。

其三，关于秦始皇陵和秦兵马俑坑。

《史记·秦始皇本纪》载秦始皇陵的建造和陈设：

> 始皇初即位，穿治骊山，及并天下，天下徒送诣七十余万人，穿三泉，下铜而致椁，宫观百官奇器珍怪徙藏满之。令匠作机弩矢，有所穿近者辄射之。以水银为百川江河大海，机相灌输。上具天文，下具地理。以人鱼膏为烛，度不灭者久之。

根据考古发现与研究，这一记载是真实的，尤其是“以水银为百川江河大海”为科学研究所证明。很早以前，有些地质学家根据水银挥发性强的特点做过猜测：如果“以水银为百川江河大海”的记载无误的话，经过 2000 多年这些水银必然会向外部挥发，从墓室到地面必然会形成一个强弱不等的汞晕。那么应用现代微量汞的探测技术就能在陵墓上方发现这些汞晕。根据这一设想，有关地质学家于 1981 年和 1982 年两次对秦始皇陵进行了汞量测量工作。测量的结果表明，地宫中心的汞含量高于一般土层的 280 余倍，分布面积达 12000 平方米，从而确认“始皇陵封土中的汞异常含量不是封土固有的，而是封土堆积后，由陵墓中人工埋藏汞挥发而叠加于其中的”。他们的结论是：“使用勘查地球化学中的汞量测量方法在秦始皇陵墓封土表层中发现了很强的汞异常，面积达 12000 平方米，据考古钻探的资料，该异常位于秦始皇陵园的内城中央，这证明了《史记》中关于始皇陵中有大量埋藏汞的记载是可靠的。”（常勇、李同：《秦始皇陵中埋藏汞的初步研究》，载《考古》1983 年第 7 期）既然埋藏汞的记载已经确定无疑，司马迁关于秦始皇陵的其他记载也是可信的了。

《史记·高祖本纪》载，项、刘在广陵（今荥阳东北）对峙时期，刘邦为争取道义上的优势，曾历数项羽十大罪状，其四曰：“项羽烧秦宫室，掘始皇帝冢，私收其财物。”《项羽本纪》也载：“项羽引兵西屠咸阳，杀秦降王子婴，烧秦宫室，火三月不灭。”秦兵马俑确有焚烧遗迹，西安地质学院物探系运用现代考古地磁学研究方法确定了焚烧的时代，证明《史记》关于项羽入秦焚秦宫室、秦陵及其建筑的记载是真实可信的（《秦兵马俑坑焚烧当在秦末》，载《人民日报》1992 年 1 月 7 日第 4 版）。

其四，陈直之《史记新证》。

陈直所作《史记新证》（天津人民出版社）提供了大量文物考古资料，与《史记》相印证，说明《史记》是一部“信史”，真实可靠。

（三）实录精神的进步意义

孔子“善善恶恶”“贤贤贱不肖”的春秋笔法受到司马迁的称赞。但是春秋笔法却又为尊者、亲者、贤者讳。孔子说过“父为子隐，子为父隐，直在其中矣”（《论语·子路》）。《孔子世家》载，孔子修《春秋》时“据鲁亲周”。“据鲁”，指《春秋》依鲁史记删削成文；“亲周”，指维护周天子的尊严，为周天子饰讳。所以，孔子作《春秋》是为了维护君君、臣臣、父父、子子的道德纲常。

左氏解经，补充了许多史实，才使《春秋》成为一部较为完整的编年史。他把《春秋》讳饰的许多“君亲之恶”暴露了出来，这是史学的一大发展。司马迁在《十二诸侯年表序》中说孔子成《春秋》是“七十子之徒口受其传指，为有所刺讥褒讳挹损之文辞不可以书见也。鲁君子左丘明惧弟子人人异端，各安其意，失其真，故因孔子史记具论其语，成《左氏春秋》”。显然，司马迁肯定了《左传》为恢复历史本来面目的“具论其语”，而对孔子“不书见”的隐讳则是致以微词。由于《左传》为解经而作，所采史实仍不出《春秋》范围，不外征伐会盟、祭祀朝聘等内容，褒贬基调仍不离《春秋》。《史记》突破了《春秋》的体例，创立五体结构，全面系统地叙述历史，天地万物、古今社会、世间一切事物与学问都在叙述之列。《史记》的褒贬突破了不及君亲的饰讳藩篱，“贬天子，退诸侯，讨大夫”（《太史公自序》），敢于揭露现存统治秩序下的种种黑暗，“不虚美，不隐恶”，创造了崭新的实录精神，是一个划时代的进步。

第三章　历代《史记》研究概述

一、《史记》书名与续补

《史记》书名与“太史公”释名很复杂，历史上存在很多争论。主要存在下列问题。

第一，《史记》专名始于东汉桓灵之际，而原题《太史公书》。

“史记”原为共名，即史官所记，或历史记载，并非指司马迁的著作《史记》。这个意义上的“史记”在《史记》中共有九见。如《周本纪》：“太史伯阳读史记。”《十二诸侯年表序》：“孔子西观周室，论史记旧闻。”又云：“鲁君子左丘明，因孔子史记，具论其语，成《左氏春秋》。”《六国年表序》：“秦既得意，烧天下《诗》《书》，诸侯史记尤甚，为其有所刺讥也。”又云：“《诗》《书》所以复见者，多藏人家，而史记独藏周室，以故灭。”《天官书》：“余观史记，考行事。”《陈杞世家》：“孔子读史记至楚复陈。”《孔子世家》：“乃因鲁史记作《春秋》。”《太史公自序》：“细史记石室金匮之书。”上引各例“史记”皆为共名，即史官所记，或历史记载，不是专指某一书。《逸周书》《盐铁论》《越绝书》《东观汉记》等书中亦有互称史籍为“史记”。司马迁的书原题为《太史公书》，见于《太史公自序》：“凡百三十篇，五十二万六千五百字，为《太史公书》。”言之凿凿，无须多说。故在两汉刘向、刘歆之《七略》和班固《汉书·艺文志》皆著录为“《太史公》百三十篇”。《太史公》为《太史公书》之简称。在西汉时，除了称《太史公书》《太史公》之外，还有三个名称：《太史公传》，见《史记·龟策列传》褚补；《太史公记》，见《汉书·杨恽传》、应劭《风俗通义》卷一；《太史记》，见《风俗通义》卷二。

《史记》专名，起于何时？王国维《太史公行年考》、范文澜《正史考略》均谓《史记》专名始于魏王肃。《三国志·王肃传》载魏明帝曹叡问王肃：“司马迁以受刑之故，内怀隐切，著《史记》非贬孝武，令人切齿。”肃对曰：“……汉武帝闻其述《史记》取孝景及己本纪览之，于是大怒。”定名于《隋书·经籍志》。按诸史籍，此论不确。依据文献，东汉末已成通称。蔡邕《独断》、荀悦《汉纪》、应劭《风俗通义》、颖容《春秋例序》、高诱《吕氏春秋训解》、高诱《战国策注》等书均称《太史公书》为《史记》。上述著作家均为汉末人。《三国志·王肃传》载魏明帝曹叡与王肃两人君臣问对，亦称《史记》，这说明

《史记》之名在三国时已为官家所承认。

陈直于1956年6月号的《文史哲》发表《太史公书名考》一文，列举九条证据证明《史记》专名在东汉桓灵之际已在民间口头广为传布。《隶释》卷二《汉东海庙碑碑阴》云："阙者秦始皇所立名之秦东门阙，事在《史记》。"此指秦始皇在东海上朐界所立石，名秦东门，事见《秦始皇本纪》"三十五年"条。又《金石萃编》卷十二《汉执金吾丞武荣碑》云："阙帻传讲《孝经》《论语》《汉书》《史记》《左氏》《国语》，广学甄微，靡不贯综。"这里已将《史记》之名与《汉书》等典籍并称了。据陈直考证，东海庙碑为桓帝永寿元年（155）立，武荣碑约立于灵帝初年。从这两碑可证《史记》专名早在东汉桓、灵之际广为流布，否则不会刻于石碑。陈文推论其书名演变过程说："司马迁自定原名为《太史公书》。嗣后西汉诸儒多沿用此名称，故《汉书·艺文志》列《太史公书》于春秋类。一变为《太史公记》……再变为《太史记》……三变为今称《史记》。其他有称《太史公传》……及《太史公》者……均属在演变中多种名称。"陈直此文论证精严，被学术界所接受。

司马迁为何自题其书为《太史公书》？为什么又演变成《史记》？这涉及"太史公"三字的释义。

"太史公"的释义自汉代以来，歧说纷纷，归纳起来，至少有十种说法，其焦点是"太史公"是尊称，还是官名。《太史公自序》一篇，凡称"太史公"十四处，却有四种指称。一是指司马谈，如"喜生谈，谈为太史公"。二是指司马迁，如"七年而太史公遭李陵之祸"。三是指谈、迁父子所守之官"太史令"，如"天下遗文古事，靡不毕集太史公""太史公仍父子相续纂其职"。四是指《史记》原题之书名，如"凡百三十篇，五十二万六千五百字，为《太史公书》"。

由此可知，"太史公"本身并非官名，它应是司马迁对"太史令"这一官名的尊称。司马谈、司马迁父子相继为史官，其名皆为太史令。而司马迁尊其父职称"太史公"，即"太史公"为"太史令"官名之尊称。"太史公"之"公"为尊称；"太史"为官称，即"太史令"之省。《太史公自序》记载司马谈临终遗言，五次自称其职为"太史"。"太史"属奉常，其长官为令，副职为丞。"太史令"秩六百石。司马谈在弥留之际，反复致意司马迁必为太史，完成己欲论著的未竟之业。司马迁秉承遗命，继承父志，把自己的事业看成是史官之所守，故定书名为《太史公书》，用以祭奠父亲。

综上所述，"太史公"本身并非官名，"太史"是官名，"公"字是尊称，乃是司马迁尊称其父职。故司马迁名其书曰《太史公书》，意谓此书为太史公所书所记。古代史官所记，泛称《史记》，后人持重其书，以《史记》为《太史公书》之专称。梁玉绳《史记志疑》说："盖取古'史记'之名以名迁之书，尊之也。"

第二，《史记》续补的问题。

《史记》在流传过程中，有残缺，有增补，这涉及今本《史记》部分内容的真伪问题，学术界已争论两千年。这里作一简要的介绍。

首先是残缺。东汉卫宏第一个提出《史记》有缺，认为汉武帝削去景、武二纪（卫宏说载于其著《汉仪注》，见《史记集解·太史公自序》引）。《汉书·司马迁传》《后汉书·班彪传》记载了班氏父子的说法，认为《史记》百三十篇“而十篇缺，有录无书”。也就是说，班氏父子只看到了一百二十篇，另外十篇只有目，没有书。但是班氏父子没有列举缺哪些篇目。三国时张宴补出了所缺的十篇目录，为《景纪》《武纪》《礼书》《乐书》《律书》《汉兴以来将相年表》《日者列传》《三王世家》《龟策列传》《傅靳蒯成列传》（《史记集解·太史公自序》《汉书·司马迁传》颜注均所称引）。但今本《史记》这十篇有目有书。明显可考者，《景纪》或曰取班固《汉书》补；《武纪》截自《封禅书》；《礼书》除篇前序文“太史公曰”外，抄自《荀子》的《礼论篇》及《议兵篇》；《乐书》抄自《乐记》；《律书》存；《汉兴以来将相年表》则有表无序，与他表不类；《三王世家》只是载了些策文；《日者列传》与《龟策列传》，在风格上看真的不是司马迁之手。那么，除了《傅靳蒯成列传》外，其余九篇是有些问题。

张宴所提出的十篇亡书问题，历代学者都有研究，在此不详细介绍。依各家所考、按核《史记》实际，张宴所云十篇亡书，实际情况是亡一残三存六，其目如下：

《景纪》（存）
《武纪》（亡）
《礼书》（残，书亡序存）
《乐书》（残，书亡序存）
《律书》（存）
《汉兴以来将相年表》（残，序亡表存）
《日者列传》（存）
《三王世家》（存） 三篇之后均有褚少孙续
《龟策列传》（存）
《傅靳蒯成列传》（存）

其次是褚少孙补史。褚少孙补《史记》，不是续作武帝身后之事，而是依据司马迁的《太史公书》的目录增记轶事，不另立事目，所以附骥《史记》而行。而且褚少孙续史，并不想鱼目混珠，故褚补皆述其续补之意，自称“褚先生曰”以有别于司马迁。

褚少孙于宣帝五凤四年（前 54）应博士递选，时年十八岁，甘露元年（前 53）以高第为郎，出入宫殿，有幸得读《太史公书》，他非常喜欢书中列传，于是续补他亲身见闻的故事。所以褚补读来亲切，深得司马迁之遗风。今本《史记》中标有“褚先生曰”的计有十篇：《三代世表》《建元以来侯者年表》《陈涉世家》《外戚世家》《梁孝王世家》《三王世家》《田叔列传》《滑稽列传》《日者列传》《龟策列传》。中华书局点校本《史记》以低一格为标帜。无“褚少孙曰”而疑为褚补者有两篇：《张丞相列传》《汉兴以来将相名臣年表》。因《张丞相列传》续补起句大类褚补文风，《汉兴以来将相名臣年表》续补简而有法，非褚少孙莫属。以行文风格与年岁考之，这两篇亦有可能出自褚少孙之手。

以上几篇褚补总字数 25055 字。

再次是增窜。所谓增窜，即为读史者旁注或抄补资料窜入正文。哪些属于增窜文字，历代学者都有研究。这个问题更复杂，在此不叙。

最后是司马迁附记。这部分是指《史记》记事到太初四年（前 101），而太初四年以后的记事，主要集中在两件大事上，一为巫蛊案，一为李陵案。两者都出自司马迁之手，可作为司马迁附记，涉及十五个篇目，计二十二人，时间从天汉元年至后元二年（前 100—前 87）共十四年，总计 1 544 字。

二、汉唐时期的《史记》研究

《史记》问世两千多年来，研究者不可胜数，各种校勘、注释、考证、评论的文章和专著大量出现，形成一门专门的学问，即“史记学”。“史记学”之名由宋人王应麟提出。他说：“司马氏《史记》有裴骃、徐广、邹诞生、许子孺、刘伯庄之音解。……《史记》之学，则有王元感、徐坚、李镇、陈伯宣、韩琬、司马贞、刘伯庄、张守节、窦群、裴安时。”（《玉海》卷四十六《唐十七家正史》）王应麟称“《史记》之学”形成于唐代，这与实际发展是吻合的。大体说来，汉唐是史记学的形成时期，宋元明清及近代是史记学的发展时期，新中国成立以来的当代是史记学的深入和丰收时期。下面先介绍汉唐时期。

（一）《史记》流传，为杨恽所布

《史记》成书后，正本藏于皇室书府，副本抄留家中。官府所藏正本在高层统治集团中流传。家中的副本，在宣帝时为其外孙杨恽向外传播。《汉书·司马迁传》载其事云：

> 迁既死后，其书稍出。宣帝时，迁外孙平通侯杨恽，祖述其书，遂宣布焉。

从此开始了《史记》的传播与研究。如同西汉古文经学一样，先在民间士大夫中流传，到了东汉逐渐扩大。

（二）汉代学者对《史记》的研究与评论

汉代学者对《史记》的研究，出现两方面倾向。

一是效仿《史记》修史。西汉一代续补《史记》者有十七人。《史通·古今正史》载十五人，其言曰：

> 《史记》所书，年止汉武太初，以后阙而不录其后刘向、向子歆及诸好事者，若冯商、卫衡、扬雄、史岑、梁审、肆仁、晋冯、段肃（又作殷肃）、金丹、冯衍、韦融、萧奋、刘恂等，相次撰续，迄于哀、平间，犹名《史记》。

此外，有褚少孙补《史记》十篇，直接附骥《史记》流传。《后汉书·班彪传》李贤注提到有阳城衡续《史记》。东汉班彪集大成，作《史记后传》六十五篇，其子班固扩充独立为《汉书》。由于受到统治者的宣扬，加之是一部汉代近代史，首尾完具载述西汉一朝，所以成书不久，《汉书》就大行于世，被目为五经之亚。《汉书》却是效仿《史记》的体例而成。东汉后期，《史记》流布渐广。桓帝时《史记》已成为司马迁书之专名。

二是研究、评论《史记》。据《史记索隐后序》，东汉有两部《史记》音注书问世：延笃《音义》一卷；无名氏《音隐》五卷。延笃，东汉顺、桓时人，传见《后汉书》卷五十四，卒于桓帝末永康元年，即公元 167 年。

由于汉代定儒学于一尊，而司马迁的异端思想具有反传统和对现实的强烈批判精神，所以《史记》的传播与研究受到官方的严格控制。汉儒对《史记》多持批评态度。最早批评《史记》的学者是西汉末年的哲学家和文学家扬雄。《汉书·扬雄传》班固转述雄言曰：“太史公记六国，历楚汉，讫麟止，不与圣人同，是非颇谬于经。”扬雄又在《法言·重黎篇》中对照了司马迁与孔子思想的不同点，指出：“仲尼多爱，爱义也。”“子长多爱，爱奇也。”表现了扬雄的卫道立场。他的“是非颇谬于经”的指责，为班彪、班固父子批评《史记》开了先河。《汉书·司马迁传》赞曰：

> 又其是非颇谬于圣人，论大道则先黄老而后六经，序游侠则退处士而进奸雄，述货殖则崇势利而羞贱贫，此其所蔽也。

这就是所谓的不合于“义”的“史公三失”。在东汉，《史记》更受到严厉的非难。光武建武四年（28），博士范升反对为《左传》立博士时涉及《史记》，认为太史公多引《左氏》，抨击《史记》“违戾五经，谬孔子言”（《后汉书·范升传》）。东汉末王允直斥《史记》为“谤书”。（《三国志·董卓传》裴松之注引谢承《后汉书》载王允之言曰：“昔武帝不杀司马迁，使作谤书，流于后世。”王允之言又载于范晔《后汉书·蔡邕传》。）

但是，汉代正统儒家学者并没有全盘否定《史记》，有褚少孙的倾心研读续作，有刘向等人的高度赞扬（《汉书·司马迁传》）。刘向极为推崇《史记》，他的《别录》常以《史记》为评断标准，例如《管子书录》就套用《史记·管子传》。王充对《史记》有褒有贬，《论衡·书解》称赞西汉诸儒陆贾、司马迁、刘向、扬雄等人上继周公、孔子“文儒之业，卓绝不循”。班氏父子对《史记》的态度是一分为二的，《汉书》效法《史记》的成功，应该说班氏父子是宣传《史记》的一大功臣。但是班氏父子对“史公三失”的批评，影响了二千多年来对《史记》的评论。

班氏父子又批评《史记》不尊汉，将汉代帝王“编于百王之末，厕于秦、项之列”（《汉书》卷一百《叙传下》）。在这种气氛中，《史记》在汉代流布不广，研究不受重视，而效法者《汉书》取得独尊地位。颜师古《汉书叙例》所列的《汉书》注，汉代就有荀悦、服虔、应劭、伏俨、刘德、郑氏、李斐、李奇八家；三国时有邓展、文颖、张揖、苏林、张晏、如淳、孟康、项昭、韦昭九家；晋代有晋灼、刘宝、臣瓒、郭璞、蔡谟五家。行世二百余年注家就达二十二家之多。《史记》至东汉末年仅有延笃《音义》和无名氏《音隐》两家，显得十分冷落。

（三）史记学的奠基与形成

魏晋南北朝是史记学的奠基时期。人们对《史记》和《汉书》的注释与研究并行发展，至隋唐集研究之大成，形成史记学和汉书学。

首先是三国时魏国王肃为《史记》“谤书”辩诬。《三国志·王肃传》：

> （魏明帝曹叡问王肃曰）“司马迁以受刑之故，内怀隐切，著《史记》非贬孝武，令人切齿。”肃对曰：“司马迁记事，不虚美，不隐恶。刘向、扬雄服其善叙事，有良史之才，谓之实录。汉武帝闻其述《史记》，取孝景及己本纪览之，于是大怒，削而投之。于今两纪有录无书。后遭李陵事，遂下迁蚕室。此为隐切在孝武，而不在于史迁也。”

王肃认为做得不对的是汉武帝不是司马迁。其后裴松之作《三国志注》，也认为“但迁为不隐孝武之失，直书其事耳，何谤之有乎？”

史记学形成的标志有三。

第一，三家注的出现。晋人傅玄、张辅论马班优劣，认为《汉书》不如《史记》。《汉书》的独尊地位受到冲击，《史记》日渐受到重视。以三家注为标志，魏晋至隋唐间形成史记学发展的一个高峰。这一时期的注家见于《隋书》及两《唐书》等史籍记载的有十五家：

《史记音义》十二卷，南朝宋徐广撰
《史记集解》八十卷，南朝宋裴骃撰
《史记音义》三卷，南朝梁邹诞生撰
《史记注》一百三十卷，唐许子儒撰
《史记音》三卷，唐许子儒撰
《史记音义》二十卷，唐刘伯庄撰
《史记注》一百三十卷，唐李镇撰
《史记义林》二十卷，唐李镇撰
《史记地名》二十卷，唐刘伯庄撰
《史记注》一百三十卷，唐王元感撰
《史记注》一百三十卷，唐陈伯宣撰
《史记注》一百三十卷，唐徐坚撰
《史记纂训》二十卷，唐裴安时撰
《史记索隐》三十卷，唐司马贞撰
《史记正义》三十卷，唐张守节撰

以上诸家注疏，流传下来的只有三家，即刘宋裴骃《史记集解》、唐司马贞《史记索隐》、唐张守节《史记正义》，世称三家注。三家注是汉唐史记学集大成之作，是史记学形成的标志，也是研究《史记》的必读参考书。

第二，唐代奠定了《史记》在史学史上的地位。《史记》的问世开纪传体史书之先，《汉书》效仿取得成功，激发后人效仿纪传体修史。魏晋南北朝时期史学发达，有一百余家，其中纪传体居首位。如晋司马彪《续汉书》、晋陈寿《三国志》、刘宋范晔《后汉书》、南齐臧荣绪《晋书》、梁沈约《宋书》、梁萧子显《南齐书》、北齐魏收《魏书》都是纪传体名著。唐代官修《晋书》《梁书》《陈书》《北齐书》《周书》《隋书》《南史》《北史》，均用纪传体。唐修《隋书》在《经籍志》中列四部书目为经、史、子、集，而史部又以纪传体史为第一，自此纪传体史成为修史正宗，具有至高无上的地位。以后历代建国立后都开局修前朝历史，中国有贯通五千年文明的“二十六史”，其中，《史记》居首。《史记》的正史地位是在唐代得以确立的。

第三，从理论上总结纪传体的成就。随着史学的发展，唐代研究历史编纂方法的专门理论著作也应运而生，就是刘知几的《史通》。该书把《史记》开创的纪传体作为重点研究对象。《史通》标目有六家（《尚书》《春秋》《左传》《国语》《史记》《汉书》）、二体、本纪、世家、列传、表历、书志、论赞、序例、题目、断限、编次等专篇，就是从理论上总结纪传体编纂的得失的。《史通》是我国史学史上第一部历史方法论的理论巨著，虽然刘知几在《史通》中的态度是扬班抑马，但他从史学批评史的角度对《史记》的地位和贡献作出了理论的总结，这也是唐代奠定《史记》在史学史上地位的标志之一。

三、宋元明清时期的《史记》研究

宋元明清时期是史记学不断发展、深入的时期。其特点有三。第一，流传广布。由于印刷术的发明，图书开始大量刻印，《史记》逐渐成为一般人都能看到的常用书，因此研究者增多，自然名家辈出。仅清代，研究《史记》留下著述文章的就有三百余人。第二，研究范围广泛，方法细密。大凡史记学包含的主要内容，如司马迁的时代、生平、思想，《史记》的体例、内容、成书原因、主要成就、价值、影响，以及马班异同、残缺续补、文字真伪、史事抵牾等等，都曾被提出研究并有所深入。方法有比较、评论、考证，用力勤而细密。第三，著述形式多样，内容丰富。汉唐时期《史记》研究的主流是注疏，又由于三家注的杰出成就，宋代以后注疏只是一个侧面和支流，评点、考证、专题研究成为《史记》研究的主流。大体上说，宋明以评点为主流，清代以考据为主流，专题研究马班异同成为专门学问。研究成果的表现形式多种多样，有眉批、评点、札记、书后、志疑、考异、测义、知意、达旨、探原、发微、订补、琐言、辑评、集说、读法、评注等等，琳琅满目，应有尽有。下面介绍这时期的主流研究成果。

（一）宋人的《史记》评点

宋代史学特别发达。宋代科举改诗赋为策论。政治形势影响文化风尚，所以宋代士人钻研史书十分努力，并形成好发议论的习惯，从而开了评论《史记》的风气。欧阳修、曾巩、王安石、三苏、二程（颐、颢）、罗大经、刘辰翁、黄震、洪迈、郑樵、吕祖谦、晁公武、王应麟、叶适、王若虚，以及秦观、黄庭坚、黄履翁、陈振孙、朱熹、辛弃疾、马存等数十人，都对《史记》做过认真的分析评论，尽管专门著作不多，但文章的数量和质量都可称雄一代。

宋人对《史记》总体评论的识见高于唐人。首先，对于司马迁开创纪传体的价值，以郑樵为代表的宋人做了很高的评价。首先，他在《通志总序》中说，《史记》五体，“本纪纪年，世家传代，表以正历，书以类事，传以著人，使百代而下，史官不能易其法，学者不能舍其书。六经之后，惟有此作”。其次，对《史记》各体的评论，也都提出了创新的见解。例如刘知几对史表认识不深，甚至有废表之论（《史通》卷三《表历》）。郑樵的《通志总序》则说，“《史记》一书，功在十表”。吕祖谦的《大事记解题》卷一详为申说，认为“《史记》十表，意义宏深”，故“学者多不能达”。吕氏第一次揭示了《史记》十表的编制方法和功用，开阔了人们的眼界。

宋人评论《史记》的范围相当广泛，最突出的问题，有“史公三失”、“马班异同”、《史记》文章风格、《史记》人物等。对于“史公三失”，宋人分为两派，苏轼、叶适、王若虚等人赞成班固的观点，秦观、沈括、晁公武、陈仁子、黄震等多数人为司马迁辩护，认为司马迁先黄老、崇游侠、颂货殖是有为而发，班固的批评不足为司马迁之病。两派意见，森严壁垒、势均力敌。

（二）明人对《史记》的评点

元代由于政治的原因，社会学术空气不浓，《史记》研究成绩不大。但元代用戏曲形式宣传《史记》，在普及方面取得了空前的成就。据今人傅惜华《元代杂剧全目》所载，元代取材于《史记》的杂剧有一百八十余种，而且大多为演出本。元代的《史记》戏，亦应大书一笔。

明人研究《史记》，承袭宋人的评论余风，发展壮大成为一代主流。明人评点改变了宋人因人因事立题的单篇论文和读书笔记的形式，而对《史记》进行全书评点，出现了形式多样的评点专著。最基本的形式是在《史记》原文上用五彩笔作圈点、夹批、眉批、总批。著名的评点专著有杨慎《史记题评》、唐顺之《荆川先生精选批点史记》、茅坤《史记钞》、归有光《归震川评点史记》、钟惺《钟伯敬评史记》等。

另一种形式是搜集荟萃历代学者以及时贤的评论精语，一一标注在《史记》有关正文之上，号称“史记评林”。此由凌稚隆的《史记评林》发其端，后继者纷起，有李光缙等人的《史记萃宝评林》、陈仁锡的《史记评林》、葛鼎和金蟠的《史记汇评》、邓以瓒的《史记辑评》、朱之蕃的《百大家评注史记》、陈子龙和徐孚远的《史记测义》等多种辑评专著。辑评形式，灵活自由，文字可长可短，内容丰富多彩，很受读者欢迎，流风所及，这也成了清代和近代的一种最基本、最普遍的研究方法。今人也仿照这种方法，如杨燕起、陈可青、赖长扬编纂《历代名家评史记》一书，给《史记》研究者提供了历代有关《史记》评论的主要资料。

明代评点《史记》的内容非常丰富，史事，人物、编纂体例、文章风格、艺术手法，无所不及。行文内容紧贴《史记》原文，以分析为主，语言明快，通俗易懂，不发空论，能够引导读者进入欣赏的境界。所以，像茅坤、杨慎、唐顺之、归有光、余有丁等人的见解，就成为品题《史记》的标准，深受读者喜爱。

（三）清人对《史记》的考证与研究

清代研究《史记》者人数之多，成绩之丰，是前所未有的。清人研读《史记》，留下文章著述的有三百余人，著名的专著有几十部。王鸣盛、钱大昕、赵翼、杭世骏、梁玉绳、林伯桐、李慈铭、方苞、牛运震等等都有研精覃思的力作。

史记学发展到清代，积累了非常丰富的资料、研究方法和经验教训。又由于政治上的原因，治学问者大多埋头于古籍考证，乾隆、嘉庆年间形成“乾嘉考据学派”。所以清人对《史记》研究的贡献，不在于开拓新的领域，而是全面继承、深入和总结前人的研究成果，因而呈现了硕果累累的以考证为主流的新局面。

追溯《史记》考证，第一人是三国时的谯周。据《晋书·司马彪传》载：“谯周以司马迁《史记》书周秦以上，或采俗语百家之言，不专据正经，周于是作《古史考》二十五篇，皆凭旧典，以纠迁之缪矣。”《古史考》今已不存，《史记》三家注多有引录。《史通·正史》称该书“今则与《史记》并行于代焉”，说明《古史考》是唐以后失传的。宋人对《史记》也做了一些考辨工作，最有代表性的是金人王若虚的《史记辨惑》。作者以疑古精神，对《史记》在采摭、立论、体例、文字、文章、评论诸方面的问题都发难疑惑辩驳。但言之成理者十之三四，失误偏激者十之六七，失多于得，影响不大。从总体上说，宋人的考辨还停留在致疑发难、提出问题的阶段。到了明代，《史记》考证才有所发展，出现了柯维骐《史记考要》、郝敬《史记愚按》等考证专著，为清人的考证起了铺路奠基的作用。

清人通过训诂、笺释、校勘、辨伪等方法和手段对《史记》做了全面系统的整理研究。清代著名的考据学家，如王鸣盛、钱大昕、赵翼、何焯、王念孙、梁玉绳等人，都在《史记》考证上下过一番功夫。其中以梁玉绳的成绩最大，他的《史记志疑》可代表清人的《史记》研究水平。这些学者重视实证，力戒空谈，穷年累月地搜集资料，进行归纳、排比，“究其异同，核其始末”，言必有据，据必可信，孤证不立，必以多项证据定是非。因此，他们的考证有较高的学术价值，被世人所推重。主要的成绩有以下几方面。

其一，考订文字。《史记》在流传过程中，文字有衍、倒、讹、脱、增、改、缺、异，以及错简等等，刘宋时裴骃《史记集解》曾将文字厘正过一次，《史记集解序》云：“考较此书，文句不同，有多有少，莫辩其实，而世之惑者，定彼从此，是非相贸，真伪舛杂。”说明《史记》抄本在南北朝文字舛杂，裴骃曾做过厘正并写成定本。清人在这方面又作出了重要贡献。如《廉颇蔺相如列传》：“秦破赵，杀将扈辄于武遂。”钱大昕云：“《赵世家》作‘武城’，武遂在燕赵之交，秦兵未得至其地，恐因上文有武遂、方城之文，误衍‘遂’字耳。”（《二十二史考异》卷五）武城在赵之南境，在今河北磁县西南，武遂在赵之东北邻近燕，在今河北徐水区西。秦兵未过赵都邯郸，不可能到达武遂，故钱氏据《赵世家》改正。这一字之差，史实就有很大的出入。清人全面梳理《史记》文字，为今本中华书局校点本奠定了基础。

其二，考订史实。清人在这方面有系列的专著，如王鸣盛《十七史商榷》中的《史记商榷》，赵翼《廿二史札记》中的《史记札记》，钱大昕《廿二史考异》中的《史记考异》，杭世骏的《史记考证》，王元启的《史记三书正讹》《史记月表正伪》，梁玉绳的《史记志疑》等都是重要成果。

其三，考订地名、人名、年月。

其四，考证《史记》疑案，如作者生平、书名、断限、补缺等。

以上考证，内容丰富，例证不能一一胪列。

清人乾嘉学派以考证方法治史学，其用功之勤、贡献之大，是任何一个时期都无可比拟的，但也有局限性。一方面，乾嘉学派以文献证文献，比起近代王国维的二重证据法就略逊一筹；另一方面，乾嘉学派在微观研究用力甚勤，而宏观把握则不足，导致有的考证似是而非。总的来说，清人《史记》的考证成就在史记学发展史上是值得大书特书的。

四、近代的《史记》研究

这里所说的近代，是指 1900—1949 年。这是中国社会发生翻天覆地的变化的时代。资本主义和马克思主义的两种思想体系、两种研究方法从西方传入中国，使中国的思想学术界发生了很大的变化。这个时期的《史记》研究，一方面是对封建时代的《史记》研究成果开始了批判总结；另一方面是在前人研究成果的基础上有所创新。这时期的研究成果相当可观，重要的学术论文有一百余篇，专著几十部。考证、评议、注疏、书法、太史公行年等各个方面，都有各具特色的专著问世。一大批著名学者如章炳麟、梁启超、罗振玉、王国维、鲁迅、茅盾、刘师培、钱玄同、顾颉刚、罗根泽、闻一多、朱自清、范文澜、吕思勉、翦伯赞、郑振铎等，他们都有研究《史记》的论著，或在他们的著作、论文中程度不等地评述了《史记》。这时期研究《史记》的特点，可以概括成下列几点。

第一，高度评价司马迁和《史记》，认为司马迁和《史记》是中国史学发展史上的一块界碑。梁启超评价司马迁为“史界太祖”（《中国历史研究法》）。翦伯赞说：“中国的历史学之成为一种独立的学问，是从西汉时起，这种学问之开山的祖师，是大史学家司马迁。”（《中国史纲》第二卷）顾颉刚说：“窃谓《史记》一书，‘厥协六经异传，整齐百家杂语’，实为吾国史事第一次有系统之整理，司马氏既自道之矣。……是书独其创定义例，兼包巨细，会合天人，贯穿今古，奠史学万祀之基，炜然有其永存之辉光，自古迄今，未有能与之抗衡而行者矣。”（《史记》点校本序）鲁迅凝练为两句评语：“史家之绝唱，无韵之《离骚》。”（《汉文学史纲要》）

第二，加强了对《史记》宏观的综合评议。李景星的《史记评议》、李长之的《司马迁之人格与风格》是两部代表作。前者是对《史记》的逐篇评议，内容丰富多彩，大至篇章命题、作文中心、作者用意，小至一词一句、一时一地的核校推敲，以及人物品评、材料运用、马班异同等都有评议。与明清时代的评议相比，李景星的评议在深度和广度上都大大前进了一步。后者是对《史记》全书的综合评议，是史记学发展史上第一部以章节体的形式全面评价司马迁及《史记》的专著，从哲学、史学、美学、文学各个角度全面分析《史记》的内涵和价值，给人以耳目一新之感。

第三，系统地介绍《史记》的读法和学法，开始了《史记》的普及。近代学者给予了《史记》高度的评价，认为它是一部开卷有益的国学精粹，所以这时期《史记》已有相当程度的普及。首先，在20世纪20年代有各种普及的《史记》版本和通俗读本不断问世。如国学基本丛书本、万有文库本、四部备要本等。尤其值得一提的是1936年北平研究院出版的顾颉刚、徐文珊点校的白文本《史记》，这是第一次对《史记》标点分段，为后来的中华书局点校本奠定了新式点校基础。通俗选注读本有胡怀琛《史记选注》、高步瀛《〈史记〉举要》、中华书局排印本《史记精华》等。其次，从20世纪20年代起，许多知名学者如梁启超、朱自清、钱基博等把《史记》搬上了大学讲坛，培养了一批《史记》爱好者。

梁启超在他的许多演讲和论著中大力提倡人们阅读和学习《史记》，推崇司马迁的文章是作文范本。他在《中国历史研究法》《中国历史研究法补编》《史记解题及其读法》等著作中，都用很大的篇幅来评介《史记》。梁启超的《史记》读法对一般读者和专门研究者都有指导意义。他在《史记解题及其读法》中分别讨论常识的读法和研究的读法，以及如何做准备工作，熔铸了作者的治学经验，使读者倍感亲切。

五、 马班异同论

马班异同又称班马异同、史汉异同、马班优劣论，是一个引人注目的传统课题。自《史记》《汉书》两书问世之后，马班齐名，《史记》《汉书》并论，马班异同的问题也就被提出来了。历代研究者不乏其人，而成果不可胜计。就著作而言，宋人倪思、刘辰翁《班马异同评》、明人许相卿《史汉方驾》是两部开其端的名作。今人白寿彝、施丁、许朔方在这方面的研究成绩卓著，白寿彝的《司马迁与班固》、施丁的《马班异同三论》、徐朔方的《史记论稿》都是具有开创性的论著。韩国学者朴宰雨的《〈史记〉〈汉书〉比较研究》从文学的角度进行比较，既有宏观又有微观，既有理论概括，又有具体材料的比较，是很有成就的著作。

马班异同，首先是从马班优劣的角度提出的问题，因而有扬班抑马和扬马抑班的争论，由抑扬争论而发展为异同比较，可以说这是中国学术史上没有使用比较术语的一门传统比较学，总结这门比较学的内容和发展历史，可以加深我们对中国传统史学的认识。下面介绍几个问题。

（一）马班异同产生的原因及内容

先介绍马班异同的内容，而后产生的原因将自然引出。

综观古今人讨论马班异同，其主要内容有四个方面。

1. 文字异同

西汉二百年历史，《史记》《汉书》二书重叠部分整一百年有余。《汉书》一百篇，有五十五篇与《史记》内容重叠，计有帝纪五篇、表六篇、志四篇、传四十篇。重叠部分，《汉书》基本承袭《史记》旧文而做了增补、删改、移动等工作，造成的文字异同显而易见。通过两书对照分析班固是怎样增省《史记》的，就产生了文字异同的比较。看起来只是一个互校的问题，形式简单，但它却是论马班优劣、是非、得失的基础，所以宋、明人《班马异同》与《史汉方驾》主要就是考察文字异同。从总体上看，《汉书》文字多于《史记》，班固增补了若干诏令、奏议、政论等文章及人物事迹。赵翼《廿二史札记》中有"《汉书》多载有用之文""《汉书》增事迹"等条目，评述班固的增补于史有益，值得肯定。历代以来对此多有抑扬评说。平心而论，班固的增补从治史角度可以有是非得失之分，但不能据繁简论优劣。近人刘咸炘说：

> 昔人多谓班载文过多为好文章；又或谓马不载逊于班，皆谬也。吾谓读太史公书，须先将"黄帝以来，迄于麟止"八个字熟记，诸论班马异同者，皆未熟悉记耳。（《太史公书知意》卷六）

这是说《史记》为通史，目的在于通古今之变，载文不宜多，以免冲淡历史发展过程的叙事；班固《汉书》为断代史，述一代始末，多增补一些材料是必然之势。

班固移动《史记》内容，有的改得好，有的改得不好，不能一概而论。例如《史记·吕太后本纪》具记事本末体的特色，从史的方面完整记叙了吕太后临朝诸吕擅权始末；从文的方面生动塑造了一个刚戾残狠的女政治家形象。《汉书·高后纪》就索然无味，班固把《史记·吕太后本纪》所载吕太后鸩杀赵王如意、残害戚夫人，以及王诸吕等事移入《外戚传》；把吕太后欲鸩齐王刘肥，害死两赵王刘友、刘恢，以及大臣诛诸吕、迎立文帝等事移入《高五王传》；又把陈平、周勃等人诛除诸吕事移入《张陈周王传》，这样一来史事零散，人物形象模糊，于史于文两失之。这是改得不好的地方。但也有人认为改得好，说《史记》中的《吕后本纪》只写了吕氏集团的兴亡史，名虽为"纪"，其实仍同一传；《汉书·吕后纪》则叙写全国大事，真正成了"纪"体（韩兆琦为朴宰雨《〈史记〉〈汉书〉比较研究》所做的序言）。

但我们也应看到，有些移动是符合断代史法的。例如《史记》将刘邦、项羽并立本纪，史事条贯与人物刻画都极为精彩。班固改项羽为传，并将楚汉相争的一些重大事件如鸿门宴、彭城之战、陈平间楚、彭越韩信会兵垓下等移入《汉书》卷首《高帝纪》，丰富了开国帝王刘邦的形象。虽然损害了项羽的形象，但作为断代史不能不如此，这是失小而得大。所以赵翼在《廿二史札记》的《汉书移置史记文》条目中对此予以肯定。

2. 体例异同

《史记》《汉书》都是以人物为中心述史，皆为纪传体，这是同；《史记》是通史，《汉书》是断代史，这是异。评论马班时，尊通史而抑断代者扬马抑班，尊断代而抑通史者扬班抑马。前者以南宋郑樵为代表，后者以唐代刘知几为代表。

刘知几在《史通》中，主观上反对扬此抑彼，而实际评述是扬班抑马。他在《六家》篇中说："朴散淳销，时移世异，《尚书》等四家，其体久废，所可祖述者，唯《左氏》及《汉书》二家而已。"又在《二体》篇中说："然则班荀二体，角力争先，欲废其一，固亦难矣。后来作者，不出二途。"《史记》为通史，《汉书》为断代，在六家中并论，这是可以的。但作为编纂体例，纪传创立者为司马迁而非班固，刘氏把《汉书》指为纪传体之祖，显然是在扬班抑马。刘知几在分论五体时，处处以《汉书》体例为标准，反过来规范司马迁，批评《史记》为例不纯。所以，在学术史上，刘知几是扬班抑马的代表。

郑樵则与刘知几针锋相对，他在《通志总序》中说："自《春秋》之后，惟《史记》擅制作之规模，不幸班固非其人，遂失会通之旨，司马迁之门户自此衰矣。"又说："班固者，浮华之士也，全无学术，专事剽窃"，"迁之于固，如龙之于猪，奈何诸史弃迁而用固，刘知几之徒尊班而抑马。"郑樵肯定通史的会通精神，为纪传体创立者司马迁翻案，这是无可非议的。但他过分斥班，感情偏激，就有扬马抑班之嫌了。

纪传体乃司马迁首创，班固因循，当然不能同日而语。但班固改纪传通史为断代史，也称得上是伟大的创造。今人施丁在《马班异同三论》一文中说："《史》开创于前，乃空前杰作，是古代史学的高峰；《汉》继于后，有所发展，对后世'正史'影响最大。"这个评价是公允的。首先，《汉书》断代的成功提高了《史记》的学术地位。其次，《汉书》十志扩大了《史记》八书的内容，载史更为完备。再次，后世实践证明，纪传体更适宜于写断代史，而不适于写通史。仿司马迁作通史者有梁吴钧《通史》六百卷，魏元晖《科录》二百七十卷，以及郑樵《通志》中的纪传部分，都可说是一种失败。而效班固断代为史，均能成功。原因是纪传五体分别贯通，就会把同一时代的人和事分割悬隔。所以司马光用编年体写通史又获得了成功，创新了司马迁的会通精神。由此看来，通史和断代史两种形式并驾齐驱，谁也代替不了谁。因此，《史记》《汉书》体例的异同只可对照，不应扬此抑彼。清人章学诚在《文史通义·书教下》中说："史氏继《春秋》而有作，莫如马班；马则近于圆而神，班则近于方以智也。"章氏认为马班之书都是无愧于比肩《春秋》的良史，两书各具特色，"皆为纪传之祖"，既肯定通史，又肯定断代史。

3. 风格异同

前人评论马班文章，多认为两人都是大家，但风格不同。刘宋范晔说："迁文直而事核，固文赡而事详。"（《后汉书·班固传》）南宋朱熹说："太史公书疏爽，班固书密塞。"（《朱子语类》卷一三四）明凌约言说："子长之文豪，如老将用兵，纵骋不可羁，而自中于律；孟坚之文整，方之武事，其游奇布列不爽尺寸，而部勒雍容可观，殆有儒将之风焉。"称赞马、班与左丘明、庄周诸大家之文"机轴变幻不同，然要皆文章之绝技也"（《史记评林·序》）。

宋明评点家经过深入研究，更多的人认为班固虽为大家，但比司马迁要逊色一筹。宋黄履翁说：

> （司马迁之文）措辞深，寄兴远，抑扬去取，自成一家，如天马骏足，步骤不凡，不肯少就于笼络。彼孟坚摹规效矩，甘寄篱下，安敢望子长之风。（《古今源流至论·别集》卷五）。

明人茅坤的评论最为深刻而中肯。首先，他称马、班皆"天授"之才，各领风骚，认为"《史记》以风神胜，而《汉书》以矩矱胜。惟其以风神胜，故其遒逸疏宕如餐霞，如啮雪，往往自眉睫之所及，而指次心思之所不及，令人读之，解颐不已；惟其以钜矱胜，故其规画布置，如绳引，如斧亍，亦往往于其复乱庞杂之间，而有以极其首尾节腠之密，令人读之，鲜不濯筋而洞髓者"（《汉书评林序》）。这是认为两人文章风格虽然不同，但都是千年绝调，难分高下。

其次，若定将马班分一个高下，茅坤则认为班固难以比肩司马迁。他说《史记》“指次古今，出风入骚，譬之韩、白提兵而战河山之间，当其壁垒、部曲、旌旗、钲鼓，左提右挈，中权后劲，起伏翱翔，倏忽变化，若一夫舞剑于曲旃之上，而无不如意者，西京以来，千古绝调也。即如班掾《汉书》，严密过之，而所当疏宕遒逸，令人读之，杳然神游于云幢羽衣之间，所可望而不可挹者，予窃班掾犹不能登其堂而洞其窍也，而况其下者乎？”（《史记钞序》）

将马班文章风格高下说得浅显易懂的莫如《汉书评林》所引程伊川之言。他说：

> 子长著作，微情妙旨，寄之文字蹊径之外；孟坚之文，情旨尽露文字蹊径之中。读子长文，必越浮言者始得其志，超文字者乃解其宗。班氏文章亦称博雅，但一览无余，情词俱尽，此班马之分也。

今人施丁在《马班异同三论》中将《史记》《汉书》的历史文学做了宏观比较。认为“两者都注意写历史人物、战争、人情世故和历史环境，都有杰出的成就”，“相对说来，《史》文笔豪放、自然，用字大方、活泼，文章富于变化，不拘一格，所以信笔写来，绘形绘色，非常生动，较为准确；《汉》文笔规整、朴质，用字节约、简雅，文章工致而少变化，讲究形式，所以写人稍欠生动，写事有点古板”。又说：“司马迁是用画家的彩笔写历史，在描绘历史人物、战争和事理的特点与灵魂，通过一些具体的典型说明历史，因而在司马迁笔下，历史的长河在流动，史篇是活生生的历史；班固是用工细的墨笔写历史，用心计算历史的一般情况，通过一些具体的典型说明历史，因而在班固笔下，历史的账单较为清楚，然少彩色，有格式化的倾向。”施丁的最后结论说：“就历史散文来说，《汉》比《史》稍逊一筹。”这个评价是符合实际的。

4. 思想异同

司马迁和班固都是汉朝史官，《史记》和《汉书》都以尊汉为主旨，宣扬汉家一统的功德，他们都是封建历史家，这是相同点。但司马迁有异端思想，敢于突破愚忠思想的束缚，同情人民的苦难，鞭挞暴君污吏的丑恶，使《史记》具有人民性的一面。班固则是较为保守的正统历史学家，思想境界不能和司马迁相提并论。班固提出“史公三失”的批评，已公开宣言他与司马迁具有不同的思想境界。不过在整个封建社会，评论马班的思想异同，也局限在“史公三失”的圈子内。而由于历史的局限，旧时代的学者谁也没有把这个问题说清楚。而要比较马班思想异同，这是一个极富理论色彩的课题，所以真正的研究是新中国成立以来的当代。白寿彝和施丁两家评论最深入的地方正是评论马班思想的异同，可以看看他们两人的著作论文。我们下面讲到当代的《史记》研究时，再作介绍。

从上述四个方面，我们可以清楚地看到，由于《史记》《汉书》二书因有过半的篇幅重叠、同以西汉王朝的历史为重心、都是大手笔、各自取得了辉煌的成就而并举，这些是产生马班异同的客观条件。两人由于思想意趣、文化渊源、历史背景等的不同，写出了不同风格的作品，这是产生马班异同的主观条件。

我们从这四点异同的内容来看，可以分为具体的和抽象的两个方面。具体的异同就是将《史记》《汉书》的内容和形式进行比较，具体说明文字异同和体例异同。抽象的异同指马班两人的思想意趣和文章风格。前者较为粗糙，似有终结；后者则步步深入，永无了期。宋明人着重具体的异同比较，清代以来则步步深入抽象异同的研究。这是学术发展的必然，这个课题的研究也是永无止境的。

（二）马班异同研究发展的历史

一般来说，唐以前论者主流是扬班抑马；宋明人评价马班抑扬相当；清人虽扬马抑班但并称《史记》《汉书》为良史；今人评论，全面比较马班异同，总结马班二人史学之得失，比前人更为深刻，更具科学精神。

1. 汉唐时期

班氏父子提出的“史公三失”和批评司马迁编汉本纪于百王之末就含有《汉书》优于《史记》的意味。两汉时期统治者推尊《汉书》，把《汉书》目为五经之亚，使其具有国史独尊的地位，而冷落《史记》。这是一个政治问题。从学术上论马班优劣，最早的文献记载是王充的《论衡》。该书《超奇》篇云：“班叔皮续《太史公书》百篇以上，记事详悉，义浅理备，观读之者以为甲，而太史公乙。”叔皮，是班彪之字，王充以他代表班氏父子。“记事详悉，义浅理备”这两句话是王充比较《史记》《汉书》之后对《汉书》提出的评价内容，也就是《汉书》优于《史记》的论据。王充记载“观读之者”甲班乙马，说明当时风尚如此。

晋人已有扬马抑班之论，首发者为西晋唯物主义哲学家、文学家傅玄，他说：

> 吾观班固《汉书》，论国体，则饰主阙而抑忠臣；救世教，则贵取容而贱直节；述时务，则谨辞章而略事实，非良史也。（《傅子·补遗上》，见严可均辑《全晋文》）

随后张辅将马班比较评论，其在《名士优劣论》中说：

> 世人论司马迁、班固才之优劣，多以固为胜，余以为失。迁之著述，辞约而事举，叙三千年事，唯五十万言；班固叙二百年事，乃八十万言，烦省

> 不同，不如迁一也。良史述事，善足以奖劝，恶足以监诫，人道之常。中流小事，亦无取焉，而班皆书之，不如二也。毁贬晁错，伤忠臣之道，不如三也。迁既造创，固又因循，难易益不同矣。又迁为苏秦、张仪、范雎、蔡泽作传，逞辞流离，亦足以明其大才。故述辩士则辞藻华靡，叙实录则隐核名检，此所以迁称良史也。(《晋书》卷十六《张辅传》，又见《全晋文》卷一〇五)

张辅以比较论优劣，方法无疑是正确的。张辅提出四个方面的比较，即烦省、取材、史识、文采，这些内容也是不错的。但张辅没有做具体分析，着重点是文字烦省，这种比较流于形式，难以服人。

晋人中论及马班异同或优劣者，尚有范晔《后汉书》所引华峤之语、袁宏之《后汉纪》等。华峤之语见《后汉书·班固传》赞语，虽不明引，但李贤注云："此已上略华峤之辞。"其辞曰：

> 迁文直而事核，固文赡而事详。若固之序事，不激诡，不抑抗，赡而不秽，详而有体，使读之者亹亹而不厌，信哉其能成名也。彪、固讥迁，以为是非颇谬于圣人。然其论议常排死节，否正直，而不叙杀身成仁之为美，则轻仁义，贱守节愈矣。固伤迁博物洽闻，不能以智免极刑；然亦身陷大戮，智及之而不能守之。

华峤之比较马班之标准有两点：一是叙事上之特色与艺术感染力；二是思想与褒贬之论调。

晋人袁宏在《后汉纪序》中评论马班，持论较公允。他说："夫史传之兴，所以通古今而笃名教也。……史迁剖判六家，建立十书，非徒记事而已，信足扶明义教，网罗治体，然未尽之。班固源流周赡，近乎通人之作，然因籍史迁，无所甄明。"袁宏肯定司马迁"通古今""网罗治体"但详赡未尽，班固"源流周赡，近乎通人"但"因籍史迁"，各有得失，难分伯仲。袁宏的评论，对后世有很大影响。

一般地说，"《史》《汉》二书，魏晋以还纷无定说，为班左袒盖十七焉。唐自韩、柳始一颂子长，孟坚少诎。"（明胡应麟《少室山房笔丛》卷十三）

正式、有系统地比较《史记》《汉书》异同而且较倾向于"扬班抑马"者，可推唐刘知几之《史通》。《史通》里有《班马异同论》，徐复观《〈史〉〈汉〉比较之一例》（《大陆杂志》第57卷第4期）曾将刘知几之论点整理为十四条。但其比较之标准，大都是叙事上之特色以及世家、八表、十志、断限、赞语等体例之问题。徐氏的结论为："大较而论，刘氏的推重班固，乃由重视断限而来；

然创造之功，则他不能不归之马迁。”司马贞《史记索隐》亦反映《史记》“比于班书，微为古质，故汉晋名贤未知见重”以及“近代诸儒共同钻仰”《汉书》之情形（《索隐史记序》《索隐史记后序》）。张守节在《史记正义》中对《史记集解序》作注时始提“固作《汉书》，与《史记》同者五十余卷”之问题，为扬马云：“谨写《史记》，少加异者，不弱即劣，何更非薄《史记》，乃是后士妄非前贤。”这是以重复部分之叙事特性为标准分优劣。

总之，这一时期之倾向与成绩，可归纳为：一是倾向于甲班乙马者多，但亦有扬马抑班者；二是比较标准相当多样，能为后人提供更深入研究之基础；三是议论之分量，除刘知几《史通》外，篇幅多短小，但有些论点对后代研究者启示很大。

2. 宋明时期

马班异同是宋明人研究《史记》的一个重要方面，它最大的成就是奠基了马班比较学，把晋人张辅的优劣论发展成为系统的异同比较，出现了《班马异同》与《史汉方驾》等学术专著。此外，宋人苏洵、郑樵、王若虚、吕祖谦、朱熹、陈傅良、叶适、洪迈、魏了翁、黄履翁、杨万里，元人王恽，明人王鏊、茅坤、胡应麟、焦闳、黄淳耀、凌约言等人，从各个角度比较马班异同。大抵宋人着重书法、体例，明人着重文章风格。宋明人的评论中，扬此抑彼的倾向依然存在。如吕祖谦扬马抑班，朱熹扬班抑马。宋人更有偏激意见，王若虚极端扬班抑马，郑樵则极端扬马抑班。但从总体上说，宋明人已将马班并提，杨万里与凌约言两人之言可为代表。杨万里以唐代诗人李杜比马班。他说：“太白诗，仙翁剑客之语，少陵诗，雅士骚人之词；比之文，太白则《史记》，少陵则《汉书》也。”凌约言以汉代齐名之将李广、程不识比马班。他说：“子长之才豪而不羁，李广之射骑也；孟坚之才，赡而有体，程不识之部伍也。”（均见《汉书评林》引）这种类比虽然不太确切，但肯定马班齐名，并驾齐驱的意味却是明显的。

现在我们分析一下这方面的学术专著。

《班马异同》三十五卷，宋人倪思撰，刘辰翁所增评语与之合刻，则称《班马异同评》。该书比较《史记》《汉书》两书对应的篇目，考其字句异同，以观二书得失。该书的表述方法是一个创造，全书以《史记》原文为主干，用大字书写，《汉书》增加的文字用细笔小写，凡是被《汉书》删去的文字，就在其旁画一墨线标识，凡是《汉书》移动《史记》文字的地方，即注明《汉书》“上连某文，下连某文”。如某文被《汉书》移入其他纪传，即注明“《汉书》见某传”。倪思、刘辰翁的评语，一一列于眉端，十分醒目。《史记》《汉书》二书的同异，一目了然，为研究品评提供了方便，其评语也引人深思。《班马异同评》从表述形式到评语内容，仍有甲马乙班的意味，但其说是建立在文字比较和审慎分析的基础上，是非的评判比较端正，绝不信口雌黄和意气用事。

《班马异同》局限于《史记》《汉书》对应篇目的文字比较，仍然是一种比较粗浅的比较，而且所考亦不周全，只及三十五篇，其他如《史记》之《孝文》《孝景》二纪，《天官》《封禅》《河渠》《平准》四书，《贾谊》《黥布》《韩王信》《东越》《西南夷》《儒林》《大宛》等十五传及《太史公自序》，均与《汉书》有异同而未考。虽然如此，但比较《史记》《汉书》异同，文字比较是基础工作，倪思发其端，独立成专著，开创了马班异同比较学，为《史记》研究开拓了新的局面，把马班异同论大大向前推进了一步，故其价值不容低估。

明代研读《史记》《汉书》之风大盛，评点书也出了不少。其中凌稚隆之《史记评林》汇集自晋葛洪以来南北朝、唐、宋、元、明的149家对《史记》的评语（若再加李光缙所增载者9人，则达158人之多），而《汉书评林》亦汇集后汉荀伉以来各代的147家对《汉书》之评语，堪称集其大成。尤其是《汉书评林》之评语，往往涉及《史记》，也是研究马班异同之重要资料。凌氏对《史记》《汉书》的研究非常执着，后来也根据倪思、刘辰翁之《班马异同评》追加补评，撰成《史汉异同补评》一书，亦颇有参考价值。此类书中，还有明代许相卿《史汉方驾》。此书的贡献在于改进《班马异同》的体例。《班马异同》因以标识巨细，分别异同，然“殊不便疾读”。许氏有感于此，故大改标记之例：《史记》《汉书》同者，从中大书；《史》《汉》异者，分左右行小书，左《史》右《汉》；纲领处划大标“——————”，劣句意划细抹“——”，精意加“。。。。。。。。”之标，粹语加“、、、、、、、、”之标（见《史汉方驾》凡例）。其所加评语中也有值得参考之见解，但倾向于扬马抑班。篇幅亦只有三十五篇。此书条理更为清晰，形式《史记》《汉书》并列，故题名《史汉方驾》。

3. 清人评论马班异同

清人研究班马异同的专书有杨于果《史汉笺论》、杨琪光《史汉求是》。发表专题评论的有蒋中和、徐乾学、沈德潜、浦起龙，朱仕琇、邱逢年、熊士鹏、汪之昌等人。间接论及的有钱谦益、顾炎武、全祖望、牛运震、王鸣盛、赵翼、章学诚、陆继辂、王筠、沈家本等。许多都是一代通人，又在复兴汉学的背景下评论马班异同，因而学术性强，取得的成就也最大。

首先，对前人的评论得失作了批判继承。如徐乾学肯定宋明人的成绩，他说：“宋倪思为《班马异同》一书，标其字句而胪列焉，刘辰翁加以论断；至有明许相卿，本其意作《史汉方驾》，为之衡量而调剂其言，皆有条理，粲然备矣。”（《憺园文集》卷十五《班马异同辨》）同时又指出宋明人的局限，如钱谦益批评《班马异同》“寻扯字句，此儿童学究之见耳”（《牧斋有学集》卷三十八《再答苍略书》）。沈德潜、浦起龙、邱逢年等人对刘知几的扬班和郑樵斥班的过分都提出了批评。沈德潜说：“愚平心以求之，有马之胜于班者，有班与马各成其是者，有班之胜于马者。”（《归愚文续》卷三《史汉异同得失辨》）清人鉴于以往扬彼抑此之失，以平心求实的精神审视马班，起点就高于前人。

其次，清人承认马优于班，而马班俱为良史。浦起龙、朱仕琇、沈德潜、王鸣盛等人称马班为良史。徐乾学进一步对良史作出定义式的评述，不在烦省而在体例、意蕴、事核、辞达及采择等方面。他说："史之为书，体闳而义密，事核而辞达，采之博而择之精，如是之谓良史，不系乎文与质，繁与简也。"并认为马班二氏均是"作史之模范"（《憺园文集》卷十五《班马异同辨》）。

再次，提出了比较马班异同的标准。钱谦益从史法、文法的角度评论马班异同，既从文章的表达结构又从史识思想去辨识马班之书，显然超越宋明人的形式比较和认识境界。其后蒋中和的评论又有深入，他说："理有是非，论有异同。是焉，或同或异皆可也；非焉，或同或异皆不可也。奈何论马班徒论异同哉？虽然异同中亦未尝无是非焉。"（《眉三子半农斋集》卷二《马班异同议》）这就是说，论异同要与是非、优劣、得失综合考察，不仅要论异同更要论是非。再后，熊士鹏的评论更进一步，他认为揭示异同比较的意义，是领会马班书的价值，不能陷入为比较而比较的死胡同（《鹄山小隐文集》卷二《班马异同论》）。这种见解是十分深刻的。

清人评论马班异同，既有宏观又有微观，在论其是非、优劣、得失之时有理有据，取得很大成绩。

4．今人评论马班异同

近人梁启超、刘咸炘、吕思勉、朱自清、郑鹤声等人，也发表过马班异同的评论。研究马班异同并在系统的理论概括方面取得较大突破者，应推今人白寿彝、施丁两人的长篇论文。

白寿彝有《司马迁与班固》同题三文（《北京师大学报》1963 年第 4 期；《人民日报》1964 年 1 月 23 日；《史学史资料》1979 年第 2 期），有详有略。以《北京师大学报》发表的最为全面，长达三万多字，分了十个专题。从两汉广阔的时代背景上用纵横的比较方法评价马班史学，对传统的马班并举的观点提出了异议。白先生指出，司马迁的《史记》是"答复历史怎样变化发展"的，而班固的《汉书》却是"答复如何维持目前局面"的。司马迁要"究天人之际，通古今之变，成一家之言"，拿出的是"自己独到的见解"，具有进步的异端思想，也就有着人民性的成分。班固则是把西汉的历史写出来，"综其行事，旁贯五经，上下洽通"，即"用五经的道理将上下二百年的历史妥帖讲通"，维护汉室的正宗思想。所以无论是体裁的创造还是历史的见识，班固都不能与司马迁相比，《史记》《汉书》并举，是"很不相称的"。但如果马班不能并举，则无马班异同命题的成立可言，而从宋至清马班异同研究就是沿着马班并举的思路向前发展。那么，这是不是回到了历史上扬马抑班的立场上呢？不是的，白先生是用唯物论观点，在研究了两汉历史及史学的发展基础上，比较马班史识得出的结论。从创造性和史识上这一角度立论，马班的确是不能并举的。白先生的贡献在于说清了马班史识为什么不能并举的具体内容。

施丁的《马班异同三论》（载北京师范大学史学研究所编《司马迁研究新论》，河南人民出版社 1982 年版），长达 12 万字，可视为一部专论。从历史编纂、史学思想、历史文学三个方面比较马班异同，既作宏观比较又作细微分析，是迄今为止马班异同研究最系统、最全面、最有分量的一部力作。该文的结论认为，马班在写史的体例、记述的内容和手法等方面有很多相似处，都在史学上作出了杰出的贡献。认为马班之异体现在历史编纂方面，马《史》通古今之变，是纪传体通史，有创新也有缺陷，可谓"体圆用神"；班《汉》记一代兴亡，是纪传体断代史，体制完整有方，可谓"体方用智"。在史学思想方面，马《史》具有朴素唯物主义，反对专制主义，向往百家争鸣的倾向，"成一家之言"，有异端思想；班《汉》突出唯心主义，卫护专制主义，支持独尊儒术，尽心于"圣人之教"，是正宗思想。在历史文学方面，马《史》绘声绘色，生动传神，较为准确；班《汉》朴质规整，字简句省，较为刻板。所以，笼统而言，马班都有长短，都有民主性精华及封建性糟粕；但马的民主性精华突出一些，班的封建性糟粕明显一些。该文还认为马班之异着重在思想分野，"就思想而言，不能不说马高班低"。并从历史背景、家学渊源、两人生活经历与政治态度分析了二者之异，据理充分，分析透彻，见解深刻。

此外，徐朔方的《史汉论稿》（江苏古籍出版社 1984 年版）也别开生面，是今人的一部论马班异同的专书。韩国学者朴宰雨的《〈史记〉〈汉书〉比较研究》也是一本重要的著作。二书在前文的参考书已经做了介绍，在此不多赘。

马班异同的研究从两书的文字、体例、风格、思想，以及史法、文法等方面开展，内容丰富，成为一门传统的比较学，在中国史学上几乎是独一无二的。虽然诗人李杜、散文韩柳这类并提的事例很多，但未形成全面的比较学。对《史记》《汉书》的比较，虽然尽量避免厚此薄彼，但总的评价还是《史记》优于《汉书》，这已成不刊之论。

六、《史记》的版本

《史记》自汉至唐，皆为写本，宋淳化年间以后，《史记》始有雕版。叶德辉说："雕版谓之版，藏本谓之本。"故版本研究分抄本、刻本两部分。

《史记》流传两千多年来，历代抄本、刻本及近代活字本十分繁多。但流传下来的古代善本并不多，唐以前抄本仅有少许残卷。《史记》刻本始于北宋，有三家注单刻本，南宋始有合刻本，嗣后又有新刻本。贺次君撰《史记书录》（16 万字，商务印书馆 1958 年版），是集《史记》版本研究大成的一部著作。《史记》在流行过程中，文字错脱伪衍，增改窜乱，情况复杂。整理和研究《史记》都必须“广集众本，详细比勘”，才能“澄波导源，恢复真相”。该书正是为此目的“专为目录和校勘”提供参考，因此作者审慎地以“亲见为限”（《自序》），所以有极高的权威性。今传世的北宋《史记》刻本已罕见，南宋本约二十种，元本约十种，明本约百种，清刊及近代排印本为数更多。该书著录历代至民国时期的《史记》各种版本六十四种，计六朝抄本二种，唐抄本九种，北宋刻本和翻刻本三种，南宋刻本十三种，元刻本三种，明刻本二十七种，清刊本五种，民国时期二种。作者著录以宋元明刻本为主，数量虽然只占存世之半，但已是汇集《史记》版本最多的论著，而且有价值的主要刻本包罗无遗，足资校勘参考。作者考究详密，在介绍各本基本面目的基础上进行了相互比较，并尽可能追溯它们的源流，因此是一部有较高学术价值的版本学论著。但该书考证过于琐碎，缺乏系统研究，论断亦多有与《史记》版本实际不符之处。

20 世纪 90 年代，张玉春在北京大学版本学家安平秋指导下，以“《史记》版本研究”为博士论文题目，经过几年的努力完成博士学位论文，在此基础上修改成《〈史记〉版本研究》一书，40 多万字，2001 年由商务印书馆出版。安平秋在为该书写的序言中说：

> 张玉春博士的《史记版本研究》的学术价值，一是由于作者对中日两国现存的《史记》主要抄本、刻本作了通观目验、重点比勘和通盘比较，并据此梳理出历代《史记》版本的承传关系与发展轨迹，因而使这部论著成为扎实可信的、超越前人的力作。张玉春博士通晓日语，他在 90 年代后几年，在日本遍访日本所藏各种《史记》版本，尤其对日本大阪杏雨书屋所藏两种宋刻本与他所搜集到的其他宋刻本的复印件作了逐字逐句的比勘，并吸收了八十年代以来中日两国研究《史记》版本的成果，而使他的这部论著成为在二十世纪末尾完成的一部对一百年来《史记》版本研究的总结之作。二是作者在论著中有创获、有新见，纠正了前人研究的疏误。如书中首次论证了日本杏雨书屋所藏北宋本为北宋原刻本，而北京国家图书馆藏本为其覆刻本；首次提出了南宋三家注黄善夫本是在二家注蔡梦弼本基础上，合以“正义”注文而成；首次论析了元代彭寅翁本三家注注文脱落，是因所据底本注文残缺，并不是有意的大幅删削，纠正了贺次君先生和我过去论断的失误。仅此上述两点，即可看出《史记版本研究》于《史记》研究的贡献，也同时奠定了张玉春博士在《史记》研究领域中是具有真才实学的学者的无可置疑的学术地位。（见该书《序二》，第 7 页）

该书除引言和结语，分六章：

第一章《史记》版本流传存佚研究
第二章《史记》魏晋六朝异本研究
第三章《史记》唐写本研究
第四章《史记》北宋刻本研究
第五章《史记》南宋刻本研究
第六章《史记》三家注合刻本版本系统研究

（一）《史记》善本

1. 集解本

（1）《史记集解》景祐（1034—1038）本，残卷

北宋景祐间刊本、国家图书馆藏，是今存最早的北宋刊本。

（2）《史记集解》明补刊本，一百三十卷

北宋景祐间刊，明弘治三年（1490）补刊本，国家图书馆藏。

（3）《史记集解》绍兴本，一百三十卷

南宋绍兴间（1131—1162）刊本，国家图书馆藏。文学古籍刊行社 1955 年影印。

《史记书录》曰：

> 北宋所刊《史记》，今传世者已无完帙，此本虽刻于南宋初期，犹存北宋之旧，故其《史》文及注，与南宋各本间差异甚大，多可补其讹漏，即以清乾隆四年四库馆臣齐召南、杭世骏等精校之武英殿本对勘，益可知此本之善。

按：现存集解本完帙一百三十卷共有三种。此外还有两种绍兴本。一为绍兴十年（1140）邵武、朱中奉刊本，现藏日本；二为绍兴中淮南路无为州官刊本，藏国家图书馆。

2. 索隐本

（4）《史记索隐》汲古阁本，三十卷

毛晋汲古阁本属私刻本，自明万历末至清顺治初，刻书六百余种，精校精刊，价值甚高。

明崇祯十四年（1641）毛氏汲古阁北宋大字本。《史记书录》曰：

> 毛氏此刻，谓是“北宋秘省大字刊本”，四库即据此著录……故其注文多胜

于南宋诸刻。毛晋谓刊刻此本，“亟正其讹谬重脱”，是北宋秘省原本，错脱已多，毛晋特为之校勘改正。……此本于考校今本《史》文及注，至为重要。

3. 两家注合刻本（《集解》《索隐》合刻本）

（5）《史记集解索隐》南宋蔡梦弼刊本，残卷

南宋乾道七年（1171）建溪蔡梦弼刊本，国家图书馆藏。

《史记书录》曰：

> 此本……残缺，今见者存九十一卷……刘燕庭百衲本《史记》中有……二十五卷，亦是此本。合此二者，并去其重复及羼入，蔡刊之幸存于今世者止九十五卷耳。……《史记》集解、索隐合刻，今传世者以此本为最早。

4. 三家注合刻本

（6）《史记集解索隐正义》南宋黄善夫本，一百三十卷

南宋庆元二年（1196），建安黄善夫刊本。国家图书馆藏残卷六十八卷。日本有数种藏书，上海涵芬楼据日藏本影印发行，流传广泛。

张元济《校史随笔》曰：

> 其三注俱全者，宋刻有黄善夫本。……此本未见我国著录，惟日本涩江全善森立之《经籍访古志》载之，余为涵芬楼在京师收得半部，亦由日本来者。

《史记书录》曰：

> 按日本《经籍访古志》谓黄氏与《史记》同时刊有《汉书》，其《汉书·目录》后有“集诸儒校本三十余家，又五六友澄思静虑，雠对异同，是正舛讹。始甲寅之春，毕丙辰之夏。建安黄善夫谨启”识语。甲寅即宋光宗绍熙五年（1194），丙辰即宋宁宗庆元二年（1196），故知《史记》刻成亦在庆元二年。日本藏书家称为“庆元本史记”，上海涵芬楼影印本亦题为“南宋庆元黄善夫本《史记》也”。

1922 年商务印书馆影印二十四史百衲本，其中《史记》即采用黄善夫本。

此外，宋、元、明三代尚有善本多种，《史记书录》一书中均有详述，可参考，在此不赘。

（二）《史记》百衲本

“百衲本”，即用各种不同版本的版本零页汇印或配合而成一部完整的本子。“衲”本指僧侣所穿的用许多布块补缀而成的衣服。“百衲本”即借其拼集补缀之意。“百衲”除名衣外，亦有名琴者、名碑者。以其名书始自清初宋荦，其集有《百衲本史记》八十卷，合宋本二种、元本三种而成。近人傅增湘集合许多卷数不同的版本，凑成一部《资治通鉴》，亦为百衲本。商务印书馆以不同版本汇印了一部《百衲本二十四史》。在点校本出现以前，曾是最佳的《二十四史》印书。

《史记》百衲本，是清人辑宋本之残卷补以成完帙之本。百衲之义，谓残卷补缀有如僧衣，故名之。清钱曾（字遵王，江苏常熟人），曾辑有百衲本《史记》，他在《读书敏求记》中说：“余藏宋刻《史记》有四，而开元本亦其一焉。今此本乃集诸宋版共成一书，大小长短，各种咸备。李沂公取丝桐之精者杂缀为一琴，谓之百衲，予亦戏名此为百衲本《史记》，以发同人一笑焉。”但此本未流传下来。

傅增湘《藏园群书记》说：“大兴朱笥河有百衲本《史记》，刘燕庭家亦有之。”朱本不传。刘氏原刻亦不存，有宣统三年（1911）贵池刘世珩玉海堂影印刻本，上海涵芬楼影印本二种。涵芬楼本较玉海堂本为佳。

刘燕庭百衲本包括宋刻四种：

北宋景祐国子监本《史记集解》十九卷，即前述第（1）种。

南宋绍兴本七十五卷，即前述第（3）种。1955年文学古籍刊行社影印本。

南宋乾道七年蔡梦弼本二十六卷，即前述第（5）种。

南宋集解、索隐合刻本十卷，此本未见单行，亦未见藏书家著录。

刘氏百衲本影印本各大图书馆均有藏。

（三）《史记》评林本

评林本始自明代，这是有别于三家注及其他注本而言。崇尚评论是明代的风气。史书评论，分一句一段的小评和全篇总评两种形式。小评刻于书眉，总评刻于篇末，与史文合刻。或称“评林”，或称“题评”，或称“辑评”，或称“集评”，或称“汇评”，等等，名虽各异，实质相同，总称评林本。又有一种评点本，虽略有不同，亦属此类。

1.《史记题评》一百三十卷

明杨慎、李元阳辑，高士魁校。嘉靖十六年（1537）胡有恒、胡瑞敦刊本。

此为杨慎讲学本，其弟子李元阳辑，高士魁校，此书有三家注。杨氏辑前代评论和自己对疑难句、段的疏解，均刻于书眉之上，不署名其某某曰的评论即李元阳的话。

2．凌稚隆《史记评林》一百三十卷

明吴凌稚隆辑校，万历四年（1576）刊。

此版本分上下两栏，下栏为《史记》正文和三家注，上栏是评论。凌氏辑录历代的《史记》评论，收罗广博，内容丰富，故称“评林”。对于正文校勘，凡两可不决者都用小字旁注。个别评论不入上栏者亦用小字旁注。篇后有总评。

凌本辑录的历代名家有：三国魏陆机，南朝梁沈约、刘勰、李萧远，唐代刘知几、韩愈、白居易、柳宗元，宋代欧阳修、司马光、苏洵、苏辙、郑樵、倪思、吕祖谦，元代吴澄、金履祥，明代唐顺之、吴宽、丘濬、杨士奇、方孝孺、杨慎、田汝成、李梦阳、许应元、柯维骐、余有丁、茅瓒、茅坤等。对于苏辙《古史》和吕祖谦《读书杂记》，凌稚隆《史记评林》全部录载。

对于《史记》正文取材于古书者，如《诗》《尚书》《左传》《国语》《世本》《战国策》《吕氏春秋》《楚汉春秋》等，凡引用不详或不全的，凌氏均抄录全文于上栏以备参考。凌氏认为古书中可与史文互相印证、互相发明的地方也都摘录在上栏里。这些典籍包括了先秦诸子、《风俗通义》、《白虎通》、《越绝书》、《说苑》、《新序》、《论衡》、《韩诗外传》等。这为研究《史记》与原始材料和相互关系的人省去了查找资料的烦琐劳动，至为方便。

凌氏还对史注均作校勘，许多考订有独到见解，不仅胜过明柯维熊本，而且许多地方不比南宋本差。明陈仁锡的《史记评林》、清梁玉绳的《史记志疑》都是依据凌本所作。由于有上述特点，凌本是评林本中的佳乘，影响很大。光绪十年（1884）湖南刘鸿年翻刻该本，对史文和注均作有补证。

3．《增补史记评林》一百三十卷

明李光缙增补。

凌氏增补本流传海外，日本曾五次刊刻：①宽永十三年（1636）；②宽文十三年（1673）；③延宝二年（1674）；④明和七年（1770）；⑤明治二年（1869）。朝鲜也有翻刻。泷川氏的《史记会注考证》大多取材于此。

1998 年，天津古籍出版社把凌稚隆《史记评林》、李光缙《增补史记评林》两种合起来影印出版，方便读者。

4．陈仁锡《史记评林》一百三十卷

明陈仁锡评，崇祯元年（1628）刊。

此本特点有二。一是陈氏评论辞由己出，不录前人评论。陈氏评论对史文精神、司马迁旨意了解很深。对史实的评论有许多创见，对每篇的评论精当，甚为晚明学者所推崇。嗣后葛鼎、金蟠刻《史记汇评》，基本取陈说。二是陈本注重断句和校勘，较为实用。

5.《归震川评点史记》一百三十卷

归氏为桐城派文宗，他的评点为明清两代文章家所重视。归氏评点本与评林本有区别：不取三家注，评语用双行小字夹于史文中如注焉，正文加圈点，钩玄文章意境。清方苞撰《史记评点》四卷，是归氏本的延续。

此外，其他评林本还有多种，在此不一一介绍。评林本创始于杨慎，推波于凌氏。杨、凌二本可取的精华不少，然嗣后评林蜂起，大多空泛虚浮，很少有创新的观点和真实的学问。但评林对史文精意、司马迁思想的研究颇为重视，开辟了新途径，这是值得注意的。

（四）《史记》的通行版本

这里所说的通行本是指正史系统的官、私刻本。但宋元刊本多已不传。保存下来的正史系统原刻本有：

明汲古阁本十七史。明官刻本中最出名的是内府刻本和藩刻本。内府本为宫廷所刻，由司礼监太监主其事。后司礼监专设经厂刻书，故又有“经厂本”之名。藩刻本为分封于各地的王子藩府所刻。

明南北监本廿一史。各朝国子监刻印的称“监本”。明朝国子监分南（京）北（京）二监，二监及各部院均有刻书事，尤以南监刻得最多。

清武英殿本廿四史。清武英殿刻书称“殿本”。广东新会陈氏翻刻武英殿本。湖南宝庆三味堂翻刻殿本。四川成都局翻刻殿本。

清同治五局（金陵局、杭州局、苏州局、武昌局）合刻本廿四史。清同治以后各地官书局所刻印的称“局本”。

清末石印本廿四史。同文书局本。竹简斋本。涵芬楼本。

晚清活字廿四史本。图书集成本。“活字本”曾称“聚珍版”。用单个活字拼排制版印刷的本子。乾隆帝以活字名称不雅，更名“聚珍版”，印成《武英殿聚珍版丛书》。

民国商务印书馆影印百衲本廿四史。

商务印书馆四库丛刊本廿四史。丛书集成本廿四史。

中华书局四部备要本廿四史。

开明书店缩印本廿四史。

这些通行本中，汲古本《史记》、武英殿刻本《史记》、五局合刻金陵本《史记》是三大善本。其中以武英殿本最为流行。清乾隆四年（1739）武英殿刊行本通称“殿本”。此本以明北监刘应秋本底本，参用宋本校勘而成。尚书张照为总校，当时著名学者张浩、齐召南、杭世骏等参与其事，故于史文及三家注校正者甚多。每篇之末附“考证”，既有前人旧说，亦有张、齐、杭诸人考辨之语。此本为清代精校精刊本，流布最广。五局合刻金陵本《史记》为清同治九年（1870）金陵书局刊，清唐仁寿、张文虎校。唐、张二氏博取宋、元、明诸善本汇校汇考，又采择梁玉绳《史记志疑》、王念孙《读书杂志》、钱大昕《史记考异》等书成果，详为校勘，考其异同，精审采择，世称善本。

（五）中华书局校点本《史记》

已在前文“主要参考书介绍”中做了介绍。